btb

Buch

Als Marion Gräfin Dönhoff 2002 mit zweiundneunzig Jahren starb, war sie bereits eine Legende. Mit unzähligen Artikeln in der *Zeit*, mit vielen Büchern und ihren öffentlichen Auftritten hatte sie sich ein Renommee erworben, wie es nur wenigen Menschen in der Bundesrepublik vergönnt war. Und doch: Bei aller Bekanntheit umwehte sie ein Hauch des Geheimnisvollen. Wie gab sie sich als junge Frau und Gutsherrin in ihrer später verlorenen Heimat? Unter welchen Umständen begann ihre journalistische Karriere? Wer stand ihr wirklich nahe?
Diesen und anderen Fragen ist Dieter Buhl nachgegangen.

Marion Gräfin Dönhoff

1909 in Friedrichstein/Ostpreußen geboren, prägte sie die Wochenzeitung *Die Zeit* als Autorin, Chefredakteurin und Herausgeberin bis zu ihrem Tod 2002. Die studierte Volkswirtschaftlerin, die sich gegen das NS-Regime aufgelehnt hatte, floh 1945 vor den sowjetischen Streitkräften in den Westen.

Herausgeber

Dieter Buhl war über dreißig Jahre lang politischer Redakteur der Wochenzeitung *Die Zeit* und enger Mitarbeiter der »Gräfin«. Er wurde vielfach ausgezeichnet.

Liste der lieferbaren Titel

Marion Gräfin Dönhoff: Deutschland, deine Kanzler. Die Geschichte der Bundesrepublik 1949–1999. (75559)
Marion Gräfin Dönhoff: Kindheit in Ostpreußen. (72265)
Marion Gräfin Dönhoff: Was mir wichtig war. Letzte Aufzeichnungen und Gespräche. (73230)
Marion Gräfin Dönhoff/Haug von Kuenheim: Die Effendi wünscht zu beten. Reisen in die vergangene Fremde. (75581)
Marion Gräfin Dönhoff:/Gerd Bucerius: Ein wenig betrübt, Ihre Marion. Ein Briefwechsel aus fünf Jahrzehnten. (73329)
Friedrich Dönhoff: Die Welt ist so, wie man sie sieht. Erinnerungen an Marion Dönhoff. (73167)

Marion Gräfin Dönhoff

Wie Freunde und Weggefährten sie erlebten

Herausgegeben von Dieter Buhl
und der ZEIT-Stiftung Ebelin und Gerd Bucerius

btb

Die deutsche Originalausgabe erschien 2006
bei Hoffmann und Campe Verlag, Hamburg.

FSC

Mix
Produktgruppe aus vorbildlich
bewirtschafteten Wäldern und
anderen kontrollierten Herkünften

Zert.-Nr. GFA-COC-1223
www.fsc.org
© 1996 Forest Stewardship Council

Verlaggruppe Random House FSC-DEU-0100
Das für dieses Buch verwendete FSC-zertifizierte Papier *Munken Print*
liefert Arctic Paper Munkedals AB, Schweden.

1. Auflage
Genehmigte Taschenbuchausgabe Oktober 2008,
btb Verlag in der Verlagsgruppe Random House GmbH, München
Copyright © der Originalausgabe 2006 by Hoffmann und Campe
Verlag, Hamburg
Lizenzausgabe mit freundlicher Genehmigung
Umschlaggestaltung: Design Team München nach einem
Umschlagentwurf von © Katja Maasböl
Umschlagfoto: Marion Dönhoff Stiftung; vorne rechts:
Ingrid von Kruse
Satz: Uhl + Massopust, Aalen
Druck und Einband: CPI – Clausen & Bosse, Leck
NB · Herstellung: BB
Printed in Germany
ISBN 978-3-442-73737-6

www.btb-verlag.de

Inhaltsverzeichnis

Geleitwort

Marion Gräfin Dönhoff war eine außergewöhnliche Frau. Wer sie persönlich kennenlernen durfte, spürte sofort die besondere Ausstrahlung, die von dieser Persönlichkeit ausging. Seit Gründung der ZEIT-Stiftung 1971 gehörte Gräfin Dönhoff deren Kuratorium an. Bis zu ihrem Tod 2002, und damit über dreißig Jahre, hat sie die Arbeit der Stiftung geprägt; ihr Einsatz für ein Europa des Friedens und der Freiheit hat der Stiftung bis heute ihren Stempel aufgedrückt.

Frieden und Freiheit waren stets Schlüsselbegriffe im Denken und Handeln Marion Gräfin Dönhoffs. Ob als Ostpreußin, die den Verlust der Heimat akzeptiert hatte, als Chefredakteurin und später Mitherausgeberin der *Zeit*, als aktive und streitbare Teilnehmerin am gesellschaftlichen Diskurs im Nachkriegsdeutschland – Marion Gräfin Dönhoff war immer auch eine moralische Instanz der aufstrebenden Bundesrepublik.

Eine Vorstellung von den Facetten dieser so besonderen Frau vermitteln die in diesem Band versammelten Gespräche – Freunde, Weggefährten und Mitstreiter der Gräfin zeichnen ein Bild Marion Dönhoffs, das die Vielschichtigkeit ihrer Person und Persönlichkeit aufscheinen lässt. Gleichzeitig gewähren die vor dem Leser liegenden Interviews Einblick in den weiten Horizont, der der Gräfin eigen war und den sie stets zu beleben und zu erweitern suchte. Allein die Liste der Gesprächspartner ist Beleg für Austausch und Ansehen, die Marion Dönhoff in ihrem Leben erfahren hat.

Ausgehend von einer Idee Helmut Schmidts, Weggefährte der Gräfin in der Redaktion der *Zeit* und im Kuratorium der ZEIT-Stiftung, ist dieses Buch entstanden: Dr. Dieter Buhl, langjähriger Weggenosse Marion Gräfin Dönhoffs, hat sich dieser Aufgabe angenommen und über ein Jahr lang Interviews mit Zeitzeugen geführt – ihm gilt unser großer Dank. Zur Seite stand ihm Dr. Ingmar Ahl aus der ZEIT-Stiftung, der das Buch fachkundig begleitete.

Dass jetzt das Ergebnis dieses Unternehmens vorliegt, erfüllt uns mit ganz besonderer Freude. Allen daran Beteiligten sei an dieser Stelle herzlich gedankt. Möge dieses Werk dazu beitragen, die Erinnerung an Marion Gräfin Dönhoff auch in Zukunft wachzuhalten.

Michael Göring, Juli 2006
Geschäftsführender Vorstandsvorsitzender der ZEIT-Stiftung
Ebelin und Gerd Bucerius

Vorwort

Wir nannten sie »Gräfin«. Als Huldigung im ursprünglichen Sinne war das nicht gemeint. Auch nur ein Anflug von Unterwerfung hätte nicht gepasst zu einer Redaktion, die auf republikanische bis sanft anarchische Gesinnung hielt. Die Anrede sollte vielmehr Respekt bekunden für eine Kollegin, auf die wir stolz waren. Dankbarkeit schwang ebenfalls mit, denn viele von uns waren überzeugt, dass die *Zeit* die schwierigen Jahre ihrer Adoleszenz ohne Marion Dönhoff in einer entscheidenden Rolle nicht überstanden hätte.

Seit März 2002 muss das Blatt auf die prägende Anwesenheit der Gräfin verzichten. Wie sich zeigt, hat dieser Verlust nicht die Einbußen an Ansehen und Auflage zur Folge, die manche befürchtet hatten. Die *Zeit* erringt neue Erfolge, die das Schreckenswort von der Zeitungskrise zumindest am Hamburger Speersort als Schimäre erscheinen lassen.

Und dennoch fehlt Marion Dönhoff. Vor allem fehlt sie denen, die über Jahrzehnte mit ihr zusammengearbeitet, mit ihr gestritten oder bei ihr Rat gesucht haben. Sie wird vermisst, weil sie Maßstäbe für Unabhängigkeit und Pflichterfüllung setzte, und weil allein ihre Präsenz Ermutigung bedeutete. Ihre Persönlichkeit stand ohnehin für einen großen Teil ihrer Wirkung. Sosehr sie sich als Autorin einen Namen gemacht hatte, letztlich beeindruckte sie vor allem durch ihr Da-Sein. Zurückhaltend und doch bestimmend, bescheiden und doch anspruchsvoll, engagiert und doch tolerant, freund-

lich und doch auf Abstand bedacht – Gegensätze wie diese
bündelten sich zu Marion Dönhoffs Ausstrahlung und Autorität.

Weder ihre Artikel in der *Zeit* noch ihre Bücher allein
können das vielschichtige Bild der Gräfin konservieren; sie
mögen jedoch die Legende bewahren, zu der sie im Gedenken ihrer weiterhin beachtlichen Verehrergemeinde längst
geworden ist. Wer aber Marion Dönhoffs Unverwechselbar-
keit wirklich ermessen wollte, der musste sie schon unmittelbar erleben. Weil das nicht mehr möglich ist, kam die Idee
ihres Herausgeber-Kollegen Helmut Schmidt zur rechten
Zeit. Er regte an, Menschen, die ihr nahegestanden haben,
nach ihren Erinnerungen an Marion Dönhoff zu befragen.
Noch waren die Gedanken an sie lebendig, noch sahen sich
die meisten ihrer Altersgenossen in der Lage, Auskunft zu
geben. Mit Unterstützung der ZEIT-Stiftung Ebelin und
Gerd Bucerius und der Marion Dönhoff Stiftung habe ich
schließlich zwischen Januar 2004 und März 2005 (ein Interview fand im April 2006 statt) über vierzig Familienangehö-
rige, Freunde, Kollegen und Weggefährten auf drei Konti-
nenten befragen können.

Das Ergebnis ist keine Hagiografie. Wie hätte auch ein
Heiligenschein überzeugen sollen bei einer Frau, die zweiundneunzig Jahre lang gelebt hat, die Irrtümern erlag und Fehler
beging. Dennoch müssten die Interviews im Einzelnen wie in
ihrer Summe erklären können, was Marion Dönhoff ausmach-
te und wodurch sie sich auszeichnete.

Ihr »erstes Leben« in Ostpreußen hat gewiss zum Interesse an ihrer Person beigetragen, weil es vom Glanz des Feuda-
len durchwirkt und von der Tragik des Verlustes umflort war.
Freundinnen aus jener Zeit erinnern sich an die Comtesse und
die Gutsherrin, die gelegentlich durchaus auch aus dem noblen Rahmen fallen konnte. Dass sich ihr Verhalten im Privaten

nicht völlig von dem im Beruf unterschied, bestätigen mit manchen Anekdoten Verwandte und Jugendfreunde.

Der Journalismus bestimmte Marion Dönhoffs »zweites Leben«, und die *Zeit* nannte sie ihre (neue) »Heimat«. Diejenigen, die in den Anfangsjahren des Blattes dabei waren, erklären, warum sich schon damals der Beginn einer großen Karriere abzeichnete. Die Klarheit der Aussagen, der moralische Anspruch, den sie erhoben, und das nimmermüde Interesse an den politischen Dingen haben den Ruf der Journalistin bis zu ihrem Lebensende untermauert.

Das Lob für diese Leistung spiegeln alle Gespräche wider. Die Bedeutung ihres journalistischen Engagements wird besonders deutlich in den Erinnerungen von Kollegen und Informanten aus Ländern wie Polen oder Südafrika, denen ihre ausdauernde Aufmerksamkeit galt.

Ihre Nähe zu den Widerstandskämpfern vom 20. Juli 1944 hat ihren Nimbus zusätzlich verstärkt. Einige der Befragten aus ihrer Generation haben sich zu diesem Thema geäußert. Sie bescheinigen ihr Abscheu gegenüber den Nationalsozialisten und Mut. Der Umstand, dass zwei ihrer drei Brüder (der älteste war 1942 bei einem Flugzeugabsturz umgekommen) Mitglieder der NSDAP gewesen sind, den der Historiker Stephan Malinowski in einem *Spiegel*-Interview vom 12. Juli 2004 publik machte, war mir bis dahin nicht bekannt. Weil ich zu jenem Zeitpunkt die meisten meiner Gespräche bereits geführt hatte, konnte ich nur noch wenige Freunde dazu befragen.

Wie gründlich Marion Dönhoff Teile ihrer privaten Sphäre abzuschirmen wusste, zeigte sich besonders, wenn es um ihre Familie ging. Dann bewies sie ausgeprägte Beschützerinstinkte und neigte offenbar zu selektiver Offenheit.

Geheimnisse – welche Rolle spielte die Liebe in ihrem Leben? – trugen nicht wenig zu ihrer Aura bei. Hinzu kam ein preußischer Charme aus Disziplin, Bescheidenheit und Haltung, der sie ebenso unverwechselbar wie eindrucksvoll werden ließ. Es kann deshalb nicht verwundern, wenn Persönlichkeiten wie Richard von Weizsäcker, Hildegard Hamm-Brücher, Henry Kissinger, Helmut Schmidt, Mieczysław Rakowski, Fritz Stern, Antje Vollmer oder Hans-Jochen Vogel ihre Verehrung, mitunter gar ihre Liebe bekunden.

»Ihr standen Türen in der ganzen Welt offen«, sagte einer der Gesprächspartner. Das ist nicht übertrieben, denn die Gräfin genoss nicht nur überall Entree, sie hatte weltweit auch viele Freunde. Nicht alle von ihnen, die ich interviewt habe, können in diesem Buch zu Wort kommen, wofür ich herzlich um Verständnis bitte. Um Marion Dönhoffs persönlicher Entwicklung zu folgen, haben wir die Interviews nach den Aussagen über ihre jeweiligen Lebensabschnitte oder Arbeitsschwerpunkte geordnet.

Mir bleibt zu bilanzieren, dass jedes der Gespräche neue Einblicke oder überraschende Erkenntnisse bescherte. Es war eine berührende Aufgabe, den Spuren der Frau zu folgen, mit der ich zweiunddreißig Jahre zusammenarbeiten konnte. Die »Gräfin« stand auf einmal wieder vor mir, wie ich sie gekannt hatte: aufgeschlossen, meinungsstark und furchtlos, anziehend, eigensinnig und »von strenger Güte«. Ähnlich erging es den Freunden und Weggefährten. Sie ließen Begebenheiten und Eindrücke aus vielen Jahrzehnten aufleben – zum Erinnerungsbild einer beeindruckenden Frau.

Dieter Buhl, Mai 2006

Bad in der Entengrütze
Brigitte Bernard-Salin, Ingelheim

BRIGITTE BERNARD-SALIN, geboren am 24. Februar 1923
in Frankfurt/Main, ist die Tochter des Nationalökonomen Edgar Salin, des Doktorvaters von Marion Dönhoff, der in Basel
lehrte. Sie hatte seit ihrer Kindheit Kontakt mit Gräfin Dönhoff und war 1937 längere Zeit zu Gast auf Schloss Friedrichstein.

Können Sie sich noch an Ihre erste Begegnung mit Gräfin Dönhoff erinnern?

Das war in unserem Esszimmer in Basel. Sie kam herein, wir
Kinder saßen am Esstisch und aßen von meiner Mutter selbst
gemachtes, echtes Birchermüsli. Vor uns stand ein weißes
Schälchen, in dem Pinienkerne waren, die wir sehr gerne über
unser Müsli streuten. Gräfin Dönhoff kam herein, wir haben
sie begrüßt, sie guckte sich den Tisch an und sagte: »Was ist
denn das da in der Schale? Ist das Mäusedreck?«

Das passt zu ihr.

Das ist meine erste Erinnerung.

Sie hatte einen etwas burschikosen Humor.

Ja, das mochte ich sehr gerne. Auch die Art, wie sie ging. Das war ja etwas Besonderes. Später habe ich immer gedacht, sie geht eigentlich so, als ob sie auf einem Pferd säße. Ich habe sie natürlich auch zu Pferde erlebt in Friedrichstein. Sie hatte auch eine ganz bestimmte Art, wie sie in ein Zimmer trat. Das ist mir sowieso unvergesslich. Selbstverständlich, da ich so jung war, haben wir sie immer nur gesehen, eigentliche Gespräche haben wir damals nicht geführt.

1933 kam Marion Dönhoff als Doktorandin nach Basel und war sehr oft bei uns in der Hardstraße. In dem Buch »Reisebilder« ihres Großneffen Friedrich Dönhoff befindet sich ein Bild, auf dem sie auf den Rhein hinausschaut. Ich glaube, sie hat im Rheinsprung gewohnt. Und da habe ich sie natürlich auch besucht.

Was ist Rheinsprung?

Das ist eine Gasse in Basel. Marion Dönhoff war bekannt wie ein bunter Hund, immerhin gab es in Basel nicht so oft eine richtige Gräfin als Studentin. Und sie hatte einen großen Freundeskreis. Ich erinnere mich an ihren Kommilitonen Dr. Kobbert, der später, glaube ich, im Deutschen Städtetag eine Rolle gespielt hat. Und dann war da ein jüdischer Student meines Vaters, Tim Gidalewitsch, heute Gidal, der mit seiner Frau aus Deutschland geflohen war. Mit beiden ist sie sehr viel zusammen gewesen. Gidalewitsch hat auch diese Aufnahme gemacht. Die Gräfin selber war ja, wie Sie wissen, ebenfalls eine hervorragende Fotografin.

Das habe ich nicht gewusst, bis Friedrich Dönhoffs Buch »Reisebilder« herauskam.

Sie hat mir dann seinerzeit, weil sie wusste, dass ich Ostpreußen auch so geliebt habe, zwei Fotos geschenkt, damals, als ich von Friedrichstein wieder weggegangen bin.

Brigitte Bernard-Salin, Tochter des Doktorvaters von Marion Dönhoff, mit ihrem Sohn und seiner Familie sowie Theo Sommer 1999 bei einem Ständchen zum neunzigsten Geburtstag der Gräfin.

Sie war doch sicherlich auch deshalb eine etwas exotische Erscheinung in Basel, weil sie aus Ostpreußen kam?

Ich würde denken, dass sie die einzige Ostpreußin gewesen ist. Natürlich fiel sie auch auf, weil sie eine der schönsten Frauen war.

Hatte sie auch richtige Verehrer?

Ich würde es annehmen, aber ich weiß es nicht. Ich war noch zu jung.

Das große Geheimnis ist, ob sie je heiraten wollte.

Ich glaube, dass man zu Recht darüber schweigt. Ihre Brüder hätten sicher gewusst, dass da vielleicht noch das eine oder andere war. Sie hatte ja Kinder im Geiste auf der ganzen Welt, und sie hatte auch die Kinder ihres gefallenen Bruders. Sie hatte einen wunderbaren Zugang zu jungen Menschen. Ich habe das in Friedrichstein selbst erlebt. Sie hatte eine wesentlich ältere Schwester, Christa. Die hatte einen Baron von Dellinghausen geheiratet, war aber sehr früh gestorben, und die beiden Söhne, neunzehn und achtzehn Jahre, habe ich in Friedrichstein auch kennengelernt. Ganz besonders reizende junge Männer, die leider gleich zu Kriegsanfang gefallen sind.

Wann waren Sie denn in Friedrichstein?

1937.

In den Ferien?

Nein. Es hing mit der Trennung meiner Eltern zusammen. Meinem Vater war es wichtig, dass ich mal rauskam, und da wir mit den Dönhoffs sehr befreundet waren, vor allem mein Vater mit dem Grafen Heinrich, schlug er Friedrichstein als Reiseziel vor. In den Gästebüchern meines Vaters taucht der Name Dönhoff sehr oft auf – als Erstes die alte Gräfin Ria, die Mutter Marions, die nach Basel gekommen war, um sich anzugucken, wie wohl der Professor war, bei dem ihre Tochter jetzt studieren wollte.

Das war aber, nachdem sich Marion Dönhoff Ihrem Herrn Vater vorgestellt hatte?

Nein, vorher. Da hat sich die Mutter mit Heinrich, ihrem ältesten Sohn, der ja zehn Jahre älter war als die Gräfin Marion, den Professor in Basel angeguckt.

Sie war sozusagen schon eingeführt, als sie dann bei Ihrem Vater erschien.

Damals habe ich es natürlich nicht kapiert, aber jetzt, im Rückblick, finde ich das alles ganz goldig. Schließlich war Marion ja erwachsen. Leider sind die Unterlagen über den Besuch vernichtet. Mein Vater hat jeden Tag stichpunktartig eingetragen, wen er gesehen hat und so weiter. Diese frühen Stichpunkttagebücher hat er im Laufe des Krieges vernichtet. Mein Vater stand auf der Schwarzen Liste der Gestapo, da er, durch welche Kanäle auch immer, den Grafen Schwerin gut kannte. Es ist gut möglich, dass er durch den Grafen Schwerin auch vorher schon mit den Dönhoffs bekannt war. Aber das entzieht sich meiner Kenntnis.

Noch einmal zurück zu Ihrem Besuch in Friedrichstein. Wie lange waren Sie dort?

Ich bin Ende März 1937 dort angekommen. Zuerst war ich, da Marion damals verreist war, bei der Gräfin Ria in Barthen. Das war der Witwensitz und gehörte auch zu Friedrichstein. Ende August bin ich, glaube ich, dann wieder nach Hause gefahren.

Das war eine lange Zeit. Und was haben Sie dort gemacht? Sind Sie geritten?

Nur wenig, leider, weil ich furchtbar leicht Kopfweh bekommen habe. In Barthen war ich vierzehn Tage. Die Gräfin Ria hatte eine sehr schöne Bibliothek, und ich habe sehr viel gelesen und bin in ihrem Park spazieren gegangen. Dort habe ich zum ersten Mal in meinem Leben schwarze Störche gesehen.

Ich habe in Barthen noch erlebt, was man hier ja gar nicht kennt, dass von einem Tag auf den nächsten plötzlich der Frühling ausgebrochen ist. Erst ist noch Winter, und plötzlich ist der Frühling da. Man hört die Eisdecke krachen. Das vergesse ich nicht. Nach diesen zwei Wochen wurde ich mit dem Maybach der alten Gräfin zum Schloss Friedrichstein gefahren. Sie hatte einen dunkelblauen Maybach, mit Chauffeur. Und da bin ich durch die berühmte Allee gefahren. Also, wenn man dann so vor das Schloss kam, das war schon sehr beeindruckend. Nachher war das Schloss für mich ganz selbstverständlich – man wohnte dort und lebte dort. Es war nicht so, dass es einen erschlagen hätte, sondern außerordentlich wohnlich. Wirklich geprägt durch die Schlichtheit der Bewohner.

Es war eines der größten Schlösser in Ostpreußen, aber man konnte sich darin nicht verlieren?

Doch, das konnte man sicher, aber ich habe mich jedenfalls nie darin verloren. Ich bin nicht abenteuerlustig, ich bin nicht so neugierig, ich habe mich auf die Räume beschränkt, mit denen man immer zu tun hatte. Eines Tages habe ich etwas furchtbar Komisches getan. Die Gräfin hat mich gefragt, ob ich das tun möchte.

Im Schloss, im zweiten Flügel, wo auch die Pferdeställe waren und obendrüber die Büros, residierte in einem der Büros der Bürgermeister von Löwenhagen, dem Ort, zu dem Friedrichstein gehörte. Zu jener Zeit mussten Ariernachweise ausgestellt werden. Der Bürgermeister hatte natürlich auch noch anderes zu tun. So hat man doch tatsächlich mich gefragt, ob ich die Ariernachweise ausstellen könnte. Die mussten immer zu bestimmten Anlässen angefertigt werden, zu Hochzeiten, Trauerfeiern, bei jeder Geburt. Es wurden dauernd Ariernachweise verlangt, und die musste ich dann ausstellen. Das war natürlich für mich als in der Schweiz aufgewachsene Tochter eines Vaters, der unter die Nürnberger Gesetze fiel, ganz besonders eigenartig.

Und die haben Sie einfach unterschrieben?

Das hat natürlich der Bürgermeister getan. Ich musste das alles heraussuchen.

Haben Sie denn auch, wie nennt man das, etwas übersehen?

Wenn etwas ein bisschen fragwürdig war, habe ich den Bürgermeister gefragt, was man da machen kann.

Also haben Sie da richtig gearbeitet?

Da habe ich richtig gearbeitet. Dann hat mich die Gräfin Marion, eben weil sich herausstellte, dass längeres Reiten für mich nicht das Richtige war, immer in ihrem weißen Auto mitgenommen, wenn sie irgendwohin fahren musste.

Waren Sie auch in Quittainen?

Quittainen habe ich leider nie kennengelernt. Da sie wusste, dass ich Pferde so gern hatte, hat mich die Gräfin immer mitgenommen, wenn sie auf irgendeine Pferdekoppel fuhr. Das ist natürlich auch ein Erlebnis gewesen, denn wenn sie am Zaun war, kamen die Pferde immer gleich angelaufen. Was mich stets fasziniert hat, war, dass die Gräfin, die wie ihr Bruder kurzsichtig war, niemals eine Brille getragen hat. Ich habe es immer bewundert, wie die beiden Auto gefahren sind. Großartig. Ihr Bruder fuhr etwas sanfter, vorsichtiger als sie. Die meisten Wege, wenn man rausfuhr aufs Feld, waren ja nicht schön plan, sondern da ging es von einem Huckel zum anderen, das hat sie fantastisch bewältigt.

Sie ist auch jeden Tag irgendwohin geritten. Und sie hat mich mitgenommen auf die Pirsch. Sie hat allerdings sehr schnell bemerkt, dass ich nicht jemand war, der totgeschossene Tiere schätzte, sondern der gern lebende Tiere beobachtet. Sie hat mir beigebracht, wie man auf die Pirsch gehen muss; von welcher Seite man an das Wild herangehen muss, damit es keine Witterung bekommt. Das waren alles neue Dinge für mich als Stadtkind. Dieser Frühling war für mich ganz wunderbar. Und etwas vom Sommer habe ich auch noch erlebt. Ich kann mich nicht erinnern, dass auf dem Schloss einmal keine Gäste waren. Eigentlich war immer Besuch da.

Was waren das für Leute?

Ganz verschiedene. Da war Otto Weber-Krohse, der sich als Schriftsteller vor allem mit dem Preußentum beschäftigte und irgendetwas über Friedrichstein schreiben wollte. Ich fürchte, den haben die Nazis nachher umgebracht. Da waren Schriftsteller ... Wer, kann ich leider nicht mehr sagen. Ich weiß nur noch, dass ein Herr da war mit schlohweißem Haar, sehr interessant, und da hat mich die Gräfin Marion nachher gefragt: »Für wie alt hältst du den?« Ich habe geantwortet: »Ich glaube, Anfang sechzig.« Und da sagte sie: »Mitte dreißig.« Das war ein russischer Emigrant, der in die politischen Wirren hineingeraten war und in den Westen hatte entkommen können.

Einmal war das ganze Haus voll mit Gästen, und es sollte irgendeine wunderbare Speise gemacht werden. Alle Damen wurden eingeteilt, um im Wald Beeren zu pflücken. Ich durfte mit der Gräfin gehen, und wir haben Heidelbeeren oder Himbeeren oder Brombeeren gepflückt, irgendetwas, was dort wild wuchs, aber eben in solchen rauen Mengen, wie ich so etwas nie wieder erlebt habe. Plötzlich hat sie mich am Arm gepackt, und da war vielleicht zwei Meter vor uns ein Elch, unverkennbar. Ich sehe noch, wie die Sonne ein bisschen durch das Laub schien ... Unvergesslich!

Dass die Gräfin selber auch auf Beerensuche ging, wundert mich.
Das wäre später nicht mehr vorstellbar gewesen.

Solche Dinge, würde ich denken, hat sie in Friedrichstein schon gemacht. Aber mit Haushalt sonst hatte sie nicht viel im Sinn. Ich habe mir auch nie vorstellen können, dass sie an einem Herd steht oder sich einen Knopf annäht. Des Öfteren haben wir auch zu dritt und nachher zu viert in dem kleinen Esszimmer gesessen. Später kam noch mein Bruder, der etwas jünger war als ich, dazu. Das war dann sehr lustig. Er hat eine Art gehabt, mit der er die Gräfin immer zum Lachen bringen konnte.

Sie sprachen von den Gästen, die häufig da waren. Haben Sie nicht immer alle zusammen gegessen an einer großen Tafel?

Doch, das hat es natürlich auch gegeben.

Wie viele Leute saßen denn da?

Ungefähr zwanzig, ich kann es nicht mehr sagen. Es war jedenfalls ein großes Esszimmer mit einem Riesentisch. Ich entsinne noch eine sehr hübsche Sache, als draußen vor dem Schloss eingedeckt worden war. Wer sonst noch anwesend war, weiß ich nicht mehr, jedenfalls war eine österreichische Baronin da. Die Gräfin kam halb verzweifelt auf mich zu und sagte:»Ach, wärst du bitte so lieb und würdest dich mit der Baronin unterhalten? Mit der muss man immer über Kleider sprechen…«

Das war kein Thema für sie.

Nein. Da habe ich dann mit der Baronin Sowieso über Kleider gesprochen. Einmal hieß es, dass die Kronprinzessin komme. Die Kronprinzessin erschien aber nicht. Stattdessen kam ihre jüngste Tochter mit drei jungen Mädchen, die zu ihr abkommandiert waren.

Eine davon war Christa von Tippelskirch, die auch von den Festen, die es wohl häufiger gab, erzählt hat. Wie muss man sich das vorstellen?

Da wurde getanzt. Da waren Buffets, da war natürlich der Gomm – so hieß, glaube ich, der Diener – und ein Gehilfe, und ich weiß gar nicht mehr, ob auch die Zimmermädchen geholfen haben. Da stand man hauptsächlich herum, es waren ja sehr viele Leute.

Kamen auch Verwandte von den anderen Gütern?

Ja, ich habe dort zum Beispiel auch Marions ältere Schwester Yvonne von Kuenheim kennengelernt. Bei ihr war ich auch einmal vierzehn Tage, als Friedrichstein ganz verwaist war. Da habe ich nicht nur ihre Tochter kennengelernt, sondern auch den Sohn, der dann gefallen ist.

Wie wurde denn getanzt? Nach Schallplatten?

Ja, das müssen schon Platten gewesen sein.

Ein Orchester war nicht da?

Nein, es müssen Schallplatten gewesen sein. Sie hatten eine große Schallplattensammlung.

Christa von Tippelskirch sagte, Marion Dönhoff und ihr Bruder Heinrich veranstalteten gerne Festivitäten.

Das stimmt. Ich entsinne mich noch an Christa von Tippelskirch, die zu einer der Festivitäten ein tolles Kleid anhatte. Was die Gräfin trug, weiß ich nicht mehr.

Man musste sich schon ausstaffieren?

Oh ja.

Und wie lange ging so etwas?

Ich glaube, bis in alle Ewigkeit, aber ich bin wohl immer etwas früher gegangen, weil ich müde war. Einige Leute waren natürlich nicht nur wegen des Tanzes da, sondern auch aus anderen Gründen.

Etwas, was ich auch nie vergessen habe: Die Gräfin hat mich einmal mit nach Königsberg genommen. Sie hatte dort zu tun und hat mich bei Gräfe & Unzer, der berühmten Buchhandlung, abgesetzt. Sie hat mich gebeten, sie später wieder irgendwo zu treffen, hat mir das beschrieben und gesagt: »Wenn du auf dem Trottoir gehst und es kommt SA oder sonst ein Nazi vorbei, musst du die Hand zum Gruß heben. Das wird sonst gefährlich, nicht nur für dich, sondern auch für uns. Nur wenn da gerade eine Nebengasse ist, kannst du dich dahinein flüchten.«

Kamen Sie in solche Situationen?

Ich sehe noch den Trupp von SA-Leuten vorbeimarschieren. Ich bin dann doch stehen geblieben, weil keine Gasse da war, und hab ein bisschen so getan, als ob. Die gingen stur vorbei. Auch Arbeitsdienst marschierte vorbei. Der Königsberger Bürgermeister wurde ja später von den Nazis umgebracht. Es ergab sich schon mal, dass jemand kam, die Hacken zusammenschlug, aber eigentlich waren keine Nazis auf dem Schloss.

In einem Interview mit dem Spiegel *vom 12. Juli 2004 hat der Historiker Stephan Malinowski bekannt gemacht, dass zwei Brüder Marion Dönhoffs, Dietrich und Christoph*, Mitglieder der NSDAP gewesen seien.*

Also, wenn das überhaupt stimmt, dann höchstens, um andere zu schützen. Mein Mann und ich, wir haben gerade gestern darüber gesprochen, dass nicht jeder, der in der NSDAP war, ein Nazi gewesen ist. Ich glaube, ihr Bruder Christoph hatte vielleicht ein bisschen so eine Neigung. Denn manche Dinge

---

* Der jüngere der beiden überlebenden Brüder, Christoph, »Toffi« (Eintritt in die NSDAP am 1.8.1935 in Kenia), war von 1942 bis 1944 Leiter des Rechtsamts der Auslandsorganisation (AO) der NSDAP in Paris, deren Mitglieder nach Auflösung der AO am 30.6.1944 in die Waffen-SS überführt wurden. Diesen Hinweis gibt das Buch von Helga Cazas »Auf Wiedersehen in Paris. Als jüdische Immigrantin in Frankreich 1938–1945«. Es erschien im Dezember 2005 bei S. Fischer. Weil die Serie der Interviews über Marion Dönhoff bis auf eines bereits abgeschlossen war, als ich von dem Buch erfuhr, konnte ich meine Gesprächspartner zu den NS-Aktivitäten Christoph Graf Dönhoffs leider nicht mehr befragen. DB

hörten sich, wenn man nicht ganz genau aufpasste, durchaus vernünftig an. Das war der Bruder in Afrika. Ich glaube, der hatte ein bisschen Neigungen, weil er eben nicht Bescheid wusste. Das kam ja gerade bei Auslandsdeutschen öfter vor.

War die Gräfin in Ostpreußen ein anderer Mensch als in Basel? Haben Sie Veränderungen an ihr festgestellt?

Sie war weitläufiger, sie war umfassender, sie war in ihrem Element. Sie hat mir auch die Bibliothek gezeigt im ersten Stock, über den Gemächern, in die man kam, wenn man das Schloss betrat. Diese Bibliothek zog sich ungefähr über die ganze Breite des Schlosses hin, sie war riesig, aber gar nicht richtig ausgebaut. Da waren die Holzplanken und die Verschalung oben. Die eigentliche Bibliothek war dann unten. Oben lagerten all die alten Dokumente, durch die sie sich für ihre Dissertation gearbeitet hat.

Sie war, nachdem sie promoviert hatte, drei Monate in Afrika bei ihrem Bruder Christoph. 1936 ist sie dann nach Friedrichstein zurückgegangen und hat sich in alles eingearbeitet, so dass sie in Abwesenheit ihres Bruders Heinrich die Güter führen konnte. Später ist sie nach Quittainen gegangen.

Warum hat sie das wohl gemacht?

Der Graf Heinrich hat ja eine Hatzfeldt geheiratet. Und die Hatzfeldts sind katholisch. Irgendwie war das eben so, dass die Kinder damals katholisch erzogen werden mussten, und das ging offenbar nicht als Herr von Friedrichstein. Wenn ich mich nicht irre – ich habe es irgendwo gelesen, dass sie das selber gesagt hat –, war es so, dass ihr Bruder Dietrich, der ja das Gut Skandau hatte, dann eben auch Friedrichstein verwaltet hat. Als die Brüder eingezogen waren, hat sie die ganze Sache dann von Quittainen aus verwaltet.

Die Gräfin hat übrigens gerne Spielchen gemacht. Dazu

gehörte auch, herauszufinden, wann jemand doppelt so jung oder doppelt so alt war wie jemand anderer. Wir haben das verglichen, und als ich in Friedrichstein war, war sie genau doppelt so alt wie ich. Ich war vierzehn und die Gräfin achtundzwanzig. Sie hat gesagt, dass sie Menschen ein Leben lang so vor Augen hat und so in Erinnerung behält, wie sie sie kennengelernt hat. Mir geht es ebenso.

So habe ich die Gräfin eben ein Leben lang immer auch als die junge Frau gesehen, als die ich sie kennengelernt habe. Das hat immer alles überstrahlt. Es war natürlich etwas anderes, wenn man ihr gegenübertrat, als sie schon eine Berühmtheit war. Ich habe für sie mein Leben lang eine ehrfürchtige Liebe gespürt.

Sie hat ja auch im Verborgenen so viel Gutes getan. Als ich sie nach dem Krieg in Hamburg besucht habe, hat sie noch bei dem Unternehmer und späteren Politiker Erik Blumenfeld gewohnt. Sie hatte da ein Zimmer, das zwar auf die Straße rausging, aber sehr dunkel war und gar nicht zu ihr passte. Ich kam mit einem Mäntelchen dorthin, das der kalten Temperatur nicht angemessen war. Als die Gräfin das sah, sagte sie: »Ach, du, ich habe hier einen Mantel, den mag ich überhaupt nicht, und ich glaube, der wäre gerade das Richtige für dich.« Da hat sie mir, obwohl sie ja selbst nichts hatte, einen wunderbaren schwarzen Tuchmantel geschenkt.

Waren Sie denn etwa von gleicher Statur?

Ungefähr. Sie war etwas größer als ich. Diesen Mantel habe ich viele Jahre lang getragen; er war aus so gutem Tuch, dass dann später meine Tochter ihn hat abschneiden lassen und ihn weiter getragen hat.

Wann waren Sie in Hamburg?

Das muss so 1949 gewesen sein.

Haben Sie sie denn später noch gelegentlich gesehen?

Ja.

Wo haben Sie sich getroffen?

In Hamburg. Ich habe sie dann immer in ihrem Büro besucht. Ich hatte eine Tante, die von Neuseeland nach Hamburg gezogen war, weil ihr Sohn dort lebte. Die habe ich öfter besucht. Und immer, wenn die Gräfin da war, habe ich sie auch besucht. Ich hatte aber nie viel Zeit. Seit unser Sohn in Lübeck wohnte, bin ich häufiger nach Hamburg gefahren. Im Winter 2001, dem Winter, bevor sie gestorben ist, konnte ich sie aus irgendeinem Grund nicht besuchen. Am Telefon sagte ich ihr, dass ich vor unserer Heimreise nicht mehr nach Hamburg herüberkommen könnte, und fragte dann, wie es ihr ginge. Sie antwortete: »Schlecht!« Ich werde den Ton, mit dem sie das sagte, nie vergessen, und ich wusste nun, dass sie ernsthaft krank war, denn bis dahin hatte ich sie niemals über ihre Gesundheit klagen hören. Ich sagte dann, dass wir im Januar wieder nach Lübeck fahren würden, worauf sie antwortete: »Aber dann kommst du!«

Ich möchte noch eine frühere Begebenheit anfügen: Zu ihrem neunzigsten Geburtstag haben ihr meine beiden Lübecker Enkelinnen mit ihren Geigen, begleitet von ihrer Mutter auf einem elektrischen Klavier, ein Ständchen gebracht. Es war im Konferenzsaal der *Zeit*, und es waren nur wenige dabei – außer meinem Sohn und mir nur die Assistentin der Gräfin, Irene Brauer; dann wurde noch Theo Sommer dazugeholt.

Auch aus Friedrichstein möchte ich noch etwas ergänzen, was mich sehr beeindruckt hat. In dem großen Schloss hatte die Gräfin zwei kleine Zimmer, die nach vorn zum Eingang herausgingen. Die Zimmer der Gräfin waren relativ schmal. An das eine erinnere ich mich sehr gut, da gab es eine Chaiselongue und einen Kamin. Auf dieser Chaiselongue sehe ich sie noch, sie hatte sich hingelegt, weil sie sich nicht ganz wohlfühlte. Um sie herum saßen auf irgendwelchen Hockern die jungen Mädchen, die bei der Gräfin Ria zum Kochenlernen waren.

Oder die Geschichte, die zeigt, wie tough die Gräfin war. Es war Sommer, und die Nächte sind in Ostpreußen natürlich besonders lange hell. Wir saßen zuerst zusammen im Schloss, als sie sagte: »Wie wäre es, wenn wir noch baden gehen?« Ich habe selbstverständlich zugestimmt. Wir sind dann in diesen – sie hat es Teich genannt – gesprungen, und ich habe es zum ersten Mal erlebt, wie es ist, wenn man sich von Kopf bis Fuß in Entengrütze bewegt. Es war komisch. Das Wasser war lauwarm und sauber. Danach hat man sich natürlich gründlich abgewaschen.

Hat Ihr Herr Vater auch Kontakt zu Marion Dönhoff gehabt, nachdem sie in Hamburg war?

Aber ja.

Wo haben sie sich gesehen? Auch in Hamburg?

In Hamburg.

Wie hat denn Ihr Vater darauf reagiert, dass Marion Dönhoff im Journalismus gelandet ist?

Er war sicher gelegentlich mit dem, was sie geschrieben hat, nicht ganz einverstanden. Aber er wusste, dass sie nicht zur »Journaille« gehörte, sondern die Probleme, zu denen sie schrieb, mit ihrer wunderbaren Neugier, aber immer mit Diskretion angepackt hat. Da gab es nie einen Zweifel.

27. Januar 2005

»Ganz wach und immer voller Fragen«
Christa Armstrong, New York

CHRISTA ARMSTRONG, geborene von Tippelskirch und Witwe des Chefredakteurs von *Foreign Affairs*, Hamilton Fish Armstrong, wurde am 17. Juli 1917 in Marienwerder, Westpreußen, geboren. Sie hat 1946 ein Jahr bei der *Zeit* und später in mehreren Berufen in verschiedenen Ländern gearbeitet. Christa Armstrong lebt seit vielen Jahren in New York. Ihre Freundschaft mit Marion Dönhoff begann 1937, als sie bei deren Mutter Ria das Kochen lernen sollte.

Mrs. Armstrong, vielleicht beginnen wir einmal damit, wie Sie nach Amerika gekommen sind.

Ich bin 1948 nach Amerika gekommen. Davor hatte ich in der Schweiz gearbeitet, in einer Nachrichtenagentur, die Exchange Telegraph hieß; da war ich der deutschsprachige Nachrichtenmensch vom Nachtdienst. Nachts kamen die Nachrichten aus England übers Telefon; ich musste sie aufnehmen, übersetzen und anschließend in Wachsmatrizen schreiben. Das alles musste zwischen fünf Uhr nachmittags und fünf Uhr morgens passieren.

Vor meiner Arbeit bei der Agentur war ich 1946/1947 bei der *Zeit* gewesen. Ich bin ein alter *Zeit*-Genosse und gehörte mit zu dem Urstamm. Ich saß zusammen mit Claus Jacobi und dem ehemaligen Presseattaché der bulgarischen Botschaft in Berlin, Athanas Bobew, im »Kinderzimmer«, wie es einer der Teilhaber der Zeitung, Richard Tüngel, nannte. Mir war aufgetragen, die ausländischen Zeitungen durchzuforschen und den Redakteuren Übersetzungen davon zu liefern. Ich war zweisprachig, weil meine Mutter Engländerin war. Jacobi war, wie ich, Volontär. Wir sollten lernen, wie es bei der Zeitung zugeht. Aber die Redakteure waren natürlich alle wahnsinnig beschäftigt, und niemand hatte eigentlich Zeit für uns.

Das hat sich nie geändert.

So bin ich dann eben in die Schweiz gegangen, habe in der Nachrichtenagentur gearbeitet und auf diese Weise versucht, weiterzukommen. Jacobi ist zur *Welt* gegangen. Wir kannten uns schon vorher, weil wir zusammen bei der *Hamburger Allgemeinen* gearbeitet hatten. Da war ich Sekretärin des Chefredakteurs Karl Silex, den die Engländer absetzten. Marion war damals in der Redaktion der *Zeit*, aber noch nicht so hoch aufgestiegen.

Sie kannten Marion Dönhoff schon vor Ihrer Tätigkeit bei der Zeit?

Wissen Sie, in Ostpreußen waren viele Familien miteinander verwandt. Das Land war ja nicht so riesig, deshalb wurde im Grundbesitz immer sehr untereinander geheiratet. Ich bin auch irgendwie mit Marion verwandt. Wenn man mit den Kanitzens und Dohnas verwandt ist, ist man quasi mit allen verwandt. Ich habe immer von Marion gewusst. Mein Vater war Arzt, er war Chef des städtischen Krankenhauses in Marienwerder und Chirurg. Die ganze ostpreußische Verwandtschaft kam immer vorbei, wenn sie Kinder kriegte oder operiert wer-

Christa Armstrong, geborene von Tippelskirch, besuchte ihre alte
Freundin 1992 in Forio auf Ischia.

den musste. Auf diese Weise habe ich wahrscheinlich Marion
schon damals kennengelernt.

Richtig kennengelernt habe ich sie erst, nachdem ich Abitur gemacht hatte und in Ostpreußen bei Marions Mutter Kochen lernte, einen Sommer lang, 1937. Und das kam so: Ich war
in einem Internat gewesen, das Heiligengrabe hieß. Ich war da
1933 und 1934 Schülerin. 1934 kam die Gestapo nach Heiligengrabe und warf der Äbtissin vor, dass sie uns nicht im Geiste
des Dritten Reiches erziehe, und sie machten unsere Klasse,
in der ich vier Monate später Abitur machen sollte, zu. Wir
acht Schülerinnen in der Abiturklasse wurden auf die Straße
gesetzt und mussten uns neue Schulen suchen. In meiner Klasse war auch die Tochter der Kronprinzessin, Cecilie Prinzessin

von Preußen. Wir waren befreundet. Cecilie stand aber nicht vor dem Abitur, weil sie in den Fächern wie Mathematik, Chemie, Physik keine Vorbildung hatte. Sie war nur bei den Sprachen mitgekommen und verließ Heiligengrabe im Sommer 1934.

Cecilie war also in Potsdam und hörte, was in der Schule passiert war. Wir saßen alle auf der Straße und suchten nach neuen Schulen. Keine wollte uns nehmen, vier Monate vor dem Abitur. Wir mussten alle eine Klasse zurück. Ich war so wütend, dass ich sagte, ich will keinen Tag mehr in diesem Land verbringen, das ist so fürchterlich hier. Zu diesem Zeitpunkt schrieb die Kronprinzessin einen Brief an meine Eltern und fragte, ob sie mich den Winter über nach Potsdam-Cecilienhof holen könne, zur Gesellschaft ihrer Tochter. Sie würde dafür sorgen, dass wir Gasthörerscheine für die Uni bekämen und dass wir ordentlich ins Theater gehen und weitergebildet würden.

Die Kronprinzessin von Preußen?

Schrieb die Kronprinzessin. Weil meine Freundin Cecilie gesagt hatte, die Christa sitzt zu Hause herum und sucht eine Schule. Es wäre doch nett, wenn wir zusammen wären. Meine Eltern waren nicht sehr erbaut darüber und meinten, das könne nicht gut gehen, »du in der Hofatmosphäre, du passt da überhaupt nicht hin«. Na, kurz und gut, ich landete im Herbst 1934 bei Kronprinzens in Potsdam, wo ich den Winter verbrachte. Wir gingen auch an die Uni, hörten Geschichte und Kunstgeschichte, gingen aber auch furchtbar viel aus. Es wurde uns viel geboten, gesellschaftlich, Theater und Oper, Dinge, die ich noch nie erlebt hatte.

Die Kronprinzessin hatte auch dafür gesorgt, dass Cecilie und ich den Sommer über nach England gehen konnten. Das brauchte ich eigentlich nicht, weil ich fließend Englisch sprach, aber die Prinzessin sollte Englisch lernen. Meine Mutter half dabei, eine Familie zu finden, in der wir untergebracht werden konnten. So fuhren wir nach England. Das war auch ganz fabelhaft, viele gesellschaftliche Ereignisse und Tennisspielen. Ich sah aber auch, dass diese Art von Leben auf Dauer nicht für mich infrage käme, und sagte am Ende dieses Sommers zu meiner Freundin: »»Ich kann nicht mehr mit nach Potsdam kommen, ich muss daran denken, was aus mir wird, und ich möchte eigentlich doch das Abitur machen.« Ich durchschaute natürlich inzwischen auch, dass es um die Zukunft von Cecilchen, der Kleinen, ging, für die ein Mann gefunden werden sollte. Ich jedoch musste sehen, dass aus mir irgendetwas wurde. Cecilchen verstand das.

Ich fuhr nach Hause, und mein Vater sagte, nun müsse ich mich selber kümmern und eine Schule suchen. Ich zog also nach Berlin und sah mich nach einer Schule um. Das war schwierig. Bei den öffentlichen Schulen hieß es immer, ich müsse ein Jahr zurückgestuft werden. Deshalb bin ich auf eine »Presse« gegangen. Dort wurde mir sofort klargemacht: Jetzt ist September, wir nehmen Sie hier auf, und wir trimmen Sie ordentlich auf das, was verlangt wird, und dann bewerben Sie sich bei einer Schule in Berlin fürs Abitur. Das habe ich auch gemacht.

In dieser »Presse« waren – ich erzähle das, weil das mit Marion zu tun hat – nur Jungens, zum größten Teil erwachsene Männer, die schon gearbeitet hatten. Ich war das einzige Mädchen. Das kannte ich bereits, denn ich war vorher schon einmal auf einer Jungenschule gewesen. Das hat mir überhaupt nichts ausgemacht. Aber das ist eine Erfahrung, die mit der Marions parallel geht. Deswegen verstanden wir uns auch so gut, weil wir immer wussten, wo es langgeht in solchen Situationen. Auf der »Presse« klappte alles prima, und danach bewarb ich mich am Bismarck-Oberlyzeum in Steglitz zum Abi-

tur, wo ich angenommen wurde. Dort hatte man vier Tage
schriftliche und einen ganzen Tag von acht bis acht mündliche
Prüfung. Das habe ich auch bewältigt, und so hatte ich mein
Abitur.

Kaum hatte die Kronprinzessin gehört, dass ich das Abitur
gemacht hatte, kam sie mit einem neuen Plan. Sie wollte ihre
Tochter nach Ostpreußen schicken, damit sie dort Kochen
lernte. Ihr waren die Dönhoffs eingefallen, mit denen sie sehr
befreundet war, mit Gräfin Ria Dönhoff, Marions Mutter. Sie
wohnte auf einem Gut namens Barthen, ihrem Alterssitz, und
sie sagte zu, den Mädchen den Sommer über durch ihre Mamsell das Kochen beibringen zu lassen. Neben Cecilchen und
mir gab es noch die Tochter von den Henschels, die in Kassel
Züge und Lokomotiven produzierten, und deren Freundin.

Wir vier Mädchen zogen also zu Mutter Dönhoff und
lernten Kochen bei der Mamsell. Das war ein heiteres, aber
etwas sinnloses Unterfangen, denn die Mamsell hatte nur Re-
zepte wie: Man nehme eine Mandel Eier und zwei Pfund Butter. Bei der wurde immer en masse gekocht, aber wir amüsierten uns königlich. Marion verwaltete damals schon das Gut
Quittainen für ihren Bruder.

Das war 1937. Marion erschien fast jeden Tag zu Pferde in
Barthen und guckte sich an, was unser komischer Verein da
trieb. Sie saß auf ihrem Pferd und sah so ein bisschen spöttisch
auf uns herab. Was andere Mädchen trieben, fand sie alles
höchst unnütz und amüsierte sich darüber. Doch mit ihrem
Bruder zusammen trommelte sie uns alle am Wochenende des
Öfteren rüber nach Friedrichstein ...

Mit welchem Bruder?

Heini, dem Ältesten, für den sie Quittainen verwaltete. Die beiden arrangierten fabelhafte Feste für uns, zu denen lauter junge
Männer aus der Umgebung eingeladen wurden. Es wurde ge-

tanzt, und wir amüsierten uns alle ganz wunderbar. Die Teilnehmer waren alle so um achtzehn, neunzehn herum. Das war wunderbar, sie haben sich richtig herrliche Feste für uns ausgedacht. Es machte ihnen und vor allem uns Spaß. Denn bei der Gräfin Mutter herrschte ein ziemlich strenges Regiment.

Als einmal an einem Wochenende nichts in Friedrichstein stattfand, hatte ich mir ausgedacht, wir vier Mädchen – wir hatten zwei Autos – sollten an die Ostsee fahren. Das haben wir auch gemacht. Dummerweise hatten wir aber nirgends ein Hotel reserviert, und als wir hinkamen, gab es in ganz Rauschen und Umgegend – Rauschen hieß das Seebad – keine Hotelzimmer. Ich meinte sofort, das ist nicht weiter schlimm, wir fahren an den Strand oder ein bisschen hinten in die Wiesen und schlafen im Auto. Das ging auch wunderbar. Wir schliefen in den Autos, morgens guckten uns die Kühe in die Fenster. Eine von uns ging am Morgen zu einer Räucherei und kam mit Tüten voll geräucherter Flundern zurück. Wir hatten ein wunderbares Wochenende und kamen sonnenverbrannt am Sonntagabend wieder in Barthen an.

Die Gräfin fragte, wie es denn gewesen sei, und alle waren sehr begeistert: Hotelzimmer haben wir keine gefunden, berichteten wir, darum haben wir am Strand übernachtet. Da hat sie eine unheimliche Wut gekriegt, weil sie das unverantwortlich fand. »Was sage ich jetzt der Kronprinzessin?« Sie hat gedroht, dass sie mich rausschmeißen wolle, weil ich das angezettelt hätte. Davon haben wir sie aber abgebracht, und dann war alles wieder in Ordnung. Bei ihr ging es wirklich streng zu. Sie hatte natürlich auch die Verantwortung für uns. Das war der Sommer 1937; da habe ich Marion eben besser kennengelernt. Dann habe ich sie immer mal wieder in Berlin gesehen.

Lassen Sie uns doch noch einmal bei dem Sommer bleiben. Sie kam per Pferd von Quittainen …

Sie kam herübergeritten, stieg gar nicht erst ab und schaute von oben runter.

Hatte sie Humor?

Marion? Ja, schon, natürlich, ja klar.

Hatte sie auch Freunde?

Weiß ich nicht, wir sind nie in Quittainen gewesen, wir waren immer nur in Barthen oder Friedrichstein.

Wie lange dauerte es mit dem Pferd von Quittainen nach Barthen?

Eine halbe Stunde vielleicht. Das kann nicht weit gewesen sein. Das waren ja alles Güter, die zu Friedrichstein gehörten.

Noch einmal zu den Festen auf Schloss Friedrichstein ...

Wir haben getanzt und wunderbar gegessen, uns herrlich unterhalten. Heini, der Bruder, war immer ganz reizend. Sie hatten auch lauter wahnsinnig nette Verwandte, die Lehndorffs und andere Besitzer von Nachbargütern, die man immer schon gekannt hatte.

Ging es nicht sparsam zu bei den Dönhoffs?

Das kann man eigentlich nicht sagen, nein.

Was haben Sie nach dem Abitur gemacht?

Ich bin in Berlin auf die Rackow-Schule gegangen, das war eine Sekretärinnenschule. Im Grunde stand von Anfang an für mich fest, ich würde nirgendwohin gehen, was irgendwas mit einer Nazi-Behörde zu tun haben könnte. Studieren fiel daher aus, denn ich wollte nicht in einen Nazi-Studentenbund eintreten. Ich hatte die Nazis bereits kennengelernt. Das kam überhaupt nicht infrage.

In meinem ersten Job nach der Sekretärinnenschule bin ich nicht lange geblieben, weil die Anfahrt zu weit war und mich die Arbeit – die Firma stellte U-Boot-Teile her – nicht interessierte. Zu jener Zeit lernte ich bei einem Fest in Cecilienhof Nanni Humboldt kennen. Nanni arbeitete damals bei einem Modefotografen und lud mich manchmal ein, für sie Modell zu sitzen. Als sie hörte, dass ich einen grässlichen Job hatte – sie hatte selbst gerade ihre Stelle gewechselt und arbeitete nun bei einer Reklameagentur –, sagte sie zu mir: »Weißt du, da brauchen sie gerade eine Sekretärin für den Chef. Hättest du nicht Lust?« So ging ich also zu dieser Werbeagentur, die »Werbung« hieß, und wurde die Sekretärin vom Chef. Bei dieser Agentur bin ich den ganzen Krieg über gewesen.

Eines Tages rief uns der Chef zusammen. Er war ein gebürtiger Holländer. Ich hatte immer das Gefühl, er arbeitete für den englischen Geheimdienst, aber das kann ich nicht verbürgen. Er trommelte uns also alle zusammen und sagte: »Wir machen hier Reklame für etwas, was es gar nicht mehr gibt. Aber die Leute müssen die Produkte in Erinnerung behalten. Deshalb machen wir jetzt Erinnerungswerbung. Aber ich kann euch alle nur noch halbe Tage beschäftigen. Ich schlage vor, dass ihr euch etwas sucht, entweder eine andere Arbeitsstelle oder eine Lehre, wo ihr irgendetwas lernt, was ihr hinterher gebrauchen könnt.« Ich bin auf eine Fotoschule gegangen, immer für einen halben Tag. – Was dann hinterher sehr nützlich gewesen ist.

So habe ich den Krieg in Berlin verbracht, bis es zu Ende ging. In Berlin habe ich auch Marion noch oft getroffen. Sie kam beispielsweise immer, wenn die Grüne Woche in Berlin stattfand.

Sie haben immer den Kontakt gehalten? Haben Sie ihr geschrieben?

Nein, für eine Korrespondenz war der Altersunterschied zu groß. Aber wenn wir uns trafen, hatten wir uns immer etwas zu erzählen. Ich lernte auch Leute durch sie kennen, Professor Salin zum Beispiel und die Kinder Salin und lauter Verwandte und Bekannte. In jener Zeit kannten wir uns schon richtig gut.

Der Altersunterschied wirkte sich aber ganz günstig aus, andernfalls wären wir uns vielleicht ins Gehege gekommen, denn sie war auf Frauen nicht gut zu sprechen. Marions Persönlichkeit ist mir an sich ganz geläufig, weil ich Ähnliches auch von mir selber kenne. Wenn man sehr viel mit Jungens aufgewachsen ist, dann entwickelt man so ein gewisses Gefühl, »I am one of the boys«. Das ist bei Marion immer sehr ausgeprägt gewesen. Bei mir hat sich das nach und nach verloren, weil mein Leben ganz anders verlaufen ist. Aber als Marion zur *Zeit* kam, war das schon sehr deutlich. Sie empfand sich als »one of the boys«. Das muss man respektieren. Die Frauen, die für sie gearbeitet haben, haben ihre Einstellung, glaube ich, sehr zu spüren gekriegt.

Sogar die Frauen, die selber Redakteurinnen waren, haben das so empfunden, dass da immer ein gewisser Abstand war. Marion und ich aber waren eigentlich Kumpel. Marion hat einmal zu mir gesagt: »Weißt du, du und ich kommen aus derselben Wurzel.« Das heißt, wir stammten aus ähnlichen Familienverhältnissen. Ich kam zwar nicht aus einem Schloss, aber unsere Familien waren verwandtschaftlich verbunden, und ich wusste, wie sie aufgewachsen war, sie wusste, wie ich aufgewachsen war, das war die gleiche Atmosphäre. Wir brauchten uns nicht viel zu erklären. Und als ich bei der *Zeit* arbeitete ...

Wie sind Sie eigentlich zur Zeit *gekommen? Durch Marion Dönhoff?*

Nein, überhaupt nicht über Marion. Ich verlor den Job bei der *Hamburger Allgemeinen*, weil Karl Silex von den Engländern abgesetzt wurde. Die nahmen ihm übel, dass er bei der *Deutschen Allgemeinen Zeitung* gewesen war und da in irgendeiner Nazi-Verbindung, aber Nazi war er bestimmt nicht. Nach der Absetzung sind Jacobi und ich aus Protest weggegangen. Ich hatte keine Arbeit und habe mich an Richard Tüngel gewandt, den ich nicht kannte. Er hat mich eingestellt und vorher sicher auch Marion gefragt, aber ich habe den Job nicht über Marion bekommen. Tüngel war ein rührender Mensch. Er nahm uns alle, die wir Schwierigkeiten mit Arbeitsplätzen hatten und aus Berlin gekommen waren, auf und half uns ...

Das war Anfang 1946. Was sagte denn Marion Dönhoff, als Sie auf einmal auftauchten?

Sie sagte, das sei alles in Ordnung. Aber sie wäre wohl nicht zu Tüngel gegangen und hätte gesagt: Nehmen Sie mal die Christa. Das war auch richtig so, denn sie wusste ja nicht, ob ich geeignet gewesen wäre.

Und dann ging es ins »Kinderzimmer«?

Dann kam ich ins »Kinderzimmer«, mit Athanas Bobew und Claus Jacobi. Wir amüsierten uns bestens und teilten alles, was wir hatten. Wir kauften uns auf dem Schwarzen Markt eine Zigarette und teilten sie in drei Teile. Wir hatten alle nichts zu essen und alle nichts zu heizen. Auf einmal passierte diese Sache mit Marion, dass sie plötzlich Gespenster sah. Der Chefredakteur, Richard Tüngel, ließ mich zu sich kommen und meinte: Sagen Sie mal, die Marion, die sieht Gespenster ...

Das war beim Schlafen, oder wenn sie irgendwo alleine war ...

Sie wachte mitten in der Nacht auf und sah irgendwelche Gestalten. Tüngel meinte: »Wie wäre es, Sie quartieren sich da mal ein und schlafen einmal ein paar Nächte bei ihr, um zu sehen, was da los ist?« Damit war Marion auch ganz einverstanden. Ich hatte so ein britisches Army Camp Bed, das man zusammenklappen konnte, das nahm ich unter den Arm und zog zu ihr.

Wo war das?

Das war, als sie bei Blumenfeld wohnte, in der Fontenay an der Außenalster. Sie hatte dort zwei aneinandergrenzende Zimmer. Wir ließen die Tür auf, und sie schlief in dem einen Zimmer und ich in dem anderen. Ich wachte mitten in der Nacht auf und fragte: »Siehst du was?« Sie antwortete: »Ja, ist aber schon vorbei.« Ich war von irgendetwas aufgewacht, aber ich hatte nichts gehört oder gesehen. Sie erzählte anschließend, es sei eine Frau da gewesen, die sich auf ihr Bett gesetzt, sie ganz traurig angeguckt und ganz bleich ausgesehen habe. Die käme jeden Abend. Sie hat sich furchtbar erschrocken. Am nächsten Abend kam sie, glaube ich, nicht wieder.

Marion hatte sich so eine Geschichte zurechtgemacht, dass die Frau im Zusammenhang mit irgendeiner Organisation stünde, die Pakete für Flüchtlinge verschickte. Marion hatte sich für die Organisation eingesetzt und meinte, die Frau sei irgendein Geist, der käme, um sie zu warnen.

Das sagte sie auch, wenn sie ganz wach war?

Ja. Ich hatte nicht das Gefühl, dass irgendetwas mit ihr nicht in Ordnung war. Sie erzählte das von der Frau so, als ob sie eben eine Erscheinung gehabt hätte.

War das Phänomen vielleicht auf den Hunger zurückzuführen?

Kann gut sein. Ich würde jetzt denken, nachdem ich ein bisschen mehr Erfahrung mit Medizin habe, dass sie wahrscheinlich nicht genug Wasser getrunken hatte. Dehydrierung verursacht solche Symptome. Wenn ich mir das jetzt vorstelle, war sie, glaube ich, in eine Art Depression versunken, die solche Erscheinungen hervorruft.

Und die Erscheinung gab es immer nur nachts?

Immer nur nachts. Tagsüber, im Büro, war sie wahnsinnig diszipliniert, Marion eben. Wir hatten alle nichts zu essen und sahen alle sehr abgewrackt und elend aus; das galt auch für sie. Es gab ja nichts. Aber ich glaube, die nächtliche Erscheinung hatte sicher auch damit zu tun, dass sie nicht genug Wasser getrunken hatte. Jedenfalls sagte Tüngel: »Hier muss was geschehen, die Marion muss einmal ein paar Tage raus.« Sie ist irgendwo aufs Land gefahren, ich glaube, zu den Metternichs, aber das weiß ich nicht mehr genau. Als sie wieder zurückkam, hat sich das mit dem »Geist« gegeben.

Übrigens, die *Zeit* hatte einmal eine Zeit lang in Kampen auf Sylt ein Haus gekauft oder gemietet, dorthin konnten Mitarbeiter der Zeitung fahren und sich ein bisschen erholen. Marion und ich haben dort einmal zusammen ein Wochenende verbracht. Wir hatten so den gleichen Rhythmus. Sie arbeitete, ich ging an den Strand. Viele Jahre später hat sie mir in einem Brief geschrieben, wie nett unser gemeinsamer Ausflug gewesen sei. Sie schrieb, ich sei über die Dünen gehüpft und sie sei hinterhergetölpelt. Sie kam sich immer ein bisschen weniger sportlich vor, als ich es gewesen bin. Aber unser Aufenthalt war unheimlich gemütlich. Wir kochten zusammen und ließen es uns ein paar Tage lang gut sein.

Haben Sie auch an den Redaktionskonferenzen teilgenommen?

Aber nein, nein. Wir waren doch das »Kinderzimmer«, in der Konferenz hatten wir überhaupt nichts zu suchen.

Welchen Stand hatte Gräfin Dönhoff zu Anfang ihrer Karriere bei der Zeit*?*

Sie war außerordentlich angesehen und wurde von Tüngel sehr verehrt. Sie kam mit allen sehr gut aus, sie mochten sie alle wahnsinnig gern, aber vor allem Tüngel.

Sah sie gut aus?

Ja, sehr.

Eine sehr aparte Erscheinung wahrscheinlich.

Ja, und diese blitzblauen Augen und so ganz wach und immer voller Fragen, immer was zu sagen. Alle mochten sie gern, weil sie eben viel beizutragen hatte. Es war ja damals noch ein furchtbar kleiner Kreis. Gerd Bucerius, Jupp Müller-Marein, Eka Müller, Richard Tüngel, Erwin Topf von der Wirtschaft und ein paar andere. Ernst Friedlaender kam etwas später dazu.

Da haben Sie auch Frau Focke, seine Tochter, kennengelernt.

Ja, natürlich, alle. Friedlaender war auch immer sehr nett zu uns jungem Volk.

Hatte die Gräfin keine Verehrer?

Sie meinen in der Redaktion?

Generell.

Nicht, dass ich wüsste. Aber das wäre auch nicht an mich rangekommen. Sie sah sich um nach jungen Talenten. Aber Verehrer, das hätte sich woanders abgespielt, das hätte ich nicht mitbekommen.

Wie lange sind Sie bei der Zeit geblieben?

Ich bin nur ein Jahr da gewesen. Es war der fürchterliche Winter 1946/1947, und wir waren alle krank. Ich hatte die Grippe und was nicht alles. Damals lud mich ein Onkel in die Schweiz ein, und Tüngel sagte, das machen Sie mal, spannen Sie ordentlich aus. Ich bin dann in die Schweiz gegangen. Die Familie meines Onkels hatte einen Besitz am Vierwaldstätter See. Dort traf ich ein Basler Ehepaar namens Vondermühll. Frau Vondermühll war die Schwester von Carl Burckhardt, dem Schweizer Diplomaten. Sie hatte Gefallen an mir gefunden, obwohl sie selber drei Kinder hatte. Sie lud mich nach Basel ein und behielt mich da. Sie meinte gleich: »Ach, was sollst du am Vierwaldstätter See, nur alte Leute, wir zeigen dir alles, was hier schön ist.« Ihr Mann war Architekt. Sie nahmen mich überall mit hin. Sie war eine unglaublich interessante Frau, die für mich, so im Nachhinein muss ich das sagen, eine Ersatzmutter gewesen ist.

Bei den Vondermühlls traf ich auch Edgar Salin. Er meinte: »Na, wenn du schon hier bist, dann kannst du für mich arbeiten und dir nebenbei ein paar Franken verdienen.« So ging ich am Morgen immer zu Edgar Salin und machte seine Korrespondenz. Den Rest des Tages verbrachte ich bei den Vondermühlls, bei denen unglaublich viele interessante Leute verkehrten. Frau Vondermühll war eine intime Freundin des österreichischen Dichters Hugo von Hofmannsthal gewesen und hatte Bekannte aus dem Kreis um den Dichter Stefan George. Sie hatte viele Beziehungen, nach Frankreich, nach England und in andere Länder.

Die Vondermühlls waren Schweizer?

Ja, wie ja auch Carl Burckhardt. Er war zu der Zeit Schweizer Gesandter in Paris und kam oft zu den Vondermühlls. Dory Vondermühll fand es ganz lustig, eine ältere Tochter im Haus zu haben. Ihre eigene Tochter arbeitete damals bei einem Verlag in England.

Wir fuhren zum Beispiel jeden Mittag ein paar Stunden im Auto. Auf den Fahrten deklamierte sie Gedichte, die sie auswendig konnte, zum Beispiel Johann Peter Hebel, auf Alemannisch. Sie gab mir auch Bücher und sagte: »Das musst du unbedingt lesen, und dann müssen wir darüber reden.« Sie war jemand, der bis ins hohe Alter mein Leben bestimmt hat, weil sie mir eingehämmert hat: »Den größten Teil des Lebens ist man alleine, deshalb ist es sehr wichtig, im Leben Spielsachen zu haben. Du musst dir frühzeitig angewöhnen, lauter Spielsachen zu haben.« Unter Spielsachen verstand sie Kreuzworträtsel, Patiencen legen, Patchwork, Quilts. Sie machte wunderbare Handarbeiten – sie strickte, häkelte, nähte, solche Sachen. Ich übernahm von ihr die Kreuzworträtsel, die Kartenspiele und natürlich das Lesen. Das hat mein Leben unglaublich bereichert. Ich habe nie diese Alleinsein-Phase, habe viele Spielsachen.

Das ist wunderbar, wenn man so einen Schatz hat.

Dory Vondermühll kannte auch Marion sehr gut, weil sie mit ihrem Bruder Carl Burckhardt bekannt war. Ich lernte Burckhardt ebenfalls kennen. Als ich später in Amerika verheiratet war, hat er mich oft besucht. Die Burckhardts waren eine riesige Bereicherung für mein Leben. Die Dönhoffs und er haben sich kennengelernt, als er Hochkommissar des Völkerbundes in Danzig war. Marion Dönhoffs Schwester Yvonne war ebenfalls sehr befreundet mit ihm.

Wie gab sich Marion Dönhoff, wenn sie in die Schweiz kam?

Wie immer, alle Augen und Ohren offen, und was machen wir jetzt, immer unternehmend. Sie hatte sehr viele Freunde. Aber vor allem fragte sie alle, wie es denn politisch zuginge.

Sie sind dann aus der Schweiz nach Amerika gegangen?

Das war 1948, im November. Ich kam in New York an, und ein Vetter holte mich ab, gemeinsam mit Hans Bernd Gisevius, den ich in der Schweiz kennengelernt hatte. Er war während der Nazizeit Vizekonsul am Generalkonsulat in Zürich gewesen und gehörte zum Widerstand vom 20. Juli. Er hatte mir versprochen: »Wenn du herüberkommst, besorge ich dir alles, was du brauchst.« Er hat mir zwar keinen Job besorgen können, aber die Jobs lagen wirklich auf der Straße. Es war so leicht. Ich hatte schon in der ersten Woche eine Arbeit bei einer Exportfirma. Das Gehalt war 55 Dollar in der Woche, und ich bekam eine Wohnung zum Preis von 50 Dollar im Monat. So waren die Preise damals.

Sind Sie wieder in den Journalismus gegangen?

Nein, ich bin im Export/Import geblieben, dann bin ich in die Vertretung von Ferrostahl gegangen, und schließlich habe ich meinen Mann kennengelernt, und zwar auf eine merkwürdige Weise. Ich saß bei dieser Export/Import-Firma, und eine Dame fragte mich am Telefon, ob ich mir ein Manuskript zum Übersetzen abholen könne.

»Entschuldigen Sie«, antwortete ich, »Sie müssen die falsche Nummer haben, ich bin kein Übersetzer, ich arbeite bei einer Export/Import-Firma«. Sie daraufhin: »Moment mal, wir haben hier ein Manuskript von einem Professor aus Basel, der sagt, dass Sie für ihn gearbeitet hätten und dass Sie eine exzellente Übersetzerin für seinen Artikel sein würden.« Ich dann: »Ach, Professor Salin! Nein, das geht weit über meine Fähigkeiten, das kann ich überhaupt nicht. Und außerdem gehe ich morgen auf Urlaub.« Das sah sie ein.

Zehn Minuten später war eine Männerstimme am Telefon: »Sie haben meiner Sekretärin gerade gesagt, Sie könnten das nicht machen. Ich muss Ihnen sagen, wir brauchen diesen Artikel dringend in zehn Tagen, und ich möchte Sie bitten, dass Sie in Ihrer Mittagspause einmal zu uns kommen und sich das Manuskript angucken.«

Es war ein heißer Junitag, und damals ging in New York alles sehr formell zu. Man musste weiße Handschuhe tragen, wenn man sich irgendwo vorstellte, einen Hut aufhaben. Ich guckte auf meine Handschuhe und dachte: 7 Dollar 50 für ein paar neue Handschuhe, das ist mir die Sache nicht wert. Aber nun hatte ich mich darauf eingelassen, kaufte mir also ein paar neue Handschuhe, fuhr in das Büro von *Foreign Affairs* und war fünf Minuten später wieder aus dem Büro raus mit dem Manuskript unterm Arm. Denn da saß ein Mann, who was not taking »no« for an answer.

Und das...

... das war Hamilton Fish Armstrong, der Chefredakteur der Zeitschrift *Foreign Affairs* und mein späterer Mann. Ich habe die Übersetzung angefertigt, sie haben mir einen Scheck dafür geschickt, und ein Jahr lang habe ich nichts mehr von ihm gehört. Aber irgendwann rief er wieder an, er nannte seinen Namen nicht, sondern sagte nur: »Hello, here I am again and I need something from you again. Would you know anybody who could write an article on a subject in Germany?« Er wollte einen Artikel für *Foreign Affairs* über Deutschland haben.

Der einzige Mensch, der mir einfiel, war Marion Dönhoff. Er meinte, das klingt ja gut. Und dann: »Kennen Sie jemanden, den ich über Miss Dönhoff befragen kann?« Meine Antwort: »Sie können Dorothy Thompson* fragen, die kennt Marion.« Das hat er dann wohl gemacht, jedenfalls rief er ein paar Wochen später wieder an und sagte, der Artikel sei gekommen und ob ich ihn übersetzen wolle. Na, und so gab das eine das andere.

Haben Sie die Gräfin in Amerika häufiger gesehen?

---

* Eine damals sehr bekannte amerikanische Journalistin.

Jedes Mal, wenn sie hier war. Sie hat auch oft bei uns gewohnt. Sie hat sich mit meinem Mann sehr gut verstanden. Die beiden waren mal zusammen in Jugoslawien, als George F. Kennan amerikanischer Botschafter in Belgrad war. Marion war zufällig auch gerade dort. Sie haben sich getroffen, und er ist ein Stück des Weges mit Marion gereist. Er erzählte später, was sie immer alles verloren hätte, den Pass und den Schirm und die Jacke, irgendwas sei immer weg gewesen.

Das war eine Schwäche, die sich bis ins hohe Alter gehalten hat.

Im hohen Alter wäre es ja normal gewesen, aber sie fing schon ziemlich früh damit an.

Hatte sie Verständnis für Amerika?

Das ist eine schwierige Frage. Ich bin so lange hier und sehr vertraut damit. Ich hatte immer ein bisschen das Gefühl, dass sie mit diesem Land eigentlich nicht so gut zurechtkam. Lauter Dinge, die für sie wichtig waren, gab es hier eben nicht. Wie die Gesellschaft hier, die auch nicht klassenlos ist, aber doch andersklassig als eine europäische. Sie guckte ein bisschen auf Amerika herunter.

Wann haben Sie Marion Dönhoff zum letzten Mal gesehen?

An ihrem neunzigsten Geburtstag in Crottorf.

Sie haben sie auch in Hamburg besucht?

Ja, oft. Ich war sehr befreundet mit Dagmar Dohna, Dagmar Baudissin, die Bildhauerin war und deren Mann ich schon gekannt hatte, lange ehe sie ihn kannte. Nachdem ihr Mann gestorben war, freundeten wir uns sehr an. Und jedes Mal, wenn ich nach Deutschland kam …

Sie war die Frau von General Baudissin, der beim Aufbau der Bundeswehr eine maßgebliche Rolle gespielt hat.

Ja. Den kannte ich schon als Schuljungen, noch aus Westpreußen, denn sein Vater war Regierungspräsident in Marienwerder, wo wir wohnten. Unsere Familien waren sehr befreundet. Gräfin Baudissin war eine gute Freundin meiner Mutter, und der Graf hatte ganz viel mit meinem Vater zu tun, damals, während der Abstimmung in Ostpreußen. Wir kannten uns gut. Dagmar und ich waren sehr befreundet. Nachdem ihr Mann gestorben war, bin ich viel bei ihr gewesen. Ich hatte jahrelang im Haus meines Vaters – das ich verkauft hatte – im obersten Stock eine Eigentumswohnung.

Wo war das?

Das war in Bad Eilsen, bei Bückeburg/Schaumburg-Lippe. Dorthin bin ich, nachdem mein Mann 1973 an Krebs gestorben war, zweimal im Jahr gefahren, im Frühjahr und im Herbst. Dort habe ich drei, vier Wochen verbracht und viele Freunde getroffen. Bei diesen Gelegenheiten habe ich Dagmar Baudissin immer besucht, und von ihr aus bin ich zu Marion ins Büro gegangen. Wir haben uns jedes Mal gesehen.

Hatte sich Marion Dönhoff verändert im Laufe der Jahrzehnte, in denen Sie sie kannten?

In meinen Augen nicht. Freunde haben das so an sich, dass sie sich nicht verändern.

Sie hat ja wirklich viele Freunde im Ausland gehabt. Sie war auch mit Fritz Stern befreundet und mit Henry Kissinger ...

Kissinger war wirklich eine große Freundschaft. Er hat zu mir gesagt: »You know, if I did something absolutely terrible and nobody would speak to me anymore, Marion would take me in.« Ich dachte, als er das sagte, na, sei dir mal nicht so sicher, aber ... Bei Marions Beerdigung war er sehr gerührt.

Waren Sie auch in Crottorf?

Ja, oft. Auch bei der Beerdigung. Hermann Hatzfeldt hatte mir eine E-Mail geschickt, »es ist sicher das letzte Mal, dass die ganze Familie zusammen ist, du musst unbedingt kommen«. Also bin ich dann hingeflogen. Ich kenne eben auch die ganze Familie so gut, die ganze Jugend. Die Dönhoff-Familie und die Hatzfeldts. Hermann Hatzfeldt ist der Sohn von Marions ältestem Bruder Heini. Der war verheiratet mit Dorothea Hatzfeldt, genannt Dodo. Wir kannten uns von Festen in Berlin, wir waren dieselbe Altersklasse und gingen in Berlin auf dieselben Partys.

Hermann Hatzfeldt ist von seiner Tante adoptiert worden, der Schwester seiner Mutter, Ursula, Lala genannt. Die hat alle, nicht nur Hermann, sondern auch seinen Bruder Christian, Jojo genannt, und die Schwester Christina adoptiert. Marion ist immer in den Ferien mit ihnen weggefahren und hat ihre Erziehung überwacht. Die lebten bei der Hatzfeldt-Großmutter, aber Marion hat sich immer sehr um die drei Kinder ihres Bruders gekümmert.

Was sind Ihre stärksten Eindrücke, wenn Sie heute an Marion Dönhoff denken?

Klarheit. In allem. Sie hatte so eine klare Sicht von allem.

Waren Sie überrascht, dass sie so erfolgreich war als Journalistin?

Nein. Wenn Marion etwas anpackte, machte sie es immer erstklassig. Sie hat sich für mich in all den Jahrzehnten nicht verändert, weil sie sich immer selbst treu geblieben ist. Man konnte auf sie setzen. Wenn ich mit ihr beruflich zu tun gehabt hätte, wäre das wahrscheinlich anders gewesen. Denn das konnte ich immer sehen. Sie sagte oft so merkwürdige Sachen. Alles, was Frauen anging, fand sie ein bisschen »unnütz«. Sie gebrauchte immer dieses Wort. Eine wirkliche Bewunderung für eine andere Frau habe ich bei ihr nie feststellen können. Außer in der Verwandtschaft. Selbst ihre Schwester Yvonne hat manchmal darunter gelitten, dass sie ihre schöne Weiblichkeit nicht richtig anerkannte. Sie liebten sich natürlich als Schwestern sehr, aber Marion war eigentlich immer ein bisschen superior. Ich nehme an, das ist ein Minderwertigkeitskomplex.

Obwohl die Gräfin ja auch attraktiv war.

Ja, aber Yvonne war eine Schönheit, eine absolute Schönheit. Unwiderstehlich, unglaublich schön.

30. April 2004

»Königin Marion?!«
Clarita von Trott zu Solz, Berlin

DR. CLARITA VON TROTT ZU SOLZ, geboren am 19. September 1917 in Hamburg als Clarita Tiefenbacher, ist die Witwe des Widerstandskämpfers Dr. Adam von Trott zu Solz. Sie ist Mutter zweier Töchter und arbeitete nach dem Krieg als Psychoanalytikerin. Über ihren Mann hatte sie wiederholt von Marion Dönhoff gehört. Sie begegneten sich erstmals im Sommer 1945.

Frau Dr. von Trott, Sie haben sich in den vergangenen Jahrzehnten gelegentlich darüber gewundert, dass der 20. Juli im Bewusstsein unseres Volkes nur wenig verankert ist. Wie sehen Sie das heute, sechzig Jahre nach dem Attentat?

Ich habe mich nie darüber gewundert. Es hat mich bekümmert. Aber es ist ja leider unausweichlich, dass Leute, die sich kompromittiert haben, nur schwer umdenken können. Warum soll man sich wundern, wenn Menschen, die in Scharen Hitler gewählt hatten, dann ihrem Glauben weiter anhängen müssen? Sie würden ja sonst ins Nichts fallen. Natürlich wollten sie hinterher nichts davon hören, dass es Mitbürger gab, für die Menschenwürde und Mitmenschlichkeit den höchsten Wert hatten. Und dass diese dafür ihr Leben einsetzten.

Wie sehen Sie das Verhältnis von jungen Menschen in diesem Land zum Widerstand?

Die jungen Menschen haben keine Ahnung. Ich denke manchmal, dass es auch schwer ist, sich für diese mutigen Menschen zu interessieren, weil die meisten einen so furchtbaren und entehrenden Tod sterben mussten. In jedem Fall ist es schwer, sich insbesondere die Gruppen vorzustellen, die den Umsturzversuch vom 20. Juli 1944 wagten. Vor allem ist eine tragende Motivation des Widerstands, die Vaterlandsliebe, in der alten Weise nicht mehr nachvollziehbar. Außerdem kann man sich in das Lebensgefühl einer Nation, aus deren Mitte Millionen ihrer Bürger in Vernichtungslager verschleppt wurden, nicht mehr hineinversetzen. Und auch nicht in unsere Lage damals: unter uneingeschränkter Diktatur im uneingeschränkten »totalen Krieg«, und obendrein einer allgegenwärtigen Bespitzelung ausgesetzt. Auch sieht der Alltag für die Jungen heute ganz anders aus – man denke nur an die Rolle, die Computer, Internet, Fernsehen und neuerdings das Handy heute spielen. Damals, beim Machtantritt der Nazis, fing das Radiohören gerade an. Hitler ließ den preiswerten »Volksempfänger« bauen, natürlich im Hinblick auf Propaganda! Auch die Familienverhältnisse haben sich grundlegend verändert: Die Frauen haben sich emanzipiert, die Töchter dürfen vorehelichen Verkehr haben, die Väter sind nicht mehr die Alleinbestimmenden. Die Ängste der jungen Menschen heute gelten wahrscheinlich vor allem den Sorgen um den Arbeitsplatz und der drohenden Arbeitslosigkeit. Die politischen Verhältnisse senden für junge Menschen offenbar noch keine Warnsignale aus, die an die Zeit vor 1933 erinnern könnten.

Gräfin Dönhoff hat sich vom Beginn ihrer journalistischen Karriere an sehr für das Erinnern und für die Würdigung der

Männer des 20. Juli eingesetzt. Wie beurteilen Sie dieses Engagement Marion Dönhoffs?

Das war ganz hervorragend! Ich erinnere mich daran, dass sie irgendwann einmal einen sehr streitbaren Titel benutzt hat für einen 20.-Juli-Artikel: »Hände weg vom 20. Juli!« Ich empfand es als unbeschreiblich erleichternd, dass Marion nicht nur Autorität und moralische Unangreifbarkeit einsetzen konnte, sondern dass sie auch durch ihr Medium, *Die Zeit*, mehr Menschen aus unterschiedlicheren Bevölkerungsgruppen erreichte, als dies den Historikern, Kirchenleuten oder Biografen im Allgemeinen möglich ist. Sie konnte deshalb besser als alle anderen Überlebenden dabei helfen, die schwer erträgliche Mauer der stummen Ablehnung, die wir in der Öffentlichkeit fast überall um uns herum spürten, ganz gezielt anzugreifen.

Wie fanden Sie ihr Buch »Um der Ehre willen«?

Sehr schön. Nur über meinen Mann hat sie nichts Neues oder Persönliches gesagt, dazu war ihre Beziehung wahrscheinlich nicht nah genug. Allerdings hatte mein Mann vor, in den Ferien Ende Juli 1944 mit mir zusammen Marion in Ostpreußen zu besuchen.

Sie wollten in dem besagten Juli …

Was er sich dabei vorgestellt hat, ist mir heute noch schleierhaft. Wahrscheinlich musste er sich und mich einfach davor schützen, angesichts der Vorbereitungen zum Staatsstreich konkreter über die Unmöglichkeit von Ferienplänen zu werden. Telefone wurden abgehört und Briefe geöffnet. Und ich war der Kinder wegen als »Bombenflüchtling« an Imshausen in Hessen gebunden. Deshalb wohl hat er den Plan für Ferien Ende Juli, verbunden mit einem Besuch bei Marion Dönhoff in Ostpreußen, so vage gehalten, ihn vielleicht in dem Zusammenhang erst entwickelt.

Kannten Sie Marion Dönhoff persönlich? Haben Sie sie mal getroffen?

Getroffen habe ich Marion erst, als sie mich und die kleinen Töchter im Sommer 1945 in Imshausen ganz unerwartet besuchte. Aber ich kann Ihnen eine Geschichte erzählen, die zeigt, wie groß die Achtung war, die sie schon damals bei uns genoss. Dazu kann es nur durch die Berichte gekommen sein, die ich im Umkreis meines Mannes gehört haben muss. Ich empfand daher bereits damals für die mir persönlich Unbekannte eine große Hochachtung und Bewunderung. Meine Erinnerung stammt von einem Besuch in Berlin von Imshausen aus, wahrscheinlich war es im Frühsommer 1944. Mein Mann kam mit Hans von Haeften, der nicht weit von uns wohnte und auch eine Rolle im Widerstand spielte, nach Hause, und wir sind dann zu dritt spazieren gegangen. Die beiden Männer diskutierten über die Besetzung der höchsten Staatsämter nach dem Tage X – es ging, meine ich, um »Landesverweser«. Dabei streiften sie die Möglichkeit einer konstitutionellen Monarchie.

Ich ging hinter den beiden, weil der Weg so schmal war, und versuchte gleichzeitig, jedes Wort mitzubekommen. Einer von ihnen – wahrscheinlich war es mein Mann – sagte: »Die Männer haben doch abgewirtschaftet, warum sollte es nicht einmal eine Frau sein?« Der Gedanke elektrisierte mich. Ich überlegte. Und ich erinnere, wie ich plötzlich glaubte, mir wäre die Non-plus-ultra-Lösung eingefallen, und wie ich – ein wenig als Stimme aus dem Hintergrund – die Frage stellte: »Königin Marion?!«

Nach dem Krieg war Marion eine der Ersten, vielleicht überhaupt die erste Frau, die uns besucht hat in der alten Trottschen Familienheimat im wunderschönen Waldhessen. Sie kam in einem offenen Cabriolet, gefahren von einem Amerikaner, und wollte sich gewiss ein Bild von der Situation der hinterbliebenen Familien ihrer Freunde machen, was ich ihr hoch angerechnet habe. Dieser erste Besuch war der Anfang eines bleibenden Interesses an der Entwicklung der Töchter.

Wohnte sie da schon in Hamburg?

Da war sie auf dem Land. Bei irgendwelchen Grafen.

Sie wohnte damals in Brunkensen im Niedersächsischen, auf dem Hof eines Grafen Goertz. – Sie haben Marion Dönhoff später gelegentlich bei Peter und Christabel Bielenberg*, ihren gemeinsamen Freunden, in Irland getroffen?

Dort habe ich Marion leider nur einmal erlebt. Das war an Chris' neunzigstem Geburtstag. Bevor ich am nächsten Tag abreiste, sah ich Marion mit David Astor auf gemütlichen Lehnstühlen, aber mit Papieren auf den Knien, im Wohnzimmer sitzen, offenbar in intensive Überlegungen vertieft. Ich hätte mich gerne noch kurz mit ihr unterhalten, aber auf dem Fest bei Nicky Bielenberg am Vorabend hatte es keine Gelegenheit dazu gegeben, und jetzt – so schien es mir – duldete die Arbeitsatmosphäre keine Störung. Ohnehin wollte Marion von der Psychoanalyse, die seit Jahrzehnten im Mittelpunkt meines Berufslebens stand, nichts wissen. Daran hat auch David Astor, der englische Verleger und unser gemeinsamer Freund, der lebenslang ein zutiefst überzeugter Anhänger und ein großer Förderer der Psychoanalyse war, nichts ändern können.

Sie konnte auch mit Frauen nicht so gut umgehen.

---

* Gebürtige Engländerin und Autorin (»Als ich Deutsche war«).

Das kann ich nicht beurteilen, zumal ich sehr viel jünger war als die Freundinnen meines Mannes oder die Mehrzahl der Ehefrauen seiner Freunde. Aber ich denke, dass man damals in Familienverbänden wie denen des ostpreußischen Hochadels große Festigkeit und Mut und etwas wie eine innere Alternativlosigkeit brauchte, um das Studium gegen alle herrschenden Vorurteile durchzusetzen. Aus eigenem Erleben, als Mitglied einer ganz anderen, weitgehend hanseatisch geprägten Tradition, weiß ich, dass die Verständigung über die neue Lebensgestaltung in vielen Beziehungen Probleme schafft.

In einem Porträt in dem Buch »Um der Ehre willen« schreibt Marion Dönhoff: »In einer Novelle von E. T. A. Hoffmann wäre der junge Adam Trott wohl als Liebling der Götter bezeichnet worden.« Trifft diese Charakterisierung zu? Nach der Lektüre Ihrer Materialsammlung über Ihre Familie und den Widerstand habe ich mir Adam von Trott so nicht vorgestellt. Als Liebling der Götter? Dafür fehlte ihm in meinen Augen das Leichte, das Sonnige, das Unbeschwerte und vielleicht auch das unabdingbare Glück...

»Liebling der Götter« ist tatsächlich eine irreführende Bezeichnung. Wie konnte Marion wohl darauf kommen? Vielleicht dadurch, dass er schon als junger Mann von gerade dreißig Jahren von Staatsmännern wie zum Beispiel Sir Stafford Cripps, der ein bedeutender Politiker der Labour Party war, dem ehemaligen Reichskanzler Heinrich Brüning und erfahrenen Männern aus ihrem Freundeskreis ganz ernst genommen wurde. Auch stellt man sich wohl vor, dass die Lieblinge der großen Olympier eine unsichtbare Behütung genossen, und es war tatsächlich erstaunlich, dass mein Mann so viele Wagnisse überstand, ohne ernsten Schaden zu nehmen. Dazu kam Adams Begabung zur Freundschaft und etwas, was die Journalistin Margret Boveri in einem ihrer Bücher etwa so zu beschreiben suchte: »Es wurde hell, wenn er ins Zimmer kam.« Das war die eine Seite, die andere, die den Kern seines Wesens bildete, haben Sie ja in der »Lebensbeschreibung« oder »Materialsammlung« gefunden. Er hat sie in einem der vielen kleinen Hefte, in denen er seine Einfälle festhielt, in etwa so erwähnt: »Alles Frohe, Zuversichtliche in mir wendet sich nach außen, alles Belastende, Problematische nach innen.« Und man könnte ergänzen: »Und muss verarbeitet und integriert werden«.

Wenn ich noch einmal auf den Widerstand kommen darf. Wie weit, glauben Sie, war Marion Dönhoff in die Pläne der Männer vom 20. Juli eingeweiht?

So weit wie die Männer selbst. Das heißt, jeder wusste immer das, was für ihn selbst notwendig war. Und Marion war gewiss eine der wichtigsten Vertrauenspersonen in Ostpreußen. Für mich als Ehefrau war das anders. Solange ich in Berlin war, wusste ich durch das Leben mit meinem Mann relativ viel, ohne dass er mir spezielle Namen oder handfeste Details erzählt hätte. Aber 1944, als ich mit den kleinen Kindern als »Bombenflüchtling« auf dem Land lebte, habe ich seine verschlüsselten Hinweise nicht immer richtig deuten können. Ich rechnete nicht mehr mit einem Staatsstreich und meinte, er schriebe über Vorbereitungen auf das Kriegsende hin, anderes beziehe sich auf die Bombennächte in Berlin. Dabei hatte er mir ganz ausdrücklich schriftlich und später mündlich die Bedeutung klarmachen wollen, die ein »hoch befähigter, feuriger, junger Offizier« für ihn gewonnen hatte, und die »Atmosphäre von angespannter Arbeit und mehr als Kameradschaft«, die ihn seitdem umgab.

Das war Claus Graf Schenk von Stauffenberg.

Das war Stauffenberg. Aber das wusste ich nicht, und der Name hätte mir damals auch noch nicht viel gesagt. Offenbar wollte er mir mitteilen, dass die Beziehung, die er zu Anfang des Jahres indirekt brieflich erwähnt hatte, für ihn immer bedeutungsvoller wurde.

Aber jetzt fällt mir noch eine schöne Geschichte aus meinen Hamburger Nachkriegsjahren ein. Vielleicht kennen Sie die schon? Marion hatte mich einmal sehr nett zum Mittagessen eingeladen. Wir haben uns wahrscheinlich darüber unterhalten, wie enorm anstrengend die Arbeit war, die sie zu bewältigen hatte. Es war wohl in der Anfangsphase bei der *Zeit*. Sie hatte damals bis spätabends oder nachts an ihrem Schreibtisch an einem wichtigen Artikel für die Zeitung gearbeitet und war so todmüde, dass sie sich noch vor Abschluss der Arbeit zunächst etwas erholen musste und sich auf ihr Bett legte. Irgendwann habe sie dann, so wie ich erinnere, die Augen aufgemacht, und da sah sie an ihrem Schreibtisch eine Frau sitzen, die mit ihrem Artikel beschäftigt war und schrieb. Anscheinend wollte die Unbekannte diese Arbeit anstelle der erschöpften Autorin zu Ende bringen.

Das hat sie Ihnen erzählt?

Ja sicher, das hat sie mir erzählt. Sie schilderte das so eindrücklich, dass es unmöglich war, diese Erfahrung einer Frau wie Marion zu diesem frühen Zeitpunkt in der Nachkriegszeit zu vergessen.

Ich habe die Geschichte etwas anders von Christa Armstrong, geborene von Tippelskirch, gehört.

Christa Tippelskirch habe ich wiederholt erwähnen gehört bei gemeinsamen Bekannten, wahrscheinlich kurz vor und kurz nach dem Krieg.

Sie war mit Marion Dönhoff befreundet und 1946 ebenfalls bei der Zeit, und da hat Marion Dönhoff nachts Halluzinationen gehabt. Ihr hat sie erzählt, dass eine arme Flüchtlingsfrau an ihrem Bett gesessen habe. Frau Armstrong führte die Phantasien auf Dehydrierung zurück. Marion Dönhoff habe nicht genug getrunken.

Ich würde denken, dass die Berichte sich ganz gut ergänzen könnten. Aber um das zu klären, müsste man neugierig auf die unbewussten Inhalte sein, die eben diese Halluzinationen bei physischem Notstand hervorgebracht haben ...

Jetzt kommt mir noch ein Erlebnis mit Marion in den Sinn. Über Margret Boveri hatte sich eine freundschaftliche Beziehung zu Antoinette und Hellmut Becker, dem Rechtsanwalt und Mitglied des Deutschen Bildungsrates, entwickelt. Einmal traf ich dort anlässlich einer größeren Einladung mit Marion zusammen, und diese wiederum wollte dort den damaligen Vizepräsidenten der Freien Universität Berlin, Uwe Wesel, sprechen. Er war bekannt für seine Sympathie mit den rebellierenden Studenten. Ich saß glücklicherweise so, dass ich das ganze Gespräch mühelos verfolgen konnte, und war wieder einmal beeindruckt davon, wie vorurteilslos und interessiert Marion fragte und zuhörte.

Und schließlich habe ich Marion noch einmal bei Richard von Weizsäcker erlebt. Beckers und Weizsäckers waren offenbar eng befreundet mit ihr. Welche Bedeutung diese Freundschaft für alle Beteiligten hatte, das merkte ich an der Art, wie man sich zuerst zu erklären versuchte, warum wir sehr lange auf Marions Ankunft warten mussten, und wie dann, nachdem sie angekommen war, das Zusammentreffen verlief. Es erinnerte an das Eintreffen und Bewillkommnen und Befragen eines sehr vertrauten, sehr lieben und wichtigen Familienmitglieds.

27. Juni 2004

»Ein Meisterwerk als Persönlichkeit«
Katharina Focke, Köln

ELSBETH KATHARINA FOCKE, Dr. phil., geboren am 8. Oktober 1922 in Bonn, war unter anderem Parlamentarische Staatssekretärin im Kanzleramt (1969 bis 1972), Bundesministerin für Jugend, Familie und Gesundheit (1972 bis 1976) und Europa-Abgeordnete der SPD. Sie ist die Tochter des Publizisten Ernst Friedlaender (gestorben 1973), der von 1946 bis 1950 Teilhaber und stellvertretender Chefredakteur der *Zeit* war und dem sie über ein Jahr lang in der Redaktion assistierte. Ihre Bekanntschaft mit Marion Dönhoff begann während dieser Gründerjahre der *Zeit*.

Frau Focke, Sie waren in vielen wichtigen politischen Funktionen tätig, als Bundesministerin, als Europa-Abgeordnete der SPD, als Parlamentarische Staatssekretärin im Bundeskanzleramt ...

Das war das Schönste, mit Abstand ...

Jetzt sind Sie schon länger nicht mehr politisch tätig. Vermissen Sie die Politik?

Ob ich sie vermisse? Ich bin heilfroh, dass ich im Moment nichts damit zu tun habe.

Im Augenblick. Aber generell – haben Sie nie den Wunsch gehabt, doch wieder dabei sein zu können?

Nein, ich habe sehr bewusst von mir aus und gegen den Protest vieler Parteifreunde die Politik verlassen. Ich hatte das Gefühl, es ist Schluss. Ich war beinahe siebenundsechzig, das reicht ja dann auch. Ich wollte immer gehen, bevor man will, dass ich gehe. Ich war auch ziemlich ausgelaugt und hatte das Gefühl, dass die Sache anfing, meinen Charakter zu verändern. Ich wurde immer misstrauischer...

Déformation professionelle...

... und ich verlor alle meine zwischenmenschlichen Beziehungen, weil ich pausenlos unterwegs war. Dieses Europaparlamentarier-Amt bedeutet ja, dass man ununterbrochen in Europa unterwegs ist und fast nie zu Hause erreichbar. Die Menschen haben einfach aufgegeben, mich zu kontaktieren, und das alles fing an, mir bedrohlich zu erscheinen. Das Wichtigste aber war, dass ich aufhören wollte, eine öffentliche Person zu sein. Eigentlich bin ich als eine schüchterne höhere Tochter in die Politik gekommen, und nach dieser Existenz begann ich mich wieder zurückzusehnen und dann auch endlich raus aus dieser von außen diktierten Zeithetze, in die ich jahrzehntelang geraten war. Ich hatte eine tiefe Sehnsucht: Schluss. Und ich habe es nie im Geringsten bedauert und bisher die Zeit danach sehr genossen.

Sie haben sich oft als politisches Talent erwiesen, beispielsweise 1969, als Sie der CDU in Köln einen traditionellen Wahlkreis abgejagt haben. Wie erklären Sie sich dieses Talent? Kommt das aus Ihrer Familie, aus Ihrem persönlichen Schicksal heraus?

Politisches Interesse und Engagement habe ich wirklich von meinem Vater, Ernst Friedlaender, mitbekommen. Wir haben die Nazijahre und den Krieg im Fürstentum Liechtenstein überlebt. Er ist dort vom Kaufmann im Ruhestand zwangsweise wieder zu seiner Philosophie zurückgegangen und hat über Deutschland nach Hitler und die Einigung Europas nachgedacht, Letzteres philosophisch begründet mit einer Minimalethik für Frieden. Er hat vieles zu Papier gebracht, was zum Teil schon in der Schweiz erschienen ist, zum Teil nachher noch mal in Hamburg bei Claassen und Goverts, und was dann auch die Grundlage für seine Redaktionstätigkeit bei der *Zeit* geworden ist.

Er hatte alles schon vorausgedacht, was zu tun sei. Und mit mir, ab dem Alter von fünfzehn, sechzehn Jahren, als er anfing zu schreiben, hat er das alles immer besprochen. Ich habe also innigsten Anteil genommen. Für mich war bald klar, wir gehen zurück nach Deutschland, und wir machen mit bei den Aufgaben, die sich nach dem Krieg dort stellen. Ich fand es natürlich toll, dass er zur *Zeit* kam, habe das auf das Äußerste miterlebt und ihm dann auch eine Reihe von Jahren assistiert, sehr direkt, als sein Mädchen für alles.

Sie sind 1946 mit Ihrem Vater nach Hamburg gekommen. Er wurde stellvertretender Chefredakteur der Zeit und einer der Teilhaber. Hat die Gräfin den Kontakt hergestellt?

Mein Vater hatte in der Schweiz einen Vetter der Gräfin kennengelernt, den Grafen Kanitz, und sich mit ihm angefreundet. Er wollte sowieso nach Hamburg. Es ging ja darum, wieder eine Existenz für die Familie zu schaffen. Kanitz sagte ihm: Suchen Sie doch auch meine Cousine Marion Dönhoff auf, die ist da bei irgendeiner Zeitung. Dieser Kontakt führte zu der Anstellung. Marion hat ihn dann mit Tüngel zusammengebracht, und die brauchten einen Neuen. Das war im August 1946 – so lange hat das gedauert, bis man überhaupt besuchsweise nach Deutschland reinkam.

Sie hatten sich vorher nie getroffen, Ihr Vater und Marion Dönhoff?

Nein. Aber ihre erste Begegnung führte sofort zum Engagement bei der *Zeit*. Im Oktober 1946 ist er dann zunächst mal mit meinem älteren Bruder und mir endgültig nach Hamburg gegangen. Der Rest der Familie ist ein halbes Jahr später nachgeholt worden. Seit dieser Zeit kenne ich Marion Dönhoff und bin ihr unzählige Male begegnet.

Sie haben zunächst in Hamburg studiert. In dieser Zeit haben Sie doch sicher Ihren Vater oft in der Redaktion besucht?

Ja, natürlich, dauernd. Ich entsinne mich genau an diesen Speersort-Sitz der Redaktion, im Pressehaus.

Beschreiben Sie doch einmal, wie es damals dort aussah.

Verwinkelt, ziemlich eng, dauernd alles in Bewegung, alle Türen standen eigentlich mehr oder weniger offen oder wurden dauernd auf- und zugemacht. Jeder guckte da mit seinem Kopf rein. Es war eine ungeheuer lebendige und zugleich zwanglose Situation, die mitzuerleben Spaß machte.

Die Redaktion war noch behelfsmäßig eingerichtet.

An die allererste Zeit, das war der eiskalte Winter 1946/1947, entsinne ich mich noch genau. Wir hatten zu dritt eine Notunterkunft in Blankenese gefunden, und mein Vater, der wirklich kein verwöhnter Mann war, zitterte und fror, und ich musste mühsam versuchen, ihn zu ernähren und für die Heizung zu sorgen. Ich selbst zog in der Uni mit einem dicken Mantel und einem kleinen Schemel von Hörsaal zu Hörsaal. Also, es war schon sehr nachkriegsmäßig.

Und in der Zeit-*Redaktion ging es eher familiär zu, so heißt es wenigstens.*

Absolut. Es herrschte dort eine sehr kameradschaftliche Atmosphäre. Es gab ja immer diesen Redaktionsschluss, wenn der Satz noch einmal in der Druckerei überprüft wurde. Hinterher gingen sie dann um die Ecke in eine Kneipe am Gänsemarkt.

Und sind Sie da auch mitgegangen?

Nein, da war ich nicht dabei.

Aber Ihr Vater ist mitgegangen?

Das kann sein. Ich war vom Sommer 1949 bis zum Mai 1950 direkt von der *Zeit* angestellt als seine persönliche Assistentin. Da habe ich die Dinge wirklich von morgens bis abends ununterbrochen und auch Marion fast täglich erlebt. Es kann sein, dass ich da mal mit bei diesem Umbruch war. Ich habe natürlich auch unendlich oft erzählt bekommen, um was es geht. Das war ja ein Journalismus, wie es ihn längst nicht mehr gibt. Mittendrin in den deutschen und europäischen und darüber hinaus Nachkriegsproblemen.

Die *Zeit* musste und wollte Orientierung geben und Stellung beziehen, nicht zuletzt mein Vater. Da gab es unendliche Diskussionen und Auseinandersetzungen. Mein Vater hat mir oft von diesen Dingen erzählt, zum Beispiel vom Streit um die Entnazifizierung: Wie weit geht man? Was soll mit Leuten wie Veit Harlan, dem Regisseur des Hetzfilms »Jud Süß«, geschehen? Kollektivschuld oder nicht? Aber dann auch der Übergang zu demokratischen Schritten und Formen in Deutschland und natürlich das Steckenpferd meines Vaters, das mich auch besonders interessierte, Europa. Das fing mit dem Straßburger Europa an, dann 1950 mit der Schuman-Erklärung und dem Beginn der eigentlichen Entwicklung zur Europäischen Union, was meines Vaters und meine Hoffnung war und wofür er auch hochinteressante, fördernde Interviews mit Adenauer und Schuman geführt hat.

Bei den redaktionsinternen Diskussionen ging es auch um die Bewältigung der deutschen Vergangenheit, um das Verhältnis Sieger und Besiegte. Die *Zeit* hat ihre respektlose Linie gegenüber den Siegermächten nicht verlassen, die sind unerschrocken dabei geblieben. Dann Europa und der Westen, das war das Thema, bei dem mein Vater besonders engagiert war, für das er die *Zeit* insgesamt aber leider nie so wirklich erwärmen konnte, auch Marion Dönhoff nicht, sie war halt mehr Atlantikerin, nicht so sehr Europäerin.

Sie haben das damals schon gemerkt, in den vierziger Jahren, dass die Gräfin nicht das ganz große Interesse aufbrachte für das Europa-Thema?

Sie war nicht uninteressiert, und das Thema spielte dann natürlich jahrelang auch eine große Rolle bei den deutsch-englischen Gesprächen in Königswinter, wo ich sie immer wieder getroffen habe. Dort gab es die Konferenz der Deutsch-Englischen Gesellschaft, bei der auch immer wieder um das künftige Europa gestritten wurde. Aber das Thema Europa war nicht im Zentrum ihres Denkens angesiedelt. Sie war mir eigentlich zu lau, wenngleich nicht anti-europäisch. Es gab natürlich auch Dinge, die ich kritisiert habe, zum Beispiel ihre Einstellung zu Südafrika. Das fand ich höchst problematisch. Sie hat die Situation dort nicht wirklich mit der Schärfe gesehen und kommentiert, wie es ihrer sonstigen Haltung hätte entsprechen müssen.

Frau Focke, wenn Sie sich zurückversetzen in die Anfangsjahre der Zeit, *die wirklich erstaunlich waren, und Sie sehen die Redaktion vor sich, in welcher Gruppierung auch immer, wie nahm sich Marion Dönhoff dort aus? Ich meine, sie war relativ jung im Beruf.*

Dennoch fiel mir früh auf, dass, wenn sie etwas sagte, Aufmerksamkeit herrschte und dass sie auch etwas Ausgleichendes und Vermittelndes hatte, das für meinen Vater und Tüngel, glaube ich, notwendig wurde. Und dass sie beliebt war. Herzlich beliebt. Ich habe damals, es muss wohl 1949 gewesen sein, als ich meinem Vater assistierte, ihren vierzigsten Geburtstag mit ihr gefeiert. Das war wirklich ein fröhlicher Tag, wo sie sehr heiter umzingelt war.

Sie war nicht unnahbar oder arrogant?

Sie konnte gelegentlich einen Tick arrogant sein. Wundert Sie das? Zum Beispiel folgende Erinnerung von mir: Wie alt ich auch war, ich blieb für sie Friedlaenders Tochter Elsbeth. Mein Bruder sagte, ich solle Ihnen das nicht erzählen, es sei ein Zeichen von Arroganz der Gräfin. Ich jedoch habe ihre Einstellung mir gegenüber immer als nett und gemütlich und herzlich empfunden und nie als eine Herabsetzung. Aber es könnte sein, dass andere Menschen das anders empfunden haben. Sie hat ja nie Kumpaneitöne angeschlagen. Es gab immer, bei aller Zuneigung, eine gewisse Distanz. Sie hatte geradezu Fans in Scharen, es gab Leute, die sie als Frau unendlich begehrten und verehrten, aber da muss ich nun wirklich diskret bleiben.

Sie hatte eine hinreißende Art zu lachen, so eine trockene, fast etwas verhaltene Art, die aber wirklich sehr lachend war. Ich persönlich habe sie mir gegenüber immer als ausgesprochen herzlich empfunden. Es war eine sehr herzliche Begrüßung, wenn wir uns irgendwo wieder begegneten.

Es gab damals viele existenzielle Probleme, und die Gräfin hat Ihren Vater einmal einen Leuchtturm genannt, weil er in dieser so verworrenen Situation offenbar Richtungsweisung geben konnte.

Das hat sie an ihm sehr geschätzt. Es war, glaube ich, auch der Hauptgrund, dass mein Vater in dieses *Zeit*-Team kam. Die Klarheit, mit der er zu all diesen anstehenden Problemen Stellung bezog, weil er im Ausland darüber nachgedacht hatte. Wobei es immer alle Leute gewundert hat, dass er sich aus dem Ausland so gut in die deutsche Situation hineinversetzen konnte. Er hat ja zum Beispiel fünf Reden an die deutsche Jugend verfasst. Alle empfanden es als ungeheuer treffend, sehr viele junge Leute haben darauf positiv reagiert. Es wird zitiert, wie die Gräfin wohl irgendwann mal, vielleicht war es aus Anlass des Todes meines Vaters, geschrieben hat, wie es damals in meines Vaters Bürozimmer zuging; dass da immer jemand saß, zum Beispiel viele ehemalige Offiziere, die Rat suchten, Leute, die für ihr zukünftiges Leben Orientierung brauchten oder manchmal auch ein bisschen Hilfe, das spielte eine große Rolle.

Aber ich bin sicher, dass auch Marion damals genau dieselbe Rolle für viele erfüllte. In dieser frühen Zeit war ihr mein Vater jedoch sicher eine Länge voraus. Dann hat er sich mit fünfundfünfzig Jahren als Kolumnist selbständig gemacht, mit fünfundsechzig ist er nach Siena gegangen und hat sich aus der ganzen Sache rausgezogen, während für Marion ihre eigentliche große Zeit anfing, auch mit Leitartikeln. Mein Vater war übrigens manchmal kritisch, was ihren formalen Journalismus betraf. Er war sehr anspruchsvoll bezüglich der Übereinstimmung von Inhalt und Form und hatte ganz bestimmte Vorstellungen davon, wie ein Leitartikel auszusehen hatte und wie eine Glosse. Bei Glossen wurde, glaube ich, Marion kritisiert, wenn ich mich nicht sehr täusche, weil sie das Genre seiner Meinung nach journalistisch nicht wirklich erfasst hatte. Kann sein, ich weiß es nicht.

Wie war das denn, als Sie Ihrem Vater assistiert haben. Da waren Sie den ganzen Tag...

... seine Sekretärin, sein Brainstorm-Partner, seine Ablage, sein Milchglas, alles.

Kamen viele Leute zu ihm, wurde viel geredet in der Zeit?

Unendlich viel.

Und die Gräfin war auch mittendrin bei den Gesprächen?

Was in meines Vaters Büro vor sich ging, hatte mit den Leuten zu tun, die ihn aufsuchten. Aber sie streckte auch den Kopf in die Tür und wollte etwas von ihm. Man unterbrach sich auch. Es herrschte kein so wahnsinniger Respekt vor der Schreibkonzentration.

Als Sie Assistentin Ihres Vaters waren, hatten Sie da das Gefühl, dass Sie von Marion Dönhoff mehr oder minder gleichrangig behandelt wurden?

Damit kommen wir wieder zu meiner Erinnerung, dass ich die Tochter meines Vaters blieb. Ich bin Assistentin geworden, weil mein Vater damals aus bestimmten traurigen Gründen viel Zuwendung brauchte. Deshalb habe ich mein Studium an den Nagel gehängt und bin zu ihm in die *Zeit* gegangen. Marion kannte die Hintergründe. Ich fühlte mich von ihr immer ausgesprochen gut und herzlich behandelt, nie irgendwie zurückgesetzt. Ich war natürlich eine Nebenperson zu meinem Vater.

Gräfin Dönhoff hatte immer ein etwas sprödes Verhältnis zu Frauen, bis auf Ausnahmen. Hatte sie denn Verehrer?

Ja, ausgesprochen.

Was waren das für Leute?

Tolle Leute. Aber das möchte ich nicht ...

Das ist ja eines – der großen Geheimnisse will ich nicht sagen, besser: eine der ungeklärten Fragen ...

Es war völlig aussichtslos jedenfalls.

Für die Verehrer? Dann kann man es ja ruhig sagen.

Freundschaftlich ja, zu Gesprächen ja, zu mehr war sie nicht bereit. Natürlich gab es jede Menge junger Verehrer. Ob die an Heiraten dachten, kann ich nicht beurteilen. Aber es waren glühende Verehrer. Dann gab es diesen Kreis, zu dem sie einigermaßen regelmäßig zu sich nach Hause einlud, zu Diskussionen, mit jungen Männern aus Hamburg. Ich weiß nicht, wie regelmäßig das stattfand, aber ein Teil dieser Leute, die anfingen, Karriere zu machen, traf ich dann wieder in Königswinter. Marcus Bierich zum Beispiel, der später Vorstandsvorsitzender der Robert Bosch GmbH wurde, gehörte dazu. Also diese Kategorie.

Alle oder viele von ihnen sind wahrscheinlich später in wichtigen Funktionen gewesen.

Ja, genau. Dann habe ich natürlich im Laufe der Zeit die ganze Dönhoff-Familie kennengelernt. Deren Mitglieder tauchten in der Redaktion auch dauernd auf. Toffi, ihren Bruder, der in Afrika lebte, fand ich besonders nett, die Schwester, die eine große Rolle spielte. Nichten und Neffen in jeglicher Zahl. Die Familie war für sie in meinen Augen ein entscheidendes Moment. Ich kann das ein bisschen nachvollziehen. Ich selber war sieben Jahre glücklich verheiratet, ohne Kinder, und habe meinen Mann durch eine Krankheit verloren. Brüder, Neffen und Nichten – das spielt auch für mich eine ungeheure Rolle.

Aber wenn man diese Erinnerungen von Marion liest, wie sie aufgewachsen ist, deutet sich das schon an, welche Rolle die Geschwisterschar immer für sie gespielt hat. Es war herzerfrischend zu erleben, wie das weiterlebte, und offenbar bis zu ihrem Tod.

Sie hat ja alle ihre Geschwister überlebt. Aber Gott sei Dank waren dann zum Schluss vor allem ihre Neffen um sie, die waren auch sehr häufig in der Zeit. – War in jener Phase, also zwischen 1946 und 1950, der Widerstand in der Nazizeit auch ein Thema?

Ja, natürlich, auch ihre eigene Rolle. Ich erinnere aus jener Zeit, dunkel, ohne etwas Näheres zu wissen, dass sie besonders über eine Person mit dem Widerstand liiert war. Soweit ich weiß, war das ihre große Liebe gewesen. Er ist dann im Zusammenhang mit dem 20. Juli umgebracht worden.

Heinrich Graf Lehndorff?

Ich glaube, ja. Der Bruder von Marions Freundin Sissi.

1950 verließ Ihr Vater die Zeit. Es ging um die Frage, ob Richard Tüngel oder er Chefredakteur werden sollte, oder was war das eigentliche Problem?

Wir tun uns alle etwas schwer, dies noch einmal genau aufzuklären. Das Genaueste, was ich darüber weiß, steht in dem Buch »Ernst Friedlaender: Klärung für Deutschland« von Norbert Frei und Franziska Friedlaender. Frei hat Marion noch einmal befragt und geschrieben:

»Der Abschied von dem Hamburger Wochenblatt war bedingt vor allem durch die neue Tageszeitungskonkurrenz, die nach der Lizenzfreigabe 1949 entstanden war. Die *Zeit* hatte einige Jahre mit roten Zahlen zu kämpfen. Friedlaenders Abschied kam jedoch auch für sein Stammpublikum überraschend. Gerade noch hatte sich der stellvertretende Chefredakteur mit zwei Engländern das aufsehenerregende publizistische Duell über die schlechten deutsch-britischen Beziehungen geliefert, als sein Name plötzlich im Impressum fehlte.

Friedlaender schied jedoch nicht allein dieser aktuellen Dinge wegen aus. Die Stimme kritisch gegenüber den Besatzungsmächten zu erheben gehörte zum Selbstverständnis der *Zeit*-Mannschaft, über das Konsens herrschte. Richard Tüngel kommentierte solche Probleme noch lange nach Friedlaender zornschnaubend.

Marion Dönhoff sieht die Gründe tiefer, sieht sie heute in den wachsenden Gegensätzen zwischen Tüngel und Friedlaender, von deren unterschiedlichem Naturell schon die Rede war. Je konkreter sich die Konturen des neuen Staates der Bundesrepublik abzeichneten, je mehr grundsätzlich philosophische Überlegungen in den Hintergrund traten und Fragen politischer Strategie und Taktik die Tagesordnung beherrschten, umso deutlicher mussten sich Meinungsunterschiede natürlich bemerkbar machen.

Der Kurs, den Tüngel seit Jahresbeginn 49 in der Position des Chefredakteurs vertrat, fand immer weniger Friedlaenders Zustimmung. Die Ansichten der beiden Leitartikler, was die Aufgabe eines Leitartikels sei und wie der auch formal auszusehen habe, gingen zunehmend auseinander. Friedlaender war inzwischen mit 5 Prozent am Verlag beteiligt. Als einer der ursprünglichen Lizenzträger, die 22 Prozent hielten, war jedoch Tüngel in der stärkeren Stellung. Anders als bei seinem eigenen, von Bucerius letztlich vor Gericht durchgefochtenen Abschied vier Jahre später, wusste Tüngel die Redaktion jetzt noch mehrheitlich hinter sich. Wohl deshalb ist es, wie Gräfin Dönhoff berichtet, zur offenen Kraftprobe zwischen dem Chefredakteur und seinem Stellvertreter nicht gekommen. Friedlaender verließ die *Zeit* und kurz nach ihm Dr. Lorenz, einer der vier Lizenziaten von 46.«

Welche Rolle hat Marion Dönhoff bei der Auseinandersetzung gespielt? Hat sie sich neutral verhalten?

Ich glaube, sie hat sich ziemlich neutral verhalten. Sie hat wohl versucht zu vermitteln, damit es nicht so weit kommt, aber sie hat keine radikale Stellungnahme zugunsten meines Vaters ergriffen. Das hat sie nicht.

Das heißt, und so steht es auch in dem Buch von Ralf Dahrendorf über Bucerius, dass Marion Dönhoff den Ansatz Ihres Vaters – der gesagt haben soll, er wolle auch Chefredakteur werden – nicht unterstützte.

Das weiß ich nicht. Ich kann mich nicht entsinnen, dass mein Vater absolut Chefredakteur werden wollte.

Offenbar ging es einfach darum, wer das Sagen hatte, welche politische Linie vorgegeben wurde.

Ja, das war eine andere Frage.

Und sie soll das Verhalten Ihres Vaters als stillos bezeichnet haben, weil er der Letzte war, der zur Redaktion gestoßen war.

Tüngel war eigentlich ziemlich konservativ und ganz gewiss nationaler als mein Vater. Für ihn war die Europa-Thematik sowieso nie besonders interessant. Ich schließe aus dem, was mein Vater dann gemacht hat, nämlich jeden Samstag zunächst für vier Zeitungen eine Kolumne »Wie ich es sehe« zu schreiben und sich an ein größeres Publikum im Radio zu wenden, auf die Gegensätze zwischen den beiden. Tüngel schrieb mehr für ein selektiertes, intellektuelles Publikum. Mein Vater wollte die Öffentlichkeit. Er war im Grunde ein politischerer Mann, Tüngel war ein Journalist. Mein Vater war inzwischen Präsident der Europa-Union Deutschland und des Deutschen Rats der Europäischen Bewegung und

mischte auch auf dem Umweg über Nicht-Regierungsorgani-
sationen in der Politik mit.

Hat die Gräfin Sie, als Sie in Bonn in Regierungsfunktionen tätig
waren, besucht?

Nicht persönlich. Ich war höchstens mit dabei, wenn irgendeine Pressegeschichte oder sonst irgendetwas Öffent-
liches stattfand, aber ich kann mich an nichts wirklich Konkretes erinnern. Ich weiß nur, dass es Begegnungen gegeben
und sie mich nicht so ganz für voll genommen hat. Es ist aber
nie irgendwie verletzend gewesen.

Die Unterstützung von Willy Brandts Ostpolitik, die von
ihrer Seite gegeben wurde, war für mich persönlich der eigentliche Durchbruch bei meiner Einschätzung ihrer Person. Ich
fand das fabelhaft. Ich entsinne mich noch, wie viel einerseits
Willy Brandt daran gelegen hätte, wenn sie mitgekommen
wäre nach Warschau zur Unterzeichnung des Vertrags, und andererseits, wie sehr wir alle haben nachvollziehen können,
dass sie das letzten Endes nicht geschafft hat. Dieser ostpreußische Hintergrund war natürlich von Anfang an da, und ich
bin sicher, er war auch für das Verhältnis zwischen meinem Vater und Marion ganz wichtig.

Wegen der ostpreußischen Mutter Ihres Vaters, einer geborenen
von Saucken…

Ja. In deren Familie war es ganz ähnlich wie bei den Dönhoffs.
Es gab ein Gut, und mein Vater hatte unendliche emotionale
Bindungen an diese Gegend. Ich selbst war nie dort als Kind,
ich habe das aber alles nachgeholt.

Die Gräfin hat die Ostpolitik sehr glaubwürdig unterstützt und
damit doch wahrscheinlich auch Einfluss gehabt auf die öffent-
liche Meinung?

Marion? Aber und wie. Ganz, ganz sicher war das entscheidend.

Können Sie sich sonst noch Themen vorstellen, bei denen sie Einfluss auf die Öffentlichkeit ausgeübt hat?

Ohne sie wäre die ohnehin unterschätzte Rolle des Widerstands für die deutsche Geschichte sicher noch viel weniger bekannt in Deutschland. Das war ein ganz wichtiger Punkt.

Ich bin bis heute eine treue *Zeit*-Leserin. Was mir immer wieder auffiel, war, dass sie sich selbst treu blieb bei der Auswahl der Themen, zu denen sie sich äußerte. Und dass sie dann immer eine sehr prononcierte Meinung hatte. Dass also dieser Grundansatz, beizutragen zur Klärung und Orientierung, bei ihr bis zum Ende durchgezogen wurde.

Was waren für Sie die herausragenden Eigenschaften Marion Dönhoffs?

Sie hatte ja etwas sehr Bodenständiges, fast Burschikoses, Naturverbundenes. Das trat immer wieder irgendwie zutage. Sie hatte etwas von einer Gutsherrin. Keine Frage. Sie hatte sehr viel natürliches Selbstverständnis und Selbstbewusstsein, sie konnte mit jeder Situation und mit jeder Art von Mensch zurechtkommen, Deutsche wie Ausländer, besonders gut mit Angelsachsen. Aber man merkte, dass in ihrem Elternhaus die Kaiser zu Besuch kamen und sie gleichzeitig mit den Kindern der Landarbeiter gespielt hatte und das als etwas völlig Normales empfand. Sie war ungeheuer natürlich, mobil in jedweder Situation, sehr offen. Das Aufwachsen mit den vielen Geschwistern war deutlich ein ganz wichtiger Bestandteil ihres Hintergrunds, von dem sie bestimmt wurde, von diesem Friedrichstein, der Familientradition.

Aber ich möchte mich sehr davor hüten, zu überziehen, was das für eine Rolle gespielt hat. Letzten Endes hat sie ja dann

Dinge gemacht, die mit dieser Tradition überhaupt nichts zu tun hatten. Wichtig ist mir noch, das habe ich erst aus ihren eigenen Memoiren entnommen, dass sie wirklich zur Schule gegangen ist, in Berlin, in ein Gymnasium, in eine reine Jungenklasse. Die Tatsache, die auch mein Leben noch sehr geprägt hat, dass man damals als einzige Frau in einem Männerkreis war, war ihr vollkommen selbstverständlich. Woher sie aber diese Emanzipation entwickelt hat, nämlich die für ihre Generation ja noch sehr maßgebliche Vorstellung von der Rolle der Frau völlig zu missachten und zu überspringen, also nach Basel zu gehen und zu studieren, ist mir schleierhaft.

Woher sie diesen kritischen Ansatz, auch zur Tradition, genommen hat, ich habe keine Ahnung. Ich glaube ja nicht, dass das alles immer erklärbar ist. Die Persönlichkeit Marion Dönhoffs kann ich nicht einordnen. Die lässt sich nicht einordnen, sie ist absolut jenseits aller herkömmlichen Einordnungskategorien und wirklich außerordentlich. Man kann nur versuchen, subjektiv zu beschreiben. Ich kann einige erklärende Momente finden, aber das bleibt Stückwerk. All diese Etappen, dieses Friedrichstein und die Familientradition und der Geschwisterkreis, das Gut, dann die Nationalökonomie, die Leitung eines großen Betriebs. Dann, nicht zu vergessen, die ganze Geschichte der Flucht, der Vertreibung, die Organisation dieses Trosses, der unendliche Mut, auf dem Rücken des Pferdes den langen Weg hinter sich zu bringen. Immer, wenn ich an Marion denke, erinnere ich mich daran. Dann natürlich der Widerstand. Sie hatte Mut. Dann der phänomenale Anfang, wieder mit sehr viel Mut, mit einer journalistischen Karriere in Hamburg. Diese Biografie erklärt manches von ihrer Persönlichkeit.

Aber für mich ist das Entscheidende die Entwicklung einer Persönlichkeit mit ganz ungewöhnlicher Autorität bei einer eigentlich eher mit leiser Stimme sprechenden, nicht besonders groß gewachsenen, zierlichen Frau – wirklich zierlich war sie natürlich nicht, denn sie hatte so etwas Bodenständiges. Die Autorität, die sie hatte, ging weit über ihre Funktion bei der *Zeit* hinaus. Ich glaube, die Autorität hat sich dann besonders zur Zeit der Ostpolitik entwickelt, weil sie sozusagen die Verkörperung war für ein deutsches Schicksal, für Flucht, Vertreibung, Verlust einerseits, und andererseits für die vernünftige Einsicht in unwiederbringlich Verlorenes und Versöhnung, gepaart mit der Fähigkeit, dies mitzuteilen und an neuen Perspektiven darüber hinaus mitzuwirken.

All dies geschah immer wieder mit einer spürbaren Verankerung in einer Welt, die noch von der Natur und von ethischen, moralischen Werten geprägt war, einer ostpreußischen, aber zugleich europäischen Lebensform, die innerhalb dieses Rahmens für sie Orientierung bot, ihr aber auch möglich gemacht hat, für andere Orientierung zu bieten.

Und wenn ich zur Lebensleistung übergehen sollte, so ist die für mich das Entscheidende. Nicht einfach nur ihre journalistische Leistung. Ihre Lebensleistung ist die Entfaltung einer Persönlichkeit mit hoher Autorität und öffentlicher Wirkung, und das umschließt ihre journalistische Leistung. Unzählige nicht öffentliche Gespräche, Diskussionen, Briefe, Artikel, Auftritte, Fernsehen in Deutschland und im Ausland – das alles hat zu dieser Lebensleistung beigetragen, die nach meiner festen Überzeugung dabei geholfen hat, dass die Welt durch Marion Dönhoff mehr Orientierung, mehr Klarheit, Menschlichkeit, mehr kritisches und auch historisch kritisches Bewusstsein bekommen hat, mehr Zivilcourage, mehr Versöhnung. Ich habe gestern Abend versucht, mir das klarzumachen.

Danach bin ich fortgefahren mit meiner Lektüre von Kants Biografie und zu meinem großen Entzücken auf einen Passus gestoßen: Kants Charakter sollte seine eigene Schöpfung sein – Marions eben auch. »Man war sich einig, dass es unsere Pflicht ist, nicht Bücher, sondern einen Charakter zu entwerfen, und nicht Schlachten und Provinzen, sondern Ordnung und Ruhe in unserem Verhalten zu gewinnen. Unser großes und ruhmreiches Meisterwerk besteht darin, angemessen zu leben.« Das ist das, was ich versucht habe auszudrücken. Das ist genau das, was auch auf Marion Dönhoff zutrifft. Sie hat angemessen gelebt.

Erstaunlich, dass Sie das gefunden haben.

Ich habe natürlich tagelang Gedanken über Marion gewälzt, seitdem ich weiß, dass Sie kommen.

Was Sie gerade vorgelesen haben, erklärt auch im Nachhinein ihre Nähe zu Kant.

Ich war ja außerordentlich dankbar, als ich vor vierzehn Jahren endlich Ostpreußen kennengelernt und in Königsberg vor dieser Kant-Statue gestanden habe. Von Marion selbst weiß ich, wie es zu dieser Kant-Statue gekommen ist. Sie hatte eine Figur vom Schreibtisch ihres Vaters, und daraus konnte man dann die Statue machen. Sie hat das in die Hand genommen, hat das Geld gesammelt, und nun steht sie wieder da.

Diese Verbindung zu Kant ist ungeheuer wichtig. Marion Dönhoff war eben, überspitzt gesagt, ein Meisterwerk als Persönlichkeit.

Was wird von diesem Meisterwerk bleiben?

Ich bin jetzt einundachtzig und frage mich auch über mein eigenes Leben, was wohl bleibt. Ich habe da eine allgemeine Zuversicht, dass alles, was man getan hat, weiterwirkt, auch wenn man das im Einzelnen nicht nachweisen kann. Aber natürlich kann man bei Marion zum Beispiel doch sagen, wenn auch nicht in alle Ewigkeit, Marion und die *Zeit* sind zu einem gewissen Grad eine Einheit. Sie hat dafür gesorgt, dass die *Zeit* die *Zeit* blieb. Sie hat mitgeholfen, ganz ohne Frage, dass die Ostpolitik zustande gekommen ist und sich durchgesetzt hat; dass es zur Wiedervereinigung gekommen ist, hat sie sicher überrascht, uns alle zu diesem Moment. Aber dass es eine Ostpreußen-Erinnerung gibt ohne diesen Revanchismus – »zu lieben, ohne zu besitzen«, wie sie sagte –, das ist ihr Verdienst. Ich meine, in Wirklichkeit haben wir den Verlust immer noch nicht bewältigt. Eigentlich sind wir eher wieder ein paar Schritte zurückgefallen, wir bräuchten Marion dringend. Ich bin sicher, dass sie auch in der innenpolitischen Debatte über die Reform der Sozialsysteme, wo gerade bei den Genossen ein Umdenken im Hinblick auf den Begriff der Gerechtigkeit stattfinden muss, zur Orientierung beitragen würde, wenn sie noch da wäre. Sie hatte ja einen hohen Sinn von Gerechtigkeit.

Verstand sie etwas von Sozialpolitik?

Nein. Ist aber auch nicht nötig.

Aber Gerechtigkeit?

Ja. Diese Wirkung, die von ihr ausging, war unter anderem auch eine Vorbildwirkung. Sie kann es auch weiter sein. Mehr denn je. Wir haben in unserer Nachkriegsgeschichte, als die *Zeit* gegründet wurde, diesen unendlichen Hunger nach Orientierung gehabt. Da waren Marion, aber auch mein Vater, ganz entscheidende Figuren. Jetzt ist dieser Hunger, dieses Bedürfnis wieder unübersehbar da.

9. Februar 2004

»Sie hatte zwei große Lehrmeister«
Claus Jacobi, Hamburg

CLAUS JACOBI, geboren am 4. Januar 1927 in Hamburg, war unter anderem Chefredakteur des *Spiegel* und der *Welt* und Redaktionsdirektor von *Bild*. Eine seiner ersten journalistischen Stationen war die Politische Redaktion der *Zeit*, in der er von 1947 bis 1952 arbeitete und Marion Dönhoff in ihren beruflichen Anfangsjahren erlebte. Claus Jacobi ist Autor zahlreicher Bücher; 2005 veröffentlichte er eine Biografie Axel Springers.

Herr Kollege, wir sitzen hier im sechsten Stock des Springer-Hauses, in der Bild-*Chefredaktion. Sie sind jetzt siebenundsiebzig Jahre alt, haben eine der glänzendsten Karrieren im deutschen Journalismus hinter sich, und trotzdem arbeiten Sie immer noch. Was bringt Sie dazu?*

Das mit siebenundsiebzig stimmt, das mit der glänzenden Karriere kann so nicht stimmen, sonst müsste ich nicht immer noch arbeiten ...

Sie machen das doch mehr aus Spaß?

Nein, ich mache das vornehmlich, weil ich es meiner Frau nicht zumuten kann, vierundzwanzig Stunden am Tag zu Hause zu sein.

Aber es macht Ihnen auch Spaß?

Ja, der Beruf hat mir immer Spaß gemacht.

Als Sie nach dem Krieg anfingen, war das eine gute Zeit für Journalisten. Alles war neu, alles konnte nur besser werden, und die Zeitungen waren wirklich wichtig.

Sicher, es war eine wunderbare Zeit. Zwar eine karge Zeit, aber Armut drückt nicht so sehr, wenn alle arm sind, und vor allem nicht, wenn Hoffnung am Horizont glimmt. Eine ganz neue Zeit war angebrochen. Das galt für Journalisten besonders. Sie hatten als junger Mann viele Möglichkeiten, weil die älteren Kollegen oft durch das vergangene Tausendjährige Reich belastet waren. Viele junge Karrieren konnten sich damals frei entfalten, ich denke nur an Rudolf Augstein oder Henri Nannen.

Wie sehen Sie die Zukunft der Presse in diesem Land angesichts des veränderten Leseverhaltens und auch der Veränderungen auf dem Anzeigenmarkt durch das Internet?

Ich glaube, dass sich die Printmedien in einer schweren Zeit befinden, und ich glaube auch, dass sie auf absehbare Zeit in einer schweren Situation bleiben werden, denn die elektronischen Medien haben ihnen schwer zugesetzt; das Fernsehen mit der Wegnahme von Werbung und Nachrichten; das Internet durch die Wegnahme von Kleinanzeigen für Immobilien, Arbeitsmarkt, Auto, die sicher in der alten Form nicht wiederkehren werden. Insofern sind die elektronischen Medien mächtig geworden, während die Bedeutung der Printmedien abgenommen hat. Wo die Verlage in Millionen rechnen, rechnen die elektronischen Medien in Milliarden. Darüber hinaus hat die Entwicklung langfristig für die Printmedien eine zusätzliche unangenehme Folge – das Talent folgt bekanntermaßen dem Geld, und ich denke, die elektronischen Medien werden deshalb sehr viel talentierten Nachwuchs abziehen.

Sie waren von 1947 bis 1952 in der Zeit. Als Sie eintraten, waren Sie zwanzig Jahre alt. Ich glaube, Sie sind seither das jüngste Redaktionsmitglied, das die Zeit jemals gehabt hat. Ich kann mich nicht erinnern, dass irgendjemand in dem Alter in der Redaktion begonnen hat.

Es gab damals ja keine richtig vorgeschriebenen Berufswege; ich war ein Jahr bei der *Hamburger Allgemeinen* Volontär gewesen. Danach war ich bei der *Welt*, da nannte man das »Jungredakteur«. Aber genauere Berufskriterien gab es nicht, und damals haben die Leute nicht nach irgendwelchen Befähigungsnachweisen geguckt. Ich hatte der *Zeit* einen Artikel geschickt, hatte auf diesem Wege Friedlaender kennengelernt, und er war so freundlich, mir zu offerieren, dass ich als Volontär oder Redakteur, wie auch immer, als Zwanzigjähriger in die *Zeit* kommen könnte, und das tat ich natürlich nur zu gern.

Ernst Friedlaender hat Sie eingestellt?

Ich weiß nicht, ob er das Recht hatte, mich einzustellen. Aber durch ihn ist der Kontakt hergestellt worden, und dann hat er mich eindeutig empfohlen oder die Weichen gestellt, dass ich eingestellt werden konnte.

Wie sah es damals, 1947, im Pressehaus aus? Das war doch etwas anders als heute?

Damals, wenn ich mich recht entsinne – ganz sicher bin ich nicht –, saß die *Zeit* im fünften Stock. Der Eingang war hinten, nicht der Haupteingang des Pressehauses am Speersort, und dann beförderte uns ein Paternoster nach oben. Links vom Flur im fünften Stock befand sich so etwas wie eine kleine

Halle, wo Besucher warteten, und davon gingen verschiedene Zimmer ab, das von Richard Tüngel und seiner Sekretärin, von Friedlaender und seiner Sekretärin und auch das von Gräfin Dönhoff.

Weiter auf der linken Seite lagen die Zimmer von Wirtschaft und Feuilleton, und auf der rechten Seite lag noch ein Zimmer, das sehr wichtig war: In den ersten Jahren wohnte der Chefredakteur Richard Tüngel dort. Nach etwa zwei Jahren übersiedelte er in den Anglo-German Club – er war ja ein eingefleischter Junggeselle.

Waren die Räume des Pressehauses schon wieder einigermaßen hergerichtet?

Es ist schwer, sich objektiv zu erinnern, weil für uns damals die Räume absolut in Ordnung waren. Aber heutzutage würde wahrscheinlich die Gewerkschaft protestieren.

Sie teilten Ihr Zimmer damals, wenn Christa Armstrong mich recht informiert hat, mit ihr, Christa Armstrong, damals noch von Tippelskirch, und mit dem Bulgaren Athanas Bobew.

Das ist richtig, Bobew war bulgarischer Presseattaché in Berlin gewesen und hatte eine Frau, die mit dem bulgarischen Königshaus zusammenhing. Ein sehr netter, sehr kluger Mann, der später nach Australien auswanderte. Christa war eine besonders schöne junge Dame, sie war älter als ich, aber trotzdem galt ihr meine Bewunderung. Später bin ich dann in ein anderes Zimmer gezogen, das direkt neben dem Marion Dönhoffs lag. Wir hatten eine kleine Tür zusammen, ich saß mit dem Zeichner Hicks in dem Zimmer. Später musste Hicks dann raus, da kam Paul Bourdin, nachdem er in der *Welt* ausgeschieden war. Der erschien aber nur gelegentlich.

Sie gehörten zum Politischen Ressort?

Friedlaenders Schwerpunkt war die Politik, und ich kam zum Politischen Ressort.

Marion Dönhoff war achtzehn Jahre älter als Sie. Wie war Ihr berufliches und menschliches Verhältnis?

Unser berufliches und menschliches Verhältnis war ganz fabelhaft. Ich war ein junger Spund, sie war eine erwachsene Dame, und ich guckte voller Bewunderung zu ihr auf. Sie schrieb immer ganz tiefschürfende Artikel und hat mir natürlich imponiert. Freundlicherweise hat sie mir zu meinem sechzigsten Geburtstag geschrieben – ich weiß nicht, ob ich so war, aber so bin ich ihr erschienen: »Groß, rotwangig, ungemein begabt, leicht und schnell schreibend, schüchtern und frech zugleich.«

Sie war ja eine Anfängerin. Wahrscheinlich hatten Sie schon mehr Berufserfahrungen als Gräfin Dönhoff.

Natürlich war sie eine Anfängerin, aber sie hatte zwei unerhört große Lehrmeister, nämlich Richard Tüngel und Ernst Friedlaender. Das waren schon ungewöhnliche Federn und ungewöhnliche Geister. Und da sie eine schnelle Auffassungsgabe hatte, fiel es ihr nicht schwer, sich in diese Arbeit hineinzudenken.

Sie hatte keine journalistische Vorbildung.

Journalistische Vorbildung ist ein weites Feld, doch sie hat in Windeseile gezeigt, was in ihr steckte. Reportagen waren nicht ihre Stärke, aber wenn es darum ging, einen Zusammenhang oder einen Sachverhalt deutlich zu machen und in klaren Worten darzustellen, da war sie einfach fabelhaft.

Sie schreiben in Ihrem Buch »Fremde, Freunde, Feinde«, dass
Marion Dönhoff viel Besuch vom Adel gehabt habe während der
Zeit, in der Sie bei der Zeit waren.

Es ist ganz normal, dass sie durch ihre familiären Bande und
auch die Bande zum Widerstand von dieser Seite eine ganze
Reihe von Besuchern empfing; aber natürlich auch bürgerliche Bekannte.

Damals waren die Menschen noch ziemlich viel unterwegs, ob-
wohl es schwierig war, zu reisen, weil viele noch gar nicht wuss-
ten, wohin.

Viele Flüchtlinge guckten bei ihr rein, hatten eine Empfehlung, dachten, die kann mir vielleicht weiterhelfen oder kennt
jemanden. Das war damals so.

Gab es damals auch schon so viele Konferenzen in der Politischen
Redaktion?

Ich weiß natürlich nicht, wie das in den letzten Jahrzehnten in
der *Zeit* war. Aber soweit ich mich entsinne, gab es damals
mindestens jeden Tag eine Politische Konferenz, zusätzlich
war einmal in der Woche eine große Redaktionskonferenz.
Darüber hinaus wurde natürlich noch eine Fülle von Einzelge-
sprächen geführt. Es wurde damals generell sehr viel geredet
und diskutiert. Es war eine Zeit so vieler neuer Eindrücke,
dass man einfach ein Bedürfnis nach Gesprächen hatte.

Und das Motto der Zeit hieß wahrscheinlich auch damals schon:
»Das Blatt wird irgendwie zusammengeredet.«

Das höre ich zwar zum ersten Mal, aber es gefällt mir gut.

Wie war die Position Marion Dönhoffs in diesen Konferenzen?

Sie schob sich nicht in den Vordergrund, sie war nicht laut, aber sie war klar und bestimmt.

Wie wurde sie von den Älteren angeredet?

Tüngel sagte Comtesse zu ihr, Friedlaender sagte Gräfin, und ich sagte, glaube ich, Gräfin Dönhoff zu ihr.

Galt sie als etwas Außergewöhnliches?

Nein, nicht dass sie eine besondere Behandlung erwartet oder bekommen hätte. Aber sie war ein wichtiges Mitglied der Politischen Redaktion und der Redaktion überhaupt. Die *Zeit* bestand damals im Grunde aus wenigen wirklich bedeutenden Leuten; das war der Topf in der Wirtschaft, Müller-Marein im Feuilleton, und da waren Friedlaender, Tüngel und Marion Dönhoff in der Politik. Das waren die Schwergewichte.

Die Gräfin war eine attraktive Frau.

Ja, aber als Zwanzigjähriger schaut man eine so viel ältere Dame nicht unter diesem Aspekt an.

Hatte sie Verehrer?

Ich wittere in Ihrer Frage eine tiefere Bedeutung. Verehrer hatte sie natürlich. Aber dass es irgendjemanden gab, der ihr Herz besaß, wüsste ich nicht.

Das ist ein großes Geheimnis, das bisher noch niemand lüften konnte.

Sie war sicher stolz auf ihren Namen, sie war sicher stolz auf ihre eigene Leistung, und sie war sicher nicht jemand, der in einer Ehe oder Verbindung dieser Art sein Lebensglück suchte.

In den Anfangsjahren sollen die Redakteure nach Redaktionsschluss in die Kneipe eines gewissen Gerull, eines Ostpreußen, ge-

gangen sein, in der Nachbarschaft. Können Sie sich daran erin-
nern?

Ich kann mich an die Kneipe Gerull sehr gut erinnern, aber
was abends, nach Dienstschluss, stattfand, weiß ich nicht, weil
mein Abend sicher anders verlief als der von Tüngel, Friedlaender oder der Gräfin Dönhoff. Gerull hatte insofern immer
eine besondere Rolle gespielt, weil nach dem Umbruch im
Druckhaus Broschek – ich glaube, der war am Dienstag – die
Politische Redaktion dort immer einkehrte. Dann gab es zu
essen und zu trinken.

Für die Älteren war sicher das Trinken wichtiger, aber für
mich das Essen. Denn Tüngel lud mich stets zu einem Spiegel-
ei oder einer Wurst ein. Das war doppelt wichtig. Erstens wegen des Essens, das es gab, und zweitens wegen des Geldes, das
ich sparte.

War die Gräfin manchmal auch dabei?

Immer kann man vielleicht nicht sagen, aber oft. Da Tüngel
sehr gern etwas trank und Müller-Marein auch, wurde es manchmal schon etwas feucht. Das war etwas, womit man Marion
Dönhoff eher jagen konnte.

In den letzten fünf Jahren ihres Lebens musste ich mir das Cog-
nac-Trinken angewöhnen; da kam sie häufig zu mir und bestand
darauf, einen sehr großen Cognac von mir zu bekommen. Und ich
musste mittrinken.

Ich trinke heute mehr als mit zwanzig oder dreißig oder vierzig. Und ich nehme an, dass das bei Marion Dönhoff auch eine
Frage des Alters war. Aber damals ...

Wie fanden Sie Marion Dönhoff als Schreiberin? Sie haben vor-
hin schon gesagt, Reportagen waren nicht unbedingt ihre Stärke.

Tüngel sagte, ich kann Müller-Marein zum Hamburger Klosterstern schicken, da sieht er mehr, als wenn ich Marion Dönhoff nach Indien schicke. Das war nicht ihr Feld. Aber ihr Feld war, Sachverhalte klarzumachen, darzustellen und Stellung zu beziehen.

Obwohl sie schöne Reportagen geschrieben hat, aber die sind anders.

Sie sind anders. Es war immer sehr viel Reflexion in ihnen, während die anderen, Müller-Marein beispielsweise, die Gabe hatten, das Gesehene zu verdichten. »Vertell, vertell«, lehrte er uns immer. Marion Dönhoffs ganz große Stärke war das nicht, ihre Stärke war der Kommentar und die Analyse.

Haben Sie, nachdem Sie die Zeit *verlassen hatten, noch Kontakt zu ihr gehabt?*

Ja, bis zum Schluss, sonst hätte sie ja nicht zu meinem sechzigsten Geburtstag geschrieben. Irgendwann haben wir uns dann auch geduzt, aber das war sicher nicht zu der Zeit, als ich bei der *Zeit* war.

Was hielten Sie nach Ihrem Abschied aus dem Pressehaus, nachdem Sie Chefredakteur beim Spiegel *waren, dann bei Springer, von der* Zeit *und insbesondere von Marion Dönhoffs Artikeln? War das für Sie interessant oder nicht ganz so wichtig?*

Natürlich war die *Zeit* in all den Jahren immer Pflichtlektüre für mich. So wie ich den *Spiegel* gelesen habe, habe ich auch die *Zeit* gelesen. Und so wie ich den *Spiegel* natürlich mit besonderem Interesse gelesen habe, weil ich einmal dazugehörte, habe ich die *Zeit* immer mit besonderem Interesse verfolgt. Wer kam neu, wer ging raus, was machte Marion? Das war nostalgische Erinnerung.

Wie wurde die Zeit *im* Spiegel *und bei Springer gesehen? Hatte sie da Bewunderer, oder war das eher nicht der Journalismus, der in diesen Häusern zählte?*

Das war sicherlich nicht der Journalismus, den die beiden Häuser repräsentierten. Augstein hätte gern Einfluss auf die *Zeit* gewonnen. Und Springer hat Marion stets besondere Hochachtung entgegengebracht. Er hat der *Zeit* mehr getraut als anderen Blättern. Ich erinnere, dass er noch nach achtundsechzig mit Ben Witter einen in der *Zeit* geschilderten Spaziergang gemacht hat. So eine Nähe hätte er damals wohl keiner anderen Zeitung gewährt – außer der eigenen.

Ich glaube, er hat es hinterher auch bedauert, denn der Zeit-*Kolumnist Ben Witter hatte irgendetwas über Springers distanzierte Haltung zur* Bild-Zeitung *wiedergegeben.*

Ja. Da gab es einmal vorübergehend Ärger.

Einige der großen Themen Marion Dönhoffs waren die Ostpolitik, Südafrika, der 20. Juli. Glauben Sie, dass sie mit ihren Artikeln etwas bewegt hat, vielleicht sogar politischen Einfluss gehabt hat, vor allem auch bei diesen Themen?

Je älter man wird, desto geringer bewertet man den Einfluss der Journalisten. Doch sofern Journalisten überhaupt Einfluss haben können, hat sie davon gewiss mehr gehabt als die meisten Journalisten, die ich kenne. Ich würde sie in eine Reihe stellen mit Rudolf Augstein, Henri Nannen, Hans Zehrer.

Können Sie sich an einen Artikel Marion Dönhoffs ganz besonders erinnern, der auf Sie speziellen Eindruck gemacht hat?

Ich kann mich an viele Bruchstücke, Formulierungen und Gedanken erinnern, ohne genau sagen zu können, in welchem Zusammenhang und in welchem Artikel sie gestanden haben.

Die Lektüre ihrer Artikel empfand ich bis zum Schluss immer als etwas Lohnendes. Sie hatten Substanz und Anstand. Das machte sie zu einer wirklich inspirierenden und interessanten Schreiberin. Das Einzige, wo wir nicht ganz auf einer Linie waren, war ihr Engagement für Südafrika.

In welcher Beziehung?

Ich fand, sie sah die Geschichte etwas einseitig, was sonst nicht ihre Art war.

Obwohl Marion Dönhoff auch vorgeworfen worden ist, dass sie überhaupt Kontakt zum weißen Regime hatte.

Genau wie ihr Bruder Toffi, der lange in Kenia lebte, hatte sie einfach eine Beziehung zu Afrika. Dabei spielt vielleicht auch das Interesse einer vertriebenen Großgrundbesitzerin an einem landwirtschaftlich geprägten Land mit.

30. September 2004

»Jede Tür auf der Welt stand ihr offen«
Richard von Weizsäcker, Berlin

RICHARD FREIHERR VON WEIZSÄCKER, Dr. jur., geboren am 15. April 1920, war unter anderem Mitglied des Deutschen Bundestages, Regierender Bürgermeister von Berlin und von 1984 bis 1994 Bundespräsident. Er war mit Marion Dönhoff seit der Zeit des Zweiten Weltkriegs bekannt; bei gemeinsamen Reisen zu den Nürnberger Prozessen entwickelte sich eine Freundschaft. Richard von Weizsäcker leitet gemeinsam mit Helmut Schmidt die von Marion Dönhoff begründete Neue Mittwochsgesellschaft.

Herr von Weizsäcker, die Klage, dass das Alter nicht gebührend respektiert wird, erklingt seit Menschengedenken. Aber ist mein Eindruck zutreffend, dass die Vertreter der Kriegsgeneration in diesem Lande, also auch Sie, bei jüngeren Menschen zunehmend Interesse finden und geschätzt werden?

Ob zunehmend oder nicht, kann ich nicht beurteilen, dazu müssten mir Vergleiche zur Verfügung stehen. Richtig scheint mir zu sein, dass es ein gewachsenes Interesse an der Verbindung zweier Eigenschaften gibt, nämlich erstens Erfahrung und zweitens Unabhängigkeit. Unabhängigkeit ist vor allem die Unabhängigkeit von den in einer Demokratie unvermeidlichen, aber eben doch häufig etwas ausartenden Parteienmachtkämpfen. Und deswegen bleibt man beschäftigt mit öffentlichen Dingen. Ich möchte auch sagen, mein Interesse an Politik hat nicht mit einem gewählten Amt begonnen und endet natürlich auch nicht mit dem Ende des letzten gewählten Amtes. Dadurch bleibt es relativ natürlich, dass es weitergeht. Das Wichtige ist, wie weit die Kraft das hergibt.

Sie haben Unabhängigkeit erwähnt. Emeritierte Staatsmänner gehören zu einer Spezies, die wahrscheinlich unabhängiger ist als irgendeine andere, wenn man von sehr reichen Leuten absieht, die aber womöglich von der Geldsucht abhängig sind.

Es ist eine Unabhängigkeit, die sich, je nachdem, wie es sich von Fall zu Fall fügt, mit einer gewissen politischen Erfahrung verbindet. Unabhängigkeit im luftleeren Raum ist an sich nicht allzu viel wert. Gelegentlich wird auch über einen Rückgang der Qualität in der Politik gesprochen. Da ist eine ganz eindeutige Antwort nicht leicht. Einerseits glaube ich, dass die Qualität der demokratisch-parlamentarischen Auseinandersetzungen in der ersten Nachkriegszeit größer war als heute, erfahrene Leute traten wieder an, es bedurfte bei ihnen keines Strebens und Kämpfens um die ersten Positionen. Ich habe die Bundestagsdebatten häufig für außerordentlich interessant gehalten.

In der Zwischenzeit ist aus dem Politikerberuf viel stärker als früher eine Lebensbeschäftigung geworden, sie beginnt gelegentlich in der Obersekunda. Sie umschifft dadurch eine Phase, in der man das Leben und die Berufe außerhalb politischer Ämter kennenlernen will und muss. Dadurch haben Politiker es heute in gewisser Weise schwerer. Das ist natürlich manchmal bei alten Leuten anders. Von Helmut Schmidt hören wir, er habe gar nicht vorgehabt, Politiker zu werden, sondern Architekt oder Städteplaner – das müssen wir so neh-

Richard von Weizsäcker und Marion Dönhoff (hier mit Willy Brandt bei einem Symposium) verband eine über fünfzigjährige Freundschaft.

men, auch wenn es uns vielleicht überrascht. Ich meinerseits habe im Alter von praktisch fünfzig Jahren zum ersten Mal die Kandidatur für ein politisches Amt übernommen, aus Gründen, die ich jetzt nicht näher erklären will. Wir hatten auf die Weise in der Ausbildung und auch beruflichen Betätigung andere Herausforderungen zu bestehen. Ich finde, dass das nicht geschadet hat. Trotzdem hat es natürlich gar keinen Sinn, wenn die Alten immer wieder sagen: Früher war die Qualität der Politik und der Politiker besser.

Ist das Interesse an Ihrer Generation nicht auch darauf zurückzuführen, dass Sie die letzten Zeugen einer Zeit sind, in der nun wirklich Geschichte geschrieben worden ist, des letzten großen Weltkriegs und der Verwerfungen danach?

Geschichte wurde auch danach noch kräftig geschrieben, und das geschieht auch immer weiter. Wichtig ist natürlich, dass zum Beispiel der Zweite Weltkrieg umwerfende Entwicklungen nach sich gezogen hat. Ich denke an die Entkolonialisierung, an die überstürzte Gründung des Staates Israel, aber natürlich in erster Linie für uns Deutsche an die Folgen des Nationalsozialismus mit seinen unvorstellbaren Verbrechen. Wenn man davon nichts miterlebt hat und nur im Nachhinein mehr oder weniger angelesene Urteile für die eigenen Maßstäbe zugrunde legt, dann ergibt das häufig ein anderes Bild, als wenn man das miterlebt hat.

Da hat bei meiner Generation, die den Krieg ganz miterlebt hat, selbst wenn sie in der Nazizeit noch auf die Schule ging und Kind und jung war, keine sehr große Neigung bestanden, später allzu viel darüber zu reden. Das ist ja einer der Gründe für die Achtundsechzigerbewegung, obwohl deren Beschwerde an ihre Vorfahren, keine Auskunft darüber zu geben, was sie in der Nazizeit gemacht haben, weniger an meine Generation als an eine ältere gerichtet war. Es ist insofern vielleicht keine ganz faire Mischung, die sich bei uns alten Leuten heute einstellt. Auf der einen Seite haben wir die Erfahrung, und das prägt uns natürlich. Andererseits sind wir nicht sehr mitteilsam darüber. Das führt dann im Ergebnis dazu, dass über die Geschichte so gedacht wird, wie es immer geschieht, nämlich als eine fortschreitende, immer neue Präzeption dessen, was sich abgespielt hat. Es ist ja auch ungemein schwer, jungen Menschen klarzumachen, wie die Verhältnisse damals waren.

Wenn ich einmal ein kleines Beispiel dafür nennen darf: Ich habe einmal in einer Lesung davon berichtet, dass ein Bruder von mir am zweiten Tag des Weltkrieges, am 2. September 1939, gefallen ist. Ich habe ihn selbst beerdigt, und das hat mich tief geprägt für mein ganzes weiteres Leben. Nachdem ich das gesagt habe, stand in der Diskussion ein junger Mann auf und sagte: »Ja, aber wenn Sie das am 2. September 1939 so geprägt hat, warum sind Sie denn dann am 3. September nicht in den Zivildienst übergegangen?« Es ist ja gut, dass sich die Dinge weiterentwickelt haben, dass wir überhaupt einen Zivildienst besitzen. Und es war von dem jungen Mann sehr freundlich gemeint, nur es ist zugleich auch ein Ausdruck dafür, wie schwer es ist, heute etwas vorauszusetzen, was für uns damals doch vollkommen selbstverständlich war.

Wie ist diese Frage denn vom Publikum aufgenommen worden?

Ich habe den Frager sofort gegen die allgemein ausbrechende Heiterkeit verteidigt. Es ist doch eine natürliche Reaktion von jemandem, der nicht weiß, wie es damals war.

Die Achtundsechziger haben zum Teil davon gelebt, dass sie die Moral auf ihrer Seite glaubten, wegen der Vergangenheit ihrer Eltern und Großeltern.

Ich finde, das ist bei den Achtundsechzigern deswegen schließlich nicht mehr so furchtbar quälend gewesen, weil sie zunächst damit angefangen haben, zu sagen, die alten Leute enthalten uns ihre eigene Rolle in der Geschichte vor. Das dauerte aber nicht sehr lange. Es folgte sehr schnell innerhalb der Achtundsechzigerbewegung die These: Die Geschichte beginnt heute bei null. Das ist nun das Allerunrealistischste, was man sich vorstellen kann. Da gibt es natürlich Ausnahmen. Joschka Fischer ist immer sehr geschichtsbewusst gewesen, hat diese Geschichtsvorwürfe nicht nur damals ernst gemeint, sondern sie auch in seine weiteren Aufgaben mit übernommen. Aber die große Masse der Achtundsechziger hat sich dann sehr rasch Ideologien zugewandt, aber nicht eigentlich einem durchgehaltenen Geschichtsinteresse.

Es wird heute viel über den Mangel an geistiger und ethischer Orientierung geklagt. Das ist kein ganz neues Phänomen. Wo

sehen Sie die Institutionen oder die Personen, die bei der Vermitt-
lung von Orientierung, von Werten helfen könnten, in diesem
Land?

Das ist eine der wichtigsten und schwierigsten Fragen, finde
ich. Wir haben darüber auch schon sehr viel früher angefangen
zu streiten. Ich denke zum Beispiel an die so genannte Grund-
werte-Debatte oder die Grundsatzprogramme der Parteien.
Noch einmal sei Helmut Schmidt genannt, der sich damals ve-
hement dagegen gewehrt hat, zu sagen, dass die Politik ein
Mandat für die Orientierung habe, das sei Sache der Kirchen,
der Erziehung, der Hochschulen und so weiter. In dem Punkt
bin ich damals etwas mit ihm aneinandergeraten, weil ich gesagt habe, seine eigene Politik gründe doch sehr stark auf
Wertvorstellungen. Auch dort, wo ich mit der Konkretisie-
rung dieser Politik nicht immer ganz einverstanden war, war
gerade diese Begründung positiv gedacht, wenn ich etwa an
seine Beiträge zur Familienpolitik oder auch zur Bildungspolitik denke. Das waren nicht gerade seine wichtigsten Gebiete,
aber er hat sich doch ständig auf Kant und Popper und andere
berufen, wobei ich einen deutlichen Unterschied zwischen
Kant und Popper empfinde.

Aber es ist wahr, dass der massive Rückgang der Existenz
von Familie, die Siegeswelle von technologischen Zugängen
und amerikanischer Software, der Rückgang des Einflusses
der Religionen, jedenfalls in unserem Teil der Welt, das Orien-
tierungsthema ganz außerordentlich belastet haben. Ich glaube nicht, dass man heute bestimmte Instanzen nennen kann,
die diese Aufgabe auch wirklich übernehmen können. Ich
glaube mehr, dass sich im Laufe der Zeit in der Gesellschaft
Empfindungen Gehör verschaffen werden, die schließlich
dazu führen, dass dieser Hedonismus die Menschen in einer
Form, die sie selbst spüren, eher unglücklich macht. Neulich

habe ich einen Vortrag über das Bild von uns Menschen im Jahre 2020 gehört, in dem mit guter Begründung prognostiziert wurde, es werde zu einer verstärkten Hinwendung zur Familie kommen. Ich gebe das nur wieder.

Könnte durchaus sein.

Es ist denkbar.

Gräfin Dönhoff zählte zu den Menschen, die einen bestimmten Wertekanon hochhielten und auch publizistisch vertraten. Sie fühlte sich Ihnen, Herr von Weizsäcker, bei dieser Aufgabe besonders nahe. So schrieb sie 1994 anlässlich Ihres Abschieds aus dem Bundespräsidialamt in der Zeit: »Die Auseinandersetzung mit den Grundwerten der modernen Gesellschaft ist ein Thema, welches ihn bis zum heutigen Tag mehr als alles andere beschäftigt.« *Wenn das auch weiterhin gilt, dann möchte ich Sie fragen: Wer sind heute Ihre Mitstreiter in der so genannten Wertedebatte?*

Zunächst möchte ich sagen, dass ich Gräfin Dönhoff schon aus der Zeit des Krieges kannte und in der Nachkriegszeit sehr bald wieder mit ihr in Berührung kam. Und das in einer Zeit, in der sie – sie war zehn Jahre älter als ich – meinen Freunden und mir so eine Art Erzieherin war. Ich will das nicht zu weit treiben, aber sie hatte eine im geistigen und moralischen Sinn führende Stimme diesen jüngeren Leuten gegenüber, die im Alter von fünfundzwanzig oder wie viel Jahren aus diesem Krieg unreif zurückgekommen waren.

Ich kann Ihnen keine Berufskategorie oder Gesellschaftsschicht oder Erziehungsinstanz nennen; es sind immer wieder einzelne Menschen. Ein Schmerz über den Verlust von Maßstäben für das Leben und Zusammenleben führt zur Suche nach solchen Menschen. Der Begriff der Werte liegt mir nicht besonders.

Ich bin kein Philosoph, freue mich aber darüber, wenn

Philosophen gelegentlich erklären, Werte seien ein unphiloso-
phischer Begriff. Ich kann das nicht beurteilen. Aber die so
genannte Wertedebatte wird ja immer in kürzester Zeit ver-
heizt in dem allgemeinen Gebräu der Machtkämpfe. Was ich
als schmerzlich empfinde, ist, dass der Säkularisierungspro-
zess beim abendländischen Christentum, und damit meine ich
jetzt das europäische, zu einem Einflussverlust, zu einer Redu-
zierung auch des Einflussanspruchs geführt hat, unter dessen
Folgen wir alle leiden. Das ist eine Frage, die nicht davon ab-
hängt, wie voll die Kirchen sind, sondern was sonst im Zuge
einer verringerten Verbindlichkeit christlichen Lebens in unserem Teil der Welt zu konstatieren ist. An der Hilfe für die
Fähigkeit, das Leben zu bewältigen, müssten sie sich doch be-
teiligen. Sie tun es natürlich auch, werden aber zu wenig gehört, jedenfalls gegenwärtig.

Wir haben das ja gerade, was das Christentum betrifft, in
größeren Debatten über den Atlantik hinweg erlebt. Das Mis-
sionarische der christlichen Frömmigkeit in weiten Teilen der
Vereinigten Staaten von Amerika ist es nicht, was ich meine.
Wenn aber das säkularisierte Christentum bei uns in Europa
in verstärktem Maß den Muslimen begegnet, dann zeigt sich
doch, dass es auch wirklich sehr verständliche Fragen der
Moslems an unsere Adresse gibt. Natürlich sind wir der Meinung, dass Mann und Frau gleichberechtigt sein sollen. Dennoch ist es für unser Verständnis nicht vollkommen aus der
Luft gegriffen, wenn die Muslime einem sagen, die Rolle der
Frau, im Prinzip gleichberechtigt, sei die Erhaltung der Art in
der Familie, darin ist sie eingebunden und abhängig. Der Ge-
schlechtsverkehr dient der Familie und der Arterhaltung, aber
nicht dem Spaß und einer Sexualität, die der Koran nicht
kennt und nicht versteht. Ich will keine muslimische Predigt
halten, sondern nur sagen, das sind Fragen, die man auch immerhin verstehen muss in ihrer Wurzel, wenn man dazu über-

geht, nach Antworten auf unsere Gegenwart zu suchen. Das ist sehr schwer. Wenn sich nicht eine Suche nach einem erfüllten Leben in der Gesellschaft selbst herausstellt, wird das für große Prediger und Instanzen auch nicht möglich sein.

Das war sehr aufschlussreich und einleuchtend. – Jetzt möchte ich Sie wieder zu unserem eigentlichen Thema befragen. Sie haben vorhin erwähnt, dass Sie Gräfin Dönhoff schon während des Krieges kennengelernt haben. Wissen Sie noch, bei welcher Gelegenheit das war?

Nein, das weiß ich nicht mehr. Meine Schwester war in Ostpreußen verheiratet, ich war selber während des ganzen Krieges Soldat und bin dann gelegentlich auch durch Ostpreußen gekommen, aber das weiß ich nicht mehr so genau.

Haben Sie sie in Königsberg oder in Friedrichstein besucht?

Dort habe ich sie nicht besucht. Intensiv wurde die Beziehung dann vom Winter 1945/1946 an, als sie im südlichen Niedersachsen auf dem Land lebte, in Brunkensen, und ich in Göttingen studierte. Vor allem durch unseren gemeinsamen Freund Axel von dem Bussche*, den sie möglicherweise durch mich kennengelernt hat. Das war mein nächster Freund. Wir haben gemeinsame Reisen unternommen und uns viel gesehen und uns ihrem erzieherischen Einfluss ausgesetzt.

Sie sind mit ihr und Herrn von dem Bussche im Winter 1945/1946 nach Nürnberg gefahren und wollten sich persönlich einen Eindruck von den Prozessen machen. Können Sie sich noch an die Umstände dieser Fahrt erinnern? Von dem Bussche hatte ein Auto ...

Er war schwer kriegsbeschädigt, das eine Bein war amputiert, und deswegen hatte er wohl ein Auto. Wir waren zuerst zu

---

* Axel von dem Bussche gehörte dem Widerstand gegen Hitler an.

viert und dann zu dritt und haben unterwegs Martin Niemöller besucht, das weiß ich noch ziemlich genau. Meine Mutter hatte nähere Beziehungen zu Martin Niemöller, mein Vater noch ein bisschen aus der Zeit vor dem Ersten Weltkrieg, sie sind beide bei der Marine gewesen, und Niemöller war ja Pfarrer.

Aber zurück zu Nürnberg. Da kam es zu einer gewissen Entrüstung Marions, weil wir beim Eingang in das Justizgebäude einen amerikanischen Panzer sahen und der Axel, ebenso wie ich, wir beide gleichzeitig sagten: »Die raus und wir rein.« Marion meinte, das sei die Ankündigung für den Dritten Weltkrieg. Davon war aber keine Rede. Vielmehr fanden wir, dass das schreckliche Unrecht, über das im Justizgebäude verhandelt wurde, zunächst verständlicherweise vor allem von den Schäden im Ausland her beurteilt wurde, dass aber die Deutschen ihrerseits doch auch Opfer dieser Zeit gewesen seien, und wenn man ihnen nicht zutraue, darüber selbst ins Reine zu kommen und zu Gericht zu sitzen, was sollte das dann für eine Zukunft werden?

Das hat sie dann verstanden?

Nein. Es wurde nicht weiter moniert, aber sie meinte, wir seien nicht mehr ganz bei Trost.

Wo haben Sie denn gewohnt in Nürnberg? Die Stadt war doch ziemlich zerstört?

Das weiß ich nicht mehr.

Sie sind später zur Verteidigung Ihres Herrn Vaters zurückgekehrt. Ist Marion Dönhoff auch wieder mitgekommen?

Ich glaube, ja. Aber so genau weiß ich das nicht mehr. Wenn sie nicht nach Nürnberg kam, hat man sich trotzdem gesehen, weil ich ja auch immer mal nach Göttingen fuhr. Außerdem haben wir eifrig durch Korrespondenz die Verbindung miteinander aufrechterhalten. Sie hat großen Anteil an dem Verfahren gegen meinen Vater genommen.

Sie hat im Auftrag des damaligen Chefredakteurs Tüngel den Chefankläger Kempner besucht. Wissen Sie, wie das Gespräch verlaufen ist?

Hat sie darüber was geschrieben?

Nein.

Ich kann es Ihnen leider auch nicht sagen. Kempner habe ich natürlich gut gekannt. Er entstammte dem preußischen Beamtentum. Als er aus der Emigration zurückkehrte, war einer seiner Hauptberater Carl Schmitt*. Kempner hat mir einmal gesagt, ich hätte die Verteidigung meines Vaters hervorragend vorbereitet, aber einen großen Fehler begangen. Ich hätte ihn, Kempner, zum Verteidiger meines Vaters machen müssen. Das ging mir im Zynismus ein bisschen zu weit. Aber er war natürlich sehr kenntnisreich.

Gegen meinen Vater lag beim Reichssicherheitshauptamt ein Dokument vor, wonach er hätte vor Gericht gestellt werden müssen, weil er mit ausländischen Regierungen und Diplomaten verhandelt habe, was dem Landesverrat zuzurechnen sei. Am Ende des Krieges fand man dann, dass mein Vater vor das falsche Gericht gestellt worden sei, was ja auch Churchill mit einer Äußerung unterstrichen hat, es sei ein tödlicher Irrtum der amerikanischen Ankläger gewesen, meinen Vater anzuklagen. Über solche Sachen und viele Einzelheiten haben wir mit Marion auch immer in engem Kontakt gestanden. Aber sie hat nicht eingegriffen.

---

* Carl Schmitt war Verfechter einer autoritären Staatstheorie, dem das Theorem des »Führerstaates« zugeschrieben wird.

Marion Dönhoff hatte schon bald nach dem Krieg in Hamburg eine Broschüre über den Widerstand drucken lassen, die sie geschrieben hatte, und hat seither immer wieder über den 20. Juli geschrieben. Wie sehen Sie ihre Verbindung zum Widerstand?

Während des Widerstands selber hatte ich keine Möglichkeit, sie zu erleben oder sie mit ihren Freunden zu erleben. Wir hatten nur vielfach dieselben Freunde. Aber ich habe alles, was ich von ihr darüber gelesen habe, in vollkommener Übereinstimmung mit dem empfunden, was ich selbst gehört, erlebt und sie auch gefragt hatte. Alle, von denen sie spricht, haben das Schicksal erlebt, wie sie es zutreffend beschrieben hat. Dass sie mit diesen Freunden in engstem persönlichem Kontakt war, davon bin ich fest überzeugt. Aber ich war nicht dabei.

Ihr wird ja gelegentlich von bestimmten Teilen der Presse vorgeworfen, sie habe sich als Widerstandskämpferin gesehen. Ich habe das nie von ihr gehört.

Das hat sie so nicht gesagt. Aber ihre ganze Mentalität und ihre zahlreichen Kontakte zu diesen Menschen weisen einen vollkommen eindeutigen Weg. Nun gibt es ja gewisse neue Kapitel in der Geschichtsschreibung, in denen dem Widerstand ganz allgemein und in gewisser Weise auch den Beteiligten aus einer bestimmten Gesellschaftsschicht bescheinigt wird, dass sie eigentlich unbelehrbare Nachzügler des Kaiserreichs gewesen seien. Dass sie sich mit der Demokratie nicht verfeindet, sondern sie eher mehr oder weniger von rechts bewältigt hätten. Oder selbst dort, wo sie sich an Widerstandsverabredungen beteiligt hätten, dies in einer Form getan hätten, welche ohne die Perspektive einer demokratischen, freiheitlichen, rechtsstaatlichen Republik gewesen sei.

Was den Widerstand betrifft, ist es natürlich nicht besonders überzeugend, wenn jemandes Beteiligung deswegen unter

Verdacht gestellt wird, weil er vor oder nach dem 20. Juli 1944 keine nachprüfbaren Überzeugungsgedanken hinsichtlich der künftigen Demokratie von sich gegeben hat oder sich vorher als Kommunist bekannte. Wenn ein Mensch im Widerstand gegen Hitler sein Leben aufs Spiel gesetzt hat, dann bleibt ihm die Erinnerung daran sicher, unabhängig davon, was er sonst gedacht und getan hat. Für Marion trifft weder das eine noch das andere zu. Sie sozusagen in einer verallgemeinernden Geschichtsbetrachtung gleich mit zu verdammen, ist weder menschlich noch historisch besonders überzeugend. Es ist eigentlich eher dumm.

Wussten Sie, dass zwei Brüder Gräfin Dönhoffs in der NSDAP waren?

Nein. Ich habe von ihrer ganzen Familie niemanden gekannt.

Sie war eine überzeugte und bekennende Preußin. Sie, Herr von Weizsäcker, sind Württemberger. Wie passte das zusammen?

Keine Schwierigkeiten. Ich habe nur mein erstes Lebensjahr in Württemberg zugebracht, seither bin ich ein Schwabe im Exil, aufgewachsen bin ich in Berlin. Hier habe ich dann aber auch Preußen in der Überlieferung näher kennengelernt, zu einer Zeit, in der Preußen für niemanden mehr eine Gefahr war, denn bekanntlich, da möchte ich Marion gern wieder folgen, hat Preußen ja 1871 aufgehört zu bestehen, und nicht erst im Jahre 1945. Ich will keine langen Preußenvorträge halten, aber mir hat vieles an den Preußen imponiert. Der Alte Fritz war der erste absolute Monarch, der mit den Erkenntnissen der Aufklärung in seinem eigenen Land angefangen hat. Die Amerikaner haben bekanntlich den ersten völkerrechtlichen Vertrag, den sie je geschlossen haben, mit dem Alten Fritz, ein oder zwei Jahre vor seinem Tod, geschlossen, weil sie ihn sozusagen für den Aufgeklärtesten hielten. Das war auch ein sehr aufgeklärter, interessanter Vertrag, der bisher unbekannt war.

Dann kamen die preußischen Reformer. Mitterrand hat mir einmal erklärt, der Niedergang der Franzosen im 19. Jahrhundert habe darauf beruht, dass die Franzosen die Ideen und die Kraft der preußischen Reformer nicht richtig erkannt hatten, gar nicht in erster Linie die der militärischen, sondern vor allem die der Bildungsreformer. Natürlich ist in Preußen Anfang des 18. Jahrhunderts eine ganz außergewöhnliche Anstrengung zugunsten eines starken Militärs gemacht worden, was aber nichts daran änderte, dass es in Preußen keine wirkliche Militärherrschaft, geschweige denn einen Militärputsch gegeben hat. Ich war gar nicht unglücklich darüber, dass ich einmal von einem nicht unbekannten Hanseaten in Berlin als Preuße bezeichnet wurde.

Sie schreiben in Ihrem Buch »Vier Zeiten«, bei Kleist und Fontane seien es vor allem die Frauen, die das Maß, die Würde und die innere Kraft Preußens bewahrten.

Richtig. Das waren allerdings Oranier.

In diesem Geist war Marion Dönhoff eine bedeutende Preußin. Gab es nach dem Krieg vergleichbare Frauen in Deutschland?

Es mag vergleichbare gegeben haben, ohne dass ich ihre Verbindung zum Preußentum so gekannt hätte. Marion hat sich, wie Sie ja schon sagten, ausdrücklich dazu bekannt. Die Strenge, Bescheidenheit, die Distanz zu den materiellen Werten spielten doch bei ihr eine sehr große Rolle. Unter den Büchern, die sie geschrieben hat und die ja sehr unterschiedlicher Art sind, gehört meiner Meinung nach aus gutem Grund zu den Haupterfolgen »Zivilisiert den Kapitalismus«. Das ist eine aus preußischer Überlieferung heraus geschriebene Kritik an unserem Materialismus und Hedonismus, die wir üben, ohne dass wir deswegen den Markt abschaffen wollen. Sie war schließlich auch Ökonomin, hatte bei Salin studiert.

Dieses Buch steht auch für einen gewissen Idealismus. Wie kamen Sie als Politiker mit dieser Art von Haltung zurecht?

Das hat mich außerordentlich inspiriert, weil es so selten ist und so nötig.

So ähnlich hat Henry Kissinger auch geantwortet. – Sie sind Mitglied der Neuen Mittwochsgesellschaft, die nach dem Vorbild eines 1863 gegründeten Kreises von Intellektuellen und Wissen-schaftlern ins Leben gerufen wurde, der bis 1945 als »Mittwochs-gesellschaft« tagte. Oder gibt es die Neue Mittwochsgesellschaft jetzt nicht mehr?

Die gibt es noch. Marion hat sie gegründet, ich glaube, nach ziemlich intensiver Beratung mit mir. Sie tagt immer hier, auf dieser Etage im Magnus-Haus im Kupfergraben in Berlin. Die Gesellschaft hat ja keinen Vorsitz, Marion war die Autorität, nicht nur die Gründerin, und es ist für uns gar nicht einfach ohne sie. Der Gedanke ist nach wie vor lebendig. Es gibt ge-wisse äußere Schwierigkeiten. Die alte Mittwochsgesellschaft bestand ausschließlich aus Mitgliedern, die in Berlin wohnten. Wir haben drei oder vier Auswärtige, für die die Reise mühsam ist. Aber Marion Dönhoff hat maßgeblich dazu beigetragen, dass alle Mitglieder der Mittwochsgesellschaft in diesem Kreise – wir tagen ungefähr achtmal im Jahr – etwas lernen, was sie gebrauchen können. Wir treffen uns immer am zwei-ten Mittwoch jedes Monats, außer in den Sommer- oder in den Weihnachtsferien.

Marion Dönhoff sollte Ende der siebziger Jahre einmal als Kan-didatin der SPD für das Bundespräsidialamt antreten. Sie haben sich selbst 1974 auch einmal als Zählkandidat gegen Walter

Scheel zur Verfügung gestellt. Hätte sie sich damals zur Kandidatur bereit erklären müssen?

Der Begriff Zählkandidat ist nicht besonders glücklich. Es ist in der Demokratie so, dass die Chancen, die sie bietet, oder die Anforderungen, die sie stellt, nicht ausschließlich nur nach einem berechenbaren Erfolg gemessen werden. Selbstverständlich hätte eine Kandidatur Marions einen sehr großen Eindruck gemacht. Das halte ich für ganz sicher. Mit anderen Worten: Die Gründe, aus denen heraus sie das nicht machte, sind vollkommen zu respektieren, auch wenn es persönliche Gründe sind.

Sie wollte eine Garantie haben, dass sie auf keinen Fall gewählt wird.

Es gab auch Außenseiter, bei denen gesagt wurde, sie kandidieren nur, wenn sie vorher die Garantie bekommen, dass sie auch gewählt werden.

Haben wir noch irgendetwas Bedeutendes vergessen, Anekdoten, die Sie vielleicht noch erzählen wollen?

Ich möchte noch einmal die Kombination von ganz persönlicher, freundschaftlicher und zugleich nicht unstrenger Art im Umgang mit ihr einerseits und andererseits die Tatsache hervorheben, dass es keinen zweiten deutschen Publizisten in der Nachkriegszeit gibt, dem jede Tür auf der Welt offen stand, und dass sie niemals diese offenen Türen dazu benutzte, um sich selbst einen Zentimeter größer zu machen, sondern um in der Welt etwas beizutragen. Das hat sie zu einer Persönlichkeit gemacht, für die es kein zweites Beispiel gibt. Und das verband sich miteinander. Aber letzten Endes war natürlich die persönliche Beziehung das Schönste.

14. Dezember 2004

»Liebchen, mach du mal ...«
Karin Gräfin Dönhoff, Berlin

KARIN GRÄFIN DÖNHOFF, geboren am 15. Februar 1936,
ehemalige Oberin des Johanniterordens, ist eine Tochter Dietrich Graf Dönhoffs und Sissi Gräfin Lehndorffs. Mit ihrer
Tante Marion unternahm sie Reisen nach Irland und Ischia.
Karin Dönhoff ist in einer führenden Funktion bei der Bürgerstiftung Berlin engagiert.

Gräfin Dönhoff, Sie waren Ordensoberin des Johanniterordens.
Wie viele Jahre waren Sie in dieser Funktion tätig?

Vierzehn Jahre lang. Unter uns gesagt, wäre ich nie Oberin
des Johanniterordens geworden, wenn ich nicht vom Pferd
gefallen wäre. Ich war ursprünglich gerne Krankenschwester
und in München in einem Krankenhaus tätig. Während eines
Urlaubs bei meinen Eltern in Irland fiel ich vom Pferd und
brach mir das Kreuz. Es war ein kleines Wunder: Ich musste
nicht in den Rollstuhl, sondern bin genesen. Damals wies
mich mein Vetter Hans Lehndorff, der Autor der »Ostpreußischen Tagebücher«, auf die Hochschule für werdende Obe-
rinnen hier in Berlin hin. Die habe ich absolviert und bin
dann nach Bad Oeynhausen gegangen, wo der Johanniter-
orden eine Klinik für Schwerstkörperbehinderte aufbaute.

Später war ich noch im Rheinland tätig und bin 1999 in den Ruhestand gegangen.

Anschließend bin ich erst ein bisschen in Afrika gewesen, auch, weil Marion mich dahin geschickt hatte, zu Helmut Bleks in die Schule in Baumgartsbrunn, Namibia. Nach zweieinhalb Monaten kam ich wieder zurück. Seither engagiere ich mich in der Bürgerstiftung Berlin. Sie versucht, Kinder und Jugendliche von der Straße zu holen. Das ist eine große Aufgabe. Marzahn und Hellersdorf sind die Brennpunkte. Ich habe mich der Musik angenommen, weil diese Kinder keinen Zugang zur Musik, zur Kultur, zum Sport haben. Ich habe mich vor einem Jahr mit der Philharmonie und der Deutschen Oper in Verbindung gesetzt, und wir versuchen jetzt, den Kindern ganz gezielt Ohr und Herz für Musik zu öffnen. Es sind vornehmlich ausländische Kinder, vor allem Russenkinder. In Berlin gibt es über vierzig verschiedene Nationen!

2003 haben wir mit der Philharmonie »Sacre du Printemps« von Strawinsky aufgeführt, getanzt mit zweihundert Straßenkindern. Der Film »Rhythm is it«, der darüber gedreht worden ist, wurde ein großer Erfolg. Das macht uns ein bisschen glücklich, die Kinder können da alle noch mal gucken, wie sie im Film aussehen und dass es sich lohnt, etwas zu lernen. Sie haben viel Selbstbewusstsein bekommen.

Gräfin Dönhoff, Sie sind 1944 mit Ihrer Familie aus Ostpreußen ...

Nein, nicht mit der Familie, nur mit der Kinderfrau. Mit der bösen Kinderfrau, die mich geprügelt und die Jungs geliebt hat.

Waren Sie denn das einzige ...

Ja, ich war das einzige Mädchen zwischen zwölf Jungen, wir gingen nach Mecklenburg ...

Letzter Besuch in Forio: Karin Gräfin Dönhoff mit ihrer Tante 2001.

Waren Sie dreizehn Kinder zu Hause?

Nein. Diese Kinderfrau hatte uns allen gesagt, wir fahren irgendwohin, und wir sind in Mecklenburg gelandet, bei den
Arnims. Von dort gingen wir immer weiter nach Westen. Mein
Vater Dietrich verwaltete Friedrichstein, sein Bruder Heinrich war beim Flug mit einer Chartermaschine tödlich verun-
glückt, als er zur Taufe seiner Tochter nach Friedrichstein
kommen wollte. Aus diesem Grund wurde mein Vater aus dem
Krieg geholt, UK gestellt. Meine Mutter war in Skandau an der
polnisch-russischen Grenze, Kreis Gerdauen.

Skandau war das elterliche Gut ...

Nach dem 20. Juli wurden die Eltern und die Geschwister
von Heini Lehndorff, der zum Widerstand gehörte, alle in
Königsberg ins Gefängnis gesteckt. Diese arme Kinderfrau
saß in Mecklenburg allein mit uns Kindern in der Ungewiss-
heit.

Können Sie sich an Friedrichstein erinnern?

Nein, da war ich ein Mal, und daran kann ich mich nicht entsinnen.

Es heißt, Gräfin Marion habe Sie öfter im Kinderwagen spazieren gefahren.

Die Marion mich im Kinderwagen? Hab ich nie gehört. Ich glaube auch nicht, dass sie das getan hat.

Wie war denn Ihr Verhältnis zu Ihrer Tante?

Als ich jung war, war die Tante sehr streng.

Inwiefern?

Na, dass sie einem so sagte, was man tun solle. Ich habe in meiner frühen Jugend einmal Krankengymnastik gelernt. Da hat sie gesagt: »Was ist denn das? Dummes Zeug! Du musst in die Welt, du musst nach Amerika.« Weiter hat sie sich dann nicht gekümmert. Sie hat sich der Jugend nicht so angenommen, wie man es von außen glauben würde. Mit Mädchen hatte sie es ja sowieso nicht. Mit den Jungen, beispielsweise Hermann Hatzfeldt und zum Schluss auch ihrem Großneffen Friedrich, kam sie gut zurecht. Um die anderen hat sie sich weder kolossal gekümmert noch sich für sie eingesetzt. Da war sie irgendwie streng. Das wussten wir. Wir haben sie nie gebeten, mal ein gutes Wort für uns einzulegen, wie man das sonst bei einer Tante tut.

Wo haben Sie sich mit Ihrer Tante getroffen?

Man traf sie in Crottorf, auch mal in Hamburg, sie kam auch nach Bonn. Sie war ja sehr, sehr sparsam. Ich weiß noch, es gab einen Empfang für die Königin von England. Wir beide waren eingeladen. Sie kam und nistete sich bei mir ein, um auf einem unbequemen Sofa zu schlafen und nicht im Hotel. Das war ja billiger, dafür konnten wir dann mit dem Taxi nach Schloss Brühl fahren. Das war Marion. Ich habe sie am Schluss besser gekannt. Am Anfang, als Kind sowieso nicht oder als jugendlicher Mensch. Später habe ich sie dann gesehen, wenn sie mal irgendwo erschien, in Crottorf oder Bonn oder so. In Bonn war mein Nachbar Axel von dem Bussche, und den mochte sie gern. Wir haben ihn auch gemeinsam besucht. Intensiver waren meine späteren Reisen mit ihr nach Irland.

Wurden die gemeinsamen Reisen auf Anregung von Gräfin Marion unternommen?

Sie sagte beispielsweise: »Ich muss unbedingt nach Irland.« Innerhalb der Familie hatten wir schon besprochen, dass Marion nicht mehr so selbstverständlich wie früher allein verreisen sollte. Dann sagte sie: »Komm doch mit!«, oder man bot sich auch an. Auch wenn sie nach Ischia fuhr. Es war schon richtig eingeteilt, wer sie begleiten sollte. Vor der letzten Reise nach Ischia hat sie dann auch selbst gesagt, »Komm mit« oder »Begleite mich« ...

Allerdings konnte Marion ja nie länger als zwei Tage irgendwo sein. Schon nach zwei Tagen sagte sie: »Liebchen, hast du eigentlich schon den Rückflug gebucht?« Dann sagte ich: »Nein, wir sind doch gerade erst angekommen, nun lass uns mal noch 'n bisschen hier sein.« – »Ach nein, weißt du, ich glaube, wir müssen eigentlich ...« Na, so ging das. Dann wurde sehr gehandelt, und man blieb drei Tage. Außer in Ischia blieb sie eigentlich nie sehr lange an einem Ort. Dort konnte sie entspannen, da blieb sie auch länger. Ich war dort hauptsächlich damit beschäftigt, Sachen, die sie liegen gelassen oder vergessen hatte, wieder einzusammeln. Aber das kennt man ja.

Die Touren mit Marion waren gelegentlich schon anstrengend, vor allen Dingen diese Reisen nach Irland. Sie waren teilweise auch wahnsinnig komisch. Man musste irgendwo umsteigen, in London oder Frankfurt, und sie war so gewöhnt, das alles allein zu machen, dass sie meinen Auskünften nie glaubte. Dann wurde ich losgeschickt: Welches Gate? Und: Wann fahren wir los? Ich kam wieder und sagte: »Wie immer, Gate 23.« Kaum hatte ich das gesagt, sagte sie: »Ach, ich muss noch mal nachsehen.« Sie ging zum Schalter und fragte selber noch mal, ob das auch wirklich stimme. Da dachte ich manchmal, mein Gott, wofür bin ich eigentlich mitgefahren.

In Ischia war es immer hübsch und schön, und die Sonne schien. Sie war sehr zufrieden, entspannte sich auch, war aber unheimlich unternehmungslustig. Zuerst hatten wir immer dieses kleine Auto, was eigentlich auch eine lustige Geschichte war. Es gab einen Moment, wo wir drei Dönhoff-Weiber – meine Mutter, Marion und ich – keinen Führerschein hatten. Ich machte daraus kein großes Geheimnis. Marion machte daraus ein großes Geheimnis, obwohl es in der Zeitung gestanden hatte, und meine Mutter auch, die war geniert, sie war damals achtzig.

Nun kam der Moment. Ich fuhr zwei Tage vor ihr nach Ischia, sie rief an und sagte: »Liebchen, geh doch mal zu der Garage, du weißt schon, die an der Ecke, und bestell ein Auto. Ich komme übermorgen, und da wollen wir wieder einen kleinen Fiat haben.« Ich sagte: »Okay, mach ich.« Ich rief einen Freund an, der da lebt, und sagte: »Mach du das mal, mein Italienisch reicht dafür nicht aus.« Er bestellte das Auto für den übernächsten Tag. Als Marion ankam, fragte sie: »Was ist mit dem Auto?« Ich antwortete: »Das kannst du morgen abholen.« Zunächst war ein bisschen Funkstille, dann fragte sie: »Du, kannst du das nicht mal holen?« – »Ich hab keinen Führerschein.« Da war vollkommene Funkstille.

Hatten Sie überhaupt keinen, oder hatten Sie ihn verloren?

Ich hab ihn weggenommen gekriegt. Wegen Schnelligkeit. Meine Mutter genauso, Marion eben auch.

Alle wegen Geschwindigkeitsübertretung?

Alle wegen zu hohem Tempo. Ist ja auch albern, immer diese dreißig und fuffzig Kilometer. Na ja, nun kam aber Hermann Hatzfeldt ein paar Tage später, und dann haben wir gefunden, der Mann soll das machen. Der hatte einen Führerschein und konnte das Auto abholen.

Wie alt war sie da?

Ich würde sagen, sie war so Mitte achtzig. Auf Ischia fand ich es einerseits aufregend, andererseits war es für mich sehr anstrengend, weil immer was passieren musste. Es gab nie einen Abend zu Hause mit Spaghetti und Tomatensauce, sondern es musste immer irgendwohin gefahren oder ausgegangen werden. War ja auch nett, aber ich habe immer gedacht, man könnte sich ja auch zu Hause mal ein bisschen erholen. Für mich speziell war es mühsam und fast anstrengend, weil man sich völlig aufgeben und danach richten musste, was Marion wollte und was sie vorhatte.

Da war auch nicht mit ihr zu reden?

Ach, das wollte ich dann eigentlich auch nicht. Ich meine, morgens in den Hafen gehen und die *Herald Tribune* holen, damit sie die hatte, das waren Kleinigkeiten. Aber dann, das kann man eben schlecht beschreiben, alles, was so zu tun war, und such mal das, und mach mal das, und geh mal dorthin, das war für mich schon ein bisschen anstrengend, weil ich ein selbständiger Mensch bin, der plötzlich lauter Order kriegte. Nun war ich ja auch mitgefahren, um für sie da zu sein.

Zum Schluss musste ich dann auch mit den Schwestern und Ärzten verhandeln, wann man diesen furchtbaren Verband an- und ablegte und solche Dinge. Es war schon wichtig, dass man da war. Sie war wahnsinnig tapfer und hat das alles ausgehalten. Ich habe sie dann später noch in diese Hamburger Schmerzklinik begleitet.

War das Anfang 2002?

Das war schon sehr zum Schluss. Die Ärzte haben immer noch gedacht, sie könnten ihr die Schmerzen nehmen. Aber das blieb ohne Erfolg. Sie hat die Schmerzen preußisch ertragen. Sie konnte wirklich überhaupt nichts mehr machen mit ihrer Hand. Sie musste sich helfen lassen, und das ging ihr gegen den Strich. Aber sie war tapfer und unheimlich bescheiden. Das muss man immer wieder sagen. Sie war irgendwo auch sehr streng mit sich selber.

Wie erklären Sie diese bestimmende Art? Entsprach sie ihrem Charakter, oder ergab sich das auch aus ihrer Führungsposition?

Ich glaube, beides war maßgebend. Ich glaube auch, dass es irgendwo angelegt war. Wenn Sie zurückdenken an ihre Jugendzeit: Sie war das einzige Mädchen, ständig und überall, sie war die Jüngste, musste sich gegen ihre Brüder durchsetzen. Die haben sich ja nicht nur geliebt, sondern sie haben auch gekämpft miteinander. Sie war dann in der Schule als einziges Mädchen, hat Abitur gemacht als einziges Mädchen, hat angefangen zu studieren, wo auch noch nicht überall Mädchen waren. Sie hat sich behaupten, sich durchsetzen müssen. Dann der Ritt durch das kalte Ostpreußen in den Westen war auch nicht jedermanns Sache, da hat sie sich ebenfalls sehr behaupten müssen. Und dann all die Jungen in der Zeit, die sie führen musste.

Haben Sie zur Gräfin Marion »Tante« gesagt?

Früher sicher, aber zum Schluss nicht mehr. Als man so aus dem Gröbsten heraus und halbwegs erwachsen war, hat man das irgendwie gelassen. Marion und auch Yvonne haben sich nie beschwert und gesagt, du musst Tante sagen.

Sie tragen einen berühmten Namen. Sind Sie nicht öfter, als Ihre Tante noch lebte, auf sie angesprochen worden?

Ja, bin ich. Auch heute noch. Früher, als junger Mensch, war es eine Last für mich, weil man immer gleich sehr viel von uns erwartete. Marion ist recht bekannt und in aller Munde gewesen. Das finde ich auch schön und gut, da habe ich nichts dagegen. Aber es gab Menschen, die ihretwegen nicht mit mir gesprochen haben. Und zu ihrer hochpolitischen Zeit, zur Adenauer-Zeit, gab es solche ...

Waren das Adenauer-Anhänger oder Ostpreußen?

Adenauer-Anhänger wahrscheinlich, die nicht derselben politischen Meinung waren wie sie. Ich entsinne mich noch an Chefärzte – ich hatte einen Wirkungskreis von ungefähr zwanzig Krankenhäusern –, die mir, wenn ich sie besuchte, zwar guten Tag sagten, aber mir nicht die Hand gaben. Das hat mich getroffen, das habe ich nicht vergessen.

Allerdings sagen mir heute noch Menschen: »Ich war nie derselben Auffassung wie Ihre Tante, aber sie war eine verehrenswerte Frau.« Im Übrigen war Marion immer der Meinung, dass wir Frauen eigentlich weder denken noch etwas Sinnvolles tun konnten. Nur der Geist der Männer, die sie irgendwo traf, beeindruckte sie. Es gab einige Frauen, die sie mochte, wie beispielsweise Chris Bielenberg oder Hildegard Hamm-Brücher. Dann hat mich gelegentlich gewundert oder auch ein bisschen getröstet – weil ich immer dachte, als Journalistin weiß man eigentlich alles –, dass sie Dinge sagte, von denen sie keine Ahnung hatte.

Was waren das denn für Dinge?

Zum Beispiel medizinische. Ich entsinne mich auch, dass sie mich in Ischia ganz witzige Dinge fragte, zum Beispiel zu Norbert Blüm. Das war eine herrliche Geschichte. Ich habe mit ihr im Auto gesessen – das waren immer die besten Gespräche, weil sie da nicht rauskonnte und zuhören musste. Also, da habe ich irgendwas über Blüm gesagt, der ja damals in der Gesundheitspolitik für uns wichtig war, und sie: »Blüm, was kann der denn, was macht denn der?« Dann habe ich also erklärt, wer Norbert Blüm ist. Später, viel später, habe ich dann gehört, wie sie sagte: Also, mein Freund Blüm, der hat das und das gemacht.

War Ihr Vater stolz auf seine Schwester?

Schwer zu sagen, aber ich glaube doch. Er hörte auch auf sie. Die Geschwister waren einander sehr verbunden. Die vier Letzten – Yvonne, Marion, Dietrich und Toffi – waren sehr attachiert zueinander und eigentlich nur glücklich, wenn sie zusammen waren. Wir Dönhoffs reden alle wenig und die Männer noch weniger. Meine Mutter, als Lehndorff, die sprach gern, aber mein Vater redete wenig, war eher ein Einsiedler, ein Philosoph; deswegen ging er auch nach Irland.

Toffi konnte auch erzählen, aber Marion hat sehr ungern geredet. Vor dem Friedenspreis 1971 rief sie mich an: »Liebchen, was mach ich, ich bin doch ein bisschen aufgeregt, ich krieg' da einen Preis.« Sie konnte auch ganz klein und vertraut sein. Ihre drei Brüder und sie, hat mir mein Vater erzählt, haben gesagt, wenn wir mal alt sind, gehen wir nach Ischia, wir drei oder wir vier zusammen. Unsere Frauen lassen wir zu Hause, wo auch immer, was auch immer ist. Wie gesagt, die waren so aufeinander fixiert oder liebten sich so sehr, dass sie eigentlich nur glücklich sein konnten, wenn sie zusammen waren. Ihre Frauen konnten irgendwo bleiben, wo sie waren. Ja, aber das drückt die Liebe unter den Geschwistern aus.

War Marion Dönhoff im Kreise ihrer Geschwister anders als sonst, vielleicht nicht so bestimmend?

Wissen Sie, die ganze Krux mit Marion war, dass sie so fürchterlich gut informiert war. Ich habe mit ihr heftige Diskussionen gehabt. Beispielsweise, als ich von einer Reise mit Hans Lehndorff – wir waren den Spuren seiner ostpreußischen Tagebücher gefolgt – zurückkehrte. Da hatte es eine Frau an einem See gegeben, die ihn eines Nachts auf seiner Flucht übergesetzt hatte. Diese Frau hatte ihren Mann im Krieg verloren und bekam eine Rente aus Deutschland. Ich bin der Sache ein bisschen auf den Grund gegangen: Sie bekam zwei Mark fünfzig ausgezahlt. Das habe ich Marion erzählt.

Die Frau war Polin.

Die Frau war Deutsche. Sie wohnte noch an diesem See in Polen, es war also eine ganz alte Dame, mindestens achtzig ... Ich habe Marion gesagt: »Wenn du irgendwas irgendwo drehen kannst wegen dieser mickrigen Rente, dann kümmere dich darum. Ich finde das so unbeschreiblich.« Da hat sie mich geschimpft: »Das ist vollkommen unmöglich, das gibt es nicht.« Das waren so Dinge, wo man nicht gegen sie ankam. Sie hat das einfach behauptet. Wir waren ganz böse miteinander. Ich habe ihr gesagt: »Wenn du nach Polen fährst, dann ist das ein vollkommen anderer Besuch als der mit Hans, bei dir gehen die Türen auf, jeder will ein Interview mit dir, es ist auf einer ganz anderen Ebene.«

Aber in der Frage der Kriegerwitwe ist sie nicht aktiv geworden?

Nein. Ich schicke noch heute Pakete nach Polen. Wenn ich ihr das erzählt habe, sagte sie: »Das ist vollkommener Unsinn, die haben alles.« Ich sagte: »Die haben überhaupt nicht alles, sie freuen sich so über meine Pakete, in denen Kaffee und Strümpfe und Seife und Klosterfrau Melissengeist sind.« Sie konnte das so wegwischen.

War Gräfin Marion für Ihre Familie nicht zu links?

Ja, sicher, auch das habe ich ausprobiert auf Ischia. Weil ich immer sehr straight forward bin, wenn ich irgendwas wissen will, habe ich sie bei einem sehr gemütlichen Frühstück – wir waren allein – gefragt: »Was sagst du eigentlich dazu, dass du die rote Gräfin bist?« Wir haben ja noch eine nackte Gräfin, das ist meine Cousine, die Model war, Veruschka Lehndorff. Da hat sie sehr gelacht und Unsinn und Quatsch und nein und wie kommst du darauf. Und ich sagte: »Ich komm da gar nicht drauf, das sagen alle.« – Nein, das stimmt nicht und überhaupt, und ich bin die Mitte.

Gräfin Marion hat nie geheiratet. War das ein Thema in der Familie?

Nein. Das hätte auch kein Mann ausgehalten, glaube ich. Man sagt, sie sei mal verlobt gewesen, aber der Mann sei gefallen. Es gab sicher Männer, die sie gerne mochte und verehrt hat, aber das waren dann entweder die falschen, oder sie waren verheiratet oder sonst was, aber sie machte nicht furchtbar viel Gebrauch von ihrem Charme, den ja jeder Mann sah.

War Widerstand im Nazireich ein Thema, über das Sie häufiger gesprochen haben?

Das ist natürlich ein weites Feld. Für mich war es immer wieder ein Anreiz für Diskussionen mit Menschen, die in der Zeit gelebt haben oder die Bücher darüber geschrieben haben. Viele Kinder behaupten, ihre Eltern hätten nie darüber gesprochen. Die Väter sagen, die Kinder hätten nie gefragt. Inzwischen bin ich so weit, dass ich sage, die Eltern konnten nicht darüber sprechen.

Wenn ich Ihnen eine kleine Geschichte erzählen darf von Veruschka, die zum fünfzigsten Jahrestag des 20. Juli hier war. Sie kam zu einer Feier nach Berlin und traf dabei auch Marion. Sie haben miteinander gesprochen, und Veruschka, die Tochter von Heini Lehndorff, hat zu Marion gesagt: »Ich weiß das alles gar nicht, die Mami hat nie mit uns über den 20. Juli gesprochen.« Da habe ich gedacht, es kann eigentlich nur so sein, dass man da irgend so eine Blockade in seiner Seele und seinem Herzen hatte und darüber nicht sprechen konnte.

21. Januar 2004

»Sie hat uns gewähren lassen«
Theo Sommer, Hamburg

THEO SOMMER, Dr. phil., geboren am 10. Juni 1930 in Konstanz, arbeitet seit 1958 bei der *Zeit*. Er war von 1973 an fast zwanzig Jahre Chefredakteur des Blattes und danach acht Jahre Mitherausgeber; heute ist er Editor-at-Large. Theo Sommer gehörte mehreren Kommissionen an, die sich mit Fragen der Bundeswehr und der äußeren Sicherheit beschäftigen, er ist Verfasser und Herausgeber zahlreicher Bücher.

Theo, erzählen Sie doch einmal, wie Ihre erste Begegnung mit Marion Dönhoff verlief.

Dass ich überhaupt zur *Zeit* kam, verdanke ich Marion. Ich hatte zwischendurch zwei, drei Jahre bei der *Rems-Zeitung* gearbeitet und habe dann in anderthalb oder zwei Jahren meine Doktorarbeit in Tübingen geschrieben. Dort waren Hans Rothfels, Zeitgeschichtler und mein Doktorvater, und Theodor Eschenburg, Politikwissenschaftler. Eschenburg wurde von Marion Dönhoff für das Blatt angeheuert, als hier die Eigentumsfrage zwischen den Lizenzträgern entschieden war, im Frühjahr 1957. Er schrieb von da an viel beachtete Kommentare, Kolumnen, aber auch große staatsrechtliche Analysen, und den fragte sie eines Tages: »Haben Sie nicht einen jungen Mann oder eine jun-

ge Frau in Ihrem Seminar, deren Nase in die *Zeit* passen würde?«
Da hat er mich wohl empfohlen. Daraufhin haben wir uns zum
ersten Mal getroffen.

Wann war das?

Ich weiß es noch ganz genau, am 19. Juli 1957. Sie war auf dem
Weg zu den Stauffenbergs nach Lautlingen. Wir trafen uns am
Hauptbahnhof in Stuttgart, wo ich sie abgeholt habe, und wir
sind dann in die Königstraße gegangen, einen halben Block weiter, und haben uns dort in ein Café gesetzt. Dann stellte sich heraus, dass ihre Sekretärin ihr nur eine Fahrkarte bis Stuttgart
besorgt hatte, und es fehlten ihr 4 Mark 80 bis nach Lautlingen.

Ach, sie hatte gar kein Bargeld mehr?

Sie hatte kein Kleingeld dabei, jedenfalls habe ich ihr die 4 Mark
80 geborgt, und wir haben uns bis an ihr Lebensende fröhlich
frotzelnd gestritten, ob sie mir den Betrag je zurückgezahlt
hat oder nicht. Aber wenn nicht, wäre es gut investiertes Geld
gewesen, denn sie schickte dann eine Woche später den damaligen Feuilletonchef Rudolf Walter Leonhardt nach Stuttgart,
wo ich wohnte, während ich in Tübingen studierte. Leonhardt
war Jagdflieger gewesen, Schüler des Bonner Romanisten
Robert Curtius, Träger des Deutschen Kreuzes in Gold, und
ich dachte damals: »Was macht man mit so einem in Stuttgart?«,
und habe ihn auf den Fernsehturm geführt. Der war damals
gerade neu. Wie wir oben auf der Aussichtsplattform stehen –
ich weiß nicht, 120 Meter Höhe –, da wurde er plötzlich kreide-
bleich und fing an zu zittern. Ich fragte: »Was ist los?« Er antwortete: »Bringen Sie mich raus, bringen Sie mich raus, schnell
weg.« Es stellte sich heraus, dass er Höhenangst hatte. Es gibt
in den Buddenbrooks einen Typ, der kein offenes Fenster sehen kann; er muss sich auf den Boden werfen, sich am Teppich
festkrallen, um nicht rauszuspringen.

Am Anfang seiner Karriere bei der *Zeit* war Theo Sommer einer der
»Buben der Gräfin«.

Leonhardt hat mir die Rettung vergolten, indem er sagte:
»Der ist in Ordnung.« Und dann bin ich im August/September
1957 sechs Wochen hier gewesen, auf Probe. Ich war Hospi-
tant in einer Redaktion, die, glaube ich, aus dreizehn oder
vierzehn Leuten bestand.

Die Gesamtredaktion?

Die Gesamtredaktion. Wir teilten uns in diesem U-förmigen
Pressehaus, in dem es sieben Stockwerke gibt, ein halbes
Stockwerk mit dem *Stern,* der damals noch mit der *Zeit* zusam-
mengehörte. Ich bin dann nach Stuttgart zurückgekehrt, habe
bis Weihnachten meine Dissertation fertig geschrieben, Vor-
wort, Fußnotenapparat, und habe am 2. Januar 1958 hier angefangen. Und bin dann geblieben; wie gesagt, es sind jetzt bald
fünfzig Jahre.

Ich war eigentlich nie in Versuchung, wegzugehen. Man hat

mir zu einer Zeit, als ich hier noch ganz einfacher Redakteur war, angeboten, Stellvertretender Chefredakteur der *Main-Post* in Würzburg zu werden. Das hat mich nicht gereizt. Dann hat mich Heinz Kühn, Ministerpräsident von Nordrhein-Westfalen, eines Tages zu sich gebeten – das muss in den späten Siebzigern oder frühen Achtzigern gewesen sein –, und hat mir die WDR-Intendanz angeboten. Ich habe mir gesagt, erstens bin ich nicht so sehr ein Verwaltungsmann, und ein Intendant muss ein Verwaltungsmann sein. Ich hätte das vielleicht hingekriegt, aber mich hat zweitens das Schreiben mehr gereizt, als der goldene Knopf auf einer Riesenfahnenstange zu sein. Dann hat mich Helmut Schmidt 1969 nach Bonn berufen und mir die Gründung und Leitung eines Planungsstabes im Bundesministerium der Verteidigung anvertraut. Ich hatte von vornherein gesagt, ich bringe das auf die Schiene, gehe dann aber zurück zur *Zeit*. Er hat mich dann noch einmal gefragt, ob ich als Staatssekretär bleiben würde, und ich habe geantwortet: »Nein, ich bleibe bei meiner Ankündigung.« Das hat er mir auch nie übel genommen. Wie es der Zufall so wollte, kam er dann nach seiner Kanzlerschaft zu uns, so dass uns unsere Wege wieder zusammenführten.

Die Versuchung, wegzugehen, war nie sehr groß, und das hatte sicherlich auch etwas mit Marions Person zu tun.

Sie machte einen großen Teil der Bindekraft dieses Blattes aus. – Zu Ihrem sechzigsten Geburtstag schrieb sie, Sie hätten bei Ihrer ersten Begegnung eine Fliege getragen. Können Sie sich noch daran erinnern?

Ich kann mich ganz genau erinnern, dass diese Behauptung einer ihrer kleineren Irrtümer war. Denn ich weiß noch, ich wohnte in Fellbach, und bevor wir uns in Stuttgart am Hauptbahnhof trafen, bin ich in Cannstatt am Wilhelmplatz ausgestiegen und habe mir extra eine neue Krawatte gekauft.

Theo, Sie sind ein wenig bekannt dafür, dass Sie, was Frauen betrifft, einen guten Geschmack haben. Welchen Eindruck hat denn Marion Dönhoff als Frau auf Sie gemacht?

Ich habe sie 1957 kennengelernt, da war sie achtundvierzig, und sie war eine schöne Frau, schlank, sportlich. Sie war sehr apart, vielleicht hatte sie eine gewisse Unnahbarkeit. Man kann ja Männer auch reizen, indem man Unnahbarkeit vorspielt. Also, sie wollte nicht bestürmt werden. Ich fand sie weiblich, aber, wie gesagt, immer auf Distanz. Ich wäre nie auf die Idee gekommen ...

... zum Tanz ...

Ach, zum Tanz konnte man sie schon bitten.

Haben Sie mit ihr getanzt, bei irgendwelchen Festen?

Ich wühle in meinem Gedächtnis, ich glaube, nein. Es gab Betriebsausflüge. Bei solchen Gelegenheiten hat Bucerius sie geschwenkt, aber der hat auch mit Putzfrauen getanzt. Beim Tanzen war Marion wohl etwas staksig.

Ich weiß gar nicht, ob sie je Tanzunterricht genommen hat. Wahrscheinlich doch, es gab ja Feste mit Tanz auf Friedrichstein.

Ich weiß nicht, ob sie Freude daran hatte. Wenn wir Jungen, und wir waren alle siebenundzwanzig, achtundzwanzig damals, frisch von der Universität oder aus irgendwelchen Redaktionen, wenn wir schon von einer Redakteurin oder gar einer Gräfin träumten, dann war es eine angeheiratete Gräfin. Das war die Gräfin Merveldt, die eine sehr sinnliche Frau war, mit echt rötlichen Haaren. Sie trug damals Sackkleider und nichts darunter. Ich glaube nicht, dass irgendjemand von uns je erotische Ambitionen auf Marion Dönhoff gehegt hätte. Das kam einem einfach nicht in den Sinn.

Sie galten in den fünfziger, sechziger Jahren als einer der »Buben der Gräfin«. Wer waren die anderen?

Es gab einen, den hatte sie, glaube ich, ein paar Monate vor mir angestellt, Hans Gresmann. Er hatte sich sein Studium verdient, indem er im gemeinsamen Archiv von *Stern* und *Zeit* Zeitungsartikel ausgeschnitten, aufgeklebt, gelocht und abgeheftet hat. Nebenher hat er sich ein Taschengeld dazuverdient, indem er kleine »Zeitspiegel« schrieb oder auch ab und zu eine kleine Glosse. Dann wurde er auch einmal auf Reportage geschickt. Später kam dann Rolf Zundel dazu, aber das war um einiges später, und Dietrich Strothmann. Die Politik bestand im Grunde aus Marion Dönhoff, Hans Gresmann und mir. Wir hatten noch nicht einmal einen eigenen Korrespondenten in Bonn, sondern da gab es einen Dr. Strobel, der schrieb für die *Stuttgarter Nachrichten*, glaube ich, und die Wiener *Presse*.

Er hatte also einen Bauchladen.

Ja, aber er gehörte zu dem Kreis, den Adenauer zum Tee lud. Einmal in der Woche kamen Durchschläge, man hatte damals noch dieses dünne Durchschlagpapier, und da hat er wohl acht Kopien an seine diversen Redaktionen verschickt ...

Waren das Hintergrundberichte? Oder sollte das publiziert werden?

Nein, das war Hintergrund. Aber es waren ausführliche Berichte über das, was der Alte in seiner Teerunde erzählt hatte. Heute ist das publiziert, damals wurden die Papiere hier gehandhabt wie Geheimmaterial über Atomwaffen. Absolut Top Secret, Your Eyes Only. Wir »Buben« durften sie lesen und fühlten uns natürlich sehr gebauchpinselt. Danach hat Marion sie in einen Safe geschlossen.

War das schon der Safe im früheren Augstein-Zimmer?

Da muss ich nachdenken. Marion wurde 1968 Chefredakteurin, und ich glaube, 1965 oder 1966 ist der *Spiegel* ausgezo-
gen, und dann zog sie in Augsteins altes Zimmer mit seinen
Palisander-Wänden, wunderschön. Ich saß dann auch fast
zwanzig Jahre da drin. Das Zimmer hatte eine gewisse Tradition.

Als Sie eintraten, war Gräfin Dönhoff schon Ressortleiterin Poli-
tik.

Sie war Ressortleiterin und, meine ich, Stellvertretende Chefredakteurin. Sie hatte eigentlich selber Chefredakteurin werden wollen, da gibt es auch einen Brief in der Korrespondenz
Bucerius/Dönhoff. Wie ich die Geschichte kenne, war das
damals so, dass sie auf Urlaub oder auf Reisen war, während
die neue Eigentumsregelung getroffen wurde. Zu der Zeit hat
Müller-Marein sich im Einverständnis mit Bucerius selbst
zum Chefredakteur gemacht und sie zur Chefin des politischen Ressorts. Das hat ihr nicht wirklich gepasst, denn sie
hielt Müller-Marein zwar für einen glänzenden Schreiber, aber
auch für ein politisches Leichtgewicht.

Außerdem war er Rheinländer. Zwei sehr unterschiedliche Cha-
raktere.

Absolut. Müller-Marein war ein Mensch, der an Weiberfast-
nacht oder am Rosenmontag in der Redaktion saß mit einer
roten Barockperücke und versuchte, Stimmung zu machen.
Das gefiel ihr überhaupt nicht. Dafür hatte sie kein Verständnis. Aber es hat der *Zeit* gutgetan, dass da jemand war mit Blei
im Kiel – Marion Dönhoff – und jemand, der wie ein tänzeln-
der Luftballon darauf achtete, dass das Tänzeln stilvoll war –
Müller-Marein. Wenn man ihm ein Manuskript gab, wurde es
ganz anders redigiert, als wenn man es Marion Dönhoff gab.
Sie hat auf Straffheit redigiert, überflüssige Adjektive raus und

auch auf das Urteil hin. Er hat redigiert auf Tempowechsel, Rhythmus...

...Farbe...

Ich erinnere mich an den Gipfel Chruschtschow/Eisenhower 1960 in Paris. Da wurde Gary Powers in seiner U-2 über der Sowjetunion abgeschossen, und Chruschtschow tobte im Palais Chaillot und verlangte eine Entschuldigung von Eisenhower. Aber Eisenhower hat sich nicht entschuldigt. Ich schrieb einen Leitartikel in Paris und lese, als ich nach Hamburg zurückkomme: »Und der Chruschtschow hat nicht nachgegeben, hat weiter gepoltert, obwohl doch Eisenhower sich entschuldigt hat.« Das hat Müller-Marein hineingeschrieben, weil ihm das dramaturgisch besser gefiel. Das war der Unterschied zwischen Marion Dönhoff und Müller-Marein.

Wie war sie als Leiterin des politischen Ressorts? Wie kamen Sie mit ihr als Chefin zurecht?

Das war eigentlich von gleich zu gleich. Sie hat uns sehr ernst genommen. Sie war streng in der Art, wie sie uns langsam eingefuchst hat. Man durfte am Anfang nur Zeitspiegel schreiben, zehn Zeilen höchstens, dann durfte man einmal eine Glosse schreiben auf der Seite 1.

Sie wurden richtig aufgebaut.

Dann wurde man auf Reportage geschickt, und dann kam der zweite Leitartikel, 110 oder 120 Zeilen auf der Seite 1. Ich habe meinen ersten Leitartikel im Juli 1959 geschrieben.

Das ging ja relativ schnell.

Wissen Sie, warum? Weil alle im Urlaub waren. Müller-Marein war im Urlaub, Marion, wenn ich mich recht entsinne, war auf Sylt, und es kam die Meldung: Eisenhower hat Chruschtschow nach Amerika eingeladen. Man telefonierte damals noch nicht. Marion hatte ein altes, schwarzes Telefon auf ihrem Schreibtisch mit einem kleinen Schloss wie an einem Karnickelstall; das schloss sie abends ab, damit keiner mehr rankonnte. Wir anderen konnten nur Ortsgespräche führen. Das war alles sehr bescheiden. Man war nicht in ständigem Kontakt.

Ich wusste auch gar nicht ganz genau, wo sie war, und habe die Nacht hier gesessen mit Schwitzhändchen, und Ortwin Fink, der damals im Modernen Leben war und später Betriebsratsvorsitzender bei Gruner & Jahr wurde, hat mir die Hand gehalten. Zwei Tage später kam ein Telegramm von ihr, das ich leider nicht mehr habe. Kein Anruf, sondern ein Telegramm: »Großartiger Artikel. Bravo.« Dadurch war ich in die Riege der Leitartikler aufgenommen. Das war vielleicht ihre Größe: Sie hat uns erprobt, aber dann hat sie uns gelassen.

Da muss man schon sehr souverän sein.

1960 war sie ein halbes Jahr auf Reisen, durch Afrika. Da gibt es herrliche Geschichten. Sie trug normalerweise Ninoflex-Röcke. Dabei konnte sie durchaus als Dame auftreten, etwa im Schloss Charlottenburg oder im Palais Schaumburg oder bei irgendeiner festlichen Abendveranstaltung – mit Rüschenbluse und wunderschönem altem Schmuck, den sie hatte. Immer schlicht, aber erlesen. Doch sonst lief sie in Bluse und Ninoflex-Rock herum. Als sie in Afrika war, kreuzte sich ihr Weg mit dem von Peter Grubbe, der damals für den *Stern* schrieb. Der sah, wie sie einem Boy in einem afrikanischen Hotel ihren uralten Ninoflex-Regenmantel überreichte, offenbar in der Annahme, dass sie da ein christliches Werk tue oder ein Stück Entwicklungshilfe leiste. Dann guckt er aus dem Fenster und sieht, wie der Boy mit spitzen Fingern diesen Regenmantel nimmt und in der Mülltonne versenkt.

Sie achtete als Ressortleiterin und später als Chefredakteurin auf bestimmte Rituale. Ich kann mich an die Samstagskonferenzen erinnern, zu denen wir tunlichst erschienen.

Wir saßen meistens Samstagmorgens um zehn hier, saßen bei ihr auf dem Teppich und haben uns überlegt, was könnte der Leitartikel sein. Am Sonntag sind wir dann alle zum Flughafen gefahren und haben uns den *Observer* geholt, den *Sunday Telegraph*, und wehe, man hatte die nicht durchgelesen, oder es war einem etwas entgangen. Nun muss man sagen, diese Blätter waren damals auch noch sehr gut. Es gibt diesen einen Brief aus Marion Dönhoffs Zeit beim *Observer* an Bucerius, in dem sie diese Sonntagszeitung beschreibt, und man merkt ganz genau, so stellt sie sich die *Zeit* vor.

Vor allem hat sie immer wieder die Außenpolitik fasziniert. Auf die Innenpolitik ist sie erst später gekommen. 1960 hat sie die Unabhängigkeit der afrikanischen Kolonien mehr interessiert als deutsche Innenpolitik. Allerdings hat sie auch große innenpolitische Leitartikel geschrieben, wie den von 1959, als Adenauer sich entschloss, Bundespräsident zu werden. Er war danach an seinen Urlaubsort Cadenabbia gefahren, hatte dort das Grundgesetz und die Kommentare dazu gelesen und gemerkt, als Bundespräsident kann er nicht viel ausrichten; woraufhin er seinen Entschluss revidiert hat. Da hat sie den Leitartikel geschrieben: »Mit dem Volke spielt man nicht.« Diese Überschrift stammt von Müller-Marein.

Es fing dann langsam an, dass sie sich auch für die Innenpolitik interessierte, für Verfassungsfragen. Ich glaube, das geschah einesteils unter dem Einfluss von Eschenburg, mit dem sie, glaube ich, damals jedes Wochenende telefoniert hat, und unter dem Einfluss von Bucerius, der Adenauer gegenüber immer kritischer wurde. Vor allem nach dem Mauerbau 1961, als Adenauer drei Wochen brauchte, um nach Berlin zu kommen. Da sagte er: »Nun hat der alte Herr das Heft nicht mehr in der Hand.«

Sie hat Adenauer zu Beginn ganz wohlwollend betrachtet.

Ja, aber dann hat sie angefangen, ihn wegen dieser Eigenmächtigkeit zu kritisieren, die er sich gegenüber dem Grundgesetz herausgenommen hatte. Später dann aber vor allem wegen der Ostpolitik. Ich weiß, dass sie nach dem Mauerbau unter dem Einfluss der gesprächswilligen Berliner stand, und da war ich mit ihr total einig. Es gab durchaus Leute, die sagten: »Ihr könnt nicht mit denen da drüben reden.« Franz Amrehn, Stellvertretender Regierender Bürgermeister, der Stellvertreter von Willy Brandt, sagte, man muss die Wunde bluten lassen. Wir haben gesagt, wir können die Wunde nicht bluten lassen. Wir müssen an die Menschen denken, wir können hier nicht protzig Theorien verfolgen, und vor allem die Menschen im Osten müssen dafür bezahlen. So hat sich das immer weiter auseinanderentwickelt. Es gibt auch die schöne Geschichte, die Strobel erzählte. Bei irgendeiner Pressekonferenz wurde Adenauer nach einem kritischen Artikel von der Gräfin gefragt. Da hat er zu Strobel gesagt: »Bei Ihnen schreibt doch immer eine Jräfin Dönitz, isch weiß jar nich, wat die Dame von mir will.« Er kannte sie genau, er wusste genau, dass das nicht die Gräfin Dönitz war.

Samstags, bei den Konferenzen, war es ja ein bisschen informeller. Gab es da auch Spaß? Hatte die Gräfin Humor?

Sie konnte herzerfrischend lachen. Sie konnte ganz fröhlich aus sich herausgehen, am besten, wenn sie ein paar Schnäpse intus hatte. Sie hat ja in jungen Jahren gern mal geschnäpselt, später war sie eine Liebhaberin von süßen Spätlesen. Von Eiswein dann später. Aber als sie noch nicht im Pumpenkamp wohnte, sondern in einem behelfsheimartigen Gebäude, auch in Blankenese, da war im Garten ein Springbrunnen. Dorthin hatte sie uns einmal eingeladen, und es wurde ein Klarer nach dem anderen gereicht. Sie war ganz fröhlich, und wir waren auch alle etwas angeheitert. Ich ging mit René Drommert, der damals Redakteur im Feuilleton war, hinaus in den Garten, wir zogen uns die Schuhe aus und sind in den Springbrunnen gestiegen. Da kam sie an: »Ihr mit euren Schweißquanten, ihr bringt mir meine Goldfische um!« Sie hatte durchaus auch etwas ganz Erdverbundenes.

Ein bisschen burschikos, stimmt das?

Ja, ich würde sie burschikos nennen. Nicht als Grundzug, aber durchaus als ein Teil von ihr.

Wir haben schon vorhin darüber gesprochen, wie sie redigierte. Sie beseitigte das überflüssige Flechtwerk. Aber wie reagierte sie selbst auf Redigaturen – wenn Sie ihre Artikel redigiert haben und da irgendetwas verbesserten? Wie hat sie das akzeptiert?

Da gab es zwei Kategorien, die eine rein sprachlich und die andere, wo es um Richtung ging und Meinung. Die sprachlichen hat sie immer angenommen, und zwar ungefragt.

Auch die Satzzeichen?

Gerade die Satzzeichen. Ich habe immer gespottet: Die Kommas sind ja alle da, aber nicht an der richtigen Stelle.

Sie war immer sparsam mit Kommata.

Aber wissen Sie auch, warum? Sie erzählte dann, dass sie als Kind immer ein Gebet sprechen musste, das mit einem Komma anfing, nämlich »Komma, Jesus, sei unser Gast«. Bei Richtungsfragen aber hat man manchmal diskutiert.

Sie konnte schon mal hartnäckig sein.

Aber sie hat auch umgekehrt, wenn wir hartnäckig blieben, gesagt: »Gut, wenn Sie das so wollen.« Unter uns hieß es ja immer »Sie«, ihr gegenüber sowieso. Keiner von uns hat sie je geduzt, ich glaube, mit Ausnahme von Müller-Marein, der aber eine von Kuenheim geheiratet hatte, die Tochter ihrer älteren Schwester Yvonne, so dass es eher ein verwandtschaftliches Du war als ein freundschaftliches. Und was die Anrede angeht – für uns war sie halt die »Gräfin«.

»Marion« hat sie aus der Redaktion fast keiner genannt.

Ganz selten. Leonhardt hat zuweilen »Gräfin Marion« gesagt, aber sonst war »Marion« eigentlich Stunden vorbehalten, die ganz selten waren. Ich erinnere mich an eine. Wir saßen damals auf der Westseite des Pressehauses, und das Umfeld war noch nicht so zugebaut wie heute, wir konnten bei Sonnenuntergang noch auf den Fischmarkt gucken, und dahinter auf das Bismarck-Denkmal am Stintfang. Wir saßen da in der Dämmerstunde bei einem dünnen Whisky. In die Dämmerstunde hinein hatte ich sie gefragt: »Hätten Sie sich eigentlich vorstellen können, verheiratet zu sein und Chefredakteurin der *Zeit*?« Da sagte sie lange nichts, guckte so in die Dämmerung und sagte dann: »Ach nein, ich glaube nicht. Und ich habe ja Familie.« Sie hat sich immer als Mater Familias gefühlt.

Das war sie ja auch.

Ich musste einmal Christina besuchen, die ein halbes Jahr in Asien bei den Sacré-Cœur-Schwestern war. Das war eine ihrer Nichten, Tochter ihres Bruders Heini, eine Schwester von Hermann Hatzfeldt. In Korea hatte ich sie verpasst. Dann kam ich nach Taiwan, wo sie in einem Kloster war, vierzig Kilometer von Taipeh entfernt. Ich musste mir erzählen lassen, wie es ihr geht, und habe dann zu Hause ganz genau Bericht erstattet. Das Gleiche war mit ihrem Neffen Hermann Hatzfeldt, als ich einmal Washington besuchte. Er studierte in Princeton; da musste ich nach Princeton und mich erkundigen, mit seinen Professoren sprechen und auch hinterher Rapport erstatten. Da war sie wirklich Oberhaupt der Familie. Sie hat für alle gesorgt, aber hat ihnen auch Karrieren, ich würde fast sagen, vorgeschrieben. Sie hat zwar den Weg geebnet, aber bewältigen mussten die Kinder ihn selbst.

Bei welchen Themen oder Gelegenheiten haben Sie mit Marion Dönhoff grundsätzlichen Streit gehabt?

Es ging eigentlich nie um Dinge, die in der *Zeit* standen. Da war so ein Gleichklang, ich will nicht sagen, der Seelen, aber es war fast so ... Es war ja nicht so, dass man da saß, und sie kam an mit einer Meinung, und ich kam an mit einer Meinung, und die anderen Kollegen kamen wiederum mit ganz anderen Meinungen. Vielmehr debattierte man sich zusammen, so dass man am Ende nicht sagen konnte, auf wessen ursprünglicher Meinung das Ergebnis fußte. Es wurde viel diskutiert in der Redaktion, es wurde nie eine Meinung oktroyiert. Ich glaube, das ist ganz wichtig. Insofern gab es wenige Beispiele, wo wir uns gestritten hätten ...

Manchmal, wenn wir total verschiedener Meinung waren, haben wir auch gesagt: Nehmen wir doch beide. Das bekannteste Beispiel ist Fassbinders »Die Stadt, der Müll und der Tod« gewesen, wo sie für das Verbot der Aufführung war, und ich schrieb: »Wir wollen nicht schon wieder anfangen, Bücher zu verbrennen, da brennen dann meistens irgendwann auch Menschen.« Beides stand auf der Seite 1, die Leute fanden es gut. Man bewegt sich irgendwo in der Mitte und kämpft das in sich aus.

Einmal hatten wir Mittwochmorgens die Glossen auf der Seite 1 geschrieben, und es gab noch ein Loch. Da wollte sie auf den leer gebliebenen zwölf Zeilen fordern: Erkennen wir doch die DDR an. Ich habe gesagt: »Marion, darüber lässt sich ja reden, aber das kann man nicht in zwölf Zeilen abhandeln, das muss ein großer Leitartikel werden oder eine Seite 3.« Das hat sie dann auch eingesehen.

Aber in Glossen konnte sie schon sehr dezidierter Meinung sein.

Glossen waren ihre Stärke. Die erste, an die ich mich erinnere, schrieb sie, als Adenauer im Wahlkampf 1957 über Willy Brandt alias Frahm – wie der Alte ihn nannte – gehässig sagte: Wenn der Brandt käme, wäre das das Ende Deutschlands. Das war die berühmte Glosse »Finis Germaniae«.

Unsere Differenzen betrafen zum Beispiel die Einschätzung des deutschen Widerstands, von dem sie ein ganz fest gefügtes Bild hatte. Sie brauchte lange, um zu verstehen, dass es auch anderen als adeligen Widerstand gegeben hatte, die Rote Kapelle, die Kommunisten ... Bücher wie die von Hoffmann über den deutschen Widerstand haben sie gestört. Das hat ihr Bild vom Widerstand gestört, obwohl es das umfassendere Bild war.

Daraus ergab sich dann überhaupt eine Kontroverse über Geschichtsschreibung. Sie sagte immer: »Wie können die darüber schreiben, die waren doch gar nicht dabei.« Meine Gegenposition war: »Dann dürfte auch Christian Meier keine Cäsar-Biografie schreiben.« Das hat sie nicht richtig einsehen wollen. Da gab es latente Differenzen. Außerdem war mein Vater Berliner, und mein Urgroßvater war Reisemarschall beim Kaiser und Burgverwalter von Burg Hohenzollern gewesen, da gibt es einen preußischen Strang in meiner Seele. Aber ich bin in Süddeutschland sozialisiert worden, und mein Preußenbild unterschied sich sehr wesentlich von ihrem. Sie sah eben nur das preußische Landrecht und nicht die Stockprügel und das Spießrutenlaufen und die Angriffskriege ...

Aber man konnte gut mit ihr streiten und diskutieren, es

wurde nie laut. Ich weiß gar nicht, ob sie eine Intellektuelle war; ihre Stärke waren fünf Schreibmaschinenseiten, 150 Zeilen. Alles, was darüber war, war zusammengestückelt aus mehreren Fünf-Schreibmaschinenseiten-Stücken, auch ihre Seiten 3. Ich glaube, sie hat nie ein Buch aus einem Guss geschrieben.

Und dennoch war sie eine große Schreiberin. Ihre Wirkung lag in der Schlichtheit ihres Stils. Sie hat Leitartikel geschrieben, als ob sie ihrer Tante die Weltläufte erklären müsste.

Sie konnte auch ganz anders schreiben als wir. Beispielsweise zitierte sie Taxifahrer, oder sie schrieb 1998 von Ischia an die »lieben Freunde«: »Werft Euer Herz über die Hürde und wählt Rot-Grün.« Diese persönliche Ansprache und vor allem Zitate von Taxifahrern hätte keiner von uns je unterzubringen gewagt.

Ich will nicht behaupten, dass das ihre einzigen Kontakte mit dem einfachen Volk waren, aber sie hat gern Taxifahrer und Friseure gefragt. Das ist ganz natürlich ... Einen Taxifahrer trifft man immer, und als Dame muss man sich auch häufiger die Haare legen lassen ... Sie hat natürlich auch nur die Taxifahrer zitiert, die ihrer Meinung waren. Ihre Artikel hatten etwas von erklärenden Briefen an Leute, die sich nicht so ganz genau auskennen, die aber wissen sollten, wie es wirklich ist.

Man muss jedoch auf jeden Fall sagen, dass sie eine gewisse Strahlkraft in ihrer Sprache hatte, nicht immer, aber es sind ihr öfter fantastische Formulierungen gelungen. Ich finde außerdem, dass ihre Naturbeschreibungen von höchster literarischer Qualität sind. Das erinnert an sehr naturverbundene große Schriftsteller des 19. Jahrhunderts, nur präziser, konziser, preußisch-kompakter. Die Gefühle aber, die sie damit zum Ausdruck bringt oder zum Schwingen bringt, sind sehr stark.

Ich habe immer gesagt, wenn Bismarck kein großer Staatsmann geworden wäre, wäre er als großer Briefsteller in die deutsche Geschichte eingegangen. Und ich kann mir vorstellen, wenn Marion Dönhoff keine politische Leitartiklerin geworden wäre, hätte sie sich durchaus mit Naturbeschreibungen einen Namen erschreiben können. Mit anrührenden Naturbeschreibungen.

Sie hat auch außergewöhnliche Reportagen geschrieben, nicht so, wie es gang und gäbe war, sondern auf ihre ganz eigene Art.

Das ist richtig. Wobei ich durchaus sagen muss, dass diese Art auf uns ein bisschen abgefärbt hat. Die klassische Seite 3 der *Zeit* geht eigentlich auf ihre großen Reisereportagen zurück, wo sie versucht hat, Eindrücke mit Analyse zu verbinden. Was manchmal auch zu langweiligen Sachen geführt hat, wenn sie beispielsweise in Polen gewesen war, mit den neuesten Vier- oder Fünfjahresplänen zurückkkam und die dann über Seiten abgehandelt hat. Sie glaubte an das, was sie schrieb, und an ihre Sicht der Dinge. Das war eine ihrer Stärken. Im kommunistischen Polen hat sie nicht so ganz Recht behalten, in Südafrika hat sie absolut Recht behalten.

Da war sie ganz allein auf weiter Flur.

Gegen alle hat sie darauf vertraut, dass doch die Wende kommt. Sie hatte auch die Gabe, immer wieder Menschen zu finden, deren Urteilskraft ihre Meinung trugen, in Südafrika Beyers Naudée oder Helen Suzman. Sie hatte ein paar Eigenheiten: Ganz gewiss war sie respektlos, sie hat den Leuten Löcher in den Bauch gefragt. Ich erinnere mich an eine Szene, als wir – sie, Leonhardt und ich – 1964 in Magdeburg in einem scheußlichen Interhotel so um halb fünf oder fünf Uhr morgens in der Bar saßen. Da sagte sie plötzlich: »Herr Doktor Ottersberg« – das war unser Begleiter und Stasi-Bewacher –, »was ist für einen Kommunisten der Sinn des Lebens?« Da fing der an, einen Vortrag zu halten, und sie fing nach fünf Minuten an zu gähnen: »Ach, ich muss unbedingt ins Bett, wir haben morgen einen frühen Termin.« Leo und ich saßen noch bis sechs Uhr in der Früh mit dem Kommunisten zusammen und ließen uns von ihm den Sinn des Lebens erklären.

Sie hat Leute interessiert ausgefragt. Und sie hat nachgebohrt. Sie konnte Menschen aufschließen. Man hat ihr Dinge erzählt, die man unsereinem nicht erzählen würde, weil sie vertrauenerweckend war ...

Wo wir gerade bei der Ostpolitik sind, bei der DDR-Reise: Sie hat geschrieben, dass sie bei Durchsicht ihrer Artikel überrascht gewesen sei, dass »ich bis 1959 hundertprozentig für die Westpolitik war«. Sie hat einige Zeit gebraucht, bis sie zu ihrer Linie in der Ostpolitik fand. Sie hat ja auch noch Anfang der sechziger Jahre immer für »Versöhnung ja, Verzicht nein« plädiert – so hieß auch einmal eine Überschrift.

Der Verzicht auf ihre Heimat ist ihr sehr schwergefallen, die Bereitschaft dazu ist erst langsam in ihr gewachsen. Es gibt Artikel aus den frühen Jahren, in denen sie, wie viele, sagte: »Wir können gar nicht ohne diese Gebiete überleben.« Carlo Schmid, eine der wichtigen Stimmen der SPD, hat damals gesagt: »Ohne die Kornkammer des Ostens verhungern wir.« Da hat sich viel in ihr bewegt, und dass sie bis 1959 hundertprozentig für die Westbindung war, hatte durchaus einleuchtende Gründe: 1948/1949 war die Berliner Blockade, dann kam der Korea-Krieg, und man dachte, was der Stalin da in Korea angezettelt hat, ist schon schlimm, aber wer weiß, was der in Europa vorhat. Dann kam 1958 das Berlin-Ultimatum von Chruschtschow, der zweite Angriff auf den Status quo, und es hätte leicht eine neue Blockade geben können. Insofern finde ich ihre Einstellung logisch. Damals musste man so denken, und damals brauchte man diese Verbündeten im Westen besonders nötig.

Sie ist dann aber auch schon ab 1958 unter den Einfluss der

Gedanken von George F. Kennan geraten. »Disengagement« war die erste Phase ihrer Ablösung von der reinen Westbindung und Nachrüstung. Später hat sich das dann eingependelt auf die Formel »Rüsten und Reden«.

Ich habe nicht viele Artikel aus Marion Dönhoffs Feder zur Europa-Politik gefunden. Sie war sicher für die europäische Einigung und ist schon 1951 für den Schuman-Plan eingetreten, aber grundsätzlich hat sie sich zu Fragen der europäischen Einigung, soweit ich das erinnere und auch gelesen habe, nicht besonders häufig geäußert. War ihr das zu abstrakt, oder war ihr das keine Herzenssache?

Ich glaube, da hat sie einfach die vollzogenen Tatsachen zur Kenntnis genommen. 1957 wurden in Messina die Römischen Verträge unterzeichnet. Am 1. Januar 1958 wurde die Sechsergemeinschaft der EWG ins Leben gerufen. Ich glaube, sie hat sich nur einmal wirklich für Europa eingesetzt, als es um den Beitritt Englands ging. Da war sie gegen de Gaulle, weil er damals mit dem berühmten Satz »Aber England ist ja eine Insel« die Briten zurückgewiesen hat. Ich meine, sie hätte auch 1973 über die EWG geschrieben, als unter Heath der Beitritt doch noch vollzogen wurde.

Aber dazu muss man auch etwas anderes sagen: Über Europa haben andere geschrieben. Wir waren ja immer eine relativ kleine Redaktion, wir hatten alle unsere Domänen, über Europa habe ich viel mehr geschrieben als sie. Dafür habe ich, glaube ich, über Polen nur einen einzigen Artikel oder zwei geschrieben, und auch über Südafrika nur einen. Das war ihre Domäne.

Zu bestimmten Themen hat Marion Dönhoff ihre Ansichten im Laufe der Jahrzehnte durchaus geändert. Sie war nicht dogmatisch.

Sie hielt nicht an einer Linie fest, bloß weil sie sie einmal eingeschlagen hatte. Sie war durch Fakten und Entwicklungen zu überzeugen.

Vielleicht war sie dogmatisch, wenn es um moralische Fragen ging. Kapitalismuskritik ist bei ihr schon ein ziemlich durchgängiges Thema.

1970, zu der Zeit, als sie den Friedenspreis des Deutschen Buchhandels erhielt, hat sie praktisch alle Töne schon angestimmt, die nachher in ihrem Buch »Zivilisiert den Kapitalismus« wiederkehrten. Das ist in der Tat eine durchgängige Linie, und ich glaube auch, ihr Verständnis von Preußentum ist etwas, wovon sie nie abgewichen ist. Der Herr von Marwitz spielt bei ihr eine große Rolle: »Wählte Ungehorsam, wo Gehorsam Unehre gebracht hätte.« Ihr Preußentum war nie ein Preußentum des Kadavergehorsams.

Es war stark idealisiert.

Ja, aber es war eine Grundlinie, die bei ihr immer vorhanden war. Eine andere Grundlinie: Sie sagte, immer wenn man in fremde Länder reist, muss man die heimische Elle zu Hause lassen, sonst versteht man nicht, was da vor sich geht, und kommt mit einem falschen Bild zurück.

Ein Kontinuum war auch ihre Verachtung für die Nationalsozialisten. Es begann, wie sie sagte, schon in den späten zwanziger Jahren, als sie Hitler mit seinem Hass und Geifer bei einer Parteiversammlung in Berlin erlebte. Ihre Brüder Dietrich und Christoph hingegen waren später Mitglieder der NSDAP. Wussten Sie das, Theo?

Nein, davon hat sie mir nie etwas erzählt – und auch niemandem, den ich kenne. Entweder hat sie es um der Familienehre willen total verdrängt, oder sie wusste, dass die Brüder nur zur

Tarnung ihrer wahren Gesinnung in die Partei eingetreten waren.

Wir werden es nie erfahren. – Während der Zeit der Terroranschläge, in den siebziger Jahren, hat sie, wenn man heutigen Kommentatoren der konservativen Presse glauben will, nicht immer einen eindeutigen Ton angeschlagen. Sie wird zum Teil sogar indirekt angeklagt, diesen Terror, wenn nicht unterstützt, so doch Verständnis für ihn gezeigt zu haben. Ich habe das bei ihr nicht bestätigt gefunden.

Sie haben gelesen, was sie damals geschrieben hat?

Ja. Zum Fall Lorenz im März 1975 schrieb sie gegen einen Austausch des gekidnappten Politikers für inhaftierte Terroristen. Als Stütze ihres Argumentes zitiert sie Friedrich Wilhelm I.: »Besser wäre, dass einer stürbe, als dass die Justiz aus der Welt käme.« Der Umgang mit dem Thema Terror war damals in der Redaktion ein großes Thema. Neben dem zitierten Artikel stand ein Artikel von Hans Schueler mit der Überschrift »Der Staat muss Leben schützen«. Im Zusammenhang mit diesem Thema haben Sie später einen Leitartikel mit der Unterzeile geschrieben: »Lieber ein hilfloser als ein herzloser Staat.« Ihr ging es schon sehr darum, dass der Staat in seinen Funktionen nicht in Gefahr gebracht wurde. Das scheint mir bei ihr ein Leitmotiv zu sein.

Das war sicher ein Leitmotiv. Manchmal erliegt man aber auch dem Reiz eines Zitats. Wann immer wir Pro-und-Contra-Foren hatten, habe ich gemerkt, dass beide Autoren ihre Meinung schärfer, grobschlächtiger vertraten, als wenn einer allein Pro und Contra in sich hatte abwägen müssen. In dem zitierten Fall bin ich ganz sicher, dass es Leute gab, die ihr zugeredet haben in dem Sinne »Besser, dass einer stürbe«. Dazu rechne ich Bucerius, der mich ja später immer wieder wegen meiner Unterzeile kritisiert hat.

*Er wollte auch nicht ausgelöst werden, in dem Fall, dass er gekid-
nappt worden wäre.*

Der andere, der sicherlich dieser Meinung war, war Helmut
Schmidt, mit dem Marion Dönhoff damals auch engen Kontakt hatte. Er hat immer gesagt, dass 1975 der Austausch des
als Geisel entführten Berliner Landesvorsitzenden der CDU,
Peter Lorenz, gegen fünf verurteilte und inhaftierte Terroristen ein Fehler war. Er ist dann auch bei der nächsten Geschichte in Stockholm beinhart geblieben.

*Er hat auch mit seiner Frau Loki einen Pakt geschlossen: Wir
lassen uns nicht ausliefern. – Aber Marion Dönhoff war von
Anfang an schon ziemlich eindeutig. Beispielsweise, als Theologen dem Buback-Mörder Rosen ins Gefängnis schickten oder
Croissant, der Anwalt, sich als Gehilfe der RAF erwies, appel-
lierte sie immer wieder an die Vernunft. Wir haben vorhin
schon darüber gesprochen, dass sie die Leser direkt ansprach:
»Warum können wir Aufgeklärten nicht den Weg der Vernunft
gehen?« Das hätte natürlich keiner von uns so geschrieben. Interessant fand ich vor allen Dingen ihre Pointe: »Man könnte
heulen vor Zorn« – eine richtige Gemütsaufwallung, die sie da
öffentlich kundtut.*

Sie war da ganz Kantianerin. Sie konnte heulen vor Zorn, wenn
sich die aufgeklärte Vernunft nicht von selber durchsetzte.
Man muss jedoch immer sehen, dass sie ihre eigene Meinung
vertrat, jedoch andere Meinungen im Blatt durchaus duldete.
Sie hat, jetzt komme ich auf etwas zurück, was ich vorhin gesagt habe, andere gewähren lassen.

*Wenn Sie zusammenfassen müssten, worauf der große Respekt be-
ruhte, den Marion Dönhoff bei den Lesern der Zeit wie im
ganzen Land genossen hat, was wären Ihre Gründe?*

Ich glaube, da geht viel durcheinander oder auch zusammen. Erstens die Aura der Gräfin, zweitens die Legende Ritt gen Westen, drittens der Ruf, dass sie mit dem deutschen Widerstand gegen Hitler zu tun hatte. Ein großer Teil ihrer Wirkung, sagen wir einmal vierzig Prozent, hat sicherlich mit ihrem ersten Leben zu tun, sechzig Prozent mit ihrem journalistischen Wirken, und da immer wieder mit dezidierten Meinungsäußerungen; wobei man vielleicht heute hinzufügen muss, sie hat ihr Ansehen nicht gewonnen, indem sie ihr Gesicht auf den Fernsehschirm projizierte. Sie hasste Fernsehauftritte, hat sich gewunden, gescheut, meistens abgesagt. Es gibt Interviews, aber die fanden dann meistens in ihrem Büro statt. Sie hasste auch die Studioatmosphäre, schon die Lampen und die Scheinwerfer und die Kameras, die da herumfahren. Vor den Kameras war sie auch nicht sehr gewandt und schlagfertig. Das wusste sie. Oder sie glaubte, sie sei schwach, deswegen hat sie das Fernsehen meistens gemieden.

Ihre Wirkung als Journalistin hat sie nicht über das neue Medium erzielt, sondern richtig mit Papier, mit dem Schreiben. Am liebsten schrieb sie übrigens mit Bleistift, mit kleinen, drei Zentimeter großen Bleistiftstummeln. Bei Vorträgen übte sie eine ungeheure Faszination aus, obwohl sie gar keine große oder gute Rednerin war. Sie wirkte einfach durch sich selbst und durch die Gradlinigkeit und Schlichtheit ihrer Gedanken.

Ein Teil ihrer Wirkung bestand sicherlich auch darin, dass sie sich nicht scheute, grundsätzliche Defizite in unserer Gesellschaft anzuprangern und bloßzustellen. Die für ihren Geschmack offenbar zu starke Säkularisierung der Gesellschaft war zumindest in ihren letzten Lebensjahrzehnten ein großes Thema für sie.

Das ist sicher richtig, dass sie so eine Art moralisches Geländer der Gesellschaft vermisste. Sie selbst hatte das. Woher es kam, worauf es beruhte, weiß ich gar nicht zu sagen. Ich glaube, sie war auf eine sehr kindliche Weise fromm. Aber schon die Frage, wie man sich den lieben Gott vorstellen müsste, mit einem Bart oder als wabernde Kraft im Universum, hat sie gar nicht so berührt.

Haben Sie ihr die Frage einmal gestellt?

Sie sagte, irgendetwas müsse doch da sein, was dieses alles zusammenhält und uns zusammenhält. Aber ich glaube, das kam bei ihr weniger aus der Bibel als von Kant, und da wahrscheinlich weniger aus der Lektüre seiner Bücher als von Maximen wie dem kategorischen Imperativ und ein paar anderen, einfachen Gedanken. Als sie aus Ostpreußen floh, packte sie in ihre Reisetasche die notwendigsten Papiere und ein kleines spanisches Kreuz. Ob das nun ein Talisman war, der auch ein Halbmond oder Fatimas Hand hätte sein können, oder ob es ein Ausdruck christlicher Gläubigkeit und Frömmigkeit war? Sie war jedenfalls nicht im Kopf religiös, sondern es kam bei ihr aus dem Zwerchfell.

Ich glaube, sie stellte sich jemanden, etwas, eine Kraft, ein Wesen, einen Geist vor, der alles durchwaltet. Aber wie der im Einzelnen beschaffen war oder wie er tatsächlich wirkte, hat ihr wohl nicht viel Kopfzerbrechen bereitet. Manchmal denke ich sogar, sie brauchte das gar nicht, weil sie so sehr in sich selber ruhte. Sie hatte ein niemals hochmütig wirkendes, aber dennoch ganz schön dimensioniertes Selbstbewusstsein. Ich denke, das reichte ihr als Urgrund.

Zu dem Verhältnis zwischen Marion Dönhoff und Gerd Bucerius: Sie haben gemeinsam mit Haug von Kuenheim ein Buch mit einem großen Teil des Briefwechsels zwischen den beiden herausgegeben. Bucerius und Gräfin Dönhoff waren wohl, was man ein »odd couple« nennen könnte, von ihrem Temperament, von ihrem Charakter her.

Absolut richtig. Er war spontan, sprunghaft, oft ein bisschen irrlichternd. Sie war geradlinig, überhaupt nicht sprunghaft in dem Sinne, dass sie sich von einem Moment zum anderen umbesinnen konnte. Bei ihr gab es gedankliche Entwicklungen über lange Zeiträume, aber bei Bucerius geschah das innerhalb einer halben Stunde. Er war eruptiv, und sie war eigentlich immer besonnen. Kühle Besonnenheit hat sie doch sehr ausgezeichnet.

Haben Sie sie je verwirrt erlebt?

Nein. Ich habe sie bewegt erlebt, am 13. August 1961.

Da sind Sie mit ihr zusammen nach Berlin geflogen?

Sie rief morgens um elf an und fragte: »Ted, haben Sie gehört?« Ich sagte: »Ich habe gehört, und ich sehe gerade irgendwelche Sondersendungen.« – »Kommen Sie, lassen Sie uns rüberfliegen.« Wir haben uns ins nächste Flugzeug gesetzt und sind rüber. Bei der Gräfin Yorck, Witwe des Widerstandskämpfers Peter Graf Yorck von Wartenburg, haben wir uns einen alten Käfer geborgt, das war am 13., einem Sonntag. Die DDR-Leute haben morgens um zwei Uhr mit dem Absperren angefangen, da konnte man noch hinüberfahren. Ich erinnere mich, wie wir herumfuhren. Auf der Trümmerfläche des ehemaligen Adlon standen vier oder sechs russische Panzer. Es gab ja noch nicht gleich die Mauer, die kam erst sechs Wochen später; noch war da bloß ein Sperrverhau aus Stacheldraht. Wir sind herumgelaufen, herumgefahren und waren ungeheuer bewegt. Sie hat einen sehr bewegenden Leitartikel geschrieben.

Ein anderes Mal waren wir drüben und haben Robert Havemann besucht. Anschließend wurden wir von der Stasi verfolgt. Einmal, als ich nicht dabei war, ist sie nach einem Besuch bei Havemann über Dächer geklettert, um unbemerkt wieder zurückzukommen.

Sie hat immer eine Ader für die Dissidenten gehabt. Wir haben auf ihr Drängen hin als erstes Blatt Andrej Sacharow in Deutschland veröffentlicht. Wir haben Havemann veröffentlicht, wenn wir Manuskripte kriegen konnten. Wir haben Havel und andere veröffentlicht. Sie hat sich ganz früh für Sacharow eingesetzt, hat ihn besucht. Sie hat mir gesagt: »Wenn Sie in Moskau sind, rufen Sie ihn an.« Ich habe ihn zweimal angerufen, beide Male hat er mit schwacher Stimme gesagt: »Ach, nein...« Ich habe ihn also nie gesehen.

Einwände sind angebracht in Bezug auf Polen. Sie ist Ende der siebziger, Anfang der achtziger Jahre so gut wie nie in Warschau gewesen, ohne General Jaruzelski zu sehen, Lech Wałesa hat sie nicht ein einziges Mal besucht. Aber Polen war nicht meine Domäne, das war ihre. Ich kann also nicht sagen, was ich gemacht hätte. Ich habe mir immer gedacht – das ist vielleicht gemein –, dass dieser kleine, adelige General Jaruzelski ihr näherstand als der proletarische Elektriker Wałesa.

Ich glaube, da spielte auch ihr Verhältnis zum Staat eine Rolle.

Sie war immer der Ansicht – und die habe ich geteilt –, dass wir zwar die Dissidenten schützen und stärken müssen, dass wir Öffentlichkeit schaffen müssen, in deren Schutz sie arbeiten können. Aber dass man nicht gegen den Staat oder an ihm vorbei Veränderungen bewirken kann.

Vor allem nicht wir als Deutsche in Polen.

Ich denke, dass die Entwicklung ihr Recht gegeben hat. Jedenfalls stimmt es nicht, dass sie sich nur für die staatlichen Organe interessierte. In Polen hat sie ja auch Mieczysław Rakowski besucht, den liberalen Chefredakteur der *Polytika*. Er wurde Ministerpräsident und war ein Reformer vom Schlage Gorbatschow. Er war sozusagen der polnische Gorbatschow.

Sie hat ihm später – wir alle haben dazugespendet – eine Bypass-Operation in Berlin bezahlt.

Ich komme noch einmal auf den Briefwechsel Bucerius/Dönhoff zurück. Haben sich die beiden darin anders dargestellt, als Sie das erwartet hatten?

Nein. Die waren so. Vieles davon hat sich ja nicht redaktionsöffentlich abgespielt, aber doch so, dass wir im Führungskreis, in der Käsekonferenz, das mitkriegten. Da waren Sie ja auch oft dabei. Bei den Gelegenheiten spiegelte sich das Verhältnis der beiden sogar sehr getreulich wider.

Hat Sie Marion Dönhoff, als Sie Chefredakteur waren, gelegentlich gegen Bucerius unterstützt?

Da müsste ich nachdenken. Ich habe sie manchmal einfach auch in Stellung gebracht, wie umgekehrt Bucerius versucht hat, sie manchmal gegen mich in Stellung zu bringen. Sie hatte da durchaus eine ausgleichende Rolle. Wenn sie sagte: »Ted, das hat keinen Sinn«, dann habe ich mir auch meistens gesagt: Dann hat es keinen Sinn.

Bei Personalfragen habe ich ab und zu gesagt, ihr Wort sei entscheidend. Sie war nur knapp fünf Jahre lang Chefredakteurin, gleichwohl war sie vierzig Jahre lang die Seelenachse des Blattes, und ihr Einfluss lässt sich eigentlich überhaupt nicht charakterisieren. Das lag nicht an ihrem Türschild, ihr Einfluss hing auch nicht am Herausgebertitel, sondern an ihrer langjährigen Zugehörigkeit, auch an ihrem nüchternen Urteil. Sie hatte einen Sinn für Menschen und auch dafür, wann ein Mensch ein Problem hatte. Und zwar durchaus – ich sage das jetzt nicht abfällig – im Sinne der Gesindepflege, die man als Gutsherrin eben zu betreiben gelernt hat. So hat sie das auch in der Redaktion gemacht, und das ist gut angekommen. Man wusste, im Ernstfall ist sie die letzte Instanz.

Bucerius hat ihr gelegentlich vorgeworfen, sie habe das Blatt nach Gutsherrinnenart regiert. Das wäre doch bei der Zeit gar nicht möglich gewesen.

Nein. Sie hat es abgelehnt, nach Gutsherrinnenart zu herrschen. Sie hat ihm übrigens vorgeworfen, es nach Art der Schlotbarone zu führen. Nein, das wäre gar nicht möglich gewesen, denn ihr Konzept – und das war auch immer meines – war: Dies ist ein Blatt, da gibt es einen Chefredakteur oder eine Chefredakteurin, aber daneben gibt es die Ressortherzöge, und je stärker die sind, desto besser für das Ressort, aber auch für das ganze Blatt. Sie wollte nie hineinregieren in die Ressorts, bloß in der politischen Redaktion hat sie natürlich mitgewirkt, einfach, weil das ihr Element war. Aber sie hatte nicht die Vorstellung, dass man da oben von einer Kommandohöhe das ganze Blatt dirigieren könnte. Sie hat sich immer sehr viel Mühe gemacht, sich Menschen anzugucken, Bewerber anzugucken. Sie hat sie auch im Haus herumgeschickt, hat nicht gesagt: Ich allein entscheide, sondern: Gehen Sie doch mal mit ihm oder ihr Mittag essen, reden Sie einmal eine Stunde. Dann hat man das so zusammengefügt. Das haben Sie ja auch erlebt. Sie war keine Autokratin als Chefredakteurin.

Hat Bucerius sie ausreichend bezahlt?

Ich denke, ja. Am Anfang sicher nicht, aber am Anfang waren wir alle nicht ausreichend bezahlt, und später hat er ihr das Haus geschenkt. Er hat ihr auch immer wieder zu jedem prominenteren Geburtstag, glaube ich, tausend Mark pro Lebensjahr geschenkt. Er war ihr gegenüber wohl schon großzügig. Außerdem war sie auf eine verblüffende Weise selber sehr wohlhabend geworden durch ihre Publikationen.

Obwohl sie das meiste in ihre Stiftung gegeben hat.

Sie hat das alles in ihre Stiftung getan, wie Helmut Schmidt auch, aber das hätte sie ja nicht müssen.

Sie war auch in ihren Ansprüchen bescheiden.

Sie lebte sehr bescheiden. Sie genoss schon mal gerne Kaviar, aber nicht im Alltag.

Sie hat mir einmal gesagt, sie bekomme nur 90 000 Mark im Jahr. Und ich sagte: »Gräfin, das kann nicht sein.« Da meinte sie: »Ich zeige Ihnen das.« Das hat sie dann nie gemacht. Aber sie hat mit Sicherheit mehr verdient.

Ich weiß es nicht, weil ihre Kostenstelle dem Chefredakteur nie vor Augen kam. Aber 90 000 Mark kann ich mir nicht vorstellen. Vielleicht netto. Und das vor zwanzig Jahren vielleicht.

Es ist vielleicht fünfzehn Jahre her, dass sie mir das sagte.

Ich habe neulich noch einmal eine alte Abrechnung gesehen. Danach habe ich im Jahre 1980 zum ersten Mal 8000 Mark bekommen. Und ich glaube nicht, dass Bucerius ihr weniger bezahlt hat als dem Chefredakteur.

Waren Sie eigentlich gelegentlich eifersüchtig auf Marion Dönhoff?

Die Antwort mag Sie überraschen – ich war nie eifersüchtig und nie neidisch. Sie hat mich ja machen lassen. Ich kann mich jetzt nicht selber analysieren und rühmen, aber ich glaube, ich war der Blattmacher. Das war sie nicht. Sie war die große Journalistin. Das ist ein Unterschied.

Und sie war die Legende.

Und das Aushängeschild und die Galionsfigur und all das. Das war ich nicht. Ich war dankbar, dass es diese Galionsfigur gab.

Ich war auch derjenige, der ihre Herausgeberschaft erfunden hat. Ich habe zu Bucerius gesagt: »Sie können die Frau doch nicht einfach aus dem Impressum verschwinden lassen.«

Da gab es gar keine Überlegungen, was mit ihr nachher ...

Bis dahin hatte es keine Überlegungen oder Erwägungen gegeben. Ich habe damals zu Bucerius gesagt: »Diese Galionsfigur müssen wir uns unter allen Umständen erhalten. Sie wissen doch selber, im deutschen Presserecht ist die Funktion des Herausgebers undefiniert geblieben. Machen Sie sie zur Herausgeberin. Das ist prominent, und sie bleibt dem Blatt verbunden.«

Bei den großen Neuerungen, das Dossier und die Zeitläufte, und ich weiß nicht, was wir da alles im Laufe der Jahre gemacht haben, hatte sie immer ein Wort mitzureden, aber im Grunde interessierte sie vor allem die Seite 1. Ich weiß nicht, ob es unfair ist, aber das war für sie das wesentliche Aushängeschild des Blattes. Im Übrigen, ich habe mich in meiner Freiheit, auch als Chef, nie eingeschränkt gefühlt durch sie. Andererseits habe ich immer gesagt: »Jeder Chef braucht einen, der einem ab und zu im Nacken sitzt und sagt: Junge, da vertust du dich.« Ich kann mich jetzt nicht mehr an bestimmte Beispiele oder Vorfälle erinnern, wo sie mich vor irgendwelchem Blödsinn bewahrt hat, aber solche Fälle hat es gegeben. Das war ein sehr vertrauensvolles Miteinander.

Es gab dann später leichte Verstimmungen, da war sie aber schon etwas älter oder schwächelnd. Manchmal sagte sie: »Sie besuchen mich gar nicht mehr.« Ich sagte ihr dann: »Ich war doch erst vorgestern eine dreiviertel Stunde bei Ihnen.« Oder: »Ich höre gar nichts mehr über Personalentscheidungen.« Woraufhin ich nur sagen konnte: »Alle wichtigen werden Ihnen immer noch vorgetragen, aber wir müssen nicht jeden Volontär ... Es sei denn, Sie wünschen das. Oft sind Sie ja auch weg.«

Sie war ja auch sehr viel unterwegs, so dass zwangsläufig manches an ihr vorbeilief und man darauf angewiesen war, sozusagen in ihrem Geiste mitzuentscheiden.

Ich hätte es als einen großen Verlust empfunden, wenn wir sie nicht gehabt hätten. Sie war für mich doch ein einsetzbares Gegengewicht gegen diesen sprunghaften, irrlichternden Bucerius, der gegen Schluss hin auch auf mich hörte, wenn er auf jemanden hören wollte, aber doch viel mehr auf sie. Wenn Marion ihm etwa sagte: »Buc, das geht so nicht«, oder: »Bedenken Sie doch...«, das hatte Wirkung. Insofern war sie sicher ganz wichtig in der vernünftigen Gestaltung meines Verhältnisses zu einem schon sehr eigenwilligen Verleger.

Die Zeit war Marion Dönhoffs Lebensmittelpunkt, das steht völlig außer Frage.

Absolut. Daneben gab es eben als Mittelpunkt die Sorge und Fürsorge für ihre Familie, die Neffen und Nichten vor allem.

Sie galt in den sechziger, siebziger Jahren als »rote Gräfin«.

Ich weiß auch nicht, woher das kommt. Ich glaube, es kommt aus der Zeit, als sie in Frankfurt studierte und morgens im Park mit den Söhnen der Grafen Montgelas ausgeritten ist und abends kommunistische Flugblätter gegen Hitler verteilt hat. Das ist ein Ursprung dieses Epithetons. Ein anderer Ursprung: Sie fuhr lange Jahre, das habe ich noch erlebt, in einem roten Porsche durch die Gegend.

War das ein richtig knallroter Porsche?

Ja. Das dritte Leitmotiv: Wenn man will, kann man in dieser Linie, die wir vorher gezogen haben, vom Friedenspreis bis zu »Zivilisiert den Kapitalismus« durchaus eine linke, rote Strähne sehen. Aber sie war keine Marxistin, sie war in vieler Hinsicht eher grün als rot, der Konservativen in ihr lag das Grüne mehr.

Journalisten ergeht es ja meistens so wie Mimen: Ihnen flicht die Nachwelt keine Kränze. Welche Kränze werden ein, zwei Generationen von uns aus gesehen Menschen in diesem Land der Gräfin noch flechten?

Das ist schwer zu sagen. Der Mensch ist vergesslich, und unsere Zeit ist sehr schnelllebig, alles beschleunigt sich immer mehr, wahrscheinlich auch der Prozess des Vergessens. Aber ich denke doch, dass es immer wieder Menschen gibt, die sagen würden: Da gab es einmal eine Marion Dönhoff, und mit Glück wird der Marion-Dönhoff-Preis bestehen bleiben, das Marion-Dönhoff-Lyzeum in Nikolaiken, und vielleicht werden auch andere Institutionen das Andenken an sie wachhalten.

8. März 2005

Allein in der Stretchlimousine
Gerald Livingston, Washington

GERALD LIVINGSTON, geboren am 27. November 1927 in New York, war nach dem Zweiten Weltkrieg Mitglied der Organisation für Gegenspionage der US-Armee, des CIC, in Österreich, später Diplomat in Hamburg, Berlin und Bonn, Präsident der Deutschen Marshall-Stiftung und Gründer des Amerikanischen Instituts für deutsche Gegenwartsstudien an der Johns-Hopkins-Universität. Seit 1997 ist er Senior Visiting Fellow am Deutschen Historischen Institut in Washington. Er kannte Marion Dönhoff seit den 1950er Jahren.

Sie schreiben gerade an einem Buch über das deutsch-amerikanische Verhältnis seit 1945.

Die Kapitel sind nach Persönlichkeiten geordnet. Meistens sind das Paarungen von Deutschen und Amerikanern, etwa Kissinger und Brandt oder Kohl und Bush oder Kennedy und Adenauer.

Welchen Eindruck macht Deutschland heute aus der Ferne auf Sie?

Die Entfremdung zeigt sich leider deutlich. Deutschland ist ferner geworden. Das Hauptinteresse Deutschlands bezieht sich nach wie vor auf Europa. Das Hauptinteresse der Vereinigten Staaten hingegen konzentriert sich heutzutage auf den Irak. Aber vor allem hat sich das Gewicht der amerikanischen Außenpolitik deutlich verschoben, weg von Europa, hin zum Nahen Osten und auf längere Sicht natürlich nach Asien, wo China als der große Rivale gesehen wird.

Sie haben im Laufe Ihres Lebens viele Deutsche kennengelernt. Wie passt Marion Dönhoff in das Meinungsraster, das Sie von Deutschen hatten?

Sie war, als ich sie in den fünfziger Jahren kennengelernt habe, eine interessante Figur, weil sie sich als liberale oder linke Figur von der damaligen, eher konservativen Führungsschicht der Bundesrepublik abhob. Sie war links, aber sie war nicht anti-amerikanisch. Auch bei den Linken war damals der Anti-Amerikanismus schon verwurzelt, aber bei ihr nicht. Natürlich war auch die Tatsache, dass sie eine Adelige war, interessant.

Den Amerikanern war bewusst, dass sie adelig war?

Ich glaube schon. Sie war irgendwie anders. Als eine von wenigen Frauen spielte sie eine führende Rolle. In den fünfziger, sechziger Jahren waren Frauen ja kaum zu sehen im öffentlichen Leben, mit einigen wenigen Ausnahmen. Sie war eine von diesen wenigen Ausnahmen, gleichzeitig hatte sie eine ganz entschiedene Meinung und war sehr charmant. Außerdem entstammte sie diesem anderen, verlorenen Teil Deutschlands. Sie kam nicht aus dieser westdeutschen, mittelständischen, bourgeoisen Gesellschaft.

Wann und wo haben Sie Marion Dönhoff zum ersten Mal getroffen?

Ich glaube, ich habe sie getroffen, als ich beim amerikanischen Generalkonsulat in Hamburg arbeitete, von 1958 bis 1960. Damals habe ich versucht, die Figuren der Stadt – das war natürlich nicht so leicht, denn es war nach wie vor eine hanseatisch geschlossene Stadt – kennenzulernen, wie Helmut Schmidt, Hans Apel und auch Marion Dönhoff.

Können Sie sich noch erinnern, welchen Eindruck sie auf Sie gemacht hat?

Wie gesagt, sie war eine Stimme, die anders und deswegen faszinierend war. In dieser mehr oder weniger konformen Gesellschaft Nachkriegsdeutschlands war sie für Amerikaner, die ja eher Nonkonformismus gewöhnt sind, eine Ausnahme.

Unterschied sie sich von den Journalisten, die Sie normalerweise getroffen haben?

In erster Linie hat sie sich nicht auf das direkte Tagesgeschehen konzentriert, sie hat immer langfristige Fragen gestellt. Ich war als Historiker ausgebildet. Weil sie aus Osteuropa kam, war sie persönlich besonders interessant für mich. Warum? Weil ich mich als Doktorand für russische und osteuropäische Geschichte sowie die Geschichte des Balkans stark interessierte.

Später habe ich sie dann während meiner Tätigkeit als Diplomat in Berlin und Bonn ab und zu gesehen. Dann ging ich nach Washington zurück, und sie hat mich bei ihren Besuchen dort aufgesucht. Die Tatsache, dass ich keinen sehr hohen Dienstrang im State Department hatte, war für sie unwichtig. Die Tatsache, dass ich vielleicht etwas zu sagen hatte, war für sie wichtiger als mein beruflicher Status.

Haben Sie Marion Dönhoffs Artikel in der Zeit gelesen?

Ja, natürlich.

Hatten Sie Die Zeit *abonniert?*

Als ich in die Vereinigten Staaten zurückkam, ja, bis zum heutigen Tage.

Sie haben sie immer noch?

Ich sitze hier in der Küche, und auf dem Sideboard liegen mindestens fünf ungelesene Exemplare der *Zeit*. Wenn das Blatt kommt, schaue ich es an und denke: Oh, das musst du lesen.

Wie beurteilen Sie Marion Dönhoffs Verhältnis zu den USA? Was für eine Haltung hatte sie gegenüber Ihrem Land?

Während des Kalten Krieges, in den fünfziger und sechziger Jahren, zeigte sie, die aus dem Osten kam, ein gewisses Verständnis für die Russen, für Kommunisten. Das war, glaube ich, für die Amerikaner interessant. Zur Zeit des Vietnam-Krieges und danach war sie relativ kritisch den Amerikanern gegenüber. Ich schätzte sie als kritische, aber wohlwollende Stimme, sie meinte es gut mit uns, aber sie war kritisch, und das schätzte ich persönlich sehr hoch ein.

Wurden Marion Dönhoffs Artikel im State Department beachtet?

Ich glaube schon. Es ist schwierig einzuschätzen. Interessanterweise ist der Einfluss der Medien, der Zeitungen auf die Regierungspolitik in den Vereinigten Staaten – und das sieht man heute noch immer – bedeutend größer als in Deutschland. Aber der Einfluss zum Beispiel der *Zeit*-Artikel auf die Haltung des State Department war und ist sehr gering.

Was sind Ihre bleibenden Eindrücke von Marion Dönhoff, wenn Sie heute an sie denken?

Ihre liberale linke Stimme. Sie hatte nichts mit dem einge-
fleischten Anti-Amerikanismus vieler Linker zu tun. Sie konnte natürlich scharf sein, das sieht man in ihren Artikeln. Man
musste sich damit auseinandersetzen. Sie konnte kritisch sein,
aber in einer Form, in einem Stil, der diese Kritik nicht nur
lesbar machte, sondern sie auch als ernst und seriös erscheinen ließ. Das war, glaube ich, ihre große Stärke.

> *Sie kennen Deutschland sehr gut. Was, glauben Sie, wird von*
> *Marion Dönhoff in ihrem Heimatland bleiben? Was wird man*
> *erinnern – ihr Eintreten für das deutsch-polnische Verhältnis ...*

Das ist natürlich ein Aspekt, der für Amerikaner schwer zu
verstehen ist, dieses Verhältnis Deutschlands zum Osten. Wir
haben nie verstehen können, dass in vielen Dingen Russland
und auch Polen für Deutschland wichtiger waren als die USA.
Das ist für uns schwer zu begreifen, bis zum heutigen Tage.
Diese Ost-Orientierung schon Anfang der sechziger Jahre war
ihr Beitrag zur deutschen Politik. Da waren sie und Weizsäcker und einige andere die Vorläufer der Ostpolitik.

> *Gibt es Anekdoten, an die Sie sich erinnern?*

Einmal hatten wir einen Besuch von Helmut Schmidt als Bundeskanzler in den USA, da hatte sie ihn irgendwie begleitet. Es
war in New York, wir fuhren zu einem Diner bei den Vereinten
Nationen. Die Uno-Vertretung der Bundesrepublik ließ die
Mitglieder der Schmidt-Delegation in Stretchlimousinen abholen. Da sagte Marion Dönhoff, das riesige Auto sei ihr sehr
unangenehm, und sie hat meine Frau und mich dazu geladen,
damit sie nicht allein in dieser langen, weißen Stretchlimousi-
ne durch New York fahren musste.

Das war diese preußische Bescheidenheit, die wir hier
nicht kennen. Deswegen, glaube ich, war Amerika für sie nicht
so leicht zu verstehen. Die Vertreter der Ostküstenelite aus

der alten Schule verstanden und schätzten sie sehr. Aber ich weiß nicht, ob sie, genau wie Helmut Schmidt, Amerika wirklich verstand, diese übertrieben an der Öffentlichkeit orientierte populistische Demokratie.

4. Mai 2004

Ein Gespann gegen die Zeitgeschichte
Hildegard Hamm-Brücher, München

HILDEGARD HAMM-BRÜCHER, Dr. rer. nat., geboren am
11. April 1921 in Essen, war über vier Jahrzehnte lang ein füh-
rendes Mitglied der FDP. Von 1969 bis 1972 war sie Staatssekretärin im Bundesministerium für Bildung und Wissenschaft
und während der Kanzlerschaft Helmut Schmidts Staatssekretärin im Auswärtigen Amt. Wegen Differenzen mit der
Parteiführung trat sie 2002 aus der FDP aus. Sie war vierzig
Jahre lang mit Marion Dönhoff befreundet.

*Ich habe im Archivmaterial über Ihr politisches Leben gelesen
und bin aufs Neue beeindruckt von dem Reichtum an Erfahrungen, Engagements und Ihrem Mut. Ich möchte Sie gern fragen, ob ein Mensch, der heute dreißig Jahre alt ist, in dieser Republik eine liberale Grundhaltung so lange durchhalten und gegen
andere verteidigen kann, wie Sie das getan haben?*

Das vermag ich jetzt nicht mit Ja oder Nein zu beantworten.
Ich kann nur sagen, warum ich durch mein Erleben in der Jugendzeit vorgeprägt war – dadurch, dass Freunde im Widerstand ihr Leben geopfert haben. Das kann ich auf diese Formel bringen.

Ich habe in München Chemie studiert und meine Doktorarbeit bei Heinrich Wieland geschrieben, der ein Chemiker von hohen Graden und ein wunderbar aufrechter Mensch war. Die Gestapo hatte sich nach der Verhaftung der beiden Scholls beim Direktor des Chemischen Instituts nach mir erkundigt. Ich war natürlich bei dem Gespräch nicht dabei, hatte gerade eine Lungenentzündung. Mein Doktorvater hat mir nachher gesagt, sie hätten sich sehr genau nach mir erkundigt und gefragt, weshalb ich überhaupt studieren dürfe und wie ich meine Studienerlaubnis bekommen hätte. Wieland hat gesagt, er habe mir als Halbarierin eine Sondererlaubnis gegeben, weil mein Vater im Ersten Weltkrieg hoch dekoriert worden und mein Bruder an der Front im Osten sei. Außerdem sei er der Meinung, dass die Brüchers und auch der jüdische Stamm der Familie sehr gute Deutsche seien, und ich sei überhaupt die Fleißigste und Tüchtigste. Er hätte in seinem Leben nur zwei Mal eine Frau als Doktorandin geholt, die zweite sei ich. Wenn ich von der Gestapo weggeholt würde, könne er seine Arbeit nicht weitermachen.

Wielands Leumundszeugnis hat mir ganz sicher zumindest Verhöre oder eine Verhaftung erspart. Ich wurde zwangsexmatrikuliert, und die Freunde wurden hingerichtet. Er und meine Schutzengel, meine verschiedenen, haben dazu beigetragen, dass ich diese Zeit überlebt habe. Nach dem Krieg gab es für mich wirklich nur einen Wunsch und ein Ziel: immer dazu beizutragen, dass so etwas nicht noch einmal passiert.

Den Einsatz für eine demokratische Staatsform und eine demokratische Lebensform hat mir dann Theodor Heuss beigebracht, den ich 1946 durch einen Zufall kennenlernte. Heuss war der erste Deutsche, der mir etwas Positives über Demokratie erzählt hat. Auch Anti-Nazis waren noch so geschockt vom Scheitern der Weimarer Republik, dass sie gesagt haben, wir können jede Staatsform versuchen, aber eine Demokratie schaffen wir nicht. Heuss, das sieht man auch im Protokoll des

Hildegard Hamm-Brücher überreichte 1966 Marion Dönhoff den Theodor-Heuss-Preis.

Parlamentarischen Rates, hat eine ungeheure Überzeugungskraft gehabt. Schon als Schüler machte er 1903 eine Schüler-
zeitung *Demokrit*, und kurz nach dem Abitur schrieb er: »Ich
bin nicht Demokrat aus Hass auf die Junker, sondern weil
Deutschland, dieses aufstrebende Industrieland, Demokratie
braucht wie das tägliche Brot.« Und dieses »Demokratie-Brau-
chen wie das tägliche Brot«, das hat er durchgehalten.

War es in der Nachkriegszeit leichter, liberal zu sein, als es heute
ist?

Schwerer natürlich, denn das Liberale war ja verhasst. Sogar
bei uns gab es frühere Rechtsliberale, die in der Deutschen
Volkspartei gewesen waren und die alle nicht mehr das Wort
»liberal« in den Namen aufnehmen wollten. Der Begriff »Freie
Demokratische Partei« war ein Zeichen der Angst, sich wieder
liberal zu nennen. Es war im Grunde viel schwerer, aber es war
zum Beispiel beim Wahlkampf gegen die sehr klerikale und
sehr konservative CSU hier in Bayern schon bald ein Ehrenti-
tel.

1950 bin ich in den Landtag gekommen, und bei Wahlen
hat mir immer der Ruf geholfen: Da gibt es jemanden, jung,
Frau, evangelisch, die macht einfach nicht mit auf den einge-
fahrenen Gleisen – Kinder in Konfessionsschulen, Lehrerbil-
dung in Konfessionsschulen, katholisch/evangelisch. Ich habe
daher den Anspruch »Ich bin eine Liberale« immer sehr stolz
vor mir hergetragen.

Ich glaube, heute wird liberal häufig mit permissiv verwechselt.

Ja, ich bin entsetzt. Ich finde, dass der Missbrauch der Freiheit
den Nutzen der Freiheit heute überwiegt. Das ist vielleicht
ein Grund, warum ich auch nicht mehr so häufig sage, Liberalismus und Freiheit sind das Allerwichtigste in der Demokratie. Wir haben es nicht geschafft, eine klare Verantwortung an

die Freiheit zu delegieren, um die Balance zu halten. Wenn man sich bei jedem Dreck und jedem Mist darauf beruft, dass die Freiheit das Oberste ist und damit unsere ganze Gesellschaft kaputt gemacht wird, ist das eine Fehlentwicklung.

Deswegen war Ihre Rede bei der Verleihung des Dönhoff-Preises 2003 so wichtig, in der Sie sehr an die Pflicht zur Verantwortung erinnern.

Das habe ich immer gesagt. Allein schon, um mich vor Angriffen zu schützen, ich wolle eine hemmungslose, freie Schule haben, keine Grenzen und Werte anerkennen, die aus der Tradition heraus auch für die Erziehung der Gesellschaft wichtig sind. Deswegen habe ich mich mit Marion Dönhoff so verwandt gefühlt, weil sie, wenn auch in einer anderen Weise und in einer anderen Konstellation, ebenfalls das Gefühl hatte, dass Demokratie, Freiheit und Verantwortung immer wieder neu austariert werden müssen.

Sie sind im September 2002 aus der FDP ausgetreten. War das endgültig?

Das war so endgültig wie nur irgendetwas in meinem Leben. Das ist das Ende eines Entfremdungsprozesses, der nach dem Sturz Helmut Schmidts 1982 immer deutlicher geworden ist. Ich fand fatal, wie man diesen fantastischen Kanzler und Menschen hinterrücks absserviert hat, unerträglich, das habe ich auch im Bundestag zu Protokoll gegeben. Die Art, wie Genscher und Lambsdorff das initiiert haben – und das habe ich als Staatsministerin ganz genau mitgekriegt –, war für mich die große Enttäuschung. Da hat der Entfremdungsprozess eingesetzt, und er ist immer stärker geworden. Es ging dann noch einmal besser im Zuge der Vereinigung, als Genscher eine sehr positive, wichtige Rolle gespielt hat. Doch dann kam das Duo Westerwelle und Möllemann, und es ging rapide bergab. Ich habe mir ein Jahr lang Mühe gegeben, habe Westerwelle immer wieder Briefe geschrieben. Diese Überheblichkeit, seine Kanzlerkandidatur und dieser Wahnsinn ... Wenn liberale Menschen bei Parteitagen auf die Tische springen und schreien, kann ich nur sagen, dann bin ich auf dem falschen Dampfer.

Sie waren bahnbrechend in mancherlei Hinsicht. Einmal waren Sie die erste Senatorin der Max-Planck-Gesellschaft, und dann waren Sie Münchens erste Ehrenbürgerin. Marion Dönhoff hat ebenfalls Bahnbrechendes erreicht, sie war die erste Chefredakteurin einer bedeutenden Zeitung. Hat Sie diese Tatsache, dass Sie beide als Frauen eine Speerspitze der gesellschaftlichen Entwicklung waren, zusammengebracht?

Unbedingt. Nicht so sehr expressis verbis, sondern im Selbstverständnis, mit der jede auf einem anderen Platz, aber eigentlich dasselbe gewagt und in jeder Weise auch Erfolg gehabt hat. Erst in der Rückschau würde ich sagen, das ist ungeheuer interessant. Wir sind beide Frauentypen – sie ein wenig älter als ich –, die der Überzeugung waren, dass wir etwas bewirken können. Sie hat das durch ihr Schreiben vermocht, und ich wollte eben handeln.

Marion Dönhoff und Sie sind einander in den sechziger Jahren begegnet...

Ich habe sie schon vorher kennengelernt, bei der deutsch-englischen Konferenz von Königswinter. Mir ist aufgefallen, dass da eine Frau war, die sich in die Diskussion eingemischt hat. Wirklich kennengelernt habe ich sie 1966, als sie den Theodor-Heuss-Preis bekam. Das beschreibt sie in ihrem Briefwechsel mit Bucerius, wo es an einer Stelle heißt, es sei ganz wichtig für sie gewesen, dass sie diesen Preis bekommen habe, sie habe sich wahnsinnig darüber gefreut. Es war gar nicht einfach, bis ich sie durchgekämpft hatte, bei dem Männerverein im Kuratorium – sie war ja noch nicht sehr prominent, sie war zwar unter Kollegen bekannt, aber noch nicht in der Öffentlichkeit...

Sie schreiben in Ihrem Nachruf in der Zeit auf Marion Dönhoff, dass Ihre Freundschaft mit ihr vierzig Jahre zurückreiche. Wie manifestierte sich diese Freundschaft?

In sporadischen Anrufen. Marion wollte irgendetwas, oder ich wollte irgendetwas, und dann riefen wir uns an. Außerdem trafen wir uns immer, wenn sich die Hautevolee traf, beim Geburtstag von Helmut Schmidt oder von ihr, oder sie kam regelmäßig zur Verleihung des Theodor-Heuss-Preises, zum Beispiel, als Richard von Weizsäcker 1985 den Preis bekam. Als ich für das Amt des Bundespräsidenten kandidiert habe, wurde sie gefragt, was sie davon halte. Sie hat sich unglaublich für mich eingesetzt und gesagt, man solle unbedingt die Frau Hamm-Brücher wählen. Wir waren einmal auf einer Tagung, wo sie kein Zimmer hatte, und ich habe gesagt: »Dann kommst du zu mir« – wir duzten uns – »und legst dich da hin, und ich suche mir anderswo einen Platz.« Es gab einiges, was uns verbunden hat.

Sie waren von Ihren Persönlichkeiten her etwas unterschiedlich. Sie sind temperamentvoller, vielleicht ein wenig emotionaler, leichter zu erreichen.

Sie hat mir gesagt, dass ich zu emotional sei, das hat sie irgendwann einmal beanstandet; dass ich mich immer so aufgeregt habe, hat sie nicht gut gefunden. Ein Beispiel: Zu einem runden Geburtstag Marions wurde in Hamburg ein Colloquium veranstaltet, das, glaube ich, Ralf Dahrendorf geleitet hat. Es waren viele, lauter kluge Leute anwesend, und am Schluss sollte so eine kleine Geburtstagsehrung stattfinden, aber die bekamen das nicht richtig hin. Da habe ich mich noch mal zu Wort gemeldet und ganz spontan gesagt, dass wir eine wunderbare Frau haben, die wir heute feiern. Das hat sie sehr irritiert.

Sie hat wahrscheinlich gedacht, das war nicht nötig. War sie in Ihrem Sinne liberal?

Sie war manchmal nicht besonders tolerant. Eine Begegnung in Davos, als sie sich den Lendenwirbel gebrochen hatte: Da lag sie wirklich wie ein armer Maikäfer auf dem Rücken. Ich habe sie besucht und ihr Bücher gebracht. Offensichtlich war sie sehr deprimiert. Bei der Gelegenheit hat sie so auf Leute geschimpft, dass ich gedacht habe, nanu. Das war das einzige Mal, dass ich sie so erlebt habe.

Wahrscheinlich fühlte sie sich irgendwie ungeschützt.

Sie dachte wohl über alles Mögliche nach, wie das in der Redaktion geht, und wie es nicht geht, und wie sie es gern hätte.

Sie war sonst sehr beherrscht. – Sie stand für wertkonservative Vorstellungen, mit ihren Plädoyers für die preußischen Tugenden beispielsweise.

Ich finde ja auch, dass der Kapitalismus, genau wie der Liberalismus, wahnsinnig entartet ist. Ich finde es gut, dass sie darauf hingewiesen hat. Mir hat das sehr imponiert. Ich habe auch immer Visionen von der heilen, demokratischen Welt, von echter Demokratie, genau wie sie. Eigentlich waren Marion und ich ein Gespann gegen die Zeitgeschichte.

Sie war als Journalistin fast schon eine Legende. Was, glauben Sie, war der Grund für ihren journalistischen Erfolg?

Ich denke, das kam daher, dass sie durch ihre Reiseberichte politische Probleme so anschaulich machen konnte wie sonst niemand. Ihre Faszination beim Umgang mit Menschen und ihre Beurteilung von wichtigen Leuten machten eigentlich ihre Qualität aus. Das fing an mit ihrer DDR-Reise in den sechziger Jahren, zusammen mit anderen. Niemand hat über die DDR in dem Stadium damals so geschrieben wie diese Leute. Ihre Art zu reisen und sich die Welt zu eigen zu machen, das war ihre Qualität, das hat in jener Zeit keine einzige Frau so geschafft wie sie.

Sie hat einmal gesagt, ein politisches Amt könne sie nicht reizen, weil sie als Journalistin viel bessere Einwirkungsmöglichkeiten habe. Hat sie Ihrer Meinung nach Wirkung erzielt?

Das Eingebundensein in eine politische Partei kann sicher Probleme bereiten, selbst als Fraktionschef kann man zunächst einmal nicht viel bewirken. Ich glaube, dass das beim Schreiben ähnlich ist. Erst wenn man eine bestimmte Mauer überwunden hat und sich freischwimmt, kann man sowohl als Politikerin etwas bewirken als auch als Journalistin ... Sie hat in der *Zeit* zur Entspannung und zur Ostpolitik ungeheuer viel beigetragen. Sie hat das Feld bereitet und Schützenhilfe geleistet.

Sie waren sehr engagiert in der Bildungspolitik. War das ein Thema zwischen Ihnen und Marion Dönhoff?

Nein, überhaupt nicht. Es hieß einmal, dass die *Passauer Neue Presse*, das radikalste Blatt in Bayern, vermutet habe, ich hätte Marion Dönhoff den Heuss-Preis verliehen, weil ich über Bildungspolitik in der *Zeit* geschrieben hätte. Ich habe mit Marion nie ein Wort über Bildungspolitik gewechselt.

Sie waren einmal süddeutsche Kraulmeisterin. Haben Sie mit ihr über Sport gesprochen?

Nein; obwohl sie eine begeisterte Skiläuferin war. Und sie sagte, wir machen mal was zusammen, eine schöne Fahrt.

Was wird von ihr bleiben?

Eine interessante Frage. Natürlich ihre Betrachtungen zur Zeitgeschichte, ihre Bücher. »Namen, die keiner mehr nennt«, ein ganz wichtiges Buch. Ich glaube auch, dass ihre Flucht aus Ostpreußen einen Zeitwert hat. Als Autorin wird sie wohl in Erinnerung bleiben.

Sie und Marion Dönhoff gehörten aus vielfältigen Gründen zu den am meisten respektierten Frauen der Republik oder sind es in Ihrem Fall noch. Gab es keine Eifersucht zwischen Ihnen?

Überhaupt nicht. Ich habe keine Sekunde Eifersucht gespürt. Ich habe immer anerkannt, dass Marion in der öffentlichen Meinung die Erfolgreichere war.

Sehen Sie Nachfolgerinnen, die vergleichbar sind?

Nein. Es gibt ein paar sehr gute Journalistinnen mittlerweile. Aber ihr Erfolg hing auch mit einer Biografie zusammen, die heute nicht mehr vorstellbar ist.

19. Oktober 2004

Der Aufklärung verpflichtet
Helmut Schmidt, Hamburg

HELMUT SCHMIDT, geboren am 23. Dezember 1918 in
Hamburg, war Hamburger Innensenator, Bundestagsabgeord-
neter, Bundesminister und von 1974 bis 1982 Bundeskanzler.
Seit Mai 1983 ist er Mitherausgeber der *Zeit* und war in dieser
Funktion ein Kollege Marion Dönhoffs. Er ist Autor zahl-
reicher Bücher.

*Herr Altbundeskanzler, ab wann wurde Marion Dönhoff ein Be-
griff für Sie?*

Im Laufe der 1950er Jahre. Ich habe sie Ende der fünfziger Jahre kennengelernt.

*In einem ersten Brief aus dem Jahr 1957, in dem Sie Marion Dön-
hoff dafür dankten, dass sie Herbert Wehner gegen Angriffe von
rechts verteidigt hatte, haben Sie sie mit »Sehr verehrte, gnädige
Frau« angeredet. Später ist Ihnen das ein bisschen komisch vorge-
kommen. Hatten Sie als Sozialdemokrat eine Scheu vor dem Titel
»Gräfin«?*

Nein. Ich halte von Titeln überhaupt nichts und von adeligen
Titeln noch weniger.

Das ist Ihre hanseatische Grundeinstellung?

Hamburgische Prägung.

Sie haben in einer Würdigung Marion Dönhoffs geschrieben, Ihre erste Begegnung habe in einem Flugzeug stattgefunden, in dem Sie zufällig nebeneinandersaßen und sich über die Schläfrigkeit Hamburgs unterhielten.

Das kann so sein. Und ich habe damals Marion Dönhoff inspiriert, ein paar Hamburger zusammenzuholen, und daraus ist dann eine ziemlich regelmäßig tagende Gesellschaft in ihrem Haus am Pumpenkamp geworden. Dazu gehörten Carl Friedrich Weizsäcker, Alwin Münchmeyer, Otto A. Friedrich, Rolf Stödter, Karl Schiller, Karl Klasen und ich, das ist es wohl.

Und die kamen, wenn es irgend ging, immer alle zusammen?

Ja. Aber in unregelmäßigen Abständen. Ich weiß nicht mehr, wie oft. Vermutlich mindestens sechs bis acht Mal im Jahr. Und Marion war die Schlüsselperson. Das Treffen fand immer in ihrem Wohnzimmer statt.

Gab es jedes Mal ein festgesetztes Thema, oder entwickelte sich das aus der Runde?

Ich glaube, das Letztere. Es gab keinen Vortrag.

Leitete sie damals diese Runde?

Nein, das wäre ein falscher Ausdruck. Sie hat sie nicht geleitet, sie war die Gastgeberin und sozusagen der Anker dieser Gesellschaft, geleitet hat niemand. Auf welche Weise sich die Diskussion entwickelt hat? Das Ganze liegt ja nun vierzig Jahre zurück. Möglicherweise hat sie durch einleitende Bemerkungen ein Thema provoziert, aber es kann durchaus sein,

Zwei *Zeit*-Herausgeber im intensiven Gespräch.

dass man dieses Thema nach einiger Zeit verlassen und nach einer halben Stunde über etwas ganz anderes geredet hat.

Wie war das Verhältnis zwischen Ihnen und Marion Dönhoff während Ihrer Bonner Zeit? Hat sie Sie als Bundesminister und später als Bundeskanzler in journalistischer Funktion in Bonn aufgesucht?

Das glaube ich nicht. Wenn, dann relativ selten.

Hatten Sie denn neben dieser Runde noch persönlichen Kontakt zu ihr, gab es gegenseitig private Besuche?

Es gab persönliche Kontakte, offizielle Besuche nicht. Ich glaube, dass ich sie in der *Zeit*-Redaktion ein-, zweimal besucht habe. Sicherlich ist sie ein-, zweimal in meiner Bonner Zeit bei mir gewesen, aber weniger als Journalistin, eigentlich mehr aus persönlichen Gründen.

Hat sich in Ihren Gesprächen mit Marion Dönhoff der Gegensatz zwischen der Welt des Journalismus, in der ohne große Konsequenzen angeregt, vorgeschlagen, gefordert, kritisiert werden kann, und der Welt der Politik offenbart, in der ja entschieden, gehandelt und verantwortet werden muss?

Würde ich nicht bestätigen. Erwähnen muss ich hier, dass ich, als ich das Verteidigungsministerium übernahm, Marion Dönhoff gebeten habe, ihren damaligen Stellvertreter Theo Sommer für begrenzte Zeit freizugeben. Das hat sie gemacht. Sie hat dann ziemlich bald ihr »bestes Stück« zurückgefordert, so hat sie sich damals ausgedrückt. Ich glaube, Theo Sommer ist nur ein halbes oder dreiviertel Jahr, Ende 1969, erste Hälfte 1970, für das Verteidigungsministerium tätig gewesen. Marion wusste, dass Sommer auf militär-strategischem Gebiet einige Kenntnisse besaß und auch Urteilskraft hatte. Er war ein relativ junger Mann damals. Er dürfte so um die vierzig gewesen sein.

Marion Dönhoff verstand sich, wie Sie einmal geschrieben haben, als dem aufklärerischen Idealismus verpflichtet. Sie selbst sehen sich wohl eher als ethisch fundierten Pragmatiker. Stießen bei Ihnen beiden nicht zwei sehr unterschiedliche Lebensphilosophien aufeinander, wenn Sie miteinander redeten?

Das glaube ich nicht. Die Verpflichtung gegenüber der Aufklärung, insbesondere gegenüber der deutschen Aufklärung des 19. Jahrhunderts, war bei ihr gegeben, bei mir aber auch. Ich habe das nicht vor mir hergetragen, aber ich habe mich ebenso wie Marion Dönhoff Leuten wie Lessing, das ist 18. Jahrhundert, Kant, spätes 18. Jahrhundert, Wilhelm von Humboldt, frühes 19. Jahrhundert, verpflichtet gefühlt. Da lagen wir wahrscheinlich auf derselben Wellenlänge. Kein Unterschied zwischen der Welt der Politik und der Welt des Journalismus.

Aber besteht da nicht doch eine Differenz insofern, als die Gräfin ihre Ideen und Vorstellungen als Journalistin interpretieren und darbieten konnte, wohingegen Sie Entscheidungen treffen mussten?

Das ist natürlich ein gewaltiger Unterschied, aber es ergeben sich daraus trotzdem nicht notwendigerweise verschiedene Grundanschauungen.

In einer Gratulationsrede auf Marion Dönhoff hat der amerikanische Kolumnist James »Scotty« Reston Sie einmal als »alten Kumpel« adressiert, der nunmehr »Marions Rekrut« geworden sei. Das war kurz nach Beginn Ihrer Tätigkeit hier bei der Zeit. Was haben Sie von Marion Dönhoff über den Journalismus gelernt?

Ich glaube nicht, dass ich von Marion speziell viel gelernt habe. Ich habe eine ganze Menge von den Leuten der *Zeit* insgesamt gelernt, darunter sicherlich relativ viel von Marion Dönhoff, aber nicht nur von ihr, auch von Theo Sommer und auch von Kurt Becker. Ich selbst bin aber nie ein Journalist geworden. Ich bin ein Autor geblieben.

Wie haben Sie Marion Dönhoff als Kollegin erlebt?

Wir sind einander im Laufe der Jahre sehr freundschaftlich verbunden gewesen und haben jede Woche mindestens ein-, zweimal miteinander geredet, entweder habe ich sie besucht, oder sie hat mich hier besucht, in meinem Zimmer. In diesem Zimmer saß früher Gerd Bucerius, ich saß anschließend hier. Das ursprüngliche Zimmer gibt es nicht mehr, es wurde aufgeteilt. Sie saß vorne am Speersort, mit dem Fenster zum Speersort.

Und worum ging es bei diesen Gesprächen? Ging es meistens um Zeit-Spezifisches oder Grundsätzliches?

Beides.

Sind bei den vielen Gesprächen, die Sie mit ihr hatten, grundsätzliche Meinungsverschiedenheiten aufgetaucht?

Nein, das glaube ich nicht. Ich war immer sehr praxisbezogen, auf ökonomische Praxis, strategische Praxis, politische Praxis bezogen. Und sie war immer geneigt, mehr grundsätzlich zu denken, mehr prinzipiell.

Sie hat sich in ihrer journalistischen Karriere nie vor dezidierten Meinungen gescheut. Ich nenne jetzt ein paar ihrer Schwerpunkte. Beispielsweise hat sie sich Anfang der fünfziger Jahre dafür ausgesprochen, die Kriegsverbrecherprozesse der Alliierten so schnell wie möglich zu beenden. Sie war sehr skeptisch, was deren Resultat anging. Hat sie im Nachhinein mit ihren Forderungen Recht gehabt?

Man kann geschehene Geschichte nicht ungeschehen machen. Die Kriegsverbrecherprozesse in Nürnberg sind auch Geschichte. Da hat es keinen Zweck, nachträglich zu sagen, es war richtig, dass sie stattgefunden haben, oder es war falsch. Es ist so geschehen. Ich selbst bin sehr skeptisch gewesen in Bezug auf Strafprozesse, die nach einem Recht geurteilt haben, das es zur Zeit der Tat in Deutschland so nicht gegeben hat. Ich bin auch heute sehr skeptisch gegenüber Prozessen, die den ehemaligen kommunistischen Führern in Ostdeutschland gemacht worden sind. Sehr skeptisch. Ich halte auch nichts davon, dass man die Akten der Stasi mit Hunderten von Mitarbeitern durchflöht, um herauszufinden, was dieser oder jener getan hat. Ich bin dafür, Leute, die anderen Leuten Gewalt angetan haben, aufgrund ihrer Gewalttat vor Gericht zu stellen, zu dem Recht, das zur Zeit der Tat gegolten hat.

Keine Strafe ohne vorgegebene Gesetze.

Ja. Das ist ein alter römischer Grundsatz, *nulla poena sine lege.*

Ein anderer Schwerpunkt des Denkens und Schreibens Marion Dönhoffs war die Zukunft der Wirtschaft. Sie stand den neueren Entwicklungen der Wirtschaft sehr skeptisch gegenüber, der Raff-Mentalität, der Gier, dem unbedingten Streben nach Wachstum.

Das sind zwei verschiedene Dinge. Was Raffgier angeht und Machtgier, war ich immer an ihrer Seite und bin heute noch an ihrer Seite. Die Skepsis gegenüber ökonomischem Wachstum aber habe ich niemals geteilt.

Da wären Sie in den 1980er Jahren auf viel Widerstand gesto-ßen, denn es war die Meinung der Redaktion, dass Wachstum ei-gentlich nur schädlich sei.

Dummes Zeug. Das gehört in Wirklichkeit zu einer idealisti-schen, teilweise christlich-idealistischen Grundgesinnung, die verkennt, dass zivilisatorischer Fortschritt zwangsläufig Wachstum mit sich bringt. Und dass Wachstum abzulehnen in Wirklichkeit heißt, Arbeitslosigkeit, Stillstand zu fördern. Stillstand gleich Arbeitslosigkeit. Wenn man alleine stillste-hen will oder Deutschland alleine stillstehen möchte, heißt das Arbeitslosigkeit.

Im November 1956 sprach sich Marion Dönhoff für Berlin als Hauptstadt aus und forderte einen Baustopp in Bonn. War das damals eine realistische Vorstellung?

Nein.

Im Mai 1990, kurz vor der offiziellen Wiedervereinigung, sprach sie sich hingegen für die Beibehaltung Bonns als Hauptstadt aus. Waren Sie damals auch für Bonn?

Nein. Ich bin für Berlin gewesen, und zwar aus einem psy-chologisch-politischen Grund. Jedermann hatte jahrzehnte-lang von der alten Hauptstadt geredet und die Erwartung geweckt – zum Beispiel bei den Berlinern, aber auch bei Ostdeutschen –, im Falle der Vereinigung würde die Hauptstadt Berlin wieder aufleben. Diese Erwartung zu enttäuschen habe ich für absolut ungerechtfertigt gehalten.

Das war jahrzehntelang auch ein Leitmotiv der deutschen Politik.

Ob das wirklich ein Leitmotiv gewesen ist? Ein Leitmotiv im Sinne von Richard Wagner vielleicht, aber nicht im Sinne von Motivation der deutschen Politik.

Lange vor den meisten anderen Menschen im Westen hat sich Marion Dönhoff für eine Akzeptanz der Realitäten im Osten eingesetzt, für den Verzicht auf die ehemals deutschen Gebiete. Sie ist auch sehr früh für Versöhnung mit Osteuropa, vor allem mit Polen, eingetreten. Wie bewerten Sie heute die Wirkung von Marion Dönhoffs unbeirrtem Plädoyer für Verständigung mit dem Osten?

Marion Dönhoff war eine der am Anfang relativ wenigen Personen, die geistig, politisch und seelisch das vorbereitet haben, was dann nach 1969 Ostpolitik hieß. Auf diesem Felde hat sie sich nach meinem Dafürhalten ganz große Verdienste erworben. Übrigens nicht nur gegenüber Polen, auch gegenüber den Russen, weniger wohl gegenüber den Tschechen.

Ich bin auch nur auf wenige Artikel gestoßen, die sich mit dem deutsch-tschechischen Verhältnis beschäftigten. Aber in der Befürwortung einer neuen Ostpolitik war sie eine von ganz wenigen. Fallen Ihnen noch andere ein?

Es gab in evangelischen Kreisen, aber auch in katholischen Kreisen – dem Bensberger Kreis zum Beispiel –, durchaus eine Reihe von Menschen, die ähnlich gedacht oder empfunden haben, weniger konstruktiv gedacht als vielmehr gefühlt haben wie Marion Dönhoff. Namen fallen mir im Augenblick nicht ein; das liegt aber an meinem schlechten Namensgedächtnis und hängt mit dem siebenundachtzigsten Lebensjahr zusammen.

Ein Streitthema zwischen Ihnen, wenn es denn überhaupt behandelt worden ist, könnte Marion Dönhoffs gewisses Verständnis für die Achtundsechziger gewesen sein. Sie war dieser Generation oder Gruppe gegenüber positiv eingestellt, weil sie den Anstoß dazu gegeben habe, dass überall – in Kirche, Universität, Schulen, in allen gesellschaftlichen Gruppen – ausgemottet und durchgelüftet wurde, hat sie einmal geschrieben. Haben Sie mit ihr über die Achtundsechziger und deren Wirkung diskutiert?

Das möchte ich vermuten, aber ich kann es nicht erinnern. Ich vermute, ja – wahrscheinlich auch nicht nur ein einziges Mal –, aber erinnern tue ich nichts dergleichen. Wir haben uns wahrscheinlich in der Bewertung dieser Achtundsechziger durchaus unterschieden. Ich sah vor allen Dingen die intellektuelle Arroganz halb fertiger Jungakademiker, die mit Marx und Lenin und Mao Tse-tung und Ho Chi Minh auf den Lippen, ohne zu wissen, worüber sie redeten, meinten, sie seien das Salz der Erde. Und wie ich vorhergesehen hatte, endete es dann ja auch in Gewalt; die RAF war ein Erzeugnis der Achtundsechziger, des Achtundsechziger-Generationsaufstandes.

Eines lässt sich anhand der Artikel Marion Dönhoffs zu diesem Thema nachweisen: Der Mangel an Toleranz der Achtundsechziger hat sie sehr gestört. Auch deren moralischer Alleinanspruch.

Es war die Bereitschaft vieler zur Gewalttat, und es gab ja auch geistige Führer. Ich erinnere mich an einen Freund von Gustav Heinemann, einen Theologen, der diese famose Unterscheidung zwischen Gewalt gegen Sachen und Gewalt gegen Personen erfunden hat, mit der stillschweigenden Duldung von Gewalt gegen Sachen. War ein wichtiger Mann damals.

Diese »Unterscheidung« wird dem Theologen Helmut Gollwitzer zugeschrieben. – Den Terror der RAF hat Marion Dönhoff eindeutig verurteilt, auch wenn ihr heute manchmal etwas anderes unterstellt wird. Sie hat auch die Mitläufermentalität unter den Intellektuellen gegeißelt, »die nur ja nicht als reaktionär erscheinen wollen«. Glauben Sie, dass Marion Dönhoff mit solchen Meinungsäußerungen in jenen aufgewühlten Zeiten Wirkung erzielt hat?

Ich glaube, dass ihre liberale Grundhaltung, auch gegenüber dieser Achtundsechziger-Studentenbewegung, bei den meisten überhaupt keine Wirkung erzielt hat. Die haben sie für eine »Scheißliberale« gehalten. Das war deren Ausdruck.

Aber es gab damals viele, die ein gewisses Verständnis hatten für die Aktionen der RAF. Vielleicht hat sie die erreicht oder zumindest zum Nachdenken gebracht.

Kann ich weder bestätigen, noch kann ich es beurteilen, noch kann ich es leugnen. Jedenfalls scheint mir ihr Einfluss auf das Umfeld der Achtundsechziger unendlich viel geringer als ihr vorhin besprochener Einfluss auf das, was man später Ostpolitik genannt hat. Das war ein ungeheuer großer Einfluss und eine bedeutende Wirkung von Marion Dönhoff. Ihr Einfluss auf die Dämpfung der Achtundsechziger tritt demgegenüber weit in den Hintergrund.

Die waren wahrscheinlich auch gar nicht erreichbar, oder zumindest nur sehr schwer.

Die Achtundsechziger selbst waren kaum erreichbar, weil geprägt von verbohrtem Vulgärmarxismus, von Vulgärleninismus und von Vulgärrevolutionarismus, ohne zu wissen, wofür, nur dagegen. Die bildeten sich ein, Deutschland sei in der Restauration begriffen, der Faschismus sei in Wiederauferstehung, alles dummes Zeug.

Im November 1983, also ein paar Monate nachdem Sie Herausgeber bei der Zeit *geworden waren, schrieb Marion Dönhoff in einem Leitartikel:»Was mich angeht, so bin ich zwar gegen die Nachrüstung, aber auch gegen einseitige Abrüstung und für die Stärkung des Bündnisses.« Der Grund, den sie angab:»Amerika wollte in Genf in Wirklichkeit kein Ergebnis erzielen und unbedingt einige Pershing II auf deutschem Boden.« Haben Sie als Geburtshelfer, wenn nicht Initiator, des Doppelbeschlusses mit ihr über diese Meinung diskutiert?*

Das werden wir wohl getan haben, aber ich erinnere es nicht. Die Diskussion geht ja bis in die heutigen Tage. Vor einiger Zeit habe ich in der FAZ einen blödsinnigen Artikel gelesen, in dem es hieß, der Doppelbeschluss sei von Genscher und Schmidt initiiert worden, er sei ein fataler Beschluss gewesen. Genscher hatte damit überhaupt nichts zu tun. Und ich habe einen schweren Konflikt mit dem damaligen Präsidenten Jimmy Carter und seinen Beratern ausgelöst, weil sie nämlich die SS-20-Rüstung der Sowjets nicht ernst nahmen. Ich musste sie ernst nehmen, weil sie im Wesentlichen deutsches Gebiet gefährden konnte. Das waren Raketen mit drei Atomsprengköpfen, die unabhängig voneinander drei Städte gleichzeitig auslöschen konnten. Und ich verlangte von den Amerikanern, sie sollten in ihre laufenden Abrüstungsgespräche diese Waffen einbeziehen, aber sie wollten das nicht. Der Vorgänger von Jimmy Carter, Gerald Ford, war bereit gewesen, darauf einzugehen. Jimmy Carter nicht.

Ich habe dann Krach angefangen. Das führte dazu, dass Jimmy Carter drei Westeuropäer zum Gespräch einlud, nämlich den britischen Premierminister Callaghan, den französischen Präsidenten Giscard d'Estaing und den deutschen Kanzler. Er lud uns nach Washington ein. Giscard d'Estaing, in Übereinstimmung mit mir, beantwortete diese Einladung von Carter mit einer Gegeneinladung auf eine französische Antilleninsel, Guadeloupe. Das signalisierte, wenn ich es übertreibend ausdrücken darf: Wir lassen uns nicht von dir zum Rapport bestellen nach Washington, aber wir kommen dir doch entgegen bis auf die amerikanische Seite des Atlantiks.

In Guadeloupe* eröffnete Jimmy Carter das Gespräch mit dem Vorschlag: Der Schmidt hat sich ja dauernd beschwert, dass wir nicht reagieren. Ich schlage vor, wir bringen Pershing II und Cruise Missiles nach Europa, um diese latente sowjetische Drohung ins Gleichgewicht zu bringen mit einer Gegendrohung. »Was meinst du dazu?«, fragte er mich. Ich habe gesagt: »Ich bin der Einzige unter uns hier, der nicht über nukleare Waffen verfügt. Also lass erst mal die anderen reden.« Dann hat Callaghan geantwortet, danach Giscard, und so kam es zu dem so genannten Nato-Doppelbeschluss. Ich habe ihn nicht initiiert, ich habe ihn vielleicht höchstens durch meinen Protest ausgelöst. Aber der Doppelbeschluss ist zu viert so gefasst worden, und ich habe als Letzter zugestimmt.

Der Präsident wollte allerdings ohne Bedingungen amerikanische Nuklearwaffen in Europa installieren. Wir Europäer haben die Drohung verbunden mit einer Verhandlungsfrist von vier Jahren und gesagt: Wenn die vier Jahre ablaufen ohne Verhandlungsergebnis, dann ... Daraufhin hat das sowjetische Politbüro unter dem Einfluss der Militärs in Moskau und unter dem Einfluss Gromykos gesagt: Wieso, warum sollen wir verhandeln? Wir haben die Dinger, und die haben einstweilen gar nichts, also brauchen wir nicht zu verhandeln. So weiß ich es von Gorbatschow, nachträglich.

* Das Gipfeltreffen fand vom 4. bis 6. Januar 1979 statt.

Gorbatschow war der Erste, der die Drohung durch die Pershing II und die Cruise Missiles als ernsthafte Gefährdung Moskaus, Leningrads und anderer sowjetischer Städte begriffen hat. Er hat dann Ronald Reagan vorgeschlagen, was ich selbst in Moskau und anderswo öffentlich propagiert hatte, auf beiden Seiten die doppelte Null-Lösung ... Das hat sich Gorbatschow auf der Gipfelkonferenz 1986 in Reykjavik zu eigen gemacht und vorgeschlagen. Die Amerikaner sind darauf eingegangen, nachdem sie vorher in Reagans erster Amtszeit zwischen 1981 und 1985 die Verhandlungen in Genf zwischen dem russischen Unterhändler Juli Kwizinski und dem amerikanischen Unterhändler Paul Nitze verzögert haben. Die beiden waren nahe an einer Einigung, aber die Amerikaner in Washington haben gesagt, nein, wir wollen keine Einigung. Insofern hatte Marion mit ihren Vorbehalten in dieser Verhandlungsphase Recht. Nachdem also die Einigung in der ersten Amtszeit von Reagan nicht zustande kam, kam sie während der zweiten Amtszeit in Reykjavik zustande und endete bei der doppelten Lösung. Das führte zum INF-Vertrag, und das war der erste Abrüstungsvertrag zwischen West und Ost, der jemals abgeschlossen worden ist. Ein großer Erfolg.

Die Ehrenrettung für das Preußentum war ein großes und durchgängiges Thema Marion Dönhoffs. Wie kamen Sie als Hanseat damit zurecht?

Die so genannten preußischen Tugenden, die von den Preußen etwas überhöht worden sind, sind in Wirklichkeit allgemeingültige Tugenden. Das hat mit dem Hanseaten nichts zu tun, das sind Tugenden, die man nicht nur unterschreiben kann, sondern unterschreiben muss. Was mir manchmal ein bisschen missfallen hat, war diese Überhöhung. Als ob die Preußen Fleiß, Tapferkeit und Sparsamkeit gepachtet hätten. Das ist Unfug. Bei den Preußen wurde das besonders betont; es ging aber Hand in Hand mit militaristischer Überheblichkeit, schon unter Friedrich dem Großen, von dem Marion geredet hat als von »meinem König«.

Aber mit der Betonung auf dem Militärischen, also mit dem Militarismus, war sie auch nicht einverstanden.

Nein, aber wenn man den Ausdruck auf das 18. Jahrhundert projizieren darf, war Friedrich II. von Preußen ein Militarist.

Er war nicht der einzige zu seiner Zeit.

Keineswegs. Er war einer von vielen. Eine Generation vorher, Louis XIV, war beispielsweise auch einer.

»Der Westen war nie das ganze Leben für Marion Dönhoff«, hat einmal jemand geschrieben. Wie sehen Sie ihr Verhältnis zum Westen?

Das ist doch an sich eine zutreffende Bemerkung.

Wie sehen Sie ihr grundsätzliches Verhältnis zu den Vereinigten Staaten und zu Großbritannien?

Wie ihr Verhältnis zu den Vereinigten Staaten war, kann ich aus der Erinnerung nicht richtig beurteilen. Sie war sicherlich zunächst sehr stark anglophil beeinflusst, das ist dann wohl im Laufe ihres Lebens etwas weniger geworden. Die Engländer spielten ja dann auch schon in den sechziger Jahren eindeutig eine sehr viel kleinere Rolle, als man es sich nach 1945 zunächst vorgestellt hatte.

In Ihrem Nachruf auf Marion Dönhoff haben Sie sie als »ein Symbol des aufgeklärten, anständigen Deutschlands« bezeichnet. Das geschah vor allem im Zusammenhang mit ihrer Nähe zum Widerstand gegen das Nazi-Regime. Wie bewerten Sie Marion Dönhoffs Rolle in dieser Widerstandsbewegung?

Kann ich nicht beurteilen. Ich habe darüber wenig gelesen, und das, was ich darüber weiß, weiß ich von ihr. Sie muss mehrfach Kurierdienste geleistet haben zwischen den Widerstandsleuten in Berlin und Korrespondenzpartnern. Das war sicherlich unter den damaligen Verhältnissen ein Risiko für sie. Was sie ansonsten aktiv getan hat oder nicht, davon weiß ich nichts, weil sie mir nicht mehr erzählt hat.

Sie hat immer wieder über den deutschen Widerstand geschrieben. Ich glaube, sie trägt einen wesentlichen Anteil daran, dass der Widerstand, vor allem die Männer des 20. Juli, nicht in Vergessenheit geraten sind.

Das kann so sein. Aber auch ohne Marion würde der deutsche Widerstand im Laufe der Zeit in das Bewusstsein der Historiker eingedrungen sein. Sie hat da sicher ein großes Verdienst, aber kein ausschließliches. Aber sie hat dazu beigetragen, dass der Widerstand in das Bewusstsein der öffentlichen Meinung gedrungen ist.

Heutzutage spielt der Widerstand im Bewusstsein des Volkes eine etwas hervorgehobenere Rolle. Mit ihren *Zeit*-Artikeln hat Marion Dönhoff das Volk kaum erreicht, denn nicht das Volk las die *Zeit*, sondern wer die *Zeit* las, das war eine Bildungselite ... Aber sie hat diese liberale Elite der deutschen Gesellschaft durchaus erreicht.

Glauben Sie, dass der deutsche Widerstand noch einmal stärker verankert sein wird im Gedächtnis der Deutschen?

Nein, das glaube ich kaum. Es wird so sein, wie ich eben gesagt habe. Die Französische Revolution spielt eine Rolle in Frankreich, nicht in der heutigen Wirklichkeit, wohl aber als Überschrift, als Schlagwort, als mit Gloriolen verzierte Pseudoerinnerung. Das wird hier auch mit dem Widerstand so sein, das wird hier ähnlich absinken wie die Frankfurter Paulskirche von 1848 oder wie 1813/1814 die Befreiungskriege gegen die napoleonische Besetzung Europas. Aber er wird in ähnlicher Weise bei geschichtsbewussten Menschen eine Rolle spielen, wie, sagen wir, die Ermordung Cäsars. Wenn es geglückt wäre am 20. Juli 1944, dann würde er eine riesenhafte Rolle spielen. Da das Attentat missglückt ist, anders als beim Mord an Cäsar, wird der Widerstand eine kleinere Rolle spielen.

Besonders in ihren letzten Lebensjahren hat Marion Dönhoff gegen die Säkularisierung in Teilen der westlichen Welt, vor allem in Deutschland, gefochten, weil sie, so ihre Sorge, die Abwesenheit aller religiösen und im weitesten Sinne metaphysischen Werte zur Folge habe. Hatte sie Recht mit ihren Befürchtungen?

Das kann man noch nicht sagen. Das kann durchaus so kommen, dass man später sagen wird, sie hatte Recht. Es muss aber nicht so kommen. Die Entleerung religiöser Tradition ist ja kein allein deutsches Phänomen, das ist in Frankreich, in England, in Dänemark, in Holland, sogar in Polen, überall zu beobachten. Das ist eine allgemeine europäische Entwicklung. Übrigens eine Entwicklung, die Europa deutlich unterscheidet von Amerika.

Dort scheint die Religiosität ungebrochen.

Sie wird im Augenblick durch die Regierung Bush besonders plakativ vorgetragen, aber das hat keinen wirklichen Einfluss auf die Masse der amerikanischen Gesellschaft. Die Masse der amerikanischen Gesellschaft ist religiös orientiert.

Hielten Sie Marion Dönhoff für einen religiösen Menschen?

Ich nehme an, dass sie einen Satz wie »Gott ist der Herr der Geschichte« unterschreiben würde. In dem Sinne ja. Aber ob sie die Briefe des Apostels Paulus verinnerlicht hat, das weiß ich nicht. Sie hat sicherlich die seelsorgerische Rolle der Kirche sehr anerkannt, vielleicht auch selbst davon profitiert. Aber sie war ja nicht extrovertiert als Charakter, und ihre Religiosität hat sie jedenfalls nicht vor sich hergetragen.

1979 hat Willy Brandt versucht, Marion Dönhoff als Kandidatin der SPD für das Bundespräsidialamt zu werben. Wäre sie eine gute Bundespräsidentin geworden?

Das ist eine hypothetische Frage, die will ich nicht beantworten.

Sie haben Marion Dönhoff einen moralisch begründeten Pragmatismus attestiert. Aber war sie gelegentlich nicht auch eine bekennende Träumerin, eine Utopistin?

Utopistin, das glaube ich nicht, nein. Träumerin glaube ich auch nicht.

Wenn sie beispielsweise 1964 die Assoziierung osteuropäischer Länder an die EWG anregte oder 1956 für Berlin als Hauptstadt warb, war das nicht doch…

Der Begriff Utopie passt mir da nicht. Die beiden Gedanken, die Sie da jetzt zitieren, waren ihrer Zeit um mehrere Jahrzehnte voraus, aber deswegen nicht utopisch.

Mit wem im deutschen oder internationalen Journalismus lässt sich Marion Dönhoff vergleichen? Sie haben ja sehr viele internationale Journalistinnen und Journalisten gekannt.

Weniger systematisch begabt als Walter Lippmann, würde ich sie gleichwohl mit ihm vergleichen wollen. Auch mit der Wirkung von Lippmann, nicht, wenn er seine Kolumnen schrieb, aber mit den Büchern. Lippmann war, ähnlich wie Marion, ein Journalist, der die liberale Elite seiner Gesellschaft ansprach.

*Sie haben sie auch einmal mit der amerikanischen Journalistin
Flora Lewis verglichen.*

Ja, aber nicht unter dem Aspekt der Wirkung auf die Gesellschaft. Ich würde aber den Vergleich für zulässig halten. Flora
war, ähnlich wie Marion, eine Journalistin mit einem sehr wachen, zugreifenden Verstand, ähnlich kritisch. Flora war übrigens etwas pragmatischer, praktischer als Marion Dönhoff.
Marion war stärker idealistisch. Aber die ethische oder moralische Grundhaltung war durchaus ähnlich.

*Sie haben 1989 aus Anlass von Marion Dönhoffs achtzigstem
Geburtstag geschrieben: »Die Zeit ist ganz wesentlich ihr Kind.«
Und: »Sie hat das Kind gepflegt, erzogen und geprägt.« Hätte die
Zeit ohne Marion Dönhoff die harten fünfziger und sechziger
Jahre überlebt?*

Wahrscheinlich nicht. Aber auch das ist eine hypothetische
Frage. Ich mag nicht gern hypothetische Fragen beantworten.
Dass die *Zeit* überlebt hat, ist jedenfalls zum großen Teil ihr
Verdienst.

*Sie war ein ganz wesentlicher Teil der Aura, von der die Zeit
natürlich auch immer gelebt hat.*

Ja. Und wurde für viele, die sie in Wirklichkeit nicht gekannt
und auch nicht gelesen haben, gleichwohl zu einer symbo-
lischen Figur.

*Marion Dönhoff hat in dem Band »Hart am Wind«, den Ihnen
ein Freundeskreis zum sechzigsten Geburtstag dedizierte, geschrieben: »Es ist schade, dass alle Leute älter werden, aber bei
manchen lohnt es sich.« Sie meinte, es hätte Ihnen ständig mehr
Sachkenntnis und Kompetenz beschert. Hat sich das Älterwerden
bei Ihnen gelohnt?*

Es ist kein Vergnügen, älter zu werden. Körperlich jedenfalls das Gegenteil eines Vergnügens. Ansonsten würde ich schon meinen, dass ich heute mit einigen achtzig Jahren im Urteil etwas ausgereifter bin als etwa mit sechzig oder in noch jüngeren Jahren.

In einem Porträt über Sie hat Marion Dönhoff einmal geschrieben: »Es fehlt ihm an Leichtigkeit, Liebenswürdigkeit ist nicht seine Stärke.«

Hat sie ganz Recht.

Konnte sie Letzteres aus eigener Anschauung wissen?

Wahrscheinlich.

Aber Sie waren zu ihr doch immer liebenswürdig?

Ich war immer freundlich. Ob ich immer liebenswürdig war, weiß ich nicht.

In seinem schönen Buch über Sie zitiert Michael Schwelien Marion Dönhoff: »Er ist der verlässlichste Freund. Ich konnte ihn jederzeit, auch tief in der Nacht, anrufen, er war immer für einen da. Aber was ihn tief in seinem Inneren bewegte, habe ich nie erfahren.« Erfahren wir das je bei unseren Freunden?

Das ist so eine ähnliche Frage wie vorhin, als Sie mich nach Marion Dönhoffs religiösen Vorstellungen fragten und ich geantwortet habe: Sie war das Gegenteil von einem extrovertierten Menschen, weil sie ihre religiösen Vorstellungen nicht vor sich hergetragen hat. Ich die meinigen auch nicht. Beides norddeutsche Typen.

Da passt auch dazu, was einmal jemand geschrieben hat: Sie war von einer Glashaut der Unnahbarkeit umgeben, sobald es ins Persönliche ging.

Wer hat das geschrieben?

Ralf Dahrendorf.

Glashaut? Sie war nicht unverletzbar, das war nicht so wie bei dem Siegfried der Sage, der in Drachenblut gebadet und nur eine einzige verletzbare Stelle hatte. Nein, sie war durchaus verletzbar. Aber wenn sie verletzt war, zeigte sie es bestenfalls engen Freunden, und selbst denen nicht. Sie war eine Person mit großer Selbstbeherrschung.

Ganz zum Schluss ihres Lebens hat Marion Dönhoffs Glashaut, wenn es sie überhaupt gab, Sprünge gehabt. Da hat sie zugegeben, was sie sonst nie getan hätte, dass sie große Schmerzen hatte, und hat auch gelegentlich um Hilfe gebeten.

Sie fand das unerhört, dass sie Schmerzen hatte, das gehört sich nicht.

Bei einem runden Geburtstag Marion Dönhoffs haben Sie eine Laudatio gehalten, die aus einer Collage von Urteilen über Marion Dönhoff bestand. Sie zitierten unter anderem Theodor Eschenburg, der Marion eine »historische Figur« nannte. Sie sagten dazu: »Er hatte Recht.« Wenn Sie noch einmal zusammenfassen – was hat Marion Dönhoff zu einer historischen Figur gemacht?

Ich muss mich in einem Punkt wiederholen: Die seelische und geistige Vorbereitung, soweit die Deutschen überhaupt dafür bereit waren und soweit sie dafür zuständig waren, die seelische und geistige politische Vorbereitung der Versöhnung mit unseren östlichen Nachbarn, bei der spielt sie eine große Rolle, und das ist ein historisches Verdienst. Und zweitens, ohne dass ich es konkretisieren will oder kann: ihr liberaler Journalismus, ihre liberale Kritik an Missständen und Fehlentwicklungen und besorgniserregenden Vorkommnissen. Diese Haltung gibt ihr wahrscheinlich in der Geschichte der deutschen Publizistik eine historische Rolle, das möchte ich schon glauben. Als Lebensleistung.

Aber im Abstand von einer oder zwei Generationen verblassen die Rollen von Publizisten. Es sei denn, einer hat eine wirklich herausragende Leistung vollbracht wie, sagen wir, Alexis de Toqueville oder Montesquieu oder David Hume oder John Locke. Ihre Hauptrolle war die des Publizisten.

Und denen flicht, genau wie den Schauspielern, die Nachwelt meist keine Kränze. Katharina Focke hat im Zusammenhang mit Marion Dönhoff von einem »Lebensmeisterwerk« gesprochen.

Ja, das würde ich unterschreiben. Ein großes Leben mit Wirkung auf viele, viele andere Menschen und fehlerlos. Fehlerlos, das ist was.

Glauben Sie, dass Marion Dönhoff ein im Grunde optimistischer Mensch war?

Das weiß ich nicht. Sie war sicherlich ein Mensch, der seine Hoffnungen nicht aufgab, aber deswegen würde ich sie nicht als Optimisten bezeichnen, auch nicht als Pessimisten. Hoffnung ja.

Einmal, als es Ihnen gesundheitlich ziemlich schlecht ging, gab sie Ihnen einen Talisman auf Widerruf. Eine alte griechische Münze, die in einen kleinen Ring gefasst war.

Woher wissen Sie das?

Habe ich gelesen. Haben Sie den Talisman noch?

Ja. Er hängt an meinem Schlüsselbund. Ich habe ihn ihr einmal zurückgeben wollen, als es ihr gesundheitlich schlecht ging, und habe ihr gesagt: »Marion, ich muss Ihnen den Talisman zurückgeben.« Aber sie hat ihn nicht haben wollen.

Wissen Sie, wo die Korrespondenz aufbewahrt ist, die Sie mit ihr geführt haben?

Leider nicht. Aber es kann überhaupt nicht viel Korrespondenz gegeben haben, denn wir haben ja dauernd miteinander geredet und uns keine Briefe geschrieben. Mindestens in den letzten zwanzig Jahren nicht. Wenn sie was auf dem Herzen hatte, kam sie rüber, und wenn ich was auf dem Herzen hatte, habe ich sie besucht, in ihrem unordentlichen, unaufgeräumten Zimmer, wo man nichts wiederfinden konnte.

Aber die Gräfin kannte sich gut aus in der Unordnung, allerdings hat sie draußen vieles liegen lassen. Das scheint eine durchgängige Eigenschaft von ihr gewesen zu sein, selbst aus den frühen Zeiten habe ich Leute gesprochen, die sagten: Aber sie ließ doch immer alles liegen. Das war bis zum Schluss so. Mäntel, Taschen, Schirme ...

Bei mir zu Hause stehen auch noch welche, die vermutlich ihr gehören.

24. Juni 2004

»Sie ging ihren eigenen Weg«
Henry Kissinger, New York

HENRY KISSINGER, geboren am 27. Mai 1923 in Fürth, musste 1938 wegen der Judenverfolgung in Deutschland mit seiner Familie emigrieren. Er war später Professor an der Harvard University, Nationaler Sicherheitsberater und Außenminister der USA. Für seine Bemühungen um die Beendigung des Vietnamkrieges wurde er 1973 zusammen mit dem nordvietnamesischen Unterhändler Le Duc Tho mit dem Friedensnobelpreis ausgezeichnet. Kissingers Freundschaft mit Marion Dönhoff reichte zurück bis in die fünfziger Jahre.

Gräfin Dönhoff hat oft und meistens sehr freundlich von Ihnen gesprochen. Wie kam Ihre Bekanntschaft zustande?

Ich kann mich nicht mehr erinnern, ob wir uns 1955 hier in New York kennengelernt haben. Genau erinnere ich mich an ein Treffen mit Marion, das anderthalb Jahre später stattfand. Sie hatte mir vorgeschlagen, sie in Hamburg zu treffen. Ich glaube, ich kam 1957 als Gast der deutschen Regierung nach Hamburg.

Sie waren damals an der Harvard University.

Ich war ein junger Professor in Harvard und arbeitete an einem Buch mit dem Titel »Nuklearwaffen in der Außenpolitik«. Die politischen Redakteure der *Zeit* Hans Gresmann und Theo Sommer nahmen mich mit nach Blankenese. Von jenem Tag stammt meine erste klare Erinnerung an Marion.

Wie gefiel sie Ihnen damals als Frau – sie war noch ziemlich jung, und sie war attraktiv?

Sie war jung und attraktiv, aber sie hatte eine ziemlich bestimmende Persönlichkeit. Sie behandelte Sommer und Gresmann wie Junioren, doch sie schätzten Marion offenbar sehr. Ich habe sie nicht in erster Linie als Frau betrachtet. Sie war anziehend, freundlich, und sie hatte diese ungewöhnliche Eigenschaft, außerordentlich intellektuell zu sein und gleichzeitig ein wenig naiv zu erscheinen. Ich war jedenfalls sehr beeindruckt und angetan von Marion.

Übrigens, Gresmann und Sommer wurden »die Buben der Gräfin« genannt ...

So in etwa hat sie sie auch behandelt.

Einige Zeit nach dieser Begegnung haben Sie auf Einladung der Gräfin mit ihr in dem Restaurant »Adler« in Bad Godesberg gespeist ...

... und es zeigte sich, dass sie kein Geld bei sich hatte ...

... und Sie die Rechnung bezahlen mussten. Sie sollen damals gesagt haben: »Diesen Trick werde ich mir merken.«

Ja, ich sagte: »Das ist ein Trick, den ich mir merken werde.«

Es heißt, Marion Dönhoff und Sie hätten einander einmal das Versprechen gegeben, sich mindestens zweimal im Jahr zu treffen.

Henry Kissinger und Marion Dönhoff bei der Feier des achtzigsten
Geburtstags der Gräfin 1989 in Hamburg.

In unserer Korrespondenz haben wir uns gelegentlich gegenseitig daran erinnert, dass noch ein Treffen ansteht, dass wir
einander noch ein Treffen schulden.

*Aber konnten Sie in Ihrer Zeit als Sicherheitsbeauftragter des
Präsidenten und später als Außenminister der Vereinigten Staaten ein solches Versprechen überhaupt halten?*

Das Versprechen haben wir uns nach meiner Zeit in diesen
Ämtern gegeben. Entweder kam sie nach New York, oder ich
sah sie, wenn ich in Deutschland war. Aber auch als ich im Amt
war, haben wir uns oft getroffen.

*Wenn man sich Dr. Kissinger und Gräfin Dönhoff ansieht,
könnte man zu der Ansicht gelangen, dass sie ein seltsames Paar
bildeten. Hier die Frau, die sich mit Politik mehr aus der Warte
der »Gesinnungsethikerin« beschäftigte, die manchmal idealis-*

tisch und immer liberal argumentierte. Dort der »Verantwortungsethiker«, der Pragmatiker, der Machtpolitiker und Konservative ...

Ich komme aus einer jüdischen Familie der Mittelklasse in der Provinz, sie entstammte altem preußischen Adel, für ihre Entwicklung war Preußen bestimmend. Politisch hatten wir einen ziemlich unterschiedlichen Blickwinkel. Ich sehe mich nicht als Machtpolitiker; ich denke, man muss den Faktor Macht verstehen, ohne die Macht unbedingt zu lieben. Marion verstand meine Einstellung und sagte nichts dagegen. Natürlich hatten wir Meinungsverschiedenheiten. Aber normale Regeln galten nicht für unser Verhältnis zueinander. Bei den meisten grundsätzlichen Fragen stimmten unsere Meinungen überein.

Sie haben ihr einmal Lauterkeit, ja Unschuld in ihrem Denken zugeschrieben. Wie konnte die letzte Eigenschaft zum politischen Journalismus passen?

Ich weiß nicht, was Sie meinen.

Sie haben von Lauterkeit, Reinheit, ja Unschuld gesprochen ...

Es gibt wahrlich genug Schlechtigkeit und Gemeinheit in der Politik. Das Ziel der Politik muss jedoch sein, eine Gesellschaft von dort, wo sie ist, dorthin zu bewegen, wo sie niemals war. Große Führungspersönlichkeiten, große Dichter haben genau das getan. Sie haben nicht nur über die alltäglichen Schwierigkeiten nachgedacht, sondern versucht, die Gesellschaft zu einem Ziel zu führen, das jenseits des Tageskampfes liegt. Diese besondere Eigenschaft hat Marion, denke ich, auf ungewöhnliche Weise vorgelebt.

Sie haben Gräfin Dönhoffs preußischen Hintergrund erwähnt. Sie betrachtete sich selber als eine bekennende Preußin ...

Ich habe durch meine wissenschaftliche Beschäftigung mit Bismarck und mein Wissen über die deutschen Wurzeln eine große Wertschätzung für Preußen entwickelt. Als ich Marion Dönhoff kennenlernte, war sie daher eine Repräsentantin von etwas, was ich sehr respektierte.

War sie eine Repräsentantin des alten Europas, so wie wir Europäer es verstehen? Manche behaupten sogar, ein Teil ihres Denkens wurzelte im 19. Jahrhundert.

Das hat mich nicht gestört. Im Gegenteil, ich habe es geschätzt.

Haben Sie jemals eine amerikanische Journalistin oder einen amerikanischen Journalisten getroffen, der mit ihr, was Grundsätze und Grundhaltung angeht, zu vergleichen wäre?

Sie bewunderte George F. Kennan und Walter Lippmann, aber sie war völlig anders. Lippmann und Kennan gründeten auf ihren eigenen Analysen, und besonders Kennan beschäftigte sich mit der Zukunft aus der Perspektive eines Diplomaten. Marion hingegen ist unvorstellbar ohne ihre Wurzeln in Ostpreußen. Wie ich schon sagte, schätzte ich besonders ihren Wertekanon – Ehre, Anständigkeit, Verlässlichkeit, Beständigkeit. All diese Tugenden mögen im 19. Jahrhundert mehr Bedeutung gehabt haben als heute, aber sie sollten für jede menschliche Beziehung gelten.

Wie sahen Sie ihre Einstellung gegenüber den Vereinigten Staaten? War ihr Amerika-Bild vornehmlich beeinflusst von den Kontakten, die sie an der Ostküste pflegte?

Sie besaß kein wirkliches Grundverständnis für die Vereinigten Staaten. Sie kannte das Land auch nicht richtig. Sie war nie länger im Mittleren Westen gewesen, sie kannte den Süden, Südwesten und Texas nicht, wo es ihr wahrscheinlich auch nicht gefallen hätte. So hatte sie nicht das natürliche Empfinden für Amerika, das sie für Polen hatte. Selbstverständlich war ihr die Bedeutung der Vereinigten Staaten bewusst, aber ihr Bezug zu Amerika hing mehr von einzelnen Menschen ab, die sie kannte, wie Fritz Stern, George F. Kennan oder mich.

Kennen Sie hier Menschen, denen sie ein Begriff war? War sie bekannt in bestimmten Kreisen?

Ja, sie war in liberalen Kreisen bekannt, dort schätzte man sie und dachte, sie sei eine von ihnen. Aber das war sie nicht. Sie gehörte auch nicht zu meinen Kreisen. Marion ging ihren Weg allein, sie war sehr unabhängig.

Haben Sie ihre Artikel in der Zeit gelesen? Lesen Sie das Blatt?

Ich bekomme es, und sie schickte mir viele ihrer Artikel, die ich alle gelesen habe.

In einem Zeit-Artikel aus dem Jahre 1961 erinnerte sie an eine Unterhaltung mit Ihnen im Sommer 1959. Die westliche Welt stand damals unter dem Druck von Chruschtschows Berlin-Ultimatum. Offensichtlich haben Sie damals gesagt, wie sie zitierte: »Nein, im Augenblick bin ich nicht besorgt. Aber 1960 wird eine kritische Phase beginnen, denn dann macht sich eine Lücke in der amerikanischen Raketentechnologie bemerkbar, die wahrscheinlich nicht vor 1963 geschlossen werden kann.« Marion Dönhoff schrieb: »Erstaunlich, dass jemand durch einen Vergleich von Waffentechnologie eine politische Krise vorhersagen kann.« Das erstaunte sie in der Tat sehr, denn sie hielt ohne-

hin nicht viel von Rüstung. Sie haben sich auf diese Weise für sie als Prophet erwiesen.

Wenn Sie Ihr Leben damit verbringen, Vorhersagen zu machen, kann es gar nicht ausbleiben, dass Sie gelegentlich ins Schwarze treffen. Meine politische Vorhersage hat sich erfüllt; die militärische war übertrieben.

Aber anscheinend änderte Ihre Prophezeiung Marion Dönhoffs Blick auf die Bedeutung von Rüstung. – In ihrem Buch »Gestalten unserer Zeit« schrieb sie 1990: »Henry Kissinger hat Fehler gemacht, vielleicht Vietnam, sehr wahrscheinlich Kambodscha, ganz gewiss Zypern.« Haben Sie mit ihr jemals über diese vermeintlichen Fehler geredet?

Diese Frage beruht auf einem Missverständnis unserer Beziehung. Ich kann mich an keinen einzigen Fall erinnern, in dem sie mir gegenüber Handlungen von meiner Seite kritisiert hätte. Ich weiß, dass sich in Bezug auf Vietnam unsere Instinkte unterschieden, genauso, wie sie wusste, dass sich meine Haltung zu bestimmten Ansichten George F. Kennans von ihrer unterschied. Aber letztlich wurden solche Meinungsverschiedenheiten durch den großen Stolz, mit dem wir beide unsere Beziehung betrachteten, und durch unsere gemeinsamen Besorgnisse überlagert. Was die eben zitierte Passage angeht: Ich bin sicher, Marion schrieb diesen Satz im Rahmen einer positiven Bewertung, um ihre Objektivität zu beweisen.

Sicher war die Ostpolitik und später die Wiedervereinigung ein Streitthema zwischen Ihnen. Marion Dönhoff war dafür, Sie schienen gelegentlich zu zögern.

Das Wort »Streitthema« ist falsch. Streit gab es bei uns nicht. Zu Beginn habe ich ernsthaft gezögert. Später haben wir dazu beigetragen, die Ostpolitik möglich zu machen. Aber es gab

immer noch Differenzen zwischen Marion und mir. Sie war
aus emotionalen, ich war aus praktischen Gründen dafür. Für
mich war die deutsche Vereinigung keine emotionale Frage.
Ich kam zu der Überzeugung, dass wir kein Hindernis für die
Vereinigung sein dürften. Und wenn Sie kein Hindernis sein
wollen, dann müssen Sie helfen.

> *Haben Sie mit ihr über den deutschen Widerstand gegen Hitler
> gesprochen?*

Ja.

> *Reklamierte sie eine Rolle im Widerstand für sich?*

Nein, aber sie reklamierte eine tief sitzende Abscheu gegen
die Nazis für sich, und zwar seit sie Ende der zwanziger Jahre
eine Veranstaltung mit Hitler erlebt hatte. Sie wies darauf hin,
dass viele Menschen, die sie kannte, im Widerstand engagiert
waren.

> *Hat Marion Dönhoff in den Gesprächen mit Ihnen je ein Bedau-
> ern darüber geäußert, dass Sie persönlich ein Opfer der Diktatur
> und des Rassenwahns in Deutschland waren?*

Nein, und das wäre mir auch nicht recht gewesen. Ich disku-
tiere das nicht mit Deutschen. Ich denke, damit muss es ein
Ende haben.

> *Das ist sehr nobel. – Als Sie 1977 das State Department verließen,
> schrieb sie: »Wenn Deine Eltern statt in die USA nach Israel
> geflüchtet wären, wärst Du wahrscheinlich Botschafter Israels
> oder Ähnliches geworden.«*

Mein Onkel, der Bruder meines Vaters, ging nach Israel. Wir
brauchten uns nicht zu entscheiden, weil meine Mutter einen
Onkel in Amerika hatte.

Wo lebte der Onkel?

In Pittsburgh.

Dann sind Sie also zunächst nach Pittsburgh gegangen?

Nein, denn mein Onkel starb, bevor wir dorthin fahren konnten. Ursprünglich dachten meine Eltern daran, nach Cincinnati zu gehen, aber dann blieben sie, warum, weiß ich nicht, in New York.

Haben Sie Marion Dönhoffs Buch »Zivilisiert den Kapitalismus« gelesen?

Sie schickte mir alle ihre Bücher. Ich kann nicht behaupten, dass ich jedes Wort darin gelesen habe, aber ich kannte ihre Grundgedanken.

Hat sie Sie je auf Ihrem Landsitz besucht?

Einige Male. Er ist in Kent, Connecticut.

War sie dort anders als an den Orten, wo Sie sie sonst getroffen haben, entspannter, ging sie mehr aus sich heraus?

Nein. Wenn ich es richtig sehe, hatten die Jüngeren ein bisschen Angst vor ihr. Ich habe die entsprechende Seite von ihr nie gesehen. Mir gegenüber war sie immer ungemein umgänglich. Selbst wenn wir nicht übereinstimmten, war da eine besondere Art der Zuneigung von beiden Seiten.

Wie war das Verhältnis zwischen Gräfin Dönhoff und Ihrer charmanten Gattin? Mit Frauen kam sie ja manchmal nicht so gut zurecht.

Außerordentlich gut. In ihren Briefen an mich erwähnte sie Nancy jedes Mal. Und Nancy machte ihr gelegentlich auch kleine Geschenke. Meine Frau ist, was wir hier eine WASP nennen, weiß, angelsächsisch, protestantisch.

Und sie versteht viel von Politik ...

Oh ja.

*Das hat sicherlich geholfen, denn Marion Dönhoff liebte es ja,
über Politik zu reden. – Zum fünfundsiebzigsten Geburtstag
der Gräfin schrieben Sie in der Zeit, sie gehöre zu den zehn
Menschen – Sie hatten gemeinsam mit Ihrer Gattin eine Liste
aufgestellt –, auf die Sie sich im Falle einer persönlichen Notlage
verlassen könnten. Könnten Sie ein paar andere Namen von der
Liste nennen?*

Ich weiß nicht, ob ich das tun sollte.

*In demselben Artikel schrieben Sie: »Nach jedem Gespräch mit
Marion schreibt sie so etwa einen Monat lang Vernünftiges.« Erinnern Sie sich an irgendeinen speziellen Fall, in dem Sie sie beeinflusst haben?*

Das war als ein Scherz unter uns gedacht. Ich konnte Marion
intellektuell erreichen, aber normalerweise stand sie links
von mir. Ich habe nichts gegen Leute links von mir. Die Leute, die ich persönlich mag, stehen meistens links von mir.
Wen ich nicht leiden kann, das sind die selbst ernannten
Weltverbesserer.

*In einem Nachruf auf Gräfin Dönhoff haben Sie geschrieben:
»Niemand in meinem ganzen Leben hat mich stärker bewegt oder
tiefer beeindruckt als Marion Dönhoff.« Sie erwähnten einige
der Gründe. Könnten Sie ...*

Ich würde sagen, ihre große Lauterkeit, ihre Selbstlosigkeit.
Ich habe Marion wirklich geliebt. Ich fühlte mich ihr sehr eng
verbunden, und ich sah in ihr nicht die Journalistin. Die meisten Menschen, die sie kannten, bewunderten sie, respektierten
sie, aber sie waren in einer anderen Welt als sie. Ich habe das so
nie empfunden.

Erinnern Sie, wann Sie Marion Dönhoff das letzte Mal gesehen haben?

Ja, sehr gut sogar. Ich war extra nach Hamburg gekommen, um sie zu sehen. Wir verabredeten, dass wir zusammen mit Helmut und Loki Schmidt essen und uns am nächsten Tag allein treffen würden. Es muss im November 2001 gewesen sein, wenige Monate bevor sie starb. Sie hatte fürchterliche Schmerzen, und natürlich schwieg sie darüber. Aber man merkte es ihr an. Sie fragte mich, ob sie in mein Hotel kommen und wir beide dann gemeinsam zu den Schmidts fahren sollten. Der Grund dafür, dass sie mich im Hotel treffen wollte: Sie brachte mir etwas von Schloss Friedrichstein mit – ein Reisebesteck des Großen Kurfürsten.

Den nächsten Tag verbrachte ich allein mit ihr in ihrem Haus in Blankenese. Ich wusste, es war unser letztes Zusammensein, aber wir ließen uns nichts anmerken. Sie zeigte mir Bücher und Bilder von Ostpreußen, und einige Wochen später schickte sie mir ein Paket mit Büchern und Bildern und schrieb: »Du hast mich in meinem zweiten Leben kennengelernt. Hier ist etwas über das erste.«

Was, glauben Sie, wird von ihr in Deutschland in Erinnerung bleiben?

Wissen Sie, das ist schwer zu beurteilen, denn wir bewegen uns in eine Welt, die Marion niemals verstehen wird. Sie wird für das in Erinnerung bleiben, was sie für Polen und für Deutschland geleistet hat. Sie hatte so viele Bewunderer. Aber was sie war und für was sie stand, wird wahrscheinlich hauptsächlich bei Ihrer und meiner Generation in Erinnerung bleiben. Wird sie auch von der nächsten Generation verstanden werden? Es ist gut, eine Aufzeichnung dessen zu haben, was sie tat. Vielleicht werden auch unsere Nachfahren verstehen, was sie wollte. Für mich wird sie immer ein Teil meines Lebens sein. Am Ende eines Geburtstagsbriefes an mich schrieb sie: »As ever, forever and thereafter«.

28. April 2004

»Man konnte sie nicht vereinnahmen«
Egon Bahr, Berlin

EGON BAHR, geboren am 18. März 1922 in Treffurt/Werra, war Bundesminister und enger Vertrauter Willy Brandts. Von 1984 bis 1994 leitete er das Institut für Friedensforschung in Hamburg. Er ist Autor mehrerer Bücher und Mitglied der Neuen Mittwochsgesellschaft in Berlin, bei deren Treffen er vielfach mit Marion Dönhoff zusammentraf.

Herr Professor Bahr, wir treffen uns hier im Willy-Brandt-Haus. Die SPD war, wenn ich das mal so sagen darf, Ihre Heimat. Wie lange sind Sie SPD-Mitglied?

Seit 1956.

Wann bekommt man das Goldene Abzeichen, oder gibt es so etwas nicht?

Ich glaube, mit fünfzig Jahren. Bei mir ist es so gewesen, dass ich mich zweimal vergeblich bemüht habe, Mitglied der SPD zu werden. Das erste Mal wurde ich von Kurt Schumacher, dem damaligen SPD-Vorsitzenden, abgewiesen.

Warum?

Das war in Bonn, ich war Korrespondent des RIAS, da hat er
gesagt: »Junger Freund, also bleiben Sie mal außerhalb der Partei, das ist uns lieber, oder mir lieber, dann werden Sie uns
nicht angerechnet.« Schon damals gab es Quoten in den öf-
fentlich-rechtlichen Sendern. Also blieb ich ohne Mitglied-
schaft. Das muss 1952 gewesen sein. 1955 habe ich Herrn
Brandt gesagt, dass ich gern Mitglied der Partei werden würde, woraufhin er einwandte: »Sie überschätzen die Möglichkeiten, Sie haben unter Umständen mehr Einfluss von draußen als von drinnen.« Da war es wieder zu Ende. Nach dem
Aufstand in Ungarn und der ganz unzulänglichen Reaktion der
SPD habe ich Brandt gesagt: »Jetzt will ich.« Er reagierte:
»Wem nicht zu raten ist, dem ist auch nicht zu helfen.« So wurde ich dann 1956 Mitglied der Partei.

Wann haben Sie Gräfin Dönhoff kennengelernt?

Das weiß ich nicht mehr. Es ist jedenfalls wohl in Berlin gewesen, Anfang der sechziger Jahre, oder später, Mitte der sechziger Jahre, in Bonn.

*Welchen Eindruck hat sie bei Ihnen hinterlassen, bei Ihren per-
sönlichen Begegnungen? Haben Sie da irgendwelche Erinnerungen?*

Zunächst einmal war es das Gefühl des Jüngeren gegenüber
einer älteren Persönlichkeit, also mit großer Hochachtung,
großem Respekt, weil ich natürlich ihre Geschichte kannte,
auch den berühmten Ritt. Im Laufe der Jahre hat sich unser
Verhältnis verändert. Wir waren sehr lange per Sie, sind später
übergegangen auf den Vornamen und Sie. Dann hat sie sich ein
paarmal versprochen, hat mich geduzt, was ich nicht gewagt
hätte. Irgendwann war sie dann der Meinung, wir sollten uns
duzen. Darauf haben wir einen herrlichen Cognac getrunken.
Ich habe sie mehrfach besucht in ihrem Haus in Blankenese,

Mit Egon Bahr verband Gräfin Dönhoff besonders das gemeinsame Interesse an einer Aussöhnung mit dem Osten.

wir haben dort gut gegessen, auch ein bisschen getrunken, aber nur wenig, und haben über Gott und die Welt und über konkrete Themen gesprochen.

Wie ich mich an sie erinnere, war sie eine ganz unabhängige Persönlichkeit mit unabhängigem Denken. Sie ist im Laufe der Zeit zu einer respektierten Persönlichkeit geworden, die Themen bestimmt hat und geachtet wurde von Freunden und Neutralen und auch von Gegnern. Man konnte an ihrer Auffassung, selbst wenn man sie nicht teilte, nicht vorbeigehen. Ich kenne in unserem Land keine andere Frau, aber auch keine andere Person männlichen Geschlechts – mit Ausnahme von Rudolf Augstein –, mit solch einer Unabhängigkeit. Augsteins Unabhängigkeit war auf die Macht des *Spiegel* und auf Geld gestützt, die Unabhängigkeit der Gräfin auf den Kopf und ihre ethische Unantastbarkeit. Niemand hätte es, sage ich jetzt einfach mal ungeschützt, Augstein abgenommen, wenn er gesagt hätte, man müsse den Kapitalismus bändigen. Bei Marion Dönhoff war das glaubhaft, es war ethisch begründet, moralisch begründet oder gesellschaftlich begründet. Darüber hinaus hat mich bei ihr natürlich eingenommen, dass sie ein Stück Preußen verkörpert hat, und zwar das gute Preußen. Sie war ja nicht arm, sie hat sich ein gutes Leben geleistet, aber sie hat nie geprotzt.

Sie war bescheiden.

Sie war in ihrer Lebensführung bescheiden. Sie hat natürlich den Porsche genossen.

Und ihre Gemälde. Sonst habe ich an ihr keinen Luxus festgestellt.

Nein. Sie war Preußin im besten Sinne.

Sie sagten schon, Sie seien bei ihr in Blankenese gewesen. Bei welchen Gelegenheiten haben Sie Marion Dönhoff sonst noch getroffen?

In den letzten Jahren habe ich sie regelmäßig im Rahmen der Mittwochsgesellschaft gesehen. Im Grunde war es Marions Idee, diese alte Mittwochsgesellschaft wieder aufleben zu lassen.

Eigentlich war es ja eine außergewöhnliche Paarung, ein altgedienter Sozialdemokrat wie Sie und die Gräfin. Und trotzdem haben Sie sich gut verstanden.

Wir haben uns vorzüglich verstanden. Zu den Dingen, die mir später imponiert haben, also lange nachdem ich sie kennen und schätzen gelernt hatte, gehörte, dass sie, die nun wirkliche Verluste erlitten hat an Grund und Boden, für die Ostpolitik war. Sie vertrat den Standpunkt, es sei nicht zu verantworten, bei den Menschen, die ihre Heimat verloren haben, die Illusion zu nähren, dass sie wieder zurückkehren könnten. Ihr war klar, dass der Krieg verloren war, dass wir dafür bezahlten, auch mit dem Verlust ihrer geliebten Heimat. Sie hatte einen realistischen Blick, wusste auch genau, dass es die deutsche Einheit nicht ohne die Anerkennung der Oder-Neiße-Linie würde geben können. Dass dies die Voraussetzung dafür wäre, dass alle unsere Nachbarn und die Sieger der deutschen Einheit würden zustimmen können, eine Voraussetzung, damit die Deutschen nicht hinterher anfangen: So, jetzt haben wir die Einheit, jetzt kommen wir mit revisionistischen Forderungen nach Rückgabe ehemaliger deutscher Ostgebiete oder mindestens eines Teils dieser Ostgebiete.

Als es zum Warschauer Vertrag kam, war ihr auch klar, dass dieser Vertrag den Verlust der Ostgebiete besiegelte. Brandt lud sie ein, ihn nach Warschau zur Unterschrift zu begleiten, und sie schrieb ihm den Brief, in dem sie sinngemäß sagte: Sie wissen, dass ich diese Politik unterstütze, aber das will ich nun doch nicht, dahin fahren und ein Glas Sekt heben müssen auf die Besiegelung des Verlustes. Ihre Begründung fand ich nobel, respektabel, und man konnte ihr die Absage nicht nur nicht übel nehmen, man musste sie fast dazu beglückwünschen.

War Marion Dönhoff in Ihrem Sinne links? Sie wurde ja gelegentlich als »rote Gräfin« apostrophiert.

Da müssen Sie andere fragen. Für meine Begriffe war sie nicht links, für meine Begriffe war sie unabhängig. Man könnte auch sagen, eine Mischung aus konservativ und liberal. Als ausgesprochen links empfand ich sie nicht.

Fühlte sich die SPD – Sie waren ja damals in leitenden Funktionen dieser Partei tätig – in der Ägide Dönhoff von der Zeit unterstützt?

Ja. Es ist eine Flankendeckung gewesen, und zwar deshalb von besonderem Wert, weil sie eben nicht links war und man sagen konnte, ihre Auffassungen, insbesondere zum Thema Ostpolitik, waren sachlich begründet. Auch ihre späteren Standpunkte. Nach dem Ende des Ost-West-Konflikts ist der Kapitalismus nun befreit von der großen Herausforderung und kommt deshalb in eine Position, wo er seine Reformfähigkeit erst noch beweisen muss. So war ihre Meinung. Das ist keine linke Position, das ist eine historische Position gewesen. Insofern war sie immer, wenn Sie so wollen, ein Gradmesser, an dem man sich messen musste, um zu sagen: Nein, wir akzeptieren diese Sicht nicht, oder: Wir können sie akzeptieren. Aber man konnte sie nicht vereinnahmen. Man konnte sie als Flankendeckung, Verbündete, Unterstützung empfinden, von Fall zu Fall, nicht durch die Bank, es gab eine Reihe von Positionen, die man nicht teilen konnte aus SPD-Sicht.

Haben Sie solche Positionen noch in Erinnerung?

Sie hatte eine gesunde Abneigung, wenn ich das so sagen darf, gegen das Funktionärstum und war den Gewerkschaften gegenüber kritischer als gegenüber der SPD.

Ihnen ist im Zusammenhang mit der Politik des » Wandels durch Annäherung« von Seiten der Union Aufweichung vorgeworfen worden. Auf einer Tagung zum zwanzigsten Jahrestag Ihres berühmten Diktums in Tutzing hat die Gräfin 1983 eine Diskussion moderiert. Sie hat an die Adresse der Unions-Teilnehmer gefragt, ob diese bemängelte Aufweichung nicht eher in der DDR-Position zu beobachten sei als in der westdeutschen. Wie hilfreich waren derartige Interventionen für Sie?

Es war gut, dass sie von einer solchen Persönlichkeit kamen. Es war ja eigentlich nur die unwiderlegbare Feststellung einer Tatsache und korrigierte damit die Sorge oder die Befürchtung oder die Heuchelei. Sie war eine Feindin des Heuchelns und natürlich auch eine Gegnerin einer Politik, die im Grunde – wie der ehemalige Berliner Bürgermeister Franz Amrehn – sagte: »Man muss die Wunde offen halten.« Willy Brandt hat dazu gesagt: »Die ganze Politik soll sich zum Teufel scheren, wenn sie den Menschen nicht hilft.« Passierscheine waren Entspannung. Das war das Gegenteil von »Wunde offen halten« oder »Mit Gefängniswärtern verhandelt man nicht«. Während Wandel durch Annäherung überhaupt kein Konzept war, sondern methodische Erkenntnis: Wir wollen etwas vom Osten, wir müssen uns also dem Osten zuwenden. Das war etwas, was sie akzeptiert hat und auch genauso empfand, denn sie wollte ja auch was vom Osten.

Sie waren von Anfang an gegen den Doppelbeschluss, wenn ich es richtig gelesen habe. Bei der Gräfin hat das drei Jahre gedauert. Nachdem sich bei den sowjetisch-amerikanischen Verhandlungen in Genf nichts bewegt hat, hat auch sie sich gegen den Doppelbeschluss ausgesprochen, weil eben keine Ergebnisse erzielt wurden. Haben Sie nicht beide falsch gelegen?

Nein. Das ist ein Punkt, in dem ich mit Helmut Schmidt unterschiedlicher Meinung war und geblieben bin; wobei ich hinzufügen möchte, dass wir uns bei dieser sachlichen Unterschiedlichkeit immer in die Augen sehen konnten, das heißt, wir haben miteinander diskutiert, und er hat insofern meine Auffassung abgelehnt, aber respektiert, und ich habe seine Auffassung abgelehnt und natürlich den Kanzler respektiert. Ich habe respektiert, dass er im Prinzip bei dem Treffen mit Carter, Giscard und Callaghan auf Guadeloupe dem Doppelbeschluss zugestimmt hat. Ich wollte natürlich auch nicht, dass der Kanzler a) wortbrüchig wird, und b) wollte ich den Kanzler behalten.

Ich habe also als Bundesgeschäftsführer auf einem Parteitag, glaube ich, ein ganzes Stück mit dazu beigetragen, dass wir einen Beschluss gefasst haben, der auch ihm entsprach, nämlich, dass die SPD erst im Lichte des Verhandlungsergebnisses entscheiden würde, ob sie gegen die Stationierung wäre oder der Stationierung zustimmen würde. Es ist übrigens eine Legende gewesen, dass die sozial-liberale Koalition 1982 wegen des Doppelbeschlusses kaputtgegangen sei. Dieser Beschluss auf dem Parteitag war der FDP bekannt, und sie hat die Koalition in Kenntnis dieses Parteitages und seines Beschlusses fortgesetzt. Für ihr späteres Verlassen der Koalition gab es ganz andere Gründe.

Sie haben Willy Brandt sehr lange und sehr nah begleitet. Wie standen Herr Brandt und Gräfin Dönhoff zueinander? Gab es da Begegnungen, die Sie erinnern?

Das gibt die Erinnerung nicht her. Mit der Einschränkung: Er hat manchmal von »der Gräfin« gesprochen, und er hat manchmal von »der Marion« gesprochen. Das heißt, sie war ihm in seiner Empfindung nahe, vertraut, und wenn der Ausdruck gestattet ist – es ist fast zu viel, ich zögere zu sagen –, er liebte sie, aber er mochte sie ganz sicher. Das war eine Neigung.

Ende der 1970er Jahre wollte die SPD die Gräfin als Kandidatin für das Bundespräsidialamt nominieren. Wer waren die treibenden Kräfte hinter dieser Idee, und wie wurde ihre Absage beurteilt?

Von wem das ausgegangen ist, kann ich Ihnen nicht sagen, die Wahrscheinlichkeit spricht dafür, dass Brandt die Idee hatte. Als er im Parteipräsidium mitteilte, dass sie es nicht machen würde, haben wir das verstanden, aber bedauert. Ich habe dann in zwei Gesprächen mit Carl Friedrich von Weizsäcker versucht, ihn zu bewegen, mit negativem Ergebnis, was wir auch bedauert haben.

Marion Dönhoff hat sich sehr für die Erinnerung an den Wider-
stand engagiert. Vielleicht ein bisschen selektiv, wird ihr vorge-
worfen, für die Widerstandskämpfer des 20. Juli.

Das ist doch kein Vorwurf, um alles in der Welt. Also, das ist
doch kein Vorwurf, wenn man sich für den Teil des Widerstands interessiert, dem man besonders nahestand. Sie hat
doch über den Kreisauer Kreis gesprochen, sie hat über Carl
Friedrich Goerdeler gesprochen, sie hat über Julius Leber gesprochen. Dass sie sich für den Widerstand im Zusammenhang mit dem 20. Juli eingesetzt hat, war doch der Tatsache
geschuldet, dass das der einzige Widerstand gewesen ist, spät
genug und erfolglos leider, der gewagt hat, den Tyrannenmord
zu planen. Ihr ist die Komplexität der damit zusammenhän-
genden moralischen Fragen doch absolut vertraut gewesen, sie
hat sich damit auseinandergesetzt, aber das ist kein Vorwurf,
das ist eine Selbstverständlichkeit.

Man kann höchstens sagen, schrecklich für die Generale,
die erst bis zum Jahre 1944 kommen mussten, um dann auch
noch, ohne Erfolg, wie wir wissen, mit unzulänglichen Mitteln
den Versuch zu machen. Ihnen ist sicher bewusst, dass die
deutschen Verluste zwischen Herbst 1944 und dem Ende des
Zweiten Weltkriegs etwas größer gewesen sind, sowohl militä-
risch als auch zivil, als alle Verluste der vier Jahre zuvor.

Auch beim Holocaust sind nach dem gescheiterten Attentat noch
ungeheuer viele Menschen umgebracht worden...

Es hätte vielen Menschen vieles erspart werden können.

Sie waren eine Zeit lang Minister für Entwicklungshilfe; haben
Sie gespürt, dass die Gräfin Verständnis hatte für diese Politik,
war sie da engagiert, haben Sie Reaktionen von ihr bemerkt, die
auf Interesse hindeuteten?

Mir ist in Erinnerung, dass sie sich in einem für mich überraschenden und erfreulichen Sinne interessiert, engagiert und in der *Zeit* viel dafür geworben hat, für Afrika, insbesondere für Südafrika und Indien. Ihr waren also die Grundsituation, das Aufbegehren, das Ende des Kolonialismus, die Verpflichtungen, die sich daraus moralisch oder ethisch ergaben – abgesehen von der politischen Klugheit –, völlig bewusst. Dabei hat sie um Verständnis in der deutschen Öffentlichkeit geworben – mit ähnlich geringem Erfolg wie die amtliche Politik.

Welche Spuren wird Marion Dönhoff hinterlassen bei der nächsten, vielleicht sogar noch der übernächsten Generation?

Sie ist eine Figur der Bundesrepublik und der öffentlichen Meinung der Bundesrepublik, sie ist ein Teil unserer Nachkriegsgeschichte. Die Art, in der sie sich dafür eingesetzt hat, dass in Kaliningrad das Kant-Denkmal wieder aufgestellt wurde, der Respekt, den sie in Polen genossen hat, der Respekt, den sie in der Sowjetunion genossen hat, der Respekt, den sie in Amerika genossen hat – der Henry Kissinger hat sich doch als einen Freund betrachtet –, mit alldem gehört sie zu den an den fünf Fingern einer Hand abzählbaren Namen, die mit Respekt betrachtet werden. So hätte man sich die Deutschen eigentlich gewünscht. Wenn Sie das nicht zu pathetisch stimmt – sie hat Ehre eingelegt für den deutschen Namen. Und das ist ein bleibendes Verdienst, das man nicht vergessen darf.

23. Januar 2004

Moderne Kunst und ein Streit mit Beuys
Marie Christine Gräfin Wolff Metternich, Adelebsen

MARIE CHRISTINE GRÄFIN WOLFF METTERNICH, geboren am 4. Januar 1932 auf Schloss Alfter bei Bonn, lebt mit ihrem Mann, Peter Graf Wolff Metternich zur Gracht, in Schloss Adelebsen bei Göttingen. Sie lernte Gräfin Dönhoff nach ihrer Heirat Ende der fünfziger Jahre kennen und gehörte zu deren engerem Freundeskreis.

Gräfin Metternich, können Sie kurz die Geschichte Ihres Schlosses erzählen?

Das Zentrum ist ein mittelalterlicher Turm, der als Wohn- und Verteidigungsturm gebaut wurde und bei Kunsthistorikern als einer der stärksten seiner Art in Europa gilt. Ein im Dreißigjährigen Krieg zerstörtes Renaissanceschloss wurde durch den heute bestehenden Barockbau ergänzt, in dem wir jetzt leben. Die ehemaligen Verteidigungsanlagen wurden im 18. Jahrhundert in Terrassen umgewandelt, die heute gärtnerisch gestaltet sind.

Wohnen Sie hier permament?

Ja, hier und in Schloss Dyck, das ich im Jahr 2000 gemeinsam mit dem Land Nordrhein-Westfalen in eine Stiftung für Gartenkunst- und Landschaftsarchitektur eingebracht habe. Über diese Entscheidung hat sich Marion gefreut, weil damit eine große kulturhistorische Anlage auf eine breitere öffentliche Ebene gestellt wurde, die, mit neuen Inhalten gefüllt, Vergangenheit und Zukunft miteinander verknüpft.

Gehört Vinsebeck in Westfalen zum Besitz der Metternichs?

Ja, dort ist mein Mann mit seiner Familie aufgewachsen, inzwischen hat mein Sohn den landwirtschaftlichen Betrieb übernommen, nachdem er in England studiert und gearbeitet hat.

In Vinsebeck beendete Gräfin Dönhoff im März 1945 ihre mehrmonatige Flucht aus Ostpreußen. Gibt es noch Zeitzeugen, die sie damals dort erlebt haben?

Mein Mann. Allerdings war er damals fünfzehn Jahre alt, als sie mit ihrem Pferd Alarich aus Ostpreußen nach Vinsebeck geritten kam. Meine Schwiegereltern waren häufig bei ihr in Ostpreußen gewesen, und deswegen waren sie erst einmal Marions Anlaufadresse im Westen. Sie hat zudem gehofft, dass sie ihr Pferd dort unterbringen kann. Das hat sie zunächst auch getan. Ihre Enttäuschung muss aber groß gewesen sein, denn Vinsebeck war von Flüchtlingen überfüllt. Es war also nicht viel Platz vorhanden. Marion war eine Zeit lang, aber nicht sehr lange, dort. Sie ist dann weitergezogen nach Brunkensen.

Wie weit ist das von Adelebsen entfernt?

Achtzig Kilometer etwa, es liegt bei Alsfeld in Niedersachsen.

Gräfin Dönhoff sagte 1984 in einem Interview mit Gerd Bucerius, dem Verleger der Zeit, und Theo Sommer: »Es gibt einen

Zusammenhang zwischen dem Fuchs und meinem Reiseziel. Ich sagte mir nämlich: Jetzt hast du nur noch den Fuchs, und den liebst du sehr. Du musst irgendwohin, wo er überleben kann. Von allen meinen Freunden im Westen hatten nur die Metternichs ein Gestüt, und dieses Gestüt Vinsebeck war mein Ziel.«

Genau, sie hatte die Idee, dass sie dort ihr Pferd unterbringen konnte. Das Gestüt war durch den Krieg in Mitleidenschaft geraten, aber natürlich konnte man in Vinsebeck ein Pferd unterstellen. Das war nicht das Problem. Sie hatte allerdings gehofft, dass sie nun in eine ruhige Atmosphäre eintauchen und dort erst einmal verschnaufen könne. Dann hat sie gesehen, wie die Strohballen aus dem Haus schauten, die Türen offen standen, und erschreckt festgestellt: So friedlich sieht es hier nicht aus. Es waren polnische Flüchtlinge einquartiert worden, ich glaube, sie kamen aus aufgelösten Lagern.

Die haben das ganze Schloss mehr oder minder »besetzt«?

Ja.

Danach kamen die Engländer und haben die Polen hinausgeworfen?

Inwieweit das ein Rauswurf war, weiß ich nicht. Aber es kann gut so sein, in dieser Umbruchphase. Marion verließ, unabhängig davon, nach einiger Zeit Vinsebeck und ritt nach Brunkensen. Dort war inzwischen ihre Familie eingetroffen: ihr Bruder Dieter mit seiner Frau und seinen Kindern und andere Angehörige. Eine Zeit lang hatte sie die Aufgabe, die Kinder zu unterrichten. Sie mussten beschäftigt werden und gehörten eigentlich in die Schule. Die gab es aber nicht. Also wurde Marion abgestellt; als einzige Studierte sollte sie die Kinder übernehmen. Das war, glaube ich, ein mäßiger Erfolg. Weder sie noch die Kinder haben diese Lehrzeit sehr genossen. Ich denke, in diese Zeit fällt schon das berühmte Memorandum, das sie geschrieben hat.

Das muss sie wohl in Brunkensen geschrieben haben. Ein Memorandum, oder sogar zwei, die sie an einen britischen Besatzungsoffizier geschickt hat. Sie sagte später, wahrscheinlich habe er das nie gelesen, aber dieses Memorandum hat ein Bekannter oder Freund von Ewald Schmidt di Simoni, der die Verlagsgeschäfte der Zeit *führte, in die Hand bekommen und in die Redaktionskanäle geleitet.*

Gab es die *Zeit* denn damals schon?

Die wurde im Februar 1946 gegründet. – Ist Vinsebeck heute noch ein Gestüt?

Nein, nie wieder geworden.

Welche Art von Pferden wurde dort vor 1945 gezüchtet?

Vollblutpferde. Mein Schwiegervater war ein begeisterter Züchter. Ich kenne das Gut nicht mehr als Gestüt. Es liegt in einem abgelegenen, landschaftlich sehr schönen waldigen Gelände, weit ab vom Schloss Vinsebeck. Zu meiner Zeit sind dort deutsche Jazz- und Popgruppen eingezogen, die das Gebäude gesehen und gebeten hatten, es übernehmen zu dürfen. Das wäre ideal für sie, sie könnten Krach machen, ohne dass sie jemand hört.

Ich habe Marion Dönhoffs Neffen, Graf Hatzfeldt, vor ein paar Tagen gefragt, was aus Alarich, ihrem Pferd, geworden sei, und er meinte, das sei dann beim Fürsten zu Schaumburg-Lippe untergekommen.

Das kann ich mir nicht vorstellen. In Brunkensen lebten ein Graf Goertz, der zu seiner Zeit ein großer Reiter war, und seine jüdische Frau, die das Konzentrationslager Theresienstadt

Marion Gräfin Dönhoff und Marie Christine Gräfin Wolff Metternich anlässlich der Hochzeit ihres gemeinsamen Neffen Nikolaus Graf Hatzfeldt 1989.

durchlitten hatte. Ihre Kinder lebten ebenfalls dort. Und bestimmt sind dort Ställe vorhanden gewesen. Deshalb frage ich mich, warum man die Schaumburgs gebeten haben sollte, um sehr weit entfernt ein Pferd unterzubringen.

Kennen Sie Brunkensen?

Ein bisschen, nicht sehr gut.

Gräfin Dönhoff sagte in dem Interview mit Bucerius und Sommer: »Da lebte auf einem kleinen Bauernhof ein Graf Goertz, der Halbjude war und den wir in der Nazizeit bei uns hatten, wo ihn niemand kannte. Der hatte immer gesagt: › Wenn es euch einmal dreckig geht, dann kommt zu mir. ‹« Haben Sie den Grafen Goertz gekannt?

Nein, nicht mehr, er war schon gestorben. Aber ich weiß von Marion und meinem Mann, dass Eberhard Goertz damals landwirtschaftlicher Eleve bei den Dönhoffs in Ostpreußen gewesen war.

Hat er Nachkommen?

Nein, bestimmt nicht, denn er ist kinderlos gestorben, aber er lebte noch nach dem Krieg, und sein Angebot an die Dönhoffs, zu ihm zu kommen, das weiß ich von Dieter Dönhoff, ist dankbar akzeptiert worden.

Ich habe mich gewundert, dass sich auf einmal alle dort eingefunden haben – in jenen wirren Zeiten.

Es ist nicht so erstaunlich, wenn man die Vorgeschichte kennt. Anlaufadressen wurden durchaus so gewählt, dass sie im Ernstfall erreichbar waren. Und Brunkensen war der nächste westliche Ort hinter den russischen Besatzungslinien.

*Hat Gräfin Dönhoff Ihnen einmal von dem Memorandum er-
zählt, das sie in Brunkensen geschrieben hat?*

Erwähnt hat sie häufig, als Schlüsselerlebnis, das ihres Erachtens falsche Vorgehen der Alliierten bei der Entnazifizierung.
Sie stellte grundsätzlich das Recht der Siegermächte in Frage,
über die Besiegten Recht zu sprechen.

Unter anderem.

Insbesondere hat sie Vorschläge zu der Vorgehensweise gemacht. Wie ich von Marion weiß, war sie dagegen, allzu viele
Bestrafungen auszusprechen. Sie würden als Ergebnis Ressen-
timents hinterlassen, aber nicht zur Einsicht führen. De facto
ist es so geschehen: Viele Mitläufer saßen in Gefängnissen,
und manche der wirklich gefährlichen Leute waren nicht zu
greifen. Marion war der Ansicht, dass man die Menschen damit »verbiestert« und es ihnen auf diese Weise schwer mache
zu lernen, was wirklich demokratisch ist. Marions Methode
wäre gewesen, sie zu integrieren und zur Verantwortlichkeit
zu erziehen.

*Sie meinte vor allen Dingen auch – das hat sie im Zusammen-
hang mit den Nürnberger Prozessen immer wieder geschrieben –,
dass es besser gewesen wäre, wenn die Deutschen über die Nazi-
Verbrecher zu Gericht gesessen hätten und nicht die Alliierten.*

Ich bin nicht so sicher, dass es gleich nach dem Krieg politisch
und praktisch möglich gewesen wäre, unbefangene deutsche
Gerichte einzusetzen.

Wann haben Sie Gräfin Dönhoff kennengelernt?

Ende der fünfziger Jahre. Sie hatte mir schon früher, während
meiner Schul- und Studienzeit, indirekt geholfen. Mir haben
damals viele historische Begründungen, die oft für aktuelle

Entwicklungen angegeben wurden, wenig eingeleuchtet. Ich habe nicht geglaubt, dass sich die Probleme der Gegenwart pauschal auf geistige Strömungen der fernen Vergangenheit zurückführen ließen. Mein Eindruck war vielmehr, dass man in jener Zeit, als alles bei null begann, anders argumentieren musste; dass die Problemlösung in ihrem aktuellen Zusammenhang angegriffen werden müsse. In dieser Phase begann ich die *Zeit* zu lesen, und es freute mich, besonders in den Artikeln von Marion Dönhoff plausible Antworten auf meine ungeklärten Fragen zu gewinnen. Später erst, nachdem ich geheiratet hatte, habe ich Marion kennengelernt.

Hier in Adelebsen?

Nein, das erste Mal traf ich sie in Vinsebeck bei meinen Schwiegereltern. Es war eine große Freude für mich, mit ihr zu sprechen, obgleich die Hürden hoch waren, wenn es sich um politische Themen handelte. Ihre Fragen waren präzise gestellt und auf den Punkt gebracht, den zu diskutieren sie beabsichtigte. Ebenso klar war, dass sie Erklärungen verlangte, die Unschärfen nicht zuließen. Für Abschweifungen war ihre Geduld knapp bemessen. So ein Gespräch war in jeder Hinsicht eine Herausforderung. Allerdings bestand zwischen uns ein Altersunterschied von fast fünfundzwanzig Jahren, und im Gegensatz zu mir war sie eine bedeutende Kennerin der Politik. Dennoch hatte sie eine Affinität zu jungen Menschen und ein Gespür für den Ernst ihres Interesses. Das war eine Eigenschaft, die sie bis in ihr hohes Alters behielt.

Dieses erste Treffen war der Beginn einer Freundschaft, die über viele Jahre bis zum Ende ihres Lebens Bestand hatte.

Sie hatte schon zuvor Kontakt zu Ihren Schwiegereltern gehabt?

Meine Schwiegereltern waren häufig in Ostpreußen gewesen, und die Dönhoffs kamen immer wieder nach Vinsebeck. Die beiden Familien waren wirklich befreundet, meine Schwägerin Isabella Metternich heiratete 1958 Marions Neffen Stanislaus Dönhoff.

Bei welchen Gelegenheiten haben Sie sich mit Gräfin Dönhoff später getroffen?

Sie kam zu Besuch nach Adelebsen, oder ich traf sie in Hamburg bei ihr zu Hause, bei gemeinsamen Freunden oder bei Familienfesten. Regelmäßig kam sie anlässlich der »documenta« nach Adelebsen, den Ausstellungen zeitgenössischer Kunst in Kassel, die ich über die Jahre mit Professor Bode, dem Initiator der documenta, aktiv begleitet habe. Wenn auch die Avantgarde der Moderne nicht hautnah ihr Ressort war, so glaube ich doch, dass ich ein guter Partner war und Marion mit meinen Einführungen dafür gewinnen konnte.

Besonders entspannend waren für Marion die gemeinsamen Ferien in der Schweiz, sei es in Klosters mit meiner Familie oder bei ihr in Sils Maria zum Skilaufen. Mich überraschte gelegentlich, dass sie sich in diesen Ruhephasen, fernab weltpolitischer Aufregung, mühelos in das Familienleben mit Kindern einfügte und für pädagogische Entscheidungen interessierte, die sie mit Zufriedenheit aufnahm, wenn sie vernünftig und für sie einleuchtend waren. Ab und zu zog sie Parallelen zu ihrer eigenen Kindheit, die zwar Generationen verschoben, aber der meinen nicht unähnlich war. Es war ein Leben auf dem Land, mit vielen Kindern, die durchaus in ihrem Stellenwert beachtet waren, dennoch in großer Freiheit heranwuchsen, sich gegenseitig erziehend, von Erwachsenen und Angestellten umgeben. Sie waren Respektspersonen – alle –, wenn man Anteil haben wollte an ihrer Arbeit und ihrer Geschichte.

Obwohl es ja heißt, dass die Ostpreußen und die Rheinländer total verschieden seien.

Das ist sicher wahr, aber darauf kam es nicht an. Es war das zentrale Einverständnis, das uns verband. Dabei spielte natürlich eine wesentliche Rolle, dass ich mich auch für Politik interessierte. Zum Beispiel die Ost-West-Problematik. Ich erinnere mich: Es war 1968, als sie mit Gerd Bucerius hier in Adelebsen war, ein paar Wochen vor dem Ende des Prager Frühlings. Dieses Thema hat uns drei sehr bewegt. Wir gingen durch den Garten, und sie sagte, wie sie Dinge so bestimmt gesagt hat: »Die Russen werden da nicht eingreifen.«

Die werden nicht in die Tschechoslowakei einmarschieren?

Ja, aber ich war nicht einer Ansicht mit ihr. Bucerius stimmte Marion zu, wenn auch weniger dezidiert. Ich habe nur schwach widersprochen. Ich konnte mir nicht vorstellen, dass die Russen zu diesem Zeitpunkt Prag aus ihrem Einflussgebiet entlassen würden. Das hätte geheißen, alles, was später gekommen ist, schon damals zu akzeptieren. Die Sowjets – Breschnjew – waren noch nicht so weit.

Als es mit dem Prager Frühling zu Ende ging und die Russen in Prag einmarschierten, war ich in Österreich. Zurückgekommen nach Adelebsen, rief ich Marion an und sprach ausführlich mit ihr über die Situation. Zuletzt sagte ich: »Wenn du von Bekannten, Kollegen oder Dissidenten aus der ČSSR hörst, die jetzt dort Schwierigkeiten haben, können sie bei mir unterkommen.«

Kurz darauf schickte sie mir unter anderem einen in seinem Land bekannten Professor der »Neuen Ökonomie«, Selutzky, mit seiner Familie, den Direktor des Prager Rundfunks mit seiner Familie und eine Journalistin mit Mann und Kindern. Sie war die Einzige, die später wieder zurück nach Prag ging, bis zum Mauerfall meine Ansprechpartnerin war und bis heute eine Freundin ist.

Die kamen alle durch die Vermittlung von ...

... Marion. Sie war glücklich, dass sie auf diese Weise weiterhelfen konnte. Es folgten über Monate intensive Gespräche mit den Gästen, deren sozialistische Ideale durch den gewaltsamen Einmarsch der Russen gebrochen waren, über ihre Absichten und Möglichkeiten, wie es weitergehen könnte. Bis auf die politische Journalistin blieben einige in Deutschland oder wanderten in die USA und nach Kanada aus.

Wie lange waren die Flüchtlinge denn bei Ihnen?

Unterschiedlich, bis zu einem Jahr und länger. – Von dieser Zeit an, von 1969 bis 1989, war ich drei- bis viermal jährlich in der ČSSR, um die weitere Entwicklung der politischen Situation und die der Menschen dort zu verfolgen. In jener Zeit war Marion eine Rat gebende Zuhörerin für meine Berichte über die in den Untergrund abgedrängte Opposition in Prag, für die es verboten war, in ihren Berufen zu arbeiten oder gar zu schreiben. Es betraf flächendeckend die Intellektuellen der Nation, den späteren Präsidenten Václav Havel, die Schriftsteller, die nicht regimekonformen Journalisten und Wissenschaftler. Um diesen Bann zu brechen, war ich gebeten worden, eine Anschubfinanzierung für einen Verlag in Deutschland zu leisten, der zum Ziel hatte, die im tschechoslowakischen Untergrund im »Samisdat« (Selbstverlag) erschienene Literatur zu drucken, so dass sie für die Exiltschechen weltweit zur Verfügung stand und in die ČSSR zurückgeleitet auch dort vorhanden war. Marions Reaktion war – wie ich erwartet hatte – spontan und überaus bestimmt: »Das ist die einzige und beste Hilfe, die man Intellektuellen geben kann.«

Das war es, was ich an ihr schätzte. Besorgnisse über etwaige Verfahren waren zweitrangig. Priorität hatte das abschätzbar erleichternde Resultat, das für die zum Stummsein degradierten Autoren die Mauer des Schweigens um einen Spaltbreit durchlässiger machte; sie konnten lesen und gelesen werden. Nach dem Kollaps des kommunistischen Regimes 1989 war es eine Befriedigung zu wissen, dass fast alle literarischen Arbeiten gedruckt und veröffentlicht worden waren.

Marion hatte sich seit der Okkupation in Prag schon der aufkeimenden Opposition in Polen zugewandt. Sie war ebenso professionell wie emotional Beobachterin des Geschehens und unterhielt enge Kontakte mit befreundeten Opponenten in und außerhalb der politischen Verantwortung. Mich wunderte es darum, als sie einige Jahre später den von Jaruzelski ausgerufenen Kriegszustand in Polen nicht nur mit Nachsicht, sondern, wie mir schien, mit einem besonderen Verständnis für die persönliche Integrität und den aufrichtigen Patriotismus des Generals kommentierte.

Marion Dönhoffs Logik war an sich einleuchtend. Wenn in Polen die Revolution ausbricht, werden am nächsten Tag die Russen einmarschieren.

Auf meine Bitte, mir ihren Standpunkt so zu erklären, dass ich ihre Position zu verstehen in der Lage sei – denn wir waren alle über den Ausnahmezustand bestürzt, den wir wie einen Stich in das waidwunde Herz Polens empfanden –, gab sie mir diese, Ihre Antwort, mit der sie fraglos politisch Recht hatte.

Wie war sie, wenn Sie mit ihr diskutiert haben? War sie geduldig oder gelegentlich unwirsch?

Das hing sehr davon ab, worum es bei der Auseinandersetzung ging. In diesem Fall war sie nicht ungeduldig, sie ist alles argumentativ Schritt für Schritt abgegangen.

Sie engagieren sich sehr für die documenta, und ich habe in Ihrem Schloss wunderbare moderne Kunst gesehen. War Marion Dönhoff jemals auf der documenta?

Sie kam beinahe jedes Mal. Trotz großem Interesse hatte sie ein distanziertes Verhältnis zu dem, was seit den achtziger Jahren dort ausgestellt wurde, das betraf Aktionskünstler, Konzeptart, Installationen und anderes. Ich habe einmal ein Gespräch zwischen ihr und Joseph Beuys bei einer documenta erlebt. Er propagierte in einem wirklich trostlosen, leeren Raum des Friedericianum einen neuen politischen Ansatz über den Weg direkter Demokratie. Er hat das mit bewundernswertem Einsatz vierzehn Stunden lang täglich verfolgt. Inmitten einer Traube von Menschen erklärte er das Modell. Marion hat ihn zur Rede gestellt. »Was stellen Sie sich eigentlich vor, wenn Sie eine direkte Demokratie auf allen Ebenen umsetzen wollen?«

Da ging es um den dritten politischen Weg?

Es geht bei Beuys um vier verschiedene Ebenen: die Natur sowie das Geistes-, Wirtschafts- und Rechtsleben als Basis für das Tun des Menschen auf ein zu bildendes neues Ganzes, um eine Welt als Gesamtkunstwerk. Marion war nicht bereit einzusehen, warum dieser Mann sich vorstellen kann, dass eine vollkommene Änderung des demokratischen Systems eine politische Zukunft bieten könne und wie sie überhaupt in die Wirklichkeit umzusetzen sein sollte. Wie er sich vorstellen könne, dass man von seinem Standpunkt aus wirksam eingreifen könne, mit derartig nebulösen Vorstellungen. Das entwickelte sich zu einem richtigen Krach, wie man sich vorstellen kann.

Er hatte ein bisschen was Anarchisches.

Beuys vermied es, Regeln aufzustellen und Lösungen anzubieten; das lief seiner Philosophie von Kunst konträr entgegen. Die beiden haben sich dann vor versammeltem Publikum gestritten. Es ging aus wie das Hornberger Schießen; Beuys war wütend, Marion vollkommen ratlos, wie sie mit diesem derart merkwürdigen Menschen umgehen soll. Ich habe den halben Vormittag damit verbracht, ihr zu erklären, dass es keinen Sinn hat, mit ihm über ein konkretes Problem sachlich zu diskutieren. Er sei ein Künstler und als Lehrer daran interessiert, die schöpferische Fähigkeit, die jedem Menschen innewohne, so freizulegen, dass er die ihm eigene Antwort und Umsetzung aus sich heraus finden wird (»Jeder Mensch ist ein Künstler«).

War sie richtig verärgert?

Eher ratlos. Sie wollte gar nicht böse sein, sie wollte nur, wie sie so war, klipp und klare Antworten haben, wie er politisch agieren wolle. Dann hat sie gemerkt, dass da nichts kam, sondern nur noch mehr Zorn, weil sie ihm das Konzept vermasselte. Es standen sehr gläubige Leute um ihn herum und auch eine ganze Menge Studenten.

Haben Sie generell an ihr ein Interesse für moderne Kunst bemerkt?

Es hat sie interessiert als ein Ausdruck des Zeitgeistes. Ihre spontane Zuneigung konzentrierte sich auf die klassische Moderne, die sie in ihrer Ästhetik sehr geschätzt hat. Das, was ganz neu experimentell dazugekommen ist, hat sie sich mit Interesse angesehen und fand manches ganz gut, einiges unverständlich. Häufig waren es kalligrafische Bilder, zu deren Formsprache sie direkten Zugang fand.

Ich möchte mit Ihnen gern auch über das Projekt von Christo, die Reichstagsverhüllung, sprechen. Die Zeit *war sehr engagiert in dieser Sache. Die Feuilleton-Redakteurin Petra Kipphoff hat viel darüber geschrieben. Haben Sie einmal mit Marion Dönhoff über die Verhüllung gesprochen?*

Ja, oft in den vierundzwanzig Jahren der Vorbereitung, bis das Projekt genehmigt wurde. Marion war zunächst eher skeptisch.

Dass da ein politisches Symbol verhüllt werden sollte?

Sie war nicht dagegen, aber sie sagte, man müsse doch bedenken, dass das schwierig einzuordnen sei für die Menschen aus der ehemaligen DDR. Sie seien jetzt schon genug irritiert durch das, was politisch neu geschieht. Und dann kommt noch ein Künstler, der ein Symbol der Einheit verpacken will. Sie meinte, das überfordere sie.

Dass die Ostdeutschen ein wenig überfordert waren, kann schon sein.

Die Verhüllung des Reichstages war unter anderem aber auch eine Demonstration der Freiheit. Da träumt ein Künstler, und es ist möglich, dass er seinen Traum in einer freien Welt umzusetzen in der Lage ist. In Gesprächen vor dem Reichstag war das voll Bewunderung zu hören, gerade von Besuchern aus den neuen Ländern.

Das Reichstagsprojekt, als Ergebnis, hat aber auch Marion sehr beeindruckt.

Gräfin Metternich, auf Schloss Adelebsen gab es während der documenta immer berühmte Künstlerfeste. War Marion Dönhoff auch einmal dabei?

Sie wird mit Sicherheit das eine oder das andere Mal dabei gewesen sein. Zu Zeiten von Professor Arnold Bode in den sechziger Jahren hatten wir damit begonnen, die Künstler der documenta am Tag nach der Eröffnung einzuladen. Sie hatten meist monatelang in Kassel gearbeitet, ihre Projekte installiert und Vorbereitungen getroffen. Es war der erste Tag, an dem die Anspannung nachließ und sie die Stadt verlassen konnten. Sehr oft kannten sich selbst die großen Künstler dieser Zeit nicht und begegneten sich hier in Adelebsen zum ersten Mal. Viel später, in New York, traf ich Claes Oldenburg und Jim Dine, die mir sagten, sie würden sich in Deutschland gar nicht auskennen, nur Kassel hätten sie gesehen und einen anderen Ort, den sie wie Adelebsen buchstabierten.

Es war ein offener Tag der Begegnungen, der sich alle vier Jahre zu den documenta-Zeiten wiederholte. Er hatte sich so institutionalisiert, dass am Ende ungefähr achthundert Menschen erschienen; Künstler, ihre Familien, Galeristen, Kunsthistoriker, Kritiker etc. Das zu schaffen gelang nur dank der heißen Sommertage, als das Haus und das gesamte Gelände mit Menschen aus der ganzen Welt bevölkert waren. Feste solcher Größenordnung waren nicht eigentlich Marion Dönhoffs Welt, obwohl sie keine Vorbehalte dagegen hatte. Menschen interessierten sie, und fast immer fand sie mit Geschick zu Gesprächspartnern, denen sie Überraschendes entlockte.

Marion Dönhoff war, was ihre persönlichen Ansprüche angeht, sehr bescheiden.

Das würde ich so bestätigen. Sie hatte den Rahmen, den sie für ihr Leben brauchte, abgesteckt, in ihrem Haus in Hamburg, dessen Grundstock aus einigen sehr schönen Möbeln und Kunstgegenständen bestand, die sie aus Schloss Friedrichstein gerettet hatte. Der Rest bestand aus Büchern, die ihren Schreibtisch und fast alle Sitzgelegenheiten besetzten. Materialen wie Stoffe, Leder, Holz »verwitterten«, wie sie das liebevoll nannte, und sie erfreute sich an der Ästhetik des Verblassens. Für ihre eigene Person reduzierte sie beinahe auch auf das Nötige. Sie fand, dass Zeit und Aufwand für mehr Garderobe und andere Anschaffungen in keinem Verhältnis zum nützlichen Gebrauch der Dinge stünden.

Sie war sehr sparsam.

Sehr genügsam und bescheiden, was ihre persönliche Lebenshaltung betraf. Überflüssige Bedürfnisse berührten eine ethische Grenze. Als im hohen Maße großzügig würde ich allerdings ihr finanzielles und persönliches Engagement für ihre Förderprojekte bezeichnen, die entlassenen Strafgefangenen aus einem Hamburger Gefängnis und ihrer eigenen Stiftung zur Unterstützung osteuropäischer Wissenschaftler, Studenten und Intellektueller galten.

Marion Dönhoff wurde in den fünfziger Jahren als »rote Gräfin« apostrophiert. Wie kam so etwas im deutschen Adel an? Haben Sie da jemals etwas gehört?

»Wie kannst du befreundet sein mit der roten Marion?« – Gelegentlich habe ich mir erlaubt, die Kritiker zu fragen, was denn »rot« in welchem Sinne sei. Es war wohl genau das: Jemand, der eine eigene Karriere verfolgt hat, die auf einem hohen Niveau liberal war, aber eben mit »Entgleisungen« nach links. »Entgleisungen« waren, wenn Marion, bald nach dem Krieg, ihren Verzicht auf Ostpreußen deutlich ausgesprochen hat. »Rot« war, dass sie zunächst einmal gedacht hatte, mit Brandt nach Warschau zu fahren. Und »rot« war auch, wenn sie sich ein paar Punks ins Büro geholt und mit denen ein Gespräch geführt hat. Nach dieser Bemessungskategorie war ich ebenfalls »rot«.

Im eigentlichen Sinne war sie gar nicht rot.

Eigentlich war sie konservativ. Wertkonservativ; obwohl sie einfach so auch nicht zu etikettieren ist.

Wenn ich zum Schluss noch einmal fragen darf: Was schätzten Sie an Marion Dönhoff besonders, was beeindruckte Sie an ihrer Persönlichkeit?

Das war ganz sicher ihre klare Haltung zu den Dingen, die ihr wichtig waren, wie zum Beispiel der frühzeitige Verzicht auf Ostpreußen, eine friedliche Entwicklung in Europa und eine gute Nachbarschaft mit einem befreundeten Polen. Ihr persönlicher Schmerz über den Verlust rangierte hinter derartiger Erkenntnis. – Sie war unbestechlich, absolut zuverlässig und herzlich und bereit, ihren Freunden ganz zur Verfügung zu stehen.

Es gab Menschen, die ihr rasch auf die Nerven gingen. Das bin ich ihr offenbar nie und sie mir auch nicht. Wenn ich zum Beispiel bei ihr in Ischia war, habe ich mir gewisse Auszeiten genommen. Marion mit meiner ständigen Gegenwart zu überanstrengen wäre nicht richtig gewesen. In den Gesprächen mit ihr ging es fast immer um konkrete Fragen. Sofort. Und meist um Politik.

21. Februar 2005

Was ihr Polen bedeutete
Adam Krzemiński, Warschau

ADAM KRZEMIŃSKI, geboren am 27. Januar 1945 in Rade-cznica, Ostpolen, ist Kommentator bei der Warschauer Zeit-schrift *Polityka*. Er ist einer der besten Deutschlandkenner in Polen und war seit Anfang der 1970er Jahre mit Gräfin Dön-hoff bekannt.

Adam, wo haben Sie so hervorragend Deutsch gelernt?

Formell begann es relativ spät, mit vierzehn Jahren in einem renommierten Warschauer Gymnasium. Die Lehrerin war ein Schreckgespenst, sie forderte schon in der ersten Klasse von jedem Schüler zweihundert Seiten deutscher Buchlektüre. Sie saß dann während der Pausen am Lehrertisch und ließ sich mündlich zwei, drei Sätze von jeder Buchseite ins Polnische übersetzen; beim ersten Stolpern sagte sie: »Bis zu dieser Seite rechne ich dir die Lektüre an«, und trug die Seitenzahl in ihr dickes Heft ein. Diese Methode zwang uns zu lesen; natürlich haben wir uns bebilderte Bücher mit großen Buchstaben aus-gesucht, um schnell den Text zu erfassen. So konnte ich schon in der zweiten Klasse Karl May auf Deutsch lesen.

Doch die Entscheidung, Deutsch zu lernen, fiel früher, in Breslau, wo überall deutsche Inschriften zu lesen waren:

»Briefe« an der Tür, »kalt«, »warm« auf den Wasserhähnen und natürlich die »Breslauer Neuesten Nachrichten« als Unterlagen für die Wandtapeten, die zerfetzt waren und die ich mit meinem Bruder herunterriss. Dieses deutsche Ambiente gehörte somit zu meiner Kindheit. Als mir dann eines Tages – ich war gerade acht – meine Mutter vier Hefte zum Sprachunterricht vorlegte, russisch, deutsch, englisch und französisch, und fragte, welche Sprache ich denn lernen wolle, war das Deutsche für mich naheliegend.

Ich muss allerdings betonen, dass die Eltern pädagogisch sehr klug mit uns umgingen. Sie luden ihre Kriegstraumata nicht auf uns Kinder ab. Und sie schürten keinen Hass. Meine Mutter sagte immer, auch in Breslau: Deutsche und Russen sind unsere Nachbarn, und man muss mit ihnen sprechen können. Und das trotz aller Belastungen durch den Krieg – ein Bruder meines Vaters fiel im Warschauer Aufstand, ein Cousin meiner Mutter wurde von den Sowjets als Fachmann entführt und kam nie wieder zurück; sie waren sich auch des Massenmordes an den Juden bewusst, denn das Hamburger Polizeibataillon 101 wütete zwei Kilometer von dem Ort entfernt, wo mein Großvater lebte.

Das Polnische war meinen Eltern wichtig, aber – wie meine Mutter sagte – die Welt ist größer und spannender als Polen allein. Sie war es auch, die mich nach dem Abitur, als ich zwischen Schiffsbau und Germanistik schwankte, mit zugunsten der Germanistik beeinflusste. Ich wollte es nicht studieren, weil ich Deutsch von Zuhause kannte, wie einige Schlesier, oder weil diese Fremdsprache mir leichtfiel, sondern weil ich tatsächlich erfahren wollte, was uns Polen von den Deutschen, die ich zunehmend – durch den Film, die patriotische Erziehung in der Schule und Kriegsbücher – als Bösewichte kennenlernte, unterscheidet, aber auch, worin wir uns ähnlich sind. Das habe ich während der Aufnahmeprüfung auch gesagt und wurde prompt aufgenommen, obwohl meine Deutsch-kenntnisse bei weitem nicht so wie die der Muttersprachler waren. Auch die drei Jahre, die ich dann als Stipendiat des polnischen Hochschulministeriums in Leipzig verbrachte, waren für die Sprachkenntnisse nicht allzu förderlich.

Manchmal habe ich den Eindruck, dass Sie sich mehr in der Bundesrepublik als in Polen bewegen. Sie sind sehr gefragt bei uns, als Redner und Autor.

Die Proportionen halten sich, glaube ich, doch die Waage. Obwohl es verschiedene Phasen gab. In den siebziger Jahren als Kulturredakteur der *Polityka* habe ich ziemlich gründlich das polnische Kulturleben begleitet. Zugleich hatte ich, gerade als Germanist der Nachkriegsgeneration, einen anderen, weniger befangenen Blick auf die deutsch-polnische Nachbarschaft, die für mich eben immer auch die kulturelle und nicht ausschließlich die politische beziehungsweise ideologische Unterfütterung hatte.

Als Germanist wurde ich in den siebziger Jahren immer wieder auch von deutschen Journalisten, Wissenschaftlern und Lehrern, die Polen bereisten, befragt. Eine enorme Schule des praktischen Dialoges wurden für mich auch Begegnungen mit Deutsch-Polnischen Gesellschaften in Norddeutschland, die mich zu Vorträgen einluden. Doch einen Durchbruch markierte natürlich eine Veröffentlichung in der *Zeit*.

Hatten Sie bei der Zeit *einen längeren Gastaufenthalt als andere polnische Kollegen vor Ihnen?*

Ich war zweieinhalb Monate dort. Das war etwa die durchschnittliche Aufenthaltsdauer für polnische Gastjournalisten bei der *Zeit*. Die Einladung ging auf die Initiative der Gräfin zurück. Sie hat auch die Stipendien gestiftet.

Wann war das?

1986, genau zur Zeit des Historikerstreits. Während meines Aufenthaltes in Hamburg erschienen in der *Zeit* zwei längere Texte von mir: »Was uns unterscheidet, worin wir uns ähnlich sind«, eine programmatische Darstellung der deutsch-polnischen Verquickung in meiner Generation, und »Der Osten in uns«, über den polnischen Umgang mit dem verlorenen Ostpolen. Ich habe dabei kein Hehl daraus gemacht, dass mir Autoren wie Jean Améry oder Alfred Grosser und ihre Rolle im deutsch-französischen Dialog ein Vorbild für den deutsch-polnischen waren. Es war mein Traum, sie ein wenig nachzuahmen.

Haben Sie bei der Gelegenheit Marion Dönhoff zum ersten Mal getroffen?

Nein. Ich habe die Gräfin zum ersten Mal 1975, wenn nicht früher, in der Redaktion getroffen. Das war eine sehr flüchtige Begegnung. Sie war mit dem Chefredakteur der *Polityka*, Mieczysław Rakowski, verabredet, sprach auch mit den Kollegen vom Auslandsressort, und ich war eben dieser junge Germanist im Kulturressort, zuständig für deutsche Themen; sie haben mich dazugeholt.

Die Gräfin war mir natürlich längst ein Begriff. Ich las und übersetzte sie regelmäßig, als ich zwischen 1967 und 1973 in der Redaktion von *Forum*, einem Digest der Weltpresse, war. Ich kannte auch »Namen, die keiner mehr nennt«. Ich verfolgte die ganze Dramatik der Brandtschen Ostpolitik, die innerdeutschen Auseinandersetzungen um sie. Als Brandt in Warschau war, machte ich mein erstes Gespräch mit Günter Grass, das damals bei uns wie eine Bombe einschlug. Ich wusste, dass die Gräfin Mitstreiterin der Ostpolitik war und zugleich bei der Unterzeichnung des Grenzvertrages mit Polen

1970 nicht dabei sein wollte. Dass Grass kam und sie nicht, zeigte mir diese Dramatik – und ich schrieb später, dass beide Positionen von uns Polen die höchste Achtung verdienen.

Nach diesem Treffen mit der Gräfin in der *Polityka* wagte ich, sie bei meiner ersten größeren Deutschland-Reportage in der *Zeit* anzurufen. Sie hat uns – ich war mit einem Kollegen unterwegs – sofort eingeladen und eine Stunde lang mit uns über Deutschland, Polen, die Entspannung und Demokratisierung gesprochen. Das Gespräch war ungezwungen, ohne jeden schulmeisterlichen Ton. Dieser Besuch und dieses Gespräch waren für mich eine Offenbarung, weil ich merkte, dass wir zur selben Welt gehören können. Wir waren zwar aus Warschau, und unsere Zeitung wurde zensiert, aber das Denken und die Sprache waren ähnlich. Natürlich spielte die Aura des großen Weltblattes *Die Zeit* eine wichtige Rolle. Aber nicht weniger wichtig war die Erfahrung, dass man angehört, für voll genommen wird und etwas zu sagen hat, was für die andere Seite nicht nur interessant, sondern auch von einiger Bedeutung sein kann. Nach diesem Gespräch habe ich keine innere Blockade mehr vor irgendwelchen deutschen Türen gehabt.

Unser Gespräch hatte auch öffentliche Folgen. Zurück in Warschau, schrieb ich der Gräfin einen Brief, der als ein offener Brief gemeint war; es ging darin um die deutsch-polnische Asymmetrie in der Wahrnehmung. Diesen Brief hat die Gräfin nicht nur beantwortet, sondern auch Siegfried Lenz um eine zusätzliche Stellungnahme gebeten. Die drei Texte sind auch in der *Zeit* erschienen. Als wir sie in der *Polityka* nachdrucken wollten, beschlagnahmte die Zensur erst einmal alle drei. Es war ihr nicht genehm, dass da ein unreglementierter Dialog von unten eingefädelt werden kann. Dann gelang es Rakowski, den Briefwechsel doch noch durchzusetzen. Marion Dönhoff war sehr daran interessiert, den deutsch-polnischen Dialog zu fördern. Jedes Mal, wenn die Gräfin in Polen war, besuchte sie auch die *Polityka*, für die sie gelegentlich auch schrieb. Dort sind wir uns auch immer wieder begegnet.

Marion Dönhoff war, wie Sie sagten, immer an Polen interes-siert. Wen sehen Sie in der alten Bundesrepublik, vor der Vereini-gung, der sich in vergleichbarer Weise für das deutsch-polnische Verhältnis eingesetzt hat?

Es waren sehr viele, sehr engagierte deutsche Korrespon-denten in Polen, die ersten, aus den sechziger Jahren, wie An-gela Nacken von der *FAZ*, habe ich nicht kennengelernt. Die seit den Siebzigern schon – Hansjakob Stehle, Peter Bender und Fernsehkorrespondenten wie Klaus Bednarz und Günter Schubert. Sie waren Eisbrecher, Mittler und Lehrer, ohne Schulmeister zu sein.

Die Gräfin gehörte nicht zu diesem Kreis. Sie war eine Institution und eine moralische Autorität, auch wenn sie von den katholischen Publizisten – wie Stefan Kisielewski – als »rote Gräfin« bezeichnet wurde, die allzu naiv an die aufkläre-rische, lineare Entwicklungslogik glaube, während die Ge-schichte immer wieder, wie er bissig und humorvoll schrieb, »einen Walzer tanze«. In einem Interview, das sie mir für die *Polityka* gab, konterte die Gräfin scherzhaft, dass auch beim Walzer der Kopf nicht ausgeschaltet werde und jeder denken-de Mensch verpflichtet sei, nach einem Sinn in der Geschich-te zu suchen.

Die Gräfin war jedenfalls eine der wenigen führenden deutschen Publizisten, die Polen kontinuierlich bereisten und es nicht nur bei brisanten Anlässen immer wieder entdeckten. Sie sprach kein Polnisch, kannte die polnische Geschichte und Wirklichkeit vielleicht nicht so eingehend wie ein ständiger Korrespondent, aber dieses Polen war in ihrem Europabild immer eine feste Größe.

So groß die bilateralen Belastungen auch waren, gab es

doch – zumindest seit 1956 – engagierte Vermittler, Publizisten, Kirchenmänner, Politiker und Schriftsteller, die sich für einen Ausgleich einsetzten. In Polen gehörten dazu solche Persönlichkeiten wie der katholische Publizist und Politiker Stanisław Stomma und auf der deutschen Seite eben die Gräfin und andere, wie: Klaus von Bismarck, Richard von Weizsäcker von der EKD oder Joseph Ratzinger – dessen Unterstützungsschreiben für den »Bensberger Kreis« man auf der großartigen Bonner Ausstellung »Flucht, Vertreibung, Integration« sehen kann ...

Marion Dönhoff hat ihre Haltung zum Oder-Neiße-Problem im Laufe der Jahrzehnte entwickelt, das kann man, glaube ich, so sagen. Im Januar 1949 schrieb sie: »Polen hat sich unter dem Protektorat Stalins, der schon im Oktober 1946 erklärt hatte, die Sowjetunion betrachtet die Westgrenze Polens als endgültig, ein Viertel des alten deutschen Reichsgebietes angeeignet.« Das klingt noch sehr unversöhnlich.

Dieser Satz nicht unbedingt, das ist eine Feststellung, übrigens eine gängige, wenn auch nicht ganz richtige. Die »Oder-Neiße-Gebiete« stellen »nur« ein Fünftel des »alten Reichsgebietes« dar, aber egal. Der Punkt ist, dass nie gesagt wurde, dass Polen im Osten die Hälfte seines Territoriums an die Sowjetunion verloren hat und trotz der »Oder-Neiße-Gebiete« ebenfalls um ein Fünftel kleiner geworden ist. Es stimmt aber, dass in der frühen Publizistik der Gräfin noch wenig Empathie für die polnische Lage zu finden ist.

Anlässlich einer Entschließung des Bundestages, zehn Jahre später, bei der es um die Lösung der Grenzfrage ohne Gewalt ging, zeigte sie sich eher ambivalent und forderte nur, man müsse sich von Illusionen befreien. Allein die Forderung damals spricht allerdings schon für einen gewissen Mut.

Man müsste sehr genau nachprüfen und analysieren, was ihr dieses Polen eigentlich bedeutet hat. Obwohl sie sehr viele Kontakte hier hatte, hat sie nie die Zeit investiert, die Sprache zu lernen, dabei war sie sprachbegabt. Das zeigt schon, dass Polen als Interessengebiet in ihrem Leben relativ spät kam, und sie hat mir das auch in einem Interview bestätigt. Sie hat mit mir sehr ehrlich darüber gesprochen, was ihr dieses Polen bedeutete. Sie hat es nach 1956 schätzen gelernt, das heißt nach den Veränderungen hier im Lande, die zum Teil erfolgreich waren, zumal im Vergleich mit dem Desaster der Ungarn, und die ein Element im großen europäischen Spiel mit dem Rapacki-Plan waren.

Es gab bei ihr sicher auch ein romantisches Interesse für den polnischen Widerstand, und es gab die Nähe durch die Landschaft. Sie sagte mir: »Das ist meine Landschaft, ich fühle mich hier im Osten heimisch.« Die Mentalität der Menschen gefiel ihr ebenfalls. Immer, wenn sie in Polen war, aber auch zum Teil in Russland, ist ihr wärmer ums Herz geworden, weil ihr diese Mentalität vertraut war. Sie kannte das Land während der letzten dreißig, vierzig Jahre. Das war natürlich eine Kenntnis von oben, durch die politische Klasse sozusagen. Sie war keine Reporterin, sie wäre nie auf die Idee gekommen, eine Reportage über polnische Schulen zu schreiben. Das lag nicht in ihrem Interesse. Aber die polnische Geschichte, das war auch die eigene, familiäre, Władysław Denhoff im 17. Jahrhundert und andere, das hat sie immer wieder betont.

Wer war Władysław Denhoff?

Ein polnischer Wojwode im 17. Jahrhundert und nomineller Flottenadmiral in Danzig, ohne Flotte. Diese polnische Linie der Dönhoffs erwähnt die Gräfin auch in »Namen, die keiner mehr nennt«. Sie hat mehrmals darauf hingewiesen, dass die polnischen Dönhoffs früh ausgestorben seien. Doch Józef

Piłsudski hatte im Ersten Weltkrieg noch einen Denhoff als Adjutanten, er ist in Warschau bestattet. Die Gräfin hat jedenfalls immer die polnischen oder osteuropäischen Verwurzelungen ihrer Familie betont.

Sie hat einmal geschrieben, die Polen seien ein Volk mit starkem Herzen.

Wahrscheinlich stützte sie dieses Urteil auf ihre Erfahrungen mit den Kriegsgenerationen, die sie Ende der fünfziger Jahre kennenlernte. Obwohl sie mir auch einmal sagte, dass sie mit Polen schnell warm wird, weil sie einfach diese östliche Mentalität hätten, die sie aus Ostpreußen kannte.

In den sechziger Jahren war sie noch ziemlich ambivalent, was die Oder-Neiße-Grenze anging. Sie schrieb beispielsweise im September 1964: »Man kann sich mit Verlusten abfinden, auf Vermögenswerte kann man verzichten, aber niemand, der aus dem Osten stammt, wird auf Land verzichten. Man kann sich mit dessen Verlust abfinden, man kann den Menschen zumuten, ein Leben lang darum zu trauern, ohne je auch nur einen Stein aufzuheben gegen den, der die Heimat raubte. Man kann ihnen nicht auch noch zumuten, diesen Verzicht auszusprechen.« Stattdessen plädierte sie für den Gewaltverzicht der Bundesrepublik. Auch in ihrem berühmten Leitartikel »Ein Kreuz auf Preußens Grab« tritt sie für die Anerkennung der Realitäten ein, aber, schreibt sie, »man möchte sich freilich auch wünschen, dass die Polen uns in Zukunft mit ihrem Chauvinismus verschonen, der sie von ›wiedergewonnenen Gebieten‹ reden lässt.« War diese Mahnung berechtigt?

Aus der Perspektive der Zeit kann man der Gräfin durchaus beipflichten, denn der Begriff »wiedergewonnene Gebiete« war eine Propaganda-Formel, die heute nicht mehr im Gebrauch ist. »Wiedergewonnen« suggeriert, dass man etwas

zurückbekommt, was man unrechtmäßig verlor. Nur: Auf
Schlesien hat zum Beispiel Kasimir der Große rechtmäßig
verzichtet.

Die Formulierung vom Chauvinismus der Polen ist hart,
auch wenn es auf beiden Seiten genügend Beispiele für Chauvinismus gab. Der Grund war die glatte Ablehnung einer Wie-
dergeburt des polnischen Staatswesens nach dem Ersten
Weltkrieg durch die Deutschen. Hätten die Deutschen damals den alten neuen Nachbarn im Osten, die polnische Republik, begrüßt, säßen sie wohl heute noch in Breslau, Königsberg und Stettin, wir hätten eine viel weiter fortgeschrittene
EU, und es hätte keinen Völkermord in Europa gegeben.

Nach dem Zweiten Weltkrieg gab es keine Chance, die
deutsch-polnischen Beziehungen so wie die deutsch-französischen zu gestalten. Der Kalte Krieg machte es möglich, die
Grenzfrage in der Schwebe zu halten und damit auch die eigenen Ansprüche über die der anderen zu stellen. Hätte Deutschland die neue Grenze, sagen wir einmal, 1948 anerkannt, hätten die beiden Völker viel schneller zueinander gefunden, und
die Polen wären nicht jahrzehntelang auf eine Ideologie des
»tausendjährigen Ringens« und der »Rückkehr in die ange-
stammten Gebiete« angewiesen gewesen. Irgendwie hat die
Gräfin aus der heutigen Perspektive schon Recht gehabt, auch
wenn sie den deutschen Chauvinismus Polen gegenüber über-
sah …

*»Die Polen sind ein Volk mit starkem Herzen, das auch zur Ro-
mantik neigt«, schrieb sie einmal. Aber war Marion Dönhoff
nicht selbst mitunter etwas romantisch, zum Beispiel, wenn es um
ihre Haltung zu Preußen ging? Sie haben anlässlich der Preußen-
ausstellung 1981 in Westberlin vom »Preußischen Märchen« gesprochen.*

Die Gräfin? Preußen? Sie war für mich die ungekrönte Königin von Preußen! Natürlich war für sie Preußen etwas völlig anderes als für uns. Nicht Preußen als Initiator der Teilungen, nicht das Preußen der rücksichtslosen Germanisierung – genau vor hundert Jahren streikten polnische Kinder in Wreschen, weil ihnen der Religionsunterricht in polnischer Sprache verboten werden sollte. Diese Sprüche von Friedrich II., die Polen seien die Irokesen Europas, die »polnische Wirtschaft« (von Georg Forster in die Welt gesetzt) oder diese gescheite Tumbheit von Treitschke und Droysen, wenn sie über Polen schrieben, das alles hat die Gräfin natürlich auch irgendwann gehört oder gelesen. Wir sprachen einmal darüber, da lachte sie nur: »Über Friedrich II. können wir uns nicht einigen – ich weiß, die Teilungen, aber ...« Ich tröstete sie damit, dass es auch bei uns – übrigens bei strikt antideutschen Nationaldemokraten – vor dem Ersten Weltkrieg so etwas wie Preußenbewunderer gab, die sich ein Polen wünschten, das noch dreister und noch effizienter wäre als Preußen.

Ähnliches galt für Kant. Sie liebte ihn, immerhin war er ihr Landsmann. Meine Vorliebe für ihn hielt sich dagegen in Grenzen. »Aber der ›kategorische Imperativ‹ und die Schrift ›Zum ewigen Frieden‹, ist das nichts?«, wandte sie ein. Ich sagte dazu nur: »Aber Gräfin, diese Schrift war doch das Kreuz am Grabe Polens, 1795 geschrieben, gleich nach der dritten Teilung ... Da war Polen weg, nun konnte das Ende der Geschichte geschrieben werden ...« Kant distanzierte sich zwar verklausuliert von der Teilung Polens, schwieg sich aber darüber aus, wie man das Unrecht wiedergutmachen sollte. Er war eben auch ein preußischer Untertan. In meinen Gesprächen mit der Gräfin spielte diese ältere Geschichte jedoch keine allzu wichtige Rolle, ihre Abneigung gegen Wilhelm II. ließ uns leicht zur Gegenwart überwechseln.

In einem Glückwunschartikel in der Zeit *zu Marion Dönhoffs neunzigstem Geburtstag sehen Sie in dieser Grundhaltung der Gräfin zu Preußen auch einen Grund für ihr distanziertes Verhältnis zur Solidarność und ihre eher klaglose Hinnahme des Kriegsrechts von 1981.*

Ja, obwohl das nur eine Randbemerkung war in dem Essay. Ich vermute, dass dieser Haltung eine andere Staatstradition und eine andere Vorstellung von Reformen in einem autoritären Staat zugrunde lag als die polnische. Die Gräfin hatte durchaus Gespür und Hochachtung für den polnischen Widerstand im Krieg, vielleicht nicht für den militärischen, wie den Warschauer Aufstand, aber sehr wohl für den polnischen Untergrundstaat und vor allem das Untergrundschulwesen; das imponierte ihr sehr. Sie hat mich auch gebeten, eine Glosse zum 20. Juli und zum Warschauer Aufstand zu schreiben. Sie war entsetzt über das Niedermetzeln der polnischen Kavallerie durch die deutschen Panzer im September 1939, und sie sah die polnische Tragik. Was ihr allerdings gefiel, war der Sinn für das Groteske und für Selbstironie, den sie in Polen fand. In diesem Essay, den Sie erwähnen, schrieb ich auch: Ja, die Gräfin kam nicht mit Willy Brandt nach Warschau, aber alle Achtung vor dieser Entscheidung.

Dafür haben Sie Verständnis gehabt?

Ja, sicher. Es ist eben eines, wie sie selbst einmal sagte, den Verlust der Heimat zu akzeptieren, aber etwas anderes, darauf auch noch anzustoßen.

Galt das auch für andere Polen?

Das kann ich nicht sagen, wahrscheinlich aber schon. Anders war es 1981, damals wurde die Gräfin schon sehr stark kritisiert wegen ihrer Haltung gegenüber der Solidarność. Man kann viele Artikel in den Solidarność-Blättern finden, in denen es hieß, die Gräfin Dönhoff parliere lieber mit Rakowski und Jaruzelski statt mit einem rebellischen Proleten wie Lech Wałęsa, zu dem die Größten dieser Welt pilgern.

Diese Distanz zur Solidarność erklären Sie zum Teil auch aus ihrer preußischen Grundhaltung?

Ja. Die Gräfin empfand durchaus Achtung für den Widerstand, für den Mut der Menschen, die den Widerspruch riskierten. Zugleich, glaube ich, hatte sie aber – zumal unter den Bedingungen eines »Gleichgewichts des Schreckens« zwischen Ost und West – mehr Verständnis für Reformen von oben als für einen amorph revolutionären Impetus. So, wie sie den Kapitalismus durch eine sozial-liberale Verantwortung der Entscheidungsträger zähmen wollte, so waren ihr auch diejenigen geistig nahe, die den Realsozialismus »zähmen« wollten; daher auch die Sympathie für die Position Rakowskis in den sechziger und achtziger Jahren, daher auch ein Verständnis für die prekäre Lage General Jaruzelskis zwischen einer kaum zu bändigenden Volksbewegung und der unmissverständlichen Drohung Breschnjews mit einer militärischen Intervention. Dieses Dilemma eines aufgeklärten Absolutisten erschien der Gräfin wohl fast »preußisch«.

Dass die Gräfin den General als einen durchaus kultivierten, gebildeten und umsichtigen Menschen adliger Herkunft kannte, der während des Kriegszustandes auch seine eigene Macht »zähmte«, muss ebenfalls eine Rolle gespielt haben. Ich vermute, dass die Einstellung der Gräfin gegenüber der polnischen Widerstandstradition, inklusive der »Solidarność«, ein wenig zwiespältig war, hin- und hergerissen zwischen Respekt und Reserve. Und das hing auch damit zusammen, dass sie von Natur her zu dieser preußischen autoritären Reformbewegung neigte. Das ist übrigens ein grundsätzlicheres deutsch-polnisches Problem, da unsere politischen Kulturen mental eben anders geprägt sind. Sie bewegten sich im 17. Jahrhundert auseinander, mit dem Sieg der Gegenreformation in Polen, mit dem aufgeklärten Absolutismus in Preußen und einem republikanischen »Sarmatismus«, wie wir es nennen, der dann in die aufständische Kultur des 19. und des 20. Jahrhunderts mündete.

Der polnische Adel, der den König direkt wählte, war ihm nicht untertan. Der polnische Republikanismus betraf zwar nur den Adel, der aber war sehr zahlreich und stellte in manchen Regionen bis zu vierzig Prozent der Bevölkerung! So dass die Wahlen des polnischen Königs im 17. und 18. Jahrhundert repräsentativer waren als die Parlamentswahlen im England des 19. Jahrhunderts. Das schreibt jedenfalls Norman Davies, ein Waliser. Diese vom Herrscher ungebrochene Adelsdemokratie in Polen, die Preußen so nicht kannte, hatte Folgen. Hier galt die Überzeugung: Wir, die Natio, die adlige Gesellschaft, haben das Sagen und nicht der König allein. In Preußen war das umgekehrt. Diese Aufmüpfigkeit, die die Gräfin bei der Solidarność spürte, war ihr fremd, zog sie aber auch irgendwie an. Sie kannte ja den Widerstand vom 20. Juli in Deutschland. Aber sie kannte aus der deutschen Geschichte keinen Volksaufstand ...

Sie hat mit Geremek und mit Mazowiecki von der Solidarność gesprochen, aber die stellten eine Elite dar. Ein Jahr nach dem Kriegsrecht 1981 in Polen schrieb sie: »Der nationale Mythos der Polen heißt ›Aufstand‹.« Stimmt das?

Die Gräfin hat auch Adam Michnik, als er im Gefängnis saß, unterstützt und seinen herausgeschmuggelten Text veröffentlicht. Und was den Aufstand angeht, da hatte sie natürlich Recht. Die polnischen Aufstände des 19. Jahrhunderts gingen im Grunde genommen auf die alte »Konfederacja« zurück, auf ein Recht des Adels zum Widerstand gegen den Monarchen, wenn er die Pacta conventa, die polnische Urverfassung seit dem 16. Jahrhundert, bricht. Die »Konfederacja« war eine legale Zusammenrottung des Adels zur Durchsetzung eines legitimen Ziels. Diese Erfahrung einer direkten Demokratie ist in der polnischen politischen Tradition sehr tief verankert.

Sowohl der Kościuszko-Aufstand 1794 als auch die Aufstände 1830 und 1863 gingen auf diese Tradition zurück, letztendlich aber auch der Warschauer Aufstand 1944 und sogar die Solidarność 1980, indem die Arbeiter und die Intellektuellen gemeinsam die Belange der politischen Nation in ihre Hände nahmen und den »illegitimen Souverän« – die Partei – vom Thron absetzten. Die polnischen Aufstände waren nicht mit den Bauernrebellionen wie in Russland zu vergleichen, sie galten als legitimer Anspruch der politischen Klasse. Außerdem hielten sich die Revolutionäre an bestimmte Spielregeln und verfügten über funktionierende Bremsen. Es gab zum Beispiel danach keine ausufernden Rachefeldzüge.

Diese langen historischen Linien interessierten die Gräfin schon, aber man konnte in den Gesprächen merken, dass für sie diese politische Kultur und Tradition merklich anders als die preußisch-deutsche war. Sie beschäftigte sich mit der polnischen Geschichte vielleicht nicht allzu eingehend, aber sie begriff schon das Wesentliche.

Karl Dedecius, der große Übersetzer und Direktor des Deutschen Polen-Instituts, hat gesagt, die Polen hätten ein besonderes Verhältnis zum Adel. Der sei für sie immer noch glamourös, und er erklärt sich dadurch auch einen Teil des Ansehens, das die Gräfin in Polen genoss.

Das spielte gewiss auch eine Rolle. Unsere Beziehung zum Adel ist jedoch anders als in Frankreich unter Ludwig XIV. oder in Preußen. Es gab in Polen keinen »Sonnenkönig« mit

seinem Hof als dem politischen und sozialen Zentrum des
Universums, insofern auch keine »höfische Kultur«.

Der Adel verstand sich als das Salz der politischen Nation,
wichtiger als der König waren die lokalen Magnaten, um die
sich die nicht selten verarmten Kleinadligen, als ihre Klienten,
scharten; das Bürgertum – oft jüdischer oder deutscher Prove-
nienz – war schwach, und die Bauern hatten keine Rechte. Sie
schlossen sich der polnischen politischen Nation im russischen Teilungsgebiet Polens erst Ende des 19. Jahrhunderts
an. Seitdem war die adlig-bäuerliche Ausprägung in der polnischen Kultur dominant.

Doch in der Politik spielt die kleinadelige politische Mentalität nach wie vor eine Rolle, sie ist »bürgerlich«, nicht im
Sinne des Bourgeois, sondern des Citoyen. Das Wort »obywatel« (Bürger, Staatsbürger) entstammt dem Vokabular des
Adels, der »obywatel ziemski« war ein Landadliger, der Rechte
hat und Verantwortung für das Ganze trägt. Mit Lech Wałęsa
wurde allerdings zum ersten Mal ein Proletarier zum Träger
der politischen Nation ernannt und durch seine Staatspräsi-
dentschaft als der Erste Staatsbürger »geadelt«.

Diese ganze polnische Entwicklung konnte aus »preußischer« Sicht auf den ersten Blick sehr fremd erscheinen,
doch es war in den Gesprächen mit der Gräfin nicht schwer,
überraschende preußisch-polnische oder deutsch-polnische
Analogien zu finden. Sonst hätte sie sich nicht mit solcher
Energie für das Deutsche Polen-Institut in Darmstadt eingesetzt, für eine polnische Schule in Masuren, die ihren Namen
trägt, und für Hunderte von polnischen und anderen ostmit-
teleuropäischen und russischen Stipendiaten, die sie über ihre
Stiftung unterstützte. Dieses Polen war für sie letztendlich
eine sehr vertraute Fremde, bei allen Unterschieden spürte sie
die Ähnlichkeiten.

Ich würde Ihnen gern noch eine hypothetische Frage stellen: Wie hätte Marion Dönhoff wohl auf Frau Steinbachs Pläne und das Ansinnen der Preußischen Treuhand reagiert?

Damit hätte sie nichts gemein. Sie hat mir in meinem Interview für die *Polityka* 1986 einen wunderbaren Satz gesagt: »Wir saßen zwar siebenhundert Jahre lang auf diesen Ländereien, aber man kann ein Stück Erdkugel nicht besitzen, wir waren nur Verweser, Verwalter, und das, was mich heute schmerzt, ist der Verfall, und nicht, dass wir das nicht mehr haben.« Das ist eine völlig andere Haltung als die eines Kleinbürgers, der nur sein Eigentum sieht, über seine Leiden nachgrübelt und von ungestilltem Neid zerfressen wird. Für das tumbe Pochen auf Besitzansprüche und Entschädigungsforderungen bei gleichzeitiger Blindheit für die Kausalzusammenhänge hatte die Gräfin nur Verachtung übrig.

7. Februar 2005

Eine Dame der Publizistik
Mieczysław Rakowski, Warschau

MIECZYSŁAW RAKOWSKI, Dr. phil., geboren am 1. Dezember 1926 in Kowalewko bei Posen, war unter anderem Chefredakteur der Wochenzeitschrift *Polityka*, ZK-Mitglied der Kommunistischen Partei und 1988/1989 Ministerpräsident der Volksrepublik Polen. Er bezeichnet sich heute als »privaten Politiker«, ist Autor zahlreicher Bücher und Chefredakteur einer Monatsschrift. Seit Anfang der 1970er Jahre gehört er zu dem Personenkreis, den Marion Dönhoff bei ihren Polen-Reisen aufsuchte.

Sie waren jahrzehntelang als Journalist und Politiker tätig. Sehen Sie sich heute als Privatmann?

Als Privatmann? Als Privatpolitiker, möchte ich sagen. Ich äußere mich sehr oft zur politischen Lage oder politischen Entwicklung in Polen, besonders was die Außenpolitik betrifft. Außerdem bin ich Chefredakteur einer Monatszeitschrift, vergleichbar mit den *Frankfurter Heften*.

Sie sind noch sehr aktiv.

Momentan gebe ich mein politisches Tagebuch heraus. Ich habe von 1958 bis 1998 ein Tagebuch geführt. Mein Verleger hat vorgeschlagen, dass es nicht erst nach meinem Tod veröffentlicht werden sollte, sondern jetzt schon. Der zehnte Band ist im Juni 2005 erschienen. Das ist mein Lebenswerk, und darin ist auch sehr viel über Deutschland festgehalten, Gespräche mit Brandt, auch mit den führenden Sozialdemokraten, mit Staatsmännern wie John F. Kennedy.

Sie haben als Ministerpräsident Ansätze zur Marktwirtschaft in Polen durchgesetzt und die Demokratisierung Ihres Landes forciert. Wird Ihnen das heute gutgeschrieben, werden Sie dafür geachtet?

Die Chefökonomen bestreiten, dass ich damit angefangen hätte. Die Solidarność-Leute oder die Politiker von der rechten Seite stellen sich als Sieger dar. Und der Sieger will nicht anerkennen, was seine Vorfahren gemacht haben, wenn sie aus einer anderen politischen Richtung kommen. Das ist verständlich. Aber im Allgemeinen wird das jetzt viel mehr anerkannt als noch vor zehn oder fünf Jahren.

Sie waren als politischer Pragmatiker schon frühzeitig, noch während des Kalten Krieges, gegen die Vorurteile der Polen gegenüber Deutschland und vice versa. Wie steht es heute mit der Stimmung im deutsch-polnischen Verhältnis?

Was die Deutschen betrifft, handelt es sich jetzt um die zweite oder dritte Generation nach dem Zweiten Weltkrieg. Ich kann nicht verlangen, dass diese Generation so emotional auf die Vergangenheit reagiert wie die von Willy Brandt. Das Moralische spielt nicht mehr eine so große Rolle. Das muss man verstehen. Nur ein kleinerer Teil der heutigen Generation fühlt sich verantwortlich für das, was der Faschismus hier in Polen verbrochen hat. Aber man kann nicht verlangen, dass diese Generation jeden Tag um Verzeihung bittet. Es sind nun schon sechzig Jahre vergangen.

Ich glaube, diese Einschätzung der Faschismuszeiten ist als ein Teil der traurigen Geschichte zu betrachten. Wir dürfen den Deutschen aber nicht immer kommen mit: Ihr seid verantwortlich. Verantwortlich zum Beispiel für die Vertreibungspolitik im östlichen Teil von Polen, für Strafexpeditionen gegen die Ukraine, Weißrussland. Das Zweite: Von Zeit zu Zeit melden sich immer noch anti-deutsche Stimmen. Sie stehen nicht für eine überwiegende Einstellung den Deutschen gegenüber, aber es gibt diese Stimmen. Die Nationalisten sind eine Kategorie, die kommt oder geht, aber es gibt sie in jedem Volk, in jeder Nation. Was die deutsch-polnischen Beziehungen betrifft: Das Phänomen Erika Steinbach wird meiner Meinung nach bei manchen Polen zu hoch gespielt.

Die Politiker, die verantwortlich sind für gute Beziehungen zwischen Polen und Deutschland, müssen solche Gruppen zwar beobachten, aber das bedeutet nicht, dass wir bei jedem Schritt sagen: Polnische Landsleute, ihr müsst sehr vorsichtig sein. Man muss das im Rahmen einer realistischen Einschätzung betrachten. In diesem Sinne bin ich der Meinung, dass Frau Steinbach keine weitgehende Gefahr ist.

In einem Zeit-Artikel von 1984 aus Anlass des fünfundsiebzigsten Geburtstags von Gräfin Dönhoff erinnern Sie an viele Begegnungen mit ihr, wissen aber nicht mehr, wann Sie sie zum ersten Mal getroffen haben. Ist Ihnen das vielleicht inzwischen wieder eingefallen?

Das war Ende der sechziger Jahre.

War das in Polen?

Nein, in Hamburg. Ich war befreundet mit Henri Nannen und Manfred Bissinger. Und ich kannte damals auch schon Rudolf Augstein. Durch diese Freunde habe ich auch den Weg zur *Zeit* und zu Gräfin Dönhoff gefunden.

Bei welchen Gelegenheiten sind Sie ihr anschließend begegnet – waren das Konferenzen?

Mir scheint, es waren Konferenzen. Mehr kann ich nicht sagen. Gleich die ersten Zusammentreffen öffneten die Tür zur *Zeit*-Redaktion und auch zu Gräfin Dönhoff. Sie war sehr interessiert an Polen, hatte etwas zu sagen zu unserem Land.

Sie hat Sie auch besucht, wenn sie in Polen war.

Ja, sehr oft, immer wenn sie in Polen war, haben wir uns getroffen und miteinander gesprochen, und auch nach der Wende. Sie hat ja eine Schule in Mikołajki, Nikolaiken, sie war die deutsche Patronin. Am Ende des Schuljahrs habe ich sie immer in Mikołajki getroffen.

Wie konnte das Verhältnis zwischen einem polnischen Kommunisten und einer preußischen Gräfin funktionieren?

Das ist nur ein Beispiel dafür, dass im Leben alles möglich ist. Aber ich glaube, ich stand für sie nicht als ein echter Kommunist da, es hatte damit zu tun, dass die *Polityka* die Deutschen souverän betrachtet hat: Wie ist die Entwicklung in beiden Staaten Deutschlands, in der DDR und der BRD. Ich habe die Teile Deutschlands schon Ende der sechziger Jahre realistisch und ohne irgendwelchen Hass und ohne diese Propaganda, dass die deutschen Revisionisten, die Vertriebenen, eine wirkliche Gefahr sind, gesehen.

Dann kam der Vertrag zwischen der Bundesrepublik und Polen im Dezember 1970. Ich war sehr intensiv damit beschäftigt, nicht nur als Journalist, sondern auch, weil ich eine Art Bote zwischen Gomulka und Brandt war. Die Gräfin wusste das alles natürlich. Sie war eine hochintelligente Frau, eine kluge Frau, und ich glaube, sie hat einfach gesehen, dass dieser Rakowski kein klassischer Kommunist ist.

Ein liberaler?

Hier in Polen wurde ich sozusagen zum Sozialdemokraten ernannt. Wenn ich mich in Bonn und an anderen Orten Deutschlands geäußert habe, waren meine Gesprächspartner nicht
besorgt, dass ich enge Beziehungen zur Stasi oder zu irgendje-
mandem in der DDR hatte. In Moskau galt ich als jemand, dem
man nicht trauen konnte.

*Marion Dönhoff hat einmal geschrieben, wegen Ihrer Herkunft
aus Poznań, Posen, einer ehemaligen preußischen Region, sähen
Sie sich der Realität näher als viele Ihrer Landsleute. War das
eine zutreffende Behauptung?*

O ja. So, wie es bei euch Unterschiede zwischen Bayern und
Hanseaten oder Rheinländern gibt, gibt es diese Unterschiede
zwischen Polen aus Ostpolen und Westpolen. Mein Vater war
in der kaiserlichen Armee, kämpfte in Verdun und geriet dann
in Gefangenschaft. Das ist eine lange Geschichte. Er hat es
mit dem Leben bezahlt, weil er 1939, nach dem Ausbruch des
Krieges, den Deutschen glaubte, denn er kannte die Deutschen aus dem Ersten Weltkrieg. Er war ein Bauer. Meine
Mutter hat gesagt, bleib in Zentralpolen, sonst werden sie
dich töten. Da sagte er: »Quatsch, ich kenne doch die Deutschen.« Er ist bestraft worden für das, was er glaubte.

*Preußen hat in der Geschichte Polens manches Mal keine gute
Rolle gespielt, auch bei den Teilungen. Hat sich Marion Dönhoff
dazu geäußert?*

Nein, ich habe wenig mit ihr über die Vergangenheit gesprochen.

*Wodurch unterschied sich Marion Dönhoff von den Deutschen,
die Ihnen zuwider gewesen sein müssen?*

Ich habe wirklich viele Deutsche kennengelernt, die genauso waren wie die Gräfin und versuchten, uns zu verstehen. »Anständig« ist nicht das richtige Wort ... Das waren Leute, die offen waren und versucht haben, Polen zu verstehen. Sie waren fähig, die Besonderheiten Polens, auch die Beziehungen zu Deutschland, zu billigen. Sie hatten Verständnis für die Ängste, für das, was wir während der Nazizeit erlebt haben. Ich habe viele gute Deutsche getroffen.

Die Gräfin war etwas Besonderes, sie kam aus einer preußischen Familie, aber das war im vorigen Jahrhundert. Jedenfalls war diese kleine, zarte Dame etwas Besonderes. Die Gräfin hatte eine große Anziehungskraft, sie war sehr freundlich. Und sie interessierte sich dafür, was ich mache, wie ich und andere Polen uns die Beziehung zwischen Polen und Deutschen vorstellen. Sie war eine sehr politische Frau.

Sie haben über die SPD in der Nachkriegszeit promoviert, Sie kennen daher die Linke in Deutschland. War Marion Dönhoff in Ihren Augen links, nach dem deutschen Muster?

Ich glaube, ja. Und was die Einstellung der Gräfin zu Polen betrifft: Mir scheint, sie versuchte wirklich, uns zu verstehen. Damals, 1981, kam sie nach Polen. Ich habe mit ihr gesprochen. Sie war eine kritische Frau, auch gegenüber dem Kriegsrecht, aber sie hat doch versucht, beide Seiten zu verstehen.

Einige ihrer Freunde in Polen werfen ihr heute noch vor, dass sie während der Zeit des Kriegsrechts mit Ihnen und General Jaruzelski gesprochen hat.

Das sind dumme Kerle. Wenn jemand etwas verstehen will, muss er ins Dichterland gehen. Sie war doch wirklich eine Journalistin. Und ein guter Journalist, der etwas wissen will, muss mit beiden Seiten sprechen. Wenn es einen Konflikt gibt, muss er versuchen, beide Seiten zu verstehen. Ich habe nie mit ihr darüber gesprochen, aber sie war eine Preußin. Sie wusste, was der Staat bedeutet, welche Rolle die Politik spielt, die Realität, in der sich der andere Staat befindet, und so weiter. Das war doch eine sehr realistische Haltung.

Gegenüber Solidarność war sie ziemlich zurückhaltend. Ich weiß gar nicht, ob sie Lech Wałęsa je gesehen hat.

Ich glaube nicht. Diese Zurückhaltung war auch verständlich, es waren besondere Zeiten. Die Einschätzung von Solidarność ist viel kritischer geworden, als sie damals war. Damals gab es eine Begeisterung für diese Bewegung, heute gibt es die schon nicht mehr. Mit drei Millionen Arbeitslosen und vierzig Prozent Arbeitslosen unter den jungen Absolventen der Hochschulen leidet das Land unter Armut.

Ich erinnere mich an ein Gespräch mit Genscher. Er sagte, Gott sei Dank hätten wir nur eine Gewerkschaft. Aber Marion Dönhoff hat Solidarność als etwas Unangenehmes betrachtet, als eine Störkraft. Sie verstand, was diese Entwicklung bedeutete, objektiv gesehen. Aber sie hat den einen oder anderen Solidarność-Menschen getroffen und gesprochen – sie hatte gute Gespräche mit Bronisław Geremek und Tadeusz Mazowiecki und ein paar anderen, hochgebildeten Politikern. Die ganze Entwicklung hat gezeigt, dass die Ideen, die Solidarność am Anfang hatte, längst überholt sind.

Sie haben 1973, damals waren Sie Chefredakteur der Polityka *und* ZK-*Mitglied der* KP, *einen Artikelaustausch zwischen Ihrer Zeitung und der* Zeit *angeregt. Wie wurden damals die Artikel Marion Dönhoffs von den polnischen Lesern aufgenommen?*

Gut.

Sie hat ja einige Jahre gebraucht, um den Verlust der ehemaligen Ostgebiete zu akzeptieren. War das auch ein Thema zwischen Ihnen?

Nein. Ich habe einfach Gräfin Dönhoffs Gefühle verstanden. Man kann sagen, ich wollte taktvoll bleiben. Es war für sie immer ein Problem, ein emotionales Problem, und deswegen habe ich das Thema nicht berührt. Damals, am 7. September 1970, kam Willy Brandt mit einer Schar von sehr hoch geschätzten Intellektuellen, Grass, Lenz und ein paar anderen. Ich habe gleich gesehen: Es fehlt jemand. Ich habe Brandt gefragt.

Hatten Sie Verständnis dafür, dass sie nicht mitgereist ist?

Ja.

Was, glauben Sie, hat Deutschland – Sie kennen ja Deutschland sehr gut – mit Marion Dönhoff verloren?

Es hat sehr viel verloren. Wir leben in Zeiten, in denen der Anstand der Menschen zu wünschen übrig lässt, und Geld spielt die wichtigste Rolle, die Tabloids – jede Sensation ist wertvoll, weil sie Gewinn bringt. Die Gräfin war eine Dame der Publizistik, und ich glaube nicht, dass es heute in Deutschland jemanden wie sie gibt. Sie war befreundet mit den größten Politikern dieser Welt, sie wurde sehr geschätzt, auch in Amerika. Niemand hatte so einen Einblick wie sie, nicht nur im westlichen Teil Europas. Die Gräfin war wirklich eine Figur, vor der man sich nur verbeugen kann.

25. April 2005

Vorbild aus der Bourgeoisie
Neville Alexander, Kapstadt

NEVILLE ALEXANDER, Dr. phil., geboren am 22. Oktober 1936 in Cradock nahe Port Elizabeth, Südafrika, ist Professor für Erziehungs- und Sprachwissenschaften an der Universität Kapstadt. Mit einem Stipendium der Humboldt-Stiftung studierte er von 1958 bis 1961 in Tübingen und wurde dort mit einer Arbeit über Gerhart Hauptmann promoviert. Alexander zählte zu den prominenten schwarzen Apartheid-Gegnern und war von 1963 bis 1974 als politischer Gefangener auf Robben Island inhaftiert, wo er engen Kontakt zu Nelson Mandela hatte. Er gehörte zu den Oppositionellen, die Marion Dönhoff bei ihren Besuchen in Südafrika immer wieder traf.

Professor Alexander, Sie haben Deutschland einmal Ihre zweite Heimat genannt. Gerade kommen Sie von einem Besuch dort zurück. Wie hat sich das Land seit Ihrem ersten Aufenthalt Ende der fünfziger, Anfang der sechziger Jahre verändert?

Zunächst ist es sehr modernisiert worden. Das Leben ist, wie überall in der modernen Welt, sehr schnell und gehetzt, und man fühlt sich teilweise zu Hause deswegen. Andererseits, weil die Technik so sehr – auch bei uns hier – entwickelt ist, ist alles auch etwas entfremdet. Trotzdem fühle ich mich in Deutschland immer zu Hause.

Immer noch?

Ja, weil ich mich über die Sprache sehr einfach verständigen kann, und sobald die Deutschen merken, dass ich gut Deutsch kann, haben die meisten eine sehr freundliche Art. Aber andererseits, das hängt mit den Entwicklungen seit etwa 1970 zusammen, ist mir auch ganz klar – und ich kann das persönlich ganz deutlich fühlen –, dass die Fremdenfeindlichkeit beziehungsweise ein bestimmter Abstand Fremden gegenüber zugenommen hat. Es gibt in dem Sinne sozusagen zwei deutsche Nationen. Es gibt diejenigen Menschen, die sich für das Ausland, für Fremde, für Ausländer überhaupt sehr offenhalten, sie willkommen heißen und sich multikulturell benehmen; und andererseits diejenigen – ich nehme an, vorwiegend Individuen und Gruppen aus der Arbeiterklasse –, die Angst haben wegen Arbeitslosigkeit, Konkurrenz und so weiter. Außerdem ist durch den Krieg gegen den Terrorismus ein bestimmtes Feindbild entstanden, vor allem gegen Muslime, aber auch gegenüber Leuten, die ganz sichtbar fremd sind. Und das ist schade. Das ist natürlich nicht nur ein deutsches Phänomen, sondern ein europäisches Phänomen.

Sie waren viele Jahre ein Opfer der Apartheid und eines Unrechtsregimes. Wie sehen Sie Ihr damaliges Schicksal heute?

Ich war sehr jung, als ich gefangen genommen wurde.

Wie alt waren Sie?

Ich war sechsundzwanzig Jahre alt. Ich hatte ja, wie Sie wissen, in Deutschland promoviert, 1961, und bin dann im Juli desselben Jahres nach Hause gekommen. Zwei Jahre später, im Juli 1963, wurde ich wegen angeblicher versuchter Sabotage inhaftiert. Aber das hängt auch zum größten Teil mit Deutschland zusammen, insofern, dass ich während meines Aufenthalts dort ganz eindringlich von der algerischen und kubanischen Revolution beeinflusst wurde. Nach dem Massaker bei Sharpeville am 21. März 1960 bin ich, genau wie so viele andere politisch bewusste Leute in Südafrika, zu dem Schluss gelangt, dass gewaltfreie Aktionen nicht mehr genügen würden. In Sharpeville wurden neunundsechzig Leute niedergeschossen und viele Tausende verwundet. Das ging natürlich um die ganze Welt. Auch ich kam damals zu der Schlussfolgerung, dass wir zu den Waffen greifen müssten. Mir wurde zu jener Zeit eines sehr klar, nämlich dass die Armee, damals eine weiße Armee, von der schwarzen Bevölkerung völlig isoliert war, weil der Rassismus eine Brücke zu den Schwarzen verhinderte.

So kam ich zu der Überzeugung, dass wir eine Guerilla-Armee aufbauen müssten, weil wir uns nicht auf die Armee verlassen konnten, wenn sie sich in einer Krise hätte entscheiden müssen: Schießen wir auf das Volk oder nicht. Mir war klar, die weiße Armee hätte geschossen. Und deswegen bin ich, genau wie viele andere, die sonst völlig friedlichen Mitteln verpflichtet waren, für einen gewaltsamen Widerstand eingetreten. Aber, wie gesagt, ich war jung. Meine Mitstreiter waren alle sehr jung, wir hatten überhaupt keine Erfahrung im Untergrundkampf, und deswegen wurden wir auch ganz schnell, nach zwei Jahren, aufgedeckt und viele von uns ins Gefängnis gesteckt.

Stimmt Sie das heute noch bitter, oder haben Sie das verarbeitet?

Nein, ich war nie bitter. Ich war ein Student der Geschichte, hatte ein, wie ich glaube, sehr gutes Verständnis dafür, wie es zum Rassismus, zur Apartheid gekommen war, hatte in dem Sinne überhaupt nichts gegen weiße Menschen. Mir war ganz klar, warum sie sich so benahmen. Natürlich wusste ich auch, dass die Strategen, die Ideologen, die führenden Politiker eine sehr große Schuld auf sich geladen hatten, indem sie zur Apartheid standen. Deshalb glaubte ich, dass wir dieses System beziehungsweise diesen Staat stürzen müssten.

Aber als Revolutionär, als einer, der erwartet hatte, dass er irgendwann einmal festgenommen werden würde, war es in dem Sinne überhaupt kein dramatisches Ereignis, dass ich mich im Gefängnis wiederfand. Wir hatten auch Gelegenheit, uns im Gefängnis wirklich bilden zu lassen. Als dann die Erlaubnis kam, dass wir studieren, also auch ein Fernstudium aufnehmen durften, hatten wir mit einem Mal wieder Zugang zu Büchern, auch zu politisch-historischen Büchern. Ich muss sagen, wir haben das ganze Gefängnis in eine Universität verwandelt.

Waren Sie auf Robben Island?

Ja. Und zwar in der gleichen Abteilung mit Leuten wie Mandela und so weiter.

Als Sie 1963, 1964 vor Gericht standen, haben Studentenproteste die Apartheid in Deutschland zum Thema gemacht. Hat das geholfen?

Doch, doch. In dem Sinne, dass zunächst einmal die Studentenschaften und einige Gewerkschaften während des Gerichtsverfahrens gegen uns unsere Prozesskosten abgedeckt haben. Das war eine Art von Solidarität, die man in Deutschland nach dem Krieg bis dahin noch nicht erlebt hatte und die ganz einmalig war – dass das von den Studentenschaften *und* den Gewerkschaften kam. Andererseits haben unsere politischen Aktionen das Regime natürlich nicht verändert. Das passierte erst nach sehr vielen ähnlichen Aktionen überall auf der Welt zwanzig Jahre später.

Sie hatten damals prominente Unterstützung in Gestalt von No-
belpreisträger Werner Heisenberg und Professor Ludwig Raiser.
Gehörte auch Gräfin Dönhoff zu den Unterstützern?

Ich habe sie erst nach meinem Gefängnisaufenthalt kennengelernt.

Wann war das?

Ich glaube, gegen Ende der siebziger Jahre, und zwar habe ich
sie über Freunde kennengelernt. Wir konnten uns sofort miteinander verständigen, das war wirklich ganz großartig, weil
sie selber die deutsche Geschichte, den damaligen Widerstand
erlebt hatte. Sie war natürlich aus meiner Sicht orthodox als
hundertprozentige Demokratin. Aber wir hatten eine Ebene,
auf der wir uns ohne weiteres darüber verständigen konnten,
was es eigentlich heißt, demokratische Institutionen, beispielsweise in Südafrika, zu verfestigen. Wir haben das ganz
gründlich diskutiert. Sie war auch sehr beeindruckt davon,
dass wir versuchten, die schwarze Gewerkschaft aufzubauen
und zu einer Unabhängigkeit heranzuerziehen, heranzubilden.
Sie war sehr beeindruckt, dass wir nicht die Haltung einnah-
men, dass die Hilfe von außen kommen müsse, sondern dass
wir selbst versuchten, etwas zu schaffen, zu finden, ausfindig
zu machen. Das ging so weit, dass sie einmal einige unserer
Bildungsprogramme auch finanziell unterstützte.

Ich habe sie in erster Linie als Demokratin, als eine der
Gründerinnen der Bundesrepublik sozusagen, erlebt. Als eine,
die aus einer ganz konservativen Ecke kam, die sich aber zur
klassischen Demokratin entwickelt hat und die wegen ihrer
Bildung, ihrem Verwurzeltsein in Deutschland und in Europa
tatsächlich verstand, worum es ging, wenn man von einer sta-
bilen Demokratie redet. Das fand ich sehr beeindruckend,
auch, dass sie authentisch offen war. Das war für mich die ei-

gentliche Brücke, über die ich gehen konnte, um mich mit ihr zu verständigen, sonst wäre es nicht möglich gewesen.

Sie waren ja wahrscheinlich, wenn es um kritische Fragen an den Kapitalismus ging, einer Meinung?

Ja. Aber ich war auch nie Dogmatiker. Ich kann heute auch den Kapitalismus verstehen, aber ich bin ihm gegenüber sehr kritisch. Meine Kritik hat ganz tiefgründige, philosophische Implikationen, und dass sehr viele a priori dabei eine Rolle spielen, ist mir ganz klar. Deswegen war ich mir auch sicher, dass, wenn wir eine neue Welt aufbauen wollen, wenn das unser Wunsch ist, dies auf den Errungenschaften des Kapitalismus basieren muss. Darum war mir ein Mensch wie Marion Dönhoff so wichtig, weil sie das verkörperte, was ich als das Gute am Kapitalismus verstand, und ich war sehr froh, dass ich eine solche Person auch tatsächlich kennenlernte.

Haben Sie zufällig ihr Buch »Zivilisiert den Kapitalismus« gelesen?

Leider nur teilweise, man hat nicht zu viel Zeit.

Gab es etwas an ihr, was typisch deutsch, wenn nicht preußisch war?

Ihre ganze Haltung, die Anmut, das aufrichtige Zuhören und auch der leicht ironische Blick.

Würden Sie das als deutsch oder eher als preußisch bezeichnen?

Ich nehme an, dass das eher preußisch ist. Es gibt so viele deutsche Eigenarten. Aber das würde ich lieber als preußisch bezeichnen. Sie war natürlich eine reiche Dame, aber sie hat nie angegeben, das war für mich auch sehr wichtig.

Sie war bescheiden.

Das meinte ich. Sehr bescheiden.

Wie wichtig waren während der Zeit der Apartheid Menschen wie Marion Dönhoff, die über die Zustände in Südafrika schrieben?

Sehr wichtig. Vor allem, weil die Machthaber damals, entweder direkt oder indirekt, die entsprechenden Artikel lasen. Gerade weil es von Leuten wie Marion Dönhoff kam, war das für sie natürlich sehr wichtig. Die Buren, die so genannten Afrikaaner, die führenden Leute dort, wollten immer als Europäer, jedenfalls als zivilisierte Menschen angesehen werden. Und Marion war eine Person von großer Bedeutung. Sie wusste das. Sie hat zielbewusst für sie geschrieben und das Thema Apartheid immer wieder angesprochen. Ich glaube, dass ihre Artikel in der *Zeit* für die Beeinflussung des Denkens der herrschenden Schicht sehr wichtig waren. Und für Leute wie Frederik van Zyl Slabbert, einen der führenden Oppositionspolitiker von damals. Den hat sie auch sehr gut gekannt. Und sie hat immer wieder mit diesen Leuten geredet. Sie hatte einen ganz großen Einfluss.

Aber konnte eine Ausländerin wie Marion Dönhoff die Situation in Südafrika damals überhaupt verstehen?

O ja. Wegen der Kontakte, die sie in den verschiedenen Schichten hatte. Menschen wie Gräfin Dönhoff bedeuteten viel für uns, weil sie einen vergleichenden Blick hatte, sie kannte ja fast die ganze Welt. Da hat sie uns auch einige Dinge mitgeben können, die uns zu anderen Gedankengängen leiteten.

Sie hat die Truth and Reconciliation Commission (TRC) von Anfang an als sehr positiv betrachtet und ist sogar so weit gegangen, zu sagen, das hätte ein Beispiel sein können für Deutschland nach der Wiedervereinigung.

Ich habe persönlich mit ihr nicht darüber geredet. Ich kann gut verstehen, warum sie das gesagt hat. Ich bin aber der Meinung, dass von der TRC zu viel erwartet wurde, zum Beispiel die Versöhnung. Es sollte eine Art friedlicher Koexistenz herbeigeführt werden, aber Versöhnung ist eine Privatsache. Das Modellhafte an der TRC war jedoch, dass eine Institution, die auf hochdemokratische Art und Weise funktionierte, versuchte, eine ganze Periode der Zeitgeschichte zu evaluieren.

Ich bin der Meinung, dass eine solche Institution wie die TRC in allen Demokratien institutionalisiert werden sollte. Wenn alle dreißig bis vierzig Jahre eine solche TRC, eine Wahrheitskommission, eine Art Evaluierung der letzten drei bis vier Jahrzehnte vornehmen sollte, beispielsweise das heutige Italien, das Regime von Berlusconi oder Erscheinungen wie Parmalat – dann würden die Entwicklungen evaluiert werden, und man würde sich fragen, wo ist es schiefgegangen, welche Wertvorstellungen hatten die Leute und warum. Das könnte meiner Ansicht nach für die Demokratie eine ganz große Errungenschaft darstellen.

Das würde Legenden vorbeugen und dem Vergessen.

Und individuelle Personen würden sich davor hüten, bestimmte Fehler zu begehen, weil sie nicht belastet in die Geschichte eingehen wollen, als korrupt beispielsweise. Das ist etwas, worüber wir uns Gedanken machen. Ich glaube aber nicht, dass die konkreten Bedingungen, unter denen die TRC in Südafrika arbeitete, in irgendeinem anderen Lande nachgeahmt werden können. Es ist nur die Art, mit der Zeitgeschichte umzugehen, offen, in den Medien, und nicht hinter verschlossenen Türen, wie Argentinien oder Chile oder Guatemala das gemacht haben.

Marion Dönhoff hat Nelson Mandela und den damaligen Regierungschef de Klerk als die Hauptbetreiber des Wandels in Südafrika bezeichnet. Stimmt das so?

Ja. Ich habe in einem Buch* geschrieben, dass dieser Wandel sowieso gekommen wäre, es konnte nicht anders ausgehen, aber es hätte viel länger gedauert und wahrscheinlich eine ganz andere Form genommen. Mandela und de Klerk haben ganz klar die Situation in Afrika geprägt.

Marion Dönhoff hat Harry Oppenheimer, den Chairman des Diamantenkonzerns De Beers – und ich glaube, er war der größte Industrielle Südafrikas –, 2000 in einem Nachruf gelobt: »Es gibt sicher keinen zweiten weißen Südafrikaner, der so viel für sein Land getan hat wie Harry Oppenheimer.« Kann man das so sagen?

Oppenheimers Reich basierte auf der Ausbeutung des ganzen südlichen Afrikas. Das darf man nicht vergessen.

Haben Sie Marion Dönhoff einmal in Hamburg besucht?

Doch, doch. Ich war bei ihr zu Hause, zweimal, glaube ich.

Wie oft haben Sie sie denn insgesamt gesehen?

Ich würde sagen, mindestens fünf- bis sechsmal. Zweimal unter vier Augen, sonst in größerer Gesellschaft.

Sie kennen ja Deutschland. Welche Rolle hat Ihrer Meinung nach Marion Dönhoff in Deutschland gespielt?

Da kenne ich sie natürlich nicht so gut. Ich weiß, dass sie mit Helmut Schmidt sehr befreundet war und in der Elite Deutschlands eine durchdringende Stimme hatte. Und als Medienper-

---

* »Wahrheitspolitik in Deutschland und Südafrika. Drei Pfade zur Aufarbeitung der Vergangenheit«, Hannover 2001.

sönlichkeit war sie sehr mächtig. Ich glaube, dass sie zur Nachkriegsgeschichte der Bundesrepublik auf jeden Fall einen sehr ausschlaggebenden Hintergrund geliefert hat.

Ich möchte aber ganz, ganz klar sagen, dass Marion Dönhoff für mich eine sehr wichtige und große Gestalt in meinem Leben war. Ich möchte das wiederholen. Ich habe ja gesagt, ich habe immer den Gedanken gehabt, dass wir, wenn wir etwas Neues aufbauen wollen, uns auf die Errungenschaften der Bourgeoisie im positiven Sinne beziehen müssen. Und da war sie für mich die Verkörperung dieses Ideals. Das hat für mich sehr viel bedeutet.

13. März 2004

»Hier war sie völlig anders«
Helmut Bleks, Baumgartsbrunn, Namibia

HELMUT BLEKS, geboren am 19. Oktober 1920 in Berlin, gestorben am 10. August 2006 in Windhoek, verbrachte seine Kindheit in Texeln bei Rominten in Ostpreußen. Nach einem Herzinfarkt gab er 1971 seine Position als Generalbevollmächtigter des Chefs der Eisenwerke Rexroth in Lohr am Main auf und kaufte die 7000 Hektar große Farm Baumgartsbrunn in der Nähe von Windhoek in Namibia. Dort gründete er eine Grundschule, später noch ein Berufsausbildungszentrum für schwarze Mädchen. Marion Dönhoff war oft zu Gast in Baumgartsbrunn.

Wir befinden uns in Baumgartsbrunn, etwa fünfzig Kilometer von Windhoek entfernt. Sie leben hier seit 1971. Was hat Sie hergebracht?

Es war keineswegs so, dass ich unbedingt nach Afrika wollte, weil meine Arbeit in Deutschland damals interessant war und von mir sehr geliebt wurde. Aber nach einem Herzinfarkt rieten mir die Ärzte, kürzerzutreten und mir eine neue, weniger stressbeladene Aufgabe zu suchen. Die fand ich dann hier.

Sie waren in der Stahlbranche gewesen.

Ich war Generalbevollmächtigter von Rexroth in Lohr am Main. Wir hatten Fabriken an mehreren Standorten in Deutschland. Neben dem unverzichtbaren Erwirtschaften von Gewinn hatte jedes der Unternehmen irgendein soziales Anliegen zu realisieren. Wir waren Mitbegründer der Treuhandgesellschaft für Gemeinnützigkeit in Bochum, aus der später die GLS-Bank in Bochum hervorging. Es entstanden Schulen, wir kümmerten uns um die Contergan-Kinder, unterstützten Spastikerheime und so weiter. Im Grunde genommen ist das, was Sie heute in Baumgartsbrunn sehen, eine Fortsetzung dessen, was wir damals mit Freunden in Deutschland begonnen hatten.

Als wir herkamen, haben wir erst einmal eine Grundschule gegründet. Damals, als ich mein erstes Haus baute, hörten und erlebten wir, dass die Eltern der Schulkinder, die Arbeiter, die wir mit übernehmen mussten, als ich die Farm kaufte, dass diese Arbeiter nicht lesen und schreiben konnten. Das war – wie man das heute nennt – ein Kulturschock, denn Windhoek ist nur fünfzig Kilometer entfernt; es ist eine fast europäisch anmutende Stadt, damals schon 100 000 Einwohner groß, mit Geschäften, Warenhäusern, kleinen Fabriken, Gewerbebetrieben. Da sprach man Deutsch, Englisch und Afrikaans, hauptsächlich Afrikaans. Und die Menschen in unserer Gegend hier, die Farmarbeiter, lebten gewissermaßen wie vor Jahrhunderten, in Blechhütten, ärmlich, sehr arm.

Inzwischen ist aus diesem Flecken, wo vorher nichts war, dieses Schulzentrum geworden, mit einer Grundschule und dem Institut.

Wir haben insgesamt siebenhundert Menschen im Dorf inklusive aller Schüler, Lehrer und Betreuer. Früher war es so, dass die Kirche in der Mitte eines Dorfes stand, hier ist es genauso. Diese Kirche haben wir vor fünfzehn Jahren gebaut.

Bei Helmut und Gertraude Bleks in Baumgartsbrunn, Namibia, war
Marion Dönhoff oft zu Gast.

Wir hatten damals eine lang anhaltende Trockenheit. Ich
musste alle meine Rinder verkaufen. Ich stand vor der Frage:
Auf wen verzichte ich jetzt, auf die Kinder oder auf die Rinder? Wir hatten nicht mehr genügend Wasser, es war eine
schreckliche Zeit. Nachdem ich mich für die Kinder entschieden hatte, habe ich alle Eltern der Kinder zusammenge-
trommelt und gesagt: »Hört mal her, ich habe alle meine Rinder verkaufen müssen, genauso wie ihr auch. Jetzt habe ich
eine Menge Geld, und damit würde ich gern etwas für eure
Kinder bauen. Was glaubt ihr, was für sie am notwendigsten
ist?«
Mein Gedanke ging dahin, dass wir eine neue Küche
brauchten, einen Handwerksbetrieb, den ich aus pädago-
gischen Gründen in die Mitte stellen wollte. Ich dachte an
eine Weberei, ich dachte, es wäre schön, wenn die Häuser für
die, die hier wohnen, ein wenig hübscher wären. Aber was war

das Resultat? Der älteste und der jüngste Mitarbeiter kamen zu mir und sagten:»Mr. Helmut, alles, was du für uns tust, ist gut, wir danken dir, dass es dich gibt und dass der liebe Gott dich hergeschickt hat aus Deutschland. Aber bitte keine Werkstatt, keine Küche. Unsere Kinder schlafen bei uns auf der Erde, lass sie hier bei dir im Internat wohnen, sie sollen nur lernen. Aber bau uns doch eine Kirche, denn so nötig« – und das Wort vergesse ich nie – »wie unsere Kinder das Brot brauchen, so nötig brauchen sie das Wort.«

Damals habe ich mich zunächst darüber geärgert. Ich dachte, mein Gott, da kommt man hierher und bietet ihnen an, dass die Kinder es ein bisschen besser haben und eine neue Küche haben sollen ... Kirche, gut und schön, wir werden sowieso eine bauen. Aber als ich nach Hause kam, sagte meine Frau:»Du hast ihnen gesagt, sie haben Mitsprache, jetzt wollen sie eine Kirche haben, dann bau halt eine Kirche.«

Ich hatte mit Hans Scharoun in Bochum eine Kirche gebaut und alle Zeichnungen, die er für diese Kirche angefertigt hatte – auch die Pläne, die abgelehnt worden waren –, mitgenommen. Einen dieser Pläne haben wir hervorgeholt und danach die Kirche gebaut. In unserem Dorf haben wir also eine richtige, echte Scharoun-Kirche stehen.

Haben Sie Gräfin Dönhoff hier kennengelernt?

Es war ganz lustig. Ich saß damals in meinem Büro, das sich neben der Kirche befand, mitten im Schuldorf. Da kam ein Anruf:»Sind Sie der Herr Bleks?« Ich sage:»Ja.« – »Kann ich Sie mal besuchen?« Ich:»Ja, wer sind Sie denn?« Und sie:»Ich heiße Dönhoff.« – »Dönhoff aus Ostpreußen?« – »Ja.« – »Marion Gräfin Dönhoff?« – »Ja.« Ich:»Dann kommen Sie bloß schnell heraus. Sie liebe ich schon so lange, wie ich lebe.« »Helmut Bleks«, hat sie gesagt, »ich höre das mit großem Vergnügen und werde ganz schnell kommen.« Eine halbe Stunde später war sie hier.

So schnell ging das?

Das Auto hatte schon bereitgestanden. Sie hatte von Windhoek aus angerufen. Wahrscheinlich hatte sie in einem Artikel in Deutschland von mir gelesen und von dem, was wir hier tun, und wollte das mal sehen.

Hatten Sie die Artikel von Gräfin Dönhoff in der Zeit gelesen? Oder wodurch war sie Ihnen ein Begriff?

Ich habe alles gelesen, in der *Zeit*, alle Bücher. Angefangen mit dem Buch, das mich am meisten faszinierte: »Kindheit in Ostpreußen«. Ein bisschen hatte ich diese Kindheit genauso erlebt. Nicht so groß und gewaltig und nicht mit Friedrichstein, sondern auf einem normalen Bauernhof von etwa 400 Morgen, wo ich groß geworden bin. Aber alles, was sie geschrieben hat, konnte ich gut nachempfinden, ja, nachleben und habe das mit großer Begeisterung gelesen.

Beschreiben Sie doch einmal, wie sie hier ankam.

Sie kam mit einem Taxi angefahren. Sie sagte: »Ein bisschen ist es bei euch ja wie in Ostpreußen. Erzählen Sie, was machen Sie denn?« Sie war von Anfang an sehr interessiert. »Kann ich das mal sehen? Kann ich einmal mit den Kindern sprechen?« Und dann hat sie mit den Mädchen gesprochen, alle um sie herum hat sie gefragt: »Was macht ihr denn hier?«

Das waren hauptsächlich Grundschüler?

Mein Büro hatte in unserer Anfangszeit mit Kindern zu tun, die gewissermaßen abgeliefert wurden. Die Eltern brachten ihre Kinder und schärften ihnen ein, nicht zu sagen, wie sie hießen oder wo sie wohnten, damit sie nicht wieder nach Hause geschickt würden. Mein Wohnhaus hatte eine Terrasse, auf der die Kinder abgelegt wurden, so wie früher uneheliche Kinder an der Klosterpforte abgelegt wurden. Sie kamen von weit her.

Sie kamen zu Hunderten, so dass viele Kinder noch im Freien schliefen. Die Karren standen bis oben auf dem Berg, und die Eltern warteten darauf, dass ihre Kinder angenommen wurden. Oft haben sie gesagt: »Wieso nimmst du mein Kind nicht? Ist es nicht schön genug? Du machst eine Schule und nimmst meine Kinder nicht? Warum machst du denn dann eine Schule? Ich lass das Kind hier.« Und ich sagte: »Mein Gott, ich habe keinen Platz mehr.« Sie antworteten: »Hier ist doch alles frei, lass sie doch hier schlafen.«

Die Eltern wollten, dass die Kinder lernen?

Die Eltern konnten nicht lesen und schreiben, aber ihre Kinder sollten es können. Das ist doch auf der ganzen Welt so – die Kinder sollen an die Universität, Doktor werden oder Rechtsanwalt. Mein Ziel war aber, Handwerker auszubilden, von Anfang an. Ich glaubte, dass diese Entwicklungsstufe nicht übersprungen werden darf. So ist Industrie entstanden. Wir haben damals eine kleine Lederwerkstatt aufgemacht und eine Weberei. Jeder musste ein Handwerk gelernt haben, wenn er die Schule verließ.

Welches Alter hatten die Kinder, die zu Ihnen gebracht wurden?

Das ist teilweise schwer zu sagen. Sie mussten immer die berühmte Prüfung machen: Hand über den Kopf bis zum Ohrläppchen – sind sie schulreif oder nicht.

Ist das ein anerkannter Trick?

Das hat schon der Lehrer in Ostpreußen so gemacht. Dort kam ich in das Alter, dass ich zur Schule gehen musste, die aber war weit weg war, in Gumbinnen. Deshalb beschlossen die Großeltern, ich solle erst mal zu Hause bleiben. »Wir holen uns einen Lehrer.« Mein Großvater ist nach Berlin gefahren und hat einen Lehrer gefunden. Dann wurde im Salon Schule gehalten. Wozu brauchten wir einen Salon? Raus mit den Möbeln, da sollen die Kinder rein. Dort wurden die Kinder unterrichtet. Das war bei Marion ähnlich. Es hat sie sehr interessiert. Sie war voll dabei und blühte auf.

Sie kam von einer Reise durch Südafrika?

Ja.

Wahrscheinlich war sie ganz abgespannt.

Sie war tatsächlich sehr abgespannt. Ich sagte: »Wissen Sie was, Sie bleiben hier.« Wir hatten damals eine Jagdfarm, damit verdienten wir das Geld für die Kinder und Investitionen für die Schule.

Und sie blieb da?

Ja. Sie fragte: »Wie sieht denn Ihr Konzept für die Schule aus?« Ich hatte einen Plan gemacht, ganz am Anfang. Nach diesem Plan arbeiten wir heute noch. Alles war vorausgedacht. Es hat ihr offenbar imponiert und auch Spaß gemacht.

Marion Dönhoff hat Sie einmal den Menschen genannt, der ihr in ihrem langen Leben am meisten imponiert hat.

Ich weiß, das hat mich natürlich gefreut. Auf der anderen Seite aber auch ein bisschen beschämt; mir selber hat sie das übrigens nie gesagt.

Sie hat das in einem Artikel über Sie geschrieben.

Was wir hier tun, hat sie mit großem Interesse verfolgt. Einmal schrieb sie mir einen Brief, ihr gefalle der Einband der Biografie nicht, die Haug von Kuenheim geschrieben hatte. Sie kam mit dem Buch hier an und fragte: »Kann eure Buchbinderei das nicht viel schöner machen?« Ich antwortete: »Natürlich. Wie soll es denn sein?« Da hat sie Bilder geschickt, und wir haben das gemacht. Oder sie sagte: »Hör mal, in Crottorf haben die keine richtigen Leute.«

Schloss Crottorf ist das Schloss ihres Neffen Hermann Graf Hatzfeldt.

»Wir haben da nur Russland-Deutsche. Wäre das nicht etwas für eure Mädchen, einmal für ein Jahr dorthin zu gehen?« Ich antwortete: »Ja, klar, das wäre doch wunderbar!« Später kam ein Brief der Mädchen: »Wisst Ihr, wir leben hier in einem Haus, das steht ganz im Wasser, und die Bäume sind so hoch, dass dir ganz schwindelig wird, wenn du hochguckst. Wir haben hier so viele Fenster, wenn wir die morgens aufmachen und abends zumachen, dann dauert das drei Stunden.« So wurde das gesehen, das war das Imponierende – ein Haus mit so vielen Fenstern, wie ist das möglich, wie kann ein Haus im Wasser stehen.

Und die Gräfin hat dabei geholfen, dass das zustande kam?

Sie hat gesagt: »Schick doch da zwei runter, mach das doch mal.« Sie hat das dann mit Hermann Hatzfeldt arrangiert, der bei einer ihrer ersten Reisen auch mal mit hier war. Wir hatten hier einmal Neujahr gefeiert, in der Etosha Pan. Das ist ein Riesentierpark, so groß wie die Schweiz.

Wie weit entfernt ist der von hier?

Ungefähr fünfhundert Kilometer nördlich. Das wollte sie sehen, und wir sind hingefahren, Hermann Hatzfeldt, meine Frau, Gräfin Dönhoff und ich. Und da haben wir dann Silvester gefeiert.

Das Wesentliche für sie waren die Tiere. Das beschreibt ihr Großneffe Friedrich Dönhoff in seinem Buch: »Alle wollen die Löwen sehen, im Grunde sind die doch bloß faul.« Oder ich fragte: »Wissen Sie, warum die Giraffen einen so langen Hals haben?« – »Na ja«, sagte sie, »das ist doch einfach, das hängt mit den Rückenwirbeln zusammen, das ist genau die gleiche Anzahl, wie wir sie auch haben. Ja, warum ist er denn so lang?« Ich sagte: »Weil der Kopf so weit weg ist.«

Sie hat sich immer wohlgefühlt auf unserer Farm. Sie kam völlig erschöpft an, so erschöpft, dass man Sorge um sie haben musste. Sie war ein oder zwei Tage hier, danach war sie frisch und entspannt.

Wie lange ist sie denn normalerweise hier geblieben?

Manchmal nur zwei, drei Tage, manchmal auch eine Woche.

Wie oft ist sie insgesamt hier gewesen?

So alle zwei Jahre war sie bestimmt hier. Sie kam immer zu uns und fuhr von hier aus nach Südafrika, oder sie kam am Ende einer Südafrika-Reise.

Haben Sie neben der Fahrt zur Etosha Pan auch andere Touren mit ihr unternommen?

Die Etosha-Pfanne ist unglaublich, das Land, die Weite, Herden mit Hunderten von Springböcken oder fünfzig Elefanten. Es ist ein unbeschreibliches Erlebnis. Wir sind einmal herumgefahren, dann hatte sie genug davon. In meiner Lodge dort gab es so weiße Plastikstühle; sie hat sich auf einen gesetzt, einen anderen umgedreht und sich kunstvoll über die Knie gelegt, und dann hat sie geschrieben. Da sind die Blessböcke an ihr vorbeigelaufen, die normalerweise sehr scheu sind, aber weil sie so unbeweglich da saß und schrieb, kamen sie. Sie blickte kurz auf und sagte: »Na, na?« Danach hat sie weitergearbeitet. Als ich fragte: »Sag mal, interessiert dich denn das Schreiben mehr als...?« – »Viel mehr. Das Schreiben ist mein Leben, ich möchte nicht mehr leben, wenn ich nicht mehr schreiben kann.« Das hat sie damals in Voraussicht ihres späteren Leidens, das ihr das Schreiben verwehrte, gesagt.

Waren es Artikel oder Impressionen, die sie aufgeschrieben hat?

Sie schrieb an Artikeln. Zum Beispiel an einem zum fünfundzwanzigjährigen Jubiläum der Schule. Sie wollte auf jeden Fall kommen.

Das war 1996.

Ja, aber wir haben ein Jahr später gefeiert. Sie kam. Es war unglaublich, die ganze Feier war unglaublich. Sie war die drei Tage hier und tat, was sie nie tat und eigentlich hasste. Sie ging mit mir – und sie konnte gar nicht genug sehen – durch die Tausende von Menschen, Alt-Schüler, Neu-Schüler, die Besucher aus Windhoek, die Offiziellen, die Nicht-Offiziellen, Kinder, Kinder und deren Eltern. Die Pferde standen draußen und die Esel und die Eselskarren, draußen auf dem Weg. Auf unserem Areal hatten wir Lehmhäuser gebaut, so wie die, in denen die Vorfahren gelebt haben.

Das haben die Schüler gemacht?

Ja. Und da hat sie drin gesessen, mit den Kindern, mit den Besuchern gesprochen und mit den Frauen, mit allen palavert. Sie war völlig anders als sonst. Sie schrieb in ihrem Buch über ihre Kindheit, dass sie eigentlich bei ihren Schmieden und Schreinern mehr gelernt habe als in der Schule. Das wiederholte sich. Sie war mit den Kindern so, als wenn sie wieder Kind wäre. Sie hat mit ihnen gesprochen und ist mit ihnen herumgegangen.

Einmal war sie sehr, sehr bewegt. Ich hätte schwören können, dass sie feuchte Augen hatte. Ich sollte eine Rede halten und stand vor der Menge. Aber ich hatte einen Kloß im Hals und konnte nur sagen: »You know, I love you.« Und dann schrien alle: »We love you, we love you!« – Das hat sie sehr bewegt, das hat sie umgehauen. Sie hat unermüdlich mit den Menschen gesprochen.

Wir hatten nicht genug Brot, um alle gleichzeitig zu verköstigen. Deshalb waren immer zehn Leute mit Brotbacken in unseren notdürftig gebauten Backöfen beschäftigt. Überall wurde gesungen und getanzt. Die Herero sangen ihren Wassertanz, wie sie Wasser suchen und Wasser finden. Es war alles so, wie es sicher vor zweihundert, dreihundert Jahren hätte sein können.

Wussten denn die Menschen auch nur annäherungsweise, wer Marion Dönhoff war?

Für sie war das eine Verwandte von Mr. Helmut, das genügte. Es wurde offen und frei miteinander geredet. Keiner starb vor Ehrfurcht, so, wie ich es manchmal mit ihr anderswo erlebt habe. »Tanny« haben sie gesagt. Tanny oder Granny. Sie fragten: »Was arbeitest du denn?« – »Ich schreibe Bücher«, antwortete sie. »Nein, was arbeitest du?« Sie antwortete: »Das ist meine Arbeit.«

Die meisten der Anwesenden sprachen sicher Afrikaans. Konnte sie das verstehen?

Sie verstand genug, um antworten zu können. Wenn sie es nicht konnte, sagte sie: »Der spricht so undeutlich. Sag ihm doch mal, er soll deutlich sprechen.« Da war sie die Herrin. »Sag ihm doch mal, dass er vernünftig reden soll.« Oder: »Sag ihm doch mal, er soll sich die Nase putzen.« Ich hatte den Eindruck, sie fühlte sich wie zu Hause. Die Kinder kamen alle zu ihr, wollten an die Hand genommen werden. Sie war immer von Trauben von Kindern umgeben. Das fand sie wunderbar.

Da war sie ein anderer Mensch als in Hamburg zum Beispiel.

Völlig anders. Ich selber habe sie allerdings immer nur so kennengelernt, auch in Hamburg. Sie war stets eine gute Kameradin. Wenn ich bei ihr wohnte, sagte sie: »Schlaf doch noch ein bisschen länger, du brauchst das doch.« Ich fühlte mich wunderbar aufgehoben bei ihr. Ich habe sie wirklich sehr geliebt.

16. März 2004

Die letzte Reise nach Afrika
Bartholomäus Grill, Kapstadt

BARTHOLOMÄUS GRILL, geboren am 24. August 1954 in Oberaudorf, ist seit 1993 Afrika-Korrespondent der *Zeit* und hat Marion Gräfin Dönhoff auf ihrer letzten Reise durch Südafrika begleitet. Er ist Autor mehrerer Bücher über den Kontinent und erhielt 2006 den Egon-Erwin-Kisch-Preis.

Sie sind Afrika-Korrespondent der Zeit *mit Sitz in Kapstadt. Seit wann beobachten Sie Afrika?*

Seit ich zur *Zeit* kam, im Jahre 1987, übrigens in jenen Tagen, als ein gewisser Matthias Rust auf dem Roten Platz in Moskau landete.

Ein historisches Datum ...

Am Buß- und Bettag 1992 schlug ich der Gräfin Dönhoff bei ihr zu Hause in Blankenese vor, dass wir ein kleines Büro in Südafrika etablieren könnten, weil ja das Ende der Apartheid anstand. Es würde doch mehr Sinn machen, dort einen festen Mann zu stationieren, als nur gelegentlich einen fliegenden Redakteur zu entsenden. Die Gräfin hielt das für eine gute Idee. Sie hat sofort zugestimmt und das auch immer unterstützt. So habe ich ihr im Grunde zu verdanken, dass ich hier sitze. Sie war meine wichtigste Mentorin.

Hat sie auch dafür gesorgt, dass das Büro gut ausgestattet wurde und Sie genug Geld bekamen?

Der wirtschaftliche Aspekt hat sie weniger interessiert. Das musste ich dann mit Hilde von Lang* und Robert Leicht ausfechten, dem damaligen Chefredakteur. Es waren harte Kämpfe. Das Merkantile war nicht die Sache der Gräfin.

Aber sie hat zumindest schon einmal den Boden bereitet.

Das hat sie. Nach ihrer Entscheidung konnte keiner mehr dagegen sein. Ich dachte, bevor ich zu Theo Sommer oder Robert Leicht gehe, klopfe ich bei der Gräfin an und hole mir das Plazet. Und genau so hat es funktioniert.

Wann sind Sie nach Südafrika gekommen?

Im Januar 1993. Nach Johannesburg zunächst, sieben Jahre bis zum Jahr 2000, dann zog ich nach Kapstadt um.

In dieser Zeit hat sich in Südafrika ungeheuer viel getan. Wenn Sie einmal kurz die Situation schildern könnten, den Wandel, den Südafrika erlebt hat, seitdem Sie hier sind.

Es war ein sehr dramatischer Wandel. Manche Leute reden von einem Wunder, mit Recht, denn als ich 1993 ankam, prophezeiten die Pessimisten einen Bürgerkrieg. Sie sprachen davon, dass die Weißen vielleicht sogar ins Meer gejagt würden, dass es Aufstände geben werde und dieser friedliche Wandel unmöglich sei. Es hat sich genau das Gegenteil ereignet. Die Südafrikaner haben eine Demokratie geschaffen, einen Rechtsstaat mit liberaler Verfassung. Sie haben es geschafft, eine stabile Gesellschaft aufzubauen, unabhängige Gerichte, freie Medien, eine gut funktionierende Wirtschaft, bei allen

---

* Damalige Geschäftsführerin der *Zeit.*

Problemen, die es nach wie vor gibt – vor allem die Kluft zwischen Arm und Reich, Schwarz und Weiß. Dennoch hat sich die Lage in den ersten zehn Jahren sehr positiv entwickelt.

Ist damit das Schwerste überstanden, die brisanteste Phase, oder lauert immer noch Gefahr?

Es lauert immer noch Gefahr, weil die Anpassung Südafrikas an das Weltsystem und an die globalen Märkte viel gekostet hat. Man musste die Produktivität steigern, man musste rationalisieren, man musste sich anpassen und verlor dabei eine Menge Arbeitsplätze, die man so dringend braucht. Das heißt, in diesen zehn Jahren ist leider auch die Kluft zwischen Arm und Reich größer geworden, wenngleich es mittlerweile eine schwarze Mittelschicht gibt, eine schwarze Elite, die natürlich genauso gut dasteht wie die Weißen. Aber die große Masse draußen in den Townships hat die alten Probleme, dort beträgt die Arbeitslosigkeit manchmal weit über fünfzig Prozent. Wenn sie nicht abgebaut wird, kann es passieren, dass die nächste Generation auf die schönen, reichen Stadtviertel zumarschiert. Der Aufstand der Armut – das ist eine reale Gefahr.

Ist es vielleicht das unglückliche Zusammentreffen zwischen dieser historischen Wandlung und dem Einsetzen der Globalisierung, das die Fortentwicklung und Stabilisierung der Demokratie erschwert? Wäre es ohne Globalisierung leichter gewesen?

Das ist eine hypothetische Frage, die sich schwer beantworten lässt. Ich glaube, es war einerseits notwendig für die neue schwarze Regierung, diesen Kurs zu fahren. Denn das, was man heute neo-liberale Politik nennt, hat immerhin dazu geführt, dass der Haushalt solide, die Inflation niedrig und die Wirtschaft stabil ist.

Die Währung ist hart?

Die Währung ist hart, man hat dadurch ein gewisses Vertrauen bei den Investoren geschaffen. Der Finanzminister Südafrikas ist ein weltweit angesehener Mann. Als Präsident Mbeki von den Gewerkschaften angegriffen wurde, sagte er: »Well, call me a Thatcherist if you like.«

Jedenfalls hat sich die schwarze Regierung überall große Anerkennung erworben, aber das Problem ist eben, dass es bei ihrer Art von Politik kein *trickle down* gibt, kein Durchsickern des Wohlstandes nach unten. Deshalb kehrt man unterdessen zu Keynesianischen Modellen zurück. Man zieht Bilanz und stellt fest, dass die Globalisierung in den letzten zehn Jahren in den so genannten Entwicklungsländern nicht viel gebracht hat – mit der Ausnahme Südostasien.

Es ist auch die Frage, ob Wirtschaftsmodelle, die für die Erste Welt, für den reichen Westen, gemacht sind, auch für Südafrika gelten, das halb Entwicklungsland, halb Industrieland ist. Man tut immer so, als gehöre Südafrika zum Kreis der Reichen und Mächtigen. Das ist ein Irrtum.

Sie waren neben Gräfin Dönhoff der einzige »Afrikaner« in der politischen Redaktion der Zeit. *Wann haben Sie angefangen, sich für Afrika zu interessieren?*

Schon sehr früh. Mein Großvater selig hat sehr unter dem Verlust der deutschen Kolonien gelitten und sprach von der Kolonialschuldlüge. Es gab bei uns zu Hause eine kleine Kolonialbibliothek mit Büchern von Wissmann, Lettow-Vorbeck und all den anderen Kolonialhelden. Das hat mich auch fasziniert: Kilimandscharo, Serengeti, Sansibar – die Klänge dieser Namen. Diese Welt war für mich interessanter als die Welt der Indianer. Ich wollte immer nach Afrika. Im Studium habe ich dann auch schwerpunktmäßig Entwicklungssoziologie belegt.

Gleichzeitig war ich aktiv in der Dritte-Welt-Bewegung. Als ich zur *Zeit* kam, sagte mir Matthias Nass aus der politischen Redaktion: »Afrika, das macht keiner. Das kannst du übernehmen.« Das war für mich natürlich ganz wunderbar. Und es war, außer der Gräfin, tatsächlich niemand da, der sich für diesen Kontinent interessierte.

Jeder bei der Zeit versuchte natürlich, sein Terrain zu verteidigen, jeder hatte ja sein Spezialgebiet, seien es Bundesländer oder Staaten oder Kontinente – hatten Sie da keine Schwierigkeiten, sich gegenüber der Gräfin durchzusetzen?

Nicht die geringsten. Im Gegenteil, die Gräfin hat mich dabei unterstützt. Sie hat mir vor den Reisen nach Südafrika ihre Kontaktadressen, ihre Empfehlungen gegeben.

Sie hat Ihnen richtig geholfen.

Ja. Sie hat nicht konkurriert, sondern ermutigt: Junger Mann, das finde ich gut, dass sich hier einer um Afrika kümmert. Ich habe jetzt nicht mehr die Zeit, meine Schwerpunkte liegen mehr im Osten, vor allen Dingen nach dem Fall der Mauer. Machen Sie.

Das war schon eine Ausnahme in der Zeit. Denn normalerweise haben alle ihre thematischen Territorien eifersüchtig verteidigt. – Die Gräfin hat Sie auch besucht – mehrfach?

Einmal.

Das war wann?

1998, im Oktober.

Vielleicht erzählen Sie einmal, wie so ein Besuch der Gräfin in Afrika ablief.

Sie drängte bei unseren Vorgesprächen auf so viele Termine wie möglich. Sie hat mir eine lange Wunschliste geschickt, und ich musste heftig telefonieren und vorbereiten und organisieren. Es hat dann so gut wie alles geklappt, denn ich habe sehr schnell festgestellt, dass der Name Countess Dönhoff Türen öffnet. Sie hatte über einen Zeitraum von dreißig, vierzig Jahren – ihr Buch »Der südafrikanische Teufelskreis« erschien 1987 – Kontakte gepflegt mit Gesprächspartnern, denen sie praktisch ein Leben lang treu geblieben ist. Und diese Leute hat sie dann auch besucht, von Helen Suzman bis zu Neville Alexander und Eric Molobi.

Wie kann man diese Gruppe von Menschen qualifizieren, die sie gut kannte in Südafrika – waren das alles Liberale?

Es waren alles führende weiße Liberale oder schwarze Widerstandskämpfer. Um nur ein Beispiel zu nennen: Anthony Harbour, ein couragierter junger Journalist, der eine Oppositionszeitung gründete, die die Gräfin unterstützte, die *Weekly Mail*, ist ein jüdischer Journalist. Das waren Leute wie Beyers Naudée, einer der furchtlosen Kirchenmänner, der nachwies, dass die theologische Begründung der Apartheid falsch ist. Das waren Leute wie Helen Suzman, sozusagen die Gräfin Dönhoff Südafrikas, eine ganz radikale Liberale, die einzige Stimme der Opposition im Apartheid-Parlament. Das waren aber auch Leute wie Eric Molobi, ein junger schwarzer Widerstandskämpfer, der im Gefängnis saß und dessen Freilassung die Gräfin in der *Zeit* gefordert hat. Ihre Kommentare haben großen Druck auf das Regime erzeugt und auch dazu geführt, dass Gefangene wie Molobi Hafterleichterung bekamen beziehungsweise entlassen wurden.

Als sie Eric Molobi wiedertraf, umarmte er sie. Da kommt eine weiße alte Dame an und wird von einem Schwarzen umarmt. Das ist nicht alltäglich in diesem Land. Man merkte, dass da tiefe innere Bindungen waren, echte Freundschaften, die weit über das hinausgehen, was man im journalistischen Leben an Kontakten pflegt. Man trifft jemanden, man unterhält sich, und man geht wieder auseinander, so ist das ja gewöhnlich. Aber bei der Gräfin hatte man das Gefühl, da ist, wie man im Englischen sagt, *compassion*, wirkliche Anteilnahme.

Sie hat aber auch mit Leuten wie Hendrik Verwoerd gesprochen, dem Präsidenten und Begründer der Apartheid, sie hat immer versucht, diese starrsinnigen Buren davon zu überzeugen, das System zu reformieren. Aber die haben ihr leider nicht richtig zugehört, wie sie einmal sagte. Sie hatte ein breites Spektrum von Kontakten, Erzbischof Desmond Tutu, Frederik Willem de Klerk, und war eine vorzügliche Kennerin des Landes. Nur ein kleines Problem gab es bei ihrem letzten Besuch: Ich hatte ihr empfohlen, auch einen Vertreter der neuen schwarzen Elite auf die Gesprächsliste zu nehmen. Da hat sie gesagt: »Ich habe immer diesen und jenen besucht, und dabei will ich bleiben.« Das fand ich ein bisschen schade, weil es da ein paar Jüngere gab, den Verteidigungsminister zum Beispiel, den ich ihr gern vorgestellt hätte. Aber in diesem Punkt war sie ziemlich strikt.

Das ist ein Privileg älterer Leute, sie wollen keine neuen Bekanntschaften schließen. – 1998 war auch ihr letzter Besuch?

Ja.

Die Leute hier konnten ja ihre Artikel nicht lesen ...

Viele Buren sprechen Deutsch. Die Machtelite konnte ihre Artikel sehr wohl lesen, sie wurden sehr genau von der Südafrikanischen Botschaft in Bonn verfolgt und übersetzt, das war Teil der ideologischen Schlachten im Kalten Krieg. Die Südafrikaner hatten die inoffizielle Rückendeckung der Engländer und Amerikaner, Mr. Kissinger hat auch hier finstere Kapitel seines Lebens geschrieben.

Inwiefern?

Er hat heimlich die geächteten Südafrikaner in Angola im Krieg gegen die kubanischen Invasionstruppen unterstützt. Das war einer der Stellvertreterkriege zwischen dem Westen und dem Osten auf afrikanischem Territorium.

Ich habe in Südafrika ein paarmal den Namen Kissinger erwähnt; er ist nicht sehr populär bei den Liberalen, in Deutschland auch nicht. Aber er war ein Freund der Gräfin.

Er war ein guter Freund der Gräfin.

Sie war da sehr offen, wahrscheinlich auch aus journalistischen Gründen. Obwohl, zu Kissinger hatte sie auch eine gute menschliche Beziehung, er hat sie wirklich verehrt. – Nun kommt im Oktober 1998 die Gräfin an. Wie war sie denn gekleidet? Tropentauglich?

Das Erste, was mich bei ihrer Ankunft am Flughafen verwundert hat – ich fragte sie: »Gräfin, wo ist denn Ihr Gepäck?« Sie hatte nämlich nur so eine Klapptasche, in die man ein Kostüm reinhängt – wie nennt man das?

Einen Kleidersack.

Ja. Sie hatte keinen Koffer dabei. Wir standen am Gepäckband, und ich fragte nach ihrem restlichen Gepäck. Und sie sagte: »Nein, das war es schon. Fertig.« Später erklärte sie, dass man im Grunde nur ein Werktagskleid und ein Sonntagskleid dabeihaben müsse. Und sie verriet mir ihr Geheimnis: »Man muss jeden Tag eine andere Brosche tragen, weil die Leute im Gespräch auf die Broschen gucken. Wenn die Brosche sich ändert, denken sie, man ist anders angezogen.« Das war die faszinierende lebenspraktische Art der Gräfin. Sie war ganz gewöhnlich gekleidet, nicht tropenmäßig, auch nicht so lächerlich, wie manche Touristen daherkommen, sondern so unauffällig, wie sie immer angezogen war am Speersort.

Ein Klimawechsel war offenbar etwas ganz Normales bei der Gräfin, den registrierte sie gar nicht. Sie ist ja auch als Frau in den besten Jahren viel durch Afrika gefahren, sie kennt den Kontinent, sie kennt seine Härten. Ich finde, eines ihrer entzückendsten Büchlein ist »Der Effendi wünscht zu beten«, darin beschreibt sie ihre Reiseerlebnisse Ende der 1950er Jahre. Als viele afrikanische Staaten unabhängig wurden, ist sie allein durch Afrika gefahren. Sie hat mir öfter davon erzählt. Wenn ich heute nach Ruanda fahre, kann ich alle Termine und Routen vorher planen und im Internet recherchieren. Als die Gräfin reiste, gab es nichts von alledem. Sie fuhr nach Salisbury im damaligen Südrhodesien, war wochenlang im Busch unterwegs und auf die Gunst eines British High Commissioners angewiesen, um ihre Texte per Fernschreiber an die Redaktion zu senden. Sie ist oft monatelang auf Achse gewesen und hat erst nach der Rückkehr nach Hamburg ihre Artikel geschrieben. Sie hat sie rückdatiert, weil sie es nicht nötig hatte, Aktualität vorzutäuschen.

Sie sagte, sie habe bei ihren Reisen gar nichts vorplanen können. Einmal ist sie von Rhodesien ins damalige Südwestafrika gefahren. Da wartete sie fünf Tage lang auf einen Bus. Was tut man da? Es gibt nicht viel zu tun. Man hat kein Restaurant, keine Ablenkung, keinen Fernseher, die Bücher sind ausgelesen. Man sitzt im Schatten eines Baumes und hält Palaver. Man redet mit den Leuten, endlos. Ich glaube, das hat ihren tiefen menschlichen Blick auf Afrika geschärft.

Das ist typisch Gräfin. Sehr offen, sehr neugierig, journalistisch neugierig, interessiert, einfühlsam. Sie konnte wunderbar auf Leute zugehen.

Und sie war geradezu bedürfnislos. Ich musste sie manchmal erinnern: »Jetzt müssen wir irgendwann mal etwas trinken, Sie haben den ganzen Tag noch nichts getrunken.« Man musste immer ein bisschen auf die Gräfin aufpassen. In dem Moment, wo sie das merkte, hat sie die Aufmerksamkeiten natürlich abgewehrt. Bloß keine Hilfestellungen! Tür aufhalten, okay, aber sonst keinen großen Zirkus veranstalten.

Sie haben sie 1998 bei ihrer letzten Afrika-Reise in Johannesburg empfangen?

Ja. Sie wollte gleich am Anfang Helen Suzman treffen, und als ich die alte Dame anrief, um ein Treffen auszumachen, beschied die sofort: »Die Gräfin muss bei mir wohnen.« Dann rief ich die Gräfin an und sagte: »Helen Suzman will, dass Sie bei ihr wohnen.« Anwort der Gräfin: »Kommt überhaupt nicht infrage, dann macht die das ganze Programm für mich und schleppt mich rum. Und ich kann nicht mehr selbst entscheiden.« Sie hatte die Sorge, das Konzept der Reise aus der Hand geben zu müssen. Die Suzman kommandiert nämlich auch gern: So, jetzt haben wir gleich Brunch, und dann kommt der und der, und dann noch dieser Termin. Und schon ist die ganze Woche verplant. Ich musste die beiden alten Damen also sozusagen kompatibel machen und Suzman das Versprechen abnötigen, nicht mehr als zwei Termine festzulegen – abgesehen vom täglichen Sundowner, der ein angelsächsisches Pflichtritual war ...

Ich habe bei der Gräfin nachgelesen, dass keine Dame so elegant Whisky trinken könne wie Helen Suzman.

Sie waren sich in der Tat sehr ähnlich. Und deswegen hatten sie natürlich auch immer ihre kleinen Reibereien. Sie waren selbstbewusste Damen und radikale Liberale, jede auf ihre Art. Stets ging es darum, wer was plant und was wann gemacht wird – kleine Nickeligkeiten am Rande. Die Gräfin liebte ja Pferde und Hunde, Katzen mochte sie nicht. Suzman hingegen ist eine ausgesprochene Katzenliebhaberin, die hocken überall in ihrem Haus. Als wir bei ihr in Johannesburg ankamen und ausstiegen, sprang gleich die erste Katze auf das Autodach. So ging es los. Die Gräfin sagte: »Was ist das denn?« Dann gingen wir ins Gästezimmer, und auf der Steppdecke ihres Bettes saß eine fette Katze. Die Gräfin befahl: »Bartl, jagen Sie das Untier sofort hinaus.«

War Helen Suzman dabei?

Die war bei unserer Ankunft gerade nicht zu Hause. Als die beiden Damen dann ins Gespräch kamen, war alles wunderbar. Die Suzman hat sich an unsere Absprache gehalten und nicht allzu viel vororganisiert, und die Gräfin konnte ihr Programm durchziehen. Am zweiten Tag saßen wir schon beim Vizepräsidenten, dem jetzigen Staatschef Thabo Mbeki.

In Johannesburg?

Ja. Das Gespräch war eigentlich als Interview angemeldet. Mbeki war als designierter Nachfolger von Nelson Mandela schon damals ein sehr gefragter Gesprächspartner. Ich habe lange herumgekurbelt, und nur durch den Namen Gräfin Dönhoff wurden wir in der langen Warteliste vorgezogen. Weil auch Frank Chikane, der Chef des Präsidialamtes, ein alter Vertrauter der Gräfin war, ein Widerstandskämpfer, den sie unterstützt hatte, hat es geklappt. Kurz und gut, es wurde ein Exklusiv-Interview vereinbart. Die Begrüßung war sehr herzlich. Als das Gespräch losging, stellte ich mein Aufnahmegerät mitten auf dem Tisch und schaltete es an. Da sagte Mbeki: »Countess Doenhoff, it's just a chat, isn't it?« Die Gräfin erwiderte: »Yes, of course, just a chat.« Daraufhin meinte der Vizepräsident: »Well, I mean, you can switch off the tape.« Die Gräfin nickte.

Ich musste also das Gerät abstellen und habe mich ziemlich geärgert, weil ein zweistündiges hochspannendes Interview folgte und ich nichts aufnehmen konnte. Ich schrieb mit, bis mir die Finger krachten. Als wir nach dem Interview am späten Nachmittag zu Helen Suzman zurückfuhren, zur Herberge der Gräfin, sagte sie: »Bartl, Sie haben so toll mitgeschrieben, machen Sie mir doch bis heute Abend ein Gesprächsprotokoll.« Da hätte ich sie am liebsten an die Wand geklatscht! Das war die echte Gräfin. Erst macht sie das Interview kaputt, und anschließend verlangt sie eine schnelle schriftliche Zusammenfassung. Aber so war sie eben. Das Gespräch mit Mbeki verlief übrigens nicht sehr professionell im üblichen Sinne – die Gräfin agierte manchmal recht unjournalistisch. Sie setzte sich hin und sagte: »Mr. Vice-President, was können wir für Ihr Land tun, was ist notwendig, wo hakt es?« So reden eher Staatsmänner, wenn sie unter sich sind.

Wie Helmut Schmidt sich Journalisten vorstellt. Er spricht ja immer von den beiden extremen Kategorien im Journalismus: Verbrecher auf der einen Seite, Staatsmänner auf der anderen Seite. Beide sind letzten Endes keine Journalisten nach landläufigen Vorstellungen. Aber die Gräfin wollte helfen.

Ja, das war ganz klar. Ich zitiere sie wörtlich: »Wie können wir helfen, was müssen wir tun?« Von Anfang an wurde dieses Gespräch von Gleich zu Gleich geführt. Normalerweise gibt es in solchen Situationen ein klares Gefälle: Der journalistische Frager ist der Bittsteller, er versucht, etwas herauszufinden, und ihm gegenüber, auf dem hohen Ross, sitzt der Präsident. Durch die Art, wie die Gräfin Fragen stellte, entstand schnell eine vertrauliche Atmosphäre. Ihre Fragen waren sehr gezielt, sehr konzis. Sie hat niemals lange Statements abgegeben.

Was ja häufig bei Journalisten der Fall ist.

Die Gräfin fragte: »Wie ist es um die Gleichheit im Lande bestellt? Entsteht eine neue schwarze Mittelschicht? Wie funktioniert die Landverteilung? Wie ist das Verhältnis von Reichen und Armen? Was ist Ihre größte Sorge für die Zukunft?« Beim Abschied meinte Mbeki: »Schade, Countess, dass ich Ihre Bücher nicht lesen kann.« Frank Chikane hatte ihm von dem Buch »Zivilisert den Kapitalismus« erzählt, das hätte er gern gelesen.

Das ist nicht ins Englische übersetzt worden?

Nein, zum damaligen Zeitpunkt jedenfalls nicht. »Civilize Capitalism« – Mbeki wusste sogar den Titel. Die Gräfin meinte zum Abschied in ihrer unverwechselbaren Art: »Können Sie Chinesisch? Es wurde gerade übersetzt.« »Können Sie Chinesisch?«, fragt sie einen Afrikaner. Das war einfach klasse!

Wir haben auch die Truth and Reconciliation Commission besucht, die die Verbrechen der Apartheid-Ära aufgeklärt hatte. Bei einem langen Gespräch mit einem Mitglied der Wahrheitskommission erkundigte sich die Gräfin sehr intensiv nach dem Verhältnis Deutschlands zum Apartheid-Regime. Fazel Randera, der Wahrheitskommissar, erklärte, dass ungefähr neunzig Prozent der Dokumente und Akten zu diesem Thema vernichtet worden seien.

Das Regime hat die Akten beiseitegeschafft, um ausländische Freunde nicht in Verlegenheit zu bringen?

Ja, rechtzeitig vor dem Machtwechsel wurden die Reißwölfe angeworfen, da ging es um die Atomprogramme, geheime Wirtschaftshilfen und auch die Art und Weise, wie Sanktionen unterlaufen wurden.

Um alle Beziehungen zum Ausland?

Ja. Besonders spannend war dieser Termin aber, weil die Gräfin ein kritisches Verhältnis zu dieser Form der Vergangenheitsbewältigung hatte. Sie hat von der Wahrheitskommission zunächst nicht besonders viel gehalten. Sie sagte auf dieser Reise: »Man kann die Zukunft nur gewinnen, wenn man die Vergangenheit für sich stehen lässt.« Aber sie war bald überzeugt davon, dass Südafrika einen guten Weg gegangen ist. Die Opfer konnten vor der Kommission endlich die Wahrheit erfahren und ihr Leid aussprechen – das hat eine Art Katharsis ausgelöst.

Sie hat sogar geschrieben, die Truth and Reconciliation Commission könnte ein Vorbild für Deutschland sein.

Sie war eine Alternative zur Siegerjustiz der Nürnberger Prozesse und zum chilenischen Modell nach Pinochet. Die Gräfin sah in der Kommission tatsächlich ein Vorbild für Vergangenheitsbewältigung – auch in Deutschland. Das war im Grunde ein versteckter Angriff auf die Gauck-Behörde.

Wen hat die Gräfin bei ihrem Besuch noch getroffen?

Spannend war auch das Treffen mit Neville Alexander, einem linken Vordenker mit trotzkistischen Anklängen, einem unglaublich scharfsinnigen Analytiker, der in Tübingen studiert hat und ein Deutsch spricht, um das ich ihn als Bayer nur beneiden kann. Auch da zeigte sich die Neugier der Gräfin, sie wollte auch die andere Seite hören. Nicht die gegnerische Seite, denn man hatte ja einen gemeinsamen Feind, die Apart-

heid. Die Gräfin hatte die hohe Gabe, Brücken zu schlagen
und immer wieder konsensuale Themen zu finden – auch mit
wirklichen Revolutionären wie Neville Alexander.

Mit Revolution hatte sie nicht viel im Sinn. So radikal sie auch
oft in ihren Ansichten war, aber Revolution wollte sie nicht.

Sie setzte immer auf Reformen, auf die Kraft des besseren
Arguments und auf die Einsicht des Apartheid-Regimes. Sie
hat dessen Reformfähigkeit sicherlich überschätzt. Die Buren
waren absolut uneinsichtig und von ihrer Sendung als »weißes
Herrenvolk« vollkommen überzeugt. Diesbezüglich hatte ich
mit der Gräfin öfter Meinungsverschiedenheiten. Sie urteilte
über die Buren mit dem langen Atem der Geschichte milder
und gnädiger und meinte, irgendwann würden sie die historischen Notwendigkeiten kapieren. Die Ersten, die sie dann
tatsächlich kapiert haben, waren die Industriekapitäne Südafrikas.

Ging der Wandel der weißen Seite hauptsächlich von denen aus?

Ja.

Sie hat beispielsweise Harry Oppenheimer, den Besitzer des Dia-
mantenimperiums, sehr gelobt. Kann man ihm Hilfe beim Wan-
del zum Besseren gutschreiben?

Ja und nein. Als kluger Kapitalist sah er natürlich ein, dass sein
Land nicht isoliert bleiben kann. Sehen Sie sich den Kapital-
markt an. Oppenheimer hatte ein gewaltiges, globales Berg-
bau-Imperium und brauchte immer wieder Hunderte von
Millionen Dollar, um zu investieren. Der südafrikanische Ka-
pitalmarkt war viel zu klein, das Land wurde boykottiert und
war abgeschnitten. Ökonomisch war es also widersinnig,
dieses System aufrechtzuerhalten. Das hat Harry Oppenheimer eingesehen. Andererseits war er natürlich immer Nutz-

nießer der Apartheid – sie bescherte ihm billige Minenarbeiter, Lohnsklaven.

Ich bedaure noch heute, dass Harry Oppenheimer beim Besuch der Gräfin im Ausland war, er stand auf unserer Interview-Liste. Ich hatte mich schon sehr auf ihn gefreut; denn dieser Rohstoffmagnat war für uns Korrespondenten noch schwerer zugänglich als Präsident Mandela.

Hat sie ihn häufiger gesehen?

Ja. Die Oppenheimers kommen aus dem deutschen Judentum. Sie sind über England ausgewandert; sie stammen aus Friedberg in Hessen, wie übrigens auch die Dynastie der Rothschilds. Die Gräfin hat Oppenheimer über lange Jahre immer mal wieder getroffen, ihr standen die Türen seines Luxusanwesens in Brenthurst immer offen. Als normal sterblicher Journalist, als kleiner Korrespondent, hatte man nicht die geringste Chance, Harry O. zu treffen. Es wäre eine einzigartige Gelegenheit gewesen, schade. Ich habe das sehr bedauert. Der legendäre Oppenheimer starb dann zwei Jahre später.

Das waren also anstrengende Tage mit vier bis fünf Terminen am Tag. Hat sie geklagt?

Überhaupt nicht, im Gegenteil. Ich habe ihr zum Beispiel vorgeschlagen, in Kapstadt zur Gefängnisinsel Robben Island zu fahren, um die Zelle von Nelson Mandela zu besichtigen und spazieren zu gehen. Sie meinte nur: »Das muss ich nicht sehen. Ich sitze im Beirat des Gefängnisses Hamburg-Fuhlsbüttel, ich weiß, wie eine Zelle aussieht. Außerdem bin ich ja nicht als Touristin hier.«

Das war ihr schon zu touristisch?

Ja. Das wunderte mich allerdings. Die Zelle von Mandela – da verlieren wir nur Zeit, beschied sie.

Auch sein Weinglas hatte man stets zu leeren. Die Gräfin sagte beim Essen einmal: »Wein ist eine Gabe Gottes, und die lässt man nicht stehen.«

Auch den Teller leer essen?

Auch den Teller leer essen.

Das war noch altpreußisch, ostpreußisch.

Beim Einchecken vor dem Abflug wollte ich ihr helfen. Sie guckte mich so streng an, dass klar war: Junge, das mache ich alleine. In guter Erinnerung sind meiner Frau Antje und mir auch die Frühstücksgespräche bei uns zu Hause in Orange Grove, vor allem ihr wunderbarer, staubtrockener Humor. Auf meine Frage »Was war denn die größte Erfindung der Menschheitsgeschichte?« antwortete sie: »Der Knopf.« Und ich: »Der Knopf?« – »Ja, natürlich, hätten wir den Knopf nicht, würde unser Wams immer aufgehen.« – »Und das Zweitwichtigste?« »Das Fax. Es ist doch herrlich, wenn man einen Brief schreiben kann, und dann steckt man ihn in eine Maschine, und er kommt zeitgleich am anderen Ende an.« Das war die herrliche Ironie, mit der die Gräfin unsinnige Fragen beantwortete.

Ja, sie hatte einen Sinn für Humor.

Sie hatte auch eine sehr genaue Wahrnehmung von Details. Man fuhr durch die Stadt, und sie erkundigte sich, was das für ein besonderes Verkehrszeichen sei. Ganz kleine Nebensächlichkeiten, bei denen man dachte, das interessiert sie doch gar nicht. Sie hat Nolizwe Mneno, unsere schwarze Hausangestellte, eine Weile beobachtet und meinte: »Die ist ja köstlich, eure Dicke.« Da fühlte man sich plötzlich versetzt nach Schloss Friedrichstein.

Als Sie sich verabschiedeten, hat sie da gewusst, dass das ihre letzte Reise nach Südafrika war? Das war 1998, sie ist 2002 gestorben.

Ich sagte zum Abschied etwas unsensibel: »Toll, Gräfin, dass Sie es noch einmal geschafft haben, hierher zu kommen.« Und sie entgegnete ganz unsentimental: »Ich weigere mich zu sagen, dass dies die letzte Reise war.« Aber in diesem Satz lag eine spätherbstliche Melancholie, das fühlte ich.

9. März 2004

»Wir hatten riesigen Respekt vor ihr«
Vera Gräfin Lehndorff, New York

VERA »VERUSCHKA« GRÄFIN LEHNDORFF, geboren
am 14. Mai 1939 auf Schloss Steinort, Ostpreußen, war ein
weltberühmtes Model und Filmschauspielerin. Sie ist eine von
vier Töchtern Heinrich Graf Lehndorffs, der am Widerstand
gegen das Hitler-Regime beteiligt war. Heute lebt »Veruschka«
Lehndorff in Berlin und arbeitet dort als bildende Künstlerin.
Marion Dönhoff war ihre Patentante.

*Gräfin Lehndorff, Sie wurden 1939 auf Schloss Steinort bei Kö-
nigsberg geboren. Haben Sie noch irgendwelche Erinnerungen an
Ihre Kindheit dort?*

Daran habe ich natürlich nur fragmentarische Erinnerungen.
In jedem Fall erinnere ich mich an viele Momente, die nicht so
schön waren; wie zum Beispiel die Festnahme, als wir, meine
Geschwister und ich, nach dem 20. Juli 1944 in Sippenhaft kamen. Diese Dinge sind mir noch präsent. Und dann auch Momente mit meinem Vater, die schön waren. An die erinnere ich
mich aber nur sehr schwach. Manchmal denke ich, es war ein
Traum.

Ich wollte immer gern einen Vogel haben, und mein Vater
hat gesagt, da musst du noch ein bisschen warten. Eines Tages

hat er mir einen Kanarienvogel mitgebracht, Hansi. Der ist auch auf der Flucht aus Ostpreußen mitgekommen, bis er dann so oft mit dem Käfig zusammen aus dem Gepäcknetz gefallen ist, dass er starb. Das war ein trauriges Ende.

Sie sind in ein Kinderheim verschleppt worden, kann man das sagen?

Das war kein Kinderheim im üblichen Sinne, man nannte es Sippenhaft.

Wo war das?

In Bad Sachsa.

Dort waren viele Kinder, deren Väter am 20. Juli beteiligt waren.

Jedes Kind bekam einen neuen Namen. Sie hatten vor, unsere Identität auszulöschen, so dass die Angehörigen die Kinder später nicht mehr finden konnten.

Hatten Sie bis zu diesem Zeitpunkt Marion Dönhoff schon einmal gesehen? Können Sie sich daran erinnern?

Nein, daran kann ich mich überhaupt nicht entsinnen, an irgendwelche Verwandte kann ich mich nicht erinnern, sogar schwer an meinen Vater und meine Mutter, da kommen manchmal ein paar Momente der Erinnerung, aber absolut keine an Marion.

Sie war Ihre Patentante. Wie kam es dazu?

Das weiß ich auch nicht. Darüber wurde nicht viel gesprochen. Ich habe sie eigentlich mehr im Fernsehen gesehen als im Leben.

Wann haben Sie sie denn das erste Mal persönlich getroffen?

Wir hatten ja alle so einen riesigen Respekt vor ihr, wir kamen nicht so ganz an sie heran. Später war ich natürlich sehr interessiert an ihr und hätte sie gern öfter gesehen. Ich bin einmal zu ihr nach Hamburg gefahren, weil ich mit ihr über die Beziehung meiner Mutter zu ihr sprechen wollte.

Wie war das Verhältnis zwischen Ihrer Frau Mutter und Marion Dönhoff?

Darüber möchte ich nicht sprechen. Aber ich bin extra deswegen zu ihr gefahren.

Einmal ist sie zu einer Ausstellung von mir gekommen, die erste Ausstellung, die wir (Holger Trülzsch und ich) mit den Körperbemalungen gemacht haben. Das war in Hamburg, 1977/1978. Diese Ausstellung hat sie zusammen mit Eric Warburg besucht, den gibt es ja leider auch nicht mehr. Sie war sehr angetan, speziell von einem Bild. Das ist bei mir hängen geblieben, weil ich das Bild auch sehr liebe.

Was war das für ein Bild?

Der Stein in den Steinen.

Da waren Sie ein Stein zwischen Steinen?

Ich habe meinen Kopf wie einen Stein bemalt und liege zwischen Steinen. Das hat sie, glaube ich, sehr beeindruckt. Darüber haben wir ein bisschen geredet. Etwas seltsam ist es schon, dass in meinem Leben so viele Steine vorkommen, allein das Wort Steinort. Der Besitz meiner Familie. Ich habe viele Steine gezeichnet.

Hatte Marion Dönhoff eigentlich noch andere Patenkinder, wissen Sie etwas darüber?

Das weiß ich nicht. Ich erinnere mich noch an eine Geschichte, dass sie meinen Vater gesucht hat, nachdem er nach dem

20. Juli aus dem Gefängniswagen vor dem Berliner Gestapo-Gefängnis entkommen war. Marion hat ihn dann in den Wäldern um Berlin gesucht. Das hat meine Mutter mir erzählt. Ich habe leider nicht mehr intensiv nachgefragt, weil wir in der Nachkriegszeit ohnehin lange gar nicht über das Attentat und seine Folgen für uns gesprochen haben. Erst sehr viel später fing ich an, mich für meine eigene Geschichte zu interessieren. Ich versuchte, all das herauszuholen, was vergraben war, was ich gehört hatte, was ich noch mal nachforschte – was ist da eigentlich gewesen? Auf dem Pferd, in den Wäldern um Berlin, ist sie, glaube ich, geritten und hat seinen Namen gerufen, weil sie dachte, dass er sich dort vielleicht versteckt hält.

Sie hat auch versucht, Ihren Vater, Heinrich Graf Lehndorff, im Gefängnis zu besuchen.

Ja.

Aber dann hat sie dort nur die Todesnachricht erhalten.

Ja, genau. So war es.

Wie nannte die Gräfin Sie?

Veruschka. Das fand ich immer sehr witzig. Alle in meiner Familie nennen mich Vera, das ist ja auch mein Name. Veruschka ist der Name, den ich mir selbst gegeben habe, sozusagen der Entertainment-Name – meine Arbeiten unterschreibe ich mit Vera Lehndorff und nicht mit Veruschka. Veruschka ist eine Erfindung. Aber Marion nannte mich immer Veruschka. Wir haben ab und zu mal telefoniert, und dann sagte sie immer: »Hallo, Veruschka, das ist aber schön, dass du mich anrufst ...« Ich fand das immer ganz seltsam, aber für sie war ich Veruschka.

Haben Sie die Zeit gelesen?

Ja, ab und zu. Wenn ich in Deutschland war, habe ich die *Zeit* öfter gelesen und auch ihre Artikel.

Was ich ganz bemerkenswert fand bei ihr, das war ihre unglaubliche Bescheidenheit. Sie hat in dem Häuschen in Blankenese gelebt. Ich habe sie dort einmal besucht und fand das ganz rührend.

Sie fühlte sich sehr wohl dort.

Das Haus war klein. Die meisten vergrößern sich doch, wenn sie Erfolg haben. Dann sieht man sie ein paar Jahre später, und sie wohnen in einer Villa. Erst war das für sie wahrscheinlich noch luxuriös, nachdem sie alles verloren hatte. Aber sie hatte ja früher immer in Schlössern gelebt, und nun diese Bescheidenheit. Ich fand sie immer beeindruckend im Fernsehen, diese sehr schöne Frau mit einer so starken Ausstrahlung und der Güte, die sie ausstrahlte. Ihre Augen waren so warm.

Sie konnte aber auch anders.

Das weiß ich. Deswegen hatte man auch so viel Respekt vor ihr. Als wir Kinder waren, dachten wir immer, sie ist ziemlich streng. Ich glaube, von Frauen hielt sie eigentlich nicht so viel.

Wie offenbarte sich denn, dass sie Ihre Patentante war? Hat sie Ihnen zum Geburtstag geschrieben?

Nein, sie hatte eigentlich mit uns wenig Kontakt. Wenn ich sie nicht kontaktierte, dann passierte nichts. Die Dönhoffs sind viel enger zusammen, dort gab es einen engen Austausch. Sie war jedoch immer sehr lieb und sehr warm, wenn man mit ihr sprach. Von sich aus aber hat sie sich selten gemeldet.

Es heißt, dass Ihr Vater die große Liebe von Marion Dönhoff gewesen sei. Haben Sie jemals davon gehört?

Darum sollte es auch in dem Gespräch mit ihr gehen, das ich in Hamburg gesucht hatte. Aber darüber hat sie nie gesprochen. Marion und mein Vater sind zusammen in Ostpreußen aufgewachsen, und die vielen gemeinsamen Erlebnisse haben sie verbunden.

Sie hat nie darüber geredet.

Nein, nein. Ich kann auch nichts darüber sagen, weil ich nichts Genaues weiß. Meine Mutter hat mir dazu auch nicht viel erzählt.

Sie haben erwähnt, dass Marion Dönhoff eine Ausstellung von Ihnen besucht hat. Hat sie sich generell zu Ihren Aktivitäten als Schauspielerin und Model geäußert?

Nein, das hat sie nicht. Zu der Ausstellung ist sie gekommen, weil sie in Hamburg lebte. Aber sonst hat sie sich nicht sehr dafür interessiert. Sie war so beschäftigt. Das habe ich ihr auch nie übel genommen. Dass sie meine Patentante war, davon habe ich nicht so viel gemerkt. Das habe ich verstehen können. Sie ist so viel durch die Weltgeschichte gereist, deswegen hat man sich auch nie gesehen.

Sie hat Sie nie in Amerika getroffen?

Ich habe von ihren Besuchen erfahren, aber dann war sie immer schon wieder weg. Sie hat, nehme ich an, keine Zeit gehabt oder hatte meine Nummer nicht bei sich – ich weiß es nicht.

Sie waren beim fünfzigsten Jahrestag des 20. Juli in Berlin. Haben Sie Marion Dönhoff dort getroffen?

Daran kann ich mich nicht erinnern. Was mich zutiefst erschüttert hat, ist der Raum, in dem die Männer des 20. Juli, auch mein Vater, hingerichtet worden sind. Der Schock war noch viel größer, als ich ahnte.

Das war in Plötzensee?

In Plötzensee war die Feier, und dann gab es noch einen Empfang beim Bundespräsidenten.

Wenn Sie an Marion Dönhoff denken, was sind denn die bleibenden Eindrücke, die Sie von ihr haben?

Eine sehr starke, mutige, intelligente Frau. Wenn ich sie im Fernsehen sah, habe ich auch etwas sehr Warmes, Menschliches gesehen.

Am meisten hat mich beeindruckt, dass sie sich als Frau mit politischen Themen beschäftigte. Nach dem Krieg gab es wenige Frauen wie sie. Sie war immer sehr politisch, hat viele Politiker getroffen, sie war sehr gut über alles informiert. Das war Teil ihres Berufs als Journalistin.

Haben Sie mit den Dönhoffs noch in irgendeiner Weise Kontakt?

Früher sehr wenig, jetzt wieder mehr. – Ich habe darüber nachgedacht, was mir zu Marion noch einfällt. Ein Beispiel, das ihre Bescheidenheit zeigt: Ich habe sie zu ihrem, ich glaube, achtzigsten Geburtstag aus New York in Deutschland angerufen. Das hat sie so gerührt. Sie hat gesagt: »Veruschka, du rufst mich extra aus New York an, zum Geburtstag?« Ich antwortete: »Natürlich, Marion, das ist doch ganz selbstverständlich, das ist doch ein wichtiger Tag für dich.« – »Ja, aber das ... So etwas Süßes, so etwas Liebes ...« Ihre Stimme war ganz weich.

11. November 2004

Ein Stück Heimat am Pumpenkamp
Fritz Stern, New York

FRITZ STERN, geboren am 2. Februar 1926 in Breslau, floh 1938 mit seiner Familie in die Vereinigten Staaten. Er ist emeritierter Professor der Columbia-Universität für Geschichte und Autor erfolgreicher Bücher wie »Der Traum vom Frieden und die Versuchung der Macht«, das er der Gräfin widmete (»Ich schulde ihr mehr, als diese so ergreifend nüchterne Frau mir zu sagen erlauben würde«), sowie »Gold und Eisen. Bismarck und sein Bankier Bleichröder«. 1999 erhielt er den Friedenspreis des Deutschen Buchhandels. Seine Bekanntschaft mit Marion Dönhoff, die später zur Freundschaft wurde, begann 1970.

Herr Professor Stern, Sie sind 1938 mit Ihren Eltern aus Deutschland geflohen. Inzwischen sind Sie häufig wieder in die Bundesrepublik gekommen. Welche Gefühle, welche Vorbehalte möglicherweise begleiten Sie auf diesen Reisen?

Das ist wirklich nicht leicht zu beantworten. Ich schreibe jetzt gerade meine eigenen Erinnerungen, das macht es nicht leichter. Das Land hat sich durch die Jahrzehnte sehr geändert. Das erste Mal, als ich zurückkam, war 1950. Es hatte mit meiner Dissertation zu tun.

Für Fritz Stern war die Gräfin eine »moralische Autorität«.

Um welches Thema ging es dabei?

Kulturpessimismus als politische Gefahr, um einige ideologische Ursprünge im Nationalsozialismus. 1950 bin ich das
erste Mal nach Europa gekommen, mit Riesenfreude, in Europa zu sein, mit großem Vorbehalt, in Deutschland zu sein. Inzwischen war ich mehr als fünfzig Mal da. Und das Verhältnis
hat sich für mich grundlegend geändert, und ich kann nur sagen, dass ich jetzt versuche, ein Buch zu schreiben...

Das sind Ihre Memoiren...

Das sind keine Memoiren. Das sind meine Erfahrungen mit
Deutschland, mit fünf verschiedenen Deutschlands. Die fünf
sind: Weimar, Nationalsozialismus, Bundesrepublik, DDR und
das jetzige. Und da sind noch andere Kapitel, die Vorgeschichte meiner Eltern, Vorfahren in Breslau und das Kapitel, als wir
in den USA ankamen.

Die Tatsache, dass ich Marion Dönhoff 1970 kennengelernt habe, wurde für mich ein Wendepunkt. Es gab auf meiner Seite einen tiefen Eindruck, das ist gar keine Frage, sonst
hätte ich wahrscheinlich auch die erste Notiz nicht mehr, die
sie mir bei einem Meeting, ich glaube, im Januar 1970, schrieb.
Das ist eine Bleistiftnotiz von der Gräfin. »Wollen wir heute
zusammen Mittag essen, oder haben Sie etwas anderes vor?
Marion Dönhoff«. So fing es an.

Sie hat häufig von Ihnen gesprochen, mit großem Respekt.

Ich kann gar nicht sagen, wie oft ich bei ihr gewohnt habe.
Und, wie ich es auch bei der Beerdigung gesagt habe, ich hatte
ein Zuhause in Deutschland: in ihrem Haus, im Wohnzimmer,
mit allem, was sie sagte, und auch mit dem, was sie nicht
sagte.

*Sie haben in Ihrer Rede bei der Beerdigung gesagt: »Wenn ich
überhaupt ein Stück Heimat in Deutschland besaß, dann war es
bei ihr und in ihrer Gegenwart. Auch bei ihr am Pumpenkamp in
Hamburg-Blankenese.«*

Ja, absolut. Das war unvergesslich. Das Wohnzimmer sehe ich
vor mir. Und dann sind wir immer raufgegangen in das Zimmer, wo ich geschlafen habe, da war das Fernsehen. Zusammen haben wir die Nachrichten um 19.00 Uhr angesehen, wir
haben zusammen gegessen, getrunken und uns ununterbrochen unterhalten, gegenseitig auch unsere Sachen gelesen. Sie
hat mir Manuskripte gezeigt, ich habe ihr Texte zum Lesen
und zur Kritik gegeben – also, ehe sie gedruckt waren.

Auf was für einer Konferenz haben Sie sich kennengelernt?

Es gibt den American Council of Germany und die Atlantik-
Brücke, die gemeinsame Veranstaltungen organisiert haben.
Ich glaube, am zweiten Tag wurde ein Aufsatz von mir über die

Studentenunruhen verteilt. Ich war ja ungeheuer engagiert in dieser Frage. Deshalb hat die Gräfin mir auch diesen Zettel gegeben, und wir haben dann zusammen zu Mittag gegessen. Ich entsinne mich noch ganz genau, dass sie unter anderem recht streng behauptete, dass ich beim Thema Studentenunruhen zu konservativ gewesen wäre.

Ich werde gleich noch auf die Studentenfrage zurückkommen. – Sie waren häufig mit ihr in Sils Maria. Können Sie mal erzählen, wie diese gemeinsamen Urlaube vonstatten gingen?

Sie wohnte immer in einem schlichten Hotel, ich möchte das Wort »schlicht« betonen. Ich war in den siebziger Jahren häufiger in Sils Maria, meine erste Frau und ich hatten eine Wohnung mehr oder weniger gemietet, bei Freunden, sodass wir also nicht in einem Hotel wohnten. Marion kam zum Essen zu uns, und dann sind wir, sie und ich, oft zusammen gewandert. Immer im, wenn ich so sagen darf, wunderbaren Gespräch.

Das war doch immer im Winter? Oder auch im Sommer?

Auch im Sommer. Aber das kann ich nicht beschwören. Im Winter ganz bestimmt. Ich kann Ihnen nur sagen, dass wir bei einer unserer ersten Wanderungen, wie auch schon vorher, auf den 20. Juli zu sprechen kamen. Ich habe gesagt: »Ich kann nicht verstehen, dass daraus nicht ein Schiller ein großes Stück schreibt, ein großes Drama.« Sie sagte nur: »Das sollten wir zusammen machen.« Aber daraus ist nichts geworden. Und wir haben Schlittenfahrten gemacht, die Gräfin vorneweg. Ihr Neffe Hermann Hatzfeldt war auch ein paarmal dabei.

Sils Maria war der einzige Ort, wo wir uns tief gestritten haben. Das war sehr bald nach dem 13. Dezember 1981, als Jaruzelski in Polen den Ausnahmezustand verhängte. Ich war entsetzt, meine Reaktion war sehr, sehr emotional und kontra, und sie hat Jaruzelskis Schritt eher verteidigt und für vernünftig gehalten. Darüber haben wir uns wirklich gestritten. Ich kann sogar noch sagen, wo wir waren, während des Streits in Sils Maria. Das hat sich dann sehr schnell wieder eingerenkt, innerhalb von vierundzwanzig Stunden war der Streit vorbei; ohne dass einer von uns seine Meinung geändert hätte. Aber der Streit war vorbei.

Ich hätte mir auch vorstellen können, dass die Rollen umgekehrt besetzt gewesen wären; dass die Gräfin den Ausnahmezustand in Polen verurteilt hätte und Sie aus realpolitischen Gründen dafür gewesen wären.

Mir ging es um die Menschen, ich bin in solchen Dingen nicht genügend realpolitisch. Sie war viel realpolitischer als ich.

War sie das generell oder nur in dieser Frage?

Ich glaube, generell. Ich war 1979 zum ersten Mal in Polen, dann 1980 wieder, unter anderem auch mit Empfehlung der Gräfin, die ich übrigens nie »Gräfin« nannte. Später hat sie gesagt, ich solle sie Marion nennen. Nach einigen Jahren haben wir uns geduzt. Aber ich habe mir jetzt wieder angewöhnt, Gräfin zu sagen. Mit Empfehlung der Gräfin habe ich Adam Michnik und Bronisław Geremek und andere gesehen und war damals schon begeistert von dem, was dort los war. Ich fand den Ausnahmezustand abscheulich, und auch die Inhaftierung meiner Freunde. Für mich war das keine Frage von Realpolitik.

Also, Polen war ein echter Streitfall. Ich komme vielleicht gleich noch zu einem anderen. Sie haben sie auch auf Ischia besucht?

Ein Mal.

Haben Sie da irgendetwas an italienischem Flair an ihr festgestellt, merkte man, dass sie sich in einer anderen Umgebung befand?

Nein. Ich glaube, es war ihre ältere Schwester Yvonne, die da war. Und die Beziehung zwischen den beiden hat mich interessiert. Ich kann mich nicht genau erinnern, ich weiß nur noch, dass es ein sehr enges, aber gleichzeitig irgendwie auch gespanntes Verhältnis war. Die ältere Schwester war sowohl stolz auf Marion als auch kritisch. Ich habe Ischia sehr genossen.

Meistens haben wir uns hier in New York, in Princeton, in Washington, bei Shep Stone in Vermont oder in Paris getroffen. Aber in Blankenese, das waren die Höhepunkte. Obwohl es wunderbar war, sie hier zu haben. Sie wohnte bei uns.

Hier in New York?

Ja, und in Princeton auch, weil wir da ein Häuschen haben.

In dem Nachruf von Ralf Dahrendorf über Marion Dönhoff hieß es: Alles allzu Persönliche war von einer Glashaut überzogen oder geschützt. Haben Sie die Gräfin ohne diesen Schutz erlebt?

Ich war ihr gegenüber in allem Privaten, meine Scheidung und so, sehr offen. Und sie mit ihren Reaktionen. Es gab eine wunderbare Distanz, aber das hat nichts mit Geheimnistuerei oder so etwas zu tun, sondern es war einfach so, über gewisse Dinge spricht man eigentlich nicht. Aber wie das so ist bei einer Freundschaft, sie war siebzehn Jahre älter, es gab eine gewisse Distanz, aber gleichzeitig eine enge Freundschaft.

Nun war sie ja allein, das formt natürlich auch eine Persönlichkeit. Ich glaube, die Tatsache, dass sie allein lebte, ist mindestens so wichtig wie ihre Herkunft oder ihre Erziehung.

Ja. Und wahrscheinlich erklärt sich daraus und aus vielen anderen Gründen die ungeheure Aufnahmefähigkeit und das ungeheure Interesse, das sie an allem hatte. Sie ging auf die Menschen zu, das habe ich auch in ihrem Verhältnis zu meinen Kindern erlebt, bei meinem Enkel. Ungeheuer interessiert.

Nur wenn sie Menschen nicht leiden konnte, hat sie sie nicht befragt. Dann haben die das auch schnell gemerkt, aber das habe ich selten erlebt.

Irgendwann, als wir beide jemanden nicht leiden konnten, sagte sie nur ganz kurz: »Na ja, das erste Vorurteil bleibt.« Ich glaube, völlig ohne Urteil, völlig urteilsfrei, war sie nur ihrem Hund gegenüber. Sie hat sich mokiert und angeblich über ihn geärgert, aber der konnte sich alles leisten.

Der konnte die Gäste fast zerfleischen, das spielte keine Rolle. Fürchterlich. Vor allem der letzte ... Ein fürchterliches Tier.

Ich weiß, ich weiß. Ich kann mich nicht mehr an den Namen erinnern ...

Felix.

Ich sehe ihn vor mir. Übrigens, ein anderes Erlebnis. Als sie eine Haushälterin suchte, sind wir irgendwo über Land gefahren, ziemlich weit weg ins Land, nach Nordwesten. Ein ganz gewöhnliches Bauernhaus, und da habe ich mitgekriegt, mit welcher Leichtigkeit die Gräfin den anderen das Gefühl gegeben hat, wir sind unter uns. Dabei war die Gräfin schließlich die Gräfin, aber mit welcher, wie gesagt, Leichtigkeit und distanzierten Wärme sie die anderen, wie man auf Englisch sagen würde, »put at ease« ...

Sie sollten sich wohlfühlen, entspannt sein. – Jetzt will ich mal auf den Realismus zu sprechen kommen. Marion Dönhoff bekannte sich zu einem aufklärerischen Idealismus. Ist das eine Philosophie ...

Marion Dönhoff bekannte sich zu einem aufklärerischen Idealismus?

Das hat sie einmal geschrieben.

Ich hätte eher gedacht, es wäre aufklärerischer Realismus gewesen. Aber da muss sofort der Name Kant fallen. In dem Sinne ja. Eine Art preußischer Idealismus im besten Sinne des Wortes, schlicht, was überhaupt für mich ein Hauptwort ist bei ihr. Wir haben oft über preußische Tugenden gesprochen.

Das war wirklich ein großes Thema.

Was für mich, da Sie mich über mein Verhältnis zu Deutschland befragt haben, wichtig war, war die Tatsache, dass ich zum Teil Glück hatte und der Zufall mitspielte – und Zufall war etwas, was sie gut verstanden hat, darüber haben wir öfter gesprochen. Aus einem glücklichen Zufall war ich am 20. Juli 1954 in Berlin – ich lehrte an der FU – und habe mich in die Bendlerstraße eingeschlichen; das war für mich ein Wendepunkt. Das habe ich auch damals sofort beschrieben. In meinem jetzigen Buchmanuskript habe ich von der Gedenkfeier das beschrieben, was für mich tatsächlich ein Wendepunkt in meinen Beziehungen zu Deutschland war. Dass uns das verbunden hat, ohne dass wir das je gesagt haben, ist gar keine Frage.

Ich glaube, was die Bedeutung des 20. Juli angeht, hat keiner in Deutschland so viel dafür getan, das ins Bewusstsein zu bringen, wie Marion Dönhoff.

Absolut.

Manchmal auch ein bisschen zu einseitig?

Da gab es auch gelegentlich kleine Streitpunkte. Ich meine, ich war da an der FU, ziemlich jung, und – Zufall, Glück – ich war bei allen dabei, ich war bei Heuss dabei, bei Dibelius, mit dem ich mich dann gestritten habe, und in der Bendlerstraße, weil Hermann Lüdemann, der Patient und Freund meines Vaters gewesen war, die Hauptrede gehalten hat. Da wollte ich dabei sein. Gerade die Bendlerstraße war für mich ein tief gehendes Erlebnis. Ich schrieb damals zwei Sachen, mindestens. Erstens, es waren nicht ganz meine Ideale, die sie vertreten hatten, aber es war der Anstand, es waren der Mut und die ungeheure Hochschätzung und der Respekt, den ich davor hatte. Das andere war, was ich schon damals gesagt habe und nie aufgehört habe zu sagen: Warum haben die Deutschen das nicht mehr geehrt? Es hätte ihnen gutgetan, wenn sie den Widerstand geehrt hätten.

Ich habe mich manchmal gefragt, ob die Gräfin einen Namen wie Georg Elser kannte, der 1939 ein Attentat auf Hitler versuchte, das leider fehlschlug.

Wahrscheinlich war der Name ihr bekannt, aber ob sie sich mit ihm beschäftigt hat, ob er ihr irgendetwas bedeutet hat ...

Ich habe in einem 26-bändigen Lexikon von 1972 nachgesehen, da steht Georg Elser nicht drin. Ich habe in die anderen Lexika gesehen, da wird er ebenfalls nicht erwähnt. Dabei war er nun wirklich ein Mann, der großartig ...

Fantastisch, absolut.

Oder auch die Edelweiß-Piraten. Die finden Sie auch nicht im Lexikon. Das war ein proletarischer Widerstand, aus ganz interessanten Motiven heraus und sehr einleuchtend. Also, das deutsche Verhältnis zum Widerstand ist wirklich sehr gebrochen und zum Teil nicht nachzuvollziehen.

Das habe ich damals sofort so empfunden, geschrieben und 1955 veröffentlicht. Dann habe ich es nach 1989 noch einmal wiederholt, dass die Deutschen nicht die Fähigkeit hatten, das zu ehren, was zu ehren gewesen wäre.

Der Westen war nie das ganze Leben für sie, hat einmal jemand über Marion Dönhoff geschrieben.

Wie hätte er es auch sein können? Sie war so geprägt, nicht nur von ihrer Kindheit, sondern von all dem, was schon vor der Kindheit stattgefunden hat, von der Tradition. Das war keine westliche Tradition. Auf der anderen Seite, dass sie sich so angepasst hat an das Westliche, bei aller Kritik und Zurückhaltung, war bestimmend. Wie sie der Wohlstandsgesellschaft gegenüberstand beispielsweise, das wissen wir vom unzivilisierten Kapitalismus, schon lange ehe das Buch herauskam. Und trotzdem hatte sie doch ein, würde ich sagen, gutes, wenn auch kritisches Verhältnis zu den Vereinigten Staaten. Sie war wohl weitgehend von der Ostküsten-Elite beeinflusst, das war ihr »point of reference«. Aber sie war auch verdammt kritisch. Die »Wechselbäder«, eines ihrer Bücher, verdeutlicht das.

Ich frage mich, wie ihr Verhältnis zur angelsächsischen Welt generell war, der angelsächsischen Welt mit dem Pragmatismus, mit dem gesunden Menschenverstand, auch mit einem gesunden Egoismus, der vielleicht stärker ausgeprägt ist als in Ländern wie der Bundesrepublik ...

Offener, rauer. Ich glaube, ihr Verhältnis zu England war viel schwieriger als das zu Amerika.

Das sehe ich teilweise auch im Zusammenhang mit dem 20. Juli.

Ja. Das war auch ein Streitpunkt. Ein prominenter. Nicht, dass wir darauf rumgeritten wären, es kam gelegentlich auf. Sie hat sich immer sehr über die Engländer beklagt, über die Beziehungen zum deutschen Widerstand, und ich habe versucht, ihr aus meiner Sicht und aus historischer Sicht klarzumachen, wieso die Engländer sich so verhalten haben. Aber da war sie nicht zum Verzeihen bereit.

Bei irgendeinem Geburtstag bei Weizsäcker, wahrscheinlich dem achtzigsten, es war ein kleines Fest, aber es kam mir vor, als ob hauptsächlich SPD-Leute da waren, fiel mir plötzlich die Zeile aus dem »Stechlin« ein: »In jedem Junker steckt ein Stück Sozialdemokrat.« Das habe ich dann da von mir gegeben, und das passte auch sehr gut.

1982 hat sie den Ehrendoktor der Columbia-Universität erhalten. Haben Sie ihre Dankesrede noch in Erinnerung?

Sie brauchte keine zu halten. Ich darf sagen, dass ich nicht ganz unbeteiligt an der Verleihung war.

Das habe ich mir schon gedacht.

Das nur nebenbei. Ich glaube, sie hat sich sehr gefreut. Es war zu der Zeit, als ich Provost der Universität war und ein sehr schönes Office hatte, zum Teil mit noch unbezogenen, von Hans Poelzig, dem Architekten und Mitarbeiter des Deutschen Werkbundes, entworfenen Möbeln. Danach gingen wir von der Universität zurück in meine Wohnung. Und auf der Mitte des Broadway sagte sie plötzlich zu mir: »So wie du dich anscheinend hier fühlst, ganz wie ein preußischer Landrat.«

Auf dem Broadway ist das besonders schön.

Weil ich natürlich sehr stolz auf die Universität war.

»Provost« – wie kann man das übersetzen, was wäre das deutsche Pendant?

In amerikanischen Universitäten ist es die zweite Stelle hinter dem Präsidenten. Der Provost ist derjenige, der sich mit den inneren Angelegenheiten, hauptsächlich den akademischen

Angelegenheiten, der Universität beschäftigt und dafür auch
verantwortlich ist.

*Das mit dem Landrat ist eine typische Dönhoff-Bemerkung. –
Kann man sagen, dass sie mehr Gesinnungs- als Verantwortungsethikerin war? Ist das eine sehr deutsche Geisteshaltung?*

Das ist eine sehr gute Unterscheidung. Bei ihr hing das eher
von der Situation ab. Ich glaube, wo sie es sich leisten konnte,
war sie Gesinnungsethikerin, und wo es notwendig war, war
sie Verantwortungsethikerin.

Fanden Sie irgendwelche Charakterzüge an ihr besonders deutsch?

Preußisch. Ich meine, so wie ich mir preußisch vorgestellt
habe. Ich bin Breslauer und dort zwölf Jahre alt geworden,
aber kannte Preußen und habe natürlich sehr viel darüber gelesen. Ich hatte eigentlich, bei aller Abscheu gegenüber Deutschen in den dreißiger Jahren, nie die berühmte anti-preu-
ßische Einstellung, die beispielsweise die Engländer hatten
und zum Teil auch die Amerikaner.

*Sie haben vorhin bereits angesprochen, dass es schon mal Themen
gab, die Sie strittig, wie das heute heißt, diskutierten. Ich habe
gelesen, dass es einmal einen Streit über die Frage zwischen Ihnen
gegeben habe, ob das »Dritte Reich« nach allem, was mit Deutschland nach dem Ersten Weltkrieg passiert war, unabwendbar gewesen sei.*

Daran kann ich mich nicht erinnern. Wo steht das? Hat sie
wirklich geglaubt, es war unabwendbar? Diesen Standpunkt
jedenfalls hätte ich nie geteilt. Weder als Historiker noch,
wenn ich so sagen darf, aus moral-politischen Gründen. Denn
eines meiner Hauptanliegen, wo wir, glaube ich, auch einer
Meinung waren, ist, dass man aus der Geschichte lernen kann
und muss und dass man sich engagieren muss. Und wenn man

sagt, das war unabwendbar, kann man nicht lernen. Eine meiner allerersten Arbeiten, Mitte der fünfziger Jahre, beschäftigte sich mit der Möglichkeit, Adenauer wäre im Jahre 1926 Kanzler geworden. Es wäre ja tatsächlich eine Möglichkeit gewesen. Möglicherweise wäre dann die ganze Geschichte anders gekommen.

Aber Sie haben sich vielleicht über die so genannten Achtundsechziger gestritten, ob sie Fluch oder Segen waren?

Als wir uns zum ersten Mal trafen, 1970, war das zu der Zeit, in der die Studentenbewegung seit Jahren aktiv war, auch hier in Columbia ... Mit Polizeieinsatz und allem, entsetzlich. Ich habe da eine sehr engagierte Rolle gespielt und mich gegen meine so genannten linken Kollegen, die die Studenten verteidigten, die Gebäude besetzten und meines Erachtens die Universität in große Gefahr gebracht haben, zur Wehr gesetzt. Ich war sehr, sehr stark engagiert, lokal. Aber seit Jahren, seit den Unruhen von Berkeley bis Berlin war mir völlig klar, dass das auf uns zukommt. Ich war sehr viel kritischer Herbert Marcuse gegenüber, dem Guru, als den Studenten gegenüber. Die Studenten hatten zumindest das Recht, unerfahren, jung zu sein, das weiß ich. Aber ich war in einem Aufsatz – er wurde auch in Deutschland gedruckt – gegenüber der Studentenbewegung kritisch, sehr kritisch.

Ich würde nicht sagen, dass es damals zu einem Streit zwischen der Gräfin und mir kam. Sie beschimpfte mich freundlich, ich sei doch sehr konservativ. Da hatte sie wahrscheinlich auch Recht. Sie sah die Sache mehr aus der deutschen Perspektive und meinte, dass doch so viel geändert werden müsste und man eben auch verstehen müsste, dass die Studenten ihre Gründe hätten. Sie war jedenfalls weniger kritisch und offener ...

Sie war aufgeschlossen.

Wobei ich gleich dazu bemerken muss, dass »achtundsechzig«
bei uns hier in Columbia und dann auch an anderen Universitäten in Amerika zwar eine große Rolle gespielt hat, gar keine
Frage, aber vieles ist längst vergessen worden. Während bei
euch, wenn ich das so sagen darf, die »Achtundsechziger« immer noch ein Begriff sind.

Und dann haben wir hier das amerikanische Beispiel einer
etwas offeneren Gesellschaft, die im Augenblick in Gefahr ist,
aber damals existierte sie noch, und 1968 hat sich dann sehr
schnell wieder gegeben bei uns, schneller als bei euch. In dem
Moment, wo bei euch die Kerle angefangen haben mit »scheiß-
liberal«, habe ich gesagt, das kenne ich. Das habe ich auch offen bei der entscheidenden Sitzung vor Hunderten von Fakul-
tätsmitgliedern gesagt. Ich habe gesagt, ich habe schon einmal
eine idealistische Jugend gesehen, die die Universität reinigen
wollte.

Der Nachrüstungsbeschluss, der Doppelbeschluss – war das ein
Thema zwischen Ihnen und der Gräfin?

Nein. Wenn ich nein sage, heißt das nur, ich erinnere mich
nicht daran. Aber es gab kein politisches Thema, das wir aus-
gelassen hätten. Ich glaube, aber auch da kann ich mich täu-
schen, dass wir über das israelische Problem selten gesprochen
haben, irgendwie hat sie das, ich will nicht sagen, vermieden,
aber sie war da auch nicht besonders engagiert.

Sie hat auch selten darüber geschrieben.

Eben. Wenn überhaupt.

Sie waren beide Flüchtlinge, wenn auch aus sehr unterschied-
lichen Gründen. Haben Sie über den Begriff »Heimat« gespro-
chen und was er bedeutet?

Die Tatsache, dass wir beide die Heimat verloren haben, ist mir erst nach ihrem Tod aufgegangen. Da ist mir plötzlich in den Sinn gekommen, dass das für uns beide ein gemeinsames Schicksal war. Irgendwann hat mich einmal jemand gefragt, hier in New York, was mir zum Wort »Heimat« einfiele. Und da habe ich gesagt: »Heimatlosigkeit.« Heimatlos. Rein spontan.

Sie haben der Gräfin in einem Artikel einmal »strenge Güte« attestiert. Vielleicht können Sie einmal sagen, wie sich diese strenge Güte äußerte.

Es gibt Menschen, die ihre Güte ausstrahlen, die ihre Güte ausschütten, die sich selbst damit irgendwie darstellen. Genau das Gegenteil war bei der Gräfin der Fall. Ihre Art der Güte war besonders in den letzten Jahren zu spüren, als ich oft mit ihr telefoniert habe, weil es ihr nicht gut ging. Da habe ich ihre Güte besonders deutlich empfunden.

Da war sie schon ein anderer Mensch.

Was ich meine, ist – die Güte durfte man spüren, ich habe sie gespürt, aber sie war eben auch unterbetont, spontan...

Sie wollte keinen Heiligenschein...

Absolut nicht. Vielleicht war es auch streng. Eine natürliche, strenge Güte.

Sie haben vor diesem Interview gesagt, über Lew Kopelew müssten wir sprechen.

Er war für mich sehr eindrucksvoll. Durch Vermittlung der Gräfin habe ich Kopelew 1979 in der Nähe von Leningrad besucht, und er hat mir einen Auftrag für die Gräfin mitgegeben. Er wohnte, wo er nicht wohnen durfte, in einer Schriftstellerkolonie. Wir waren am Grab Anna Achmatowas, das war ungeheuer bewegend. Beim Abschied hat er mich zu der Eisenbahnstation gebracht und auf dem Weg gesagt: »Ja, jetzt bin ich so weit. Jetzt sagen Sie der Gräfin und Heinrich Böll, ich bin bereit. Ich möchte raus, für ein Jahr. Ich möchte die Einladung, die ich von den beiden habe, jetzt für ein Jahr annehmen.« Es war das erste Mal, dass ich ihn gesehen habe, irgendwie war es spontan. Und ich sagte: »Ja, glauben Sie denn, dass Sie dann wieder nach Russland reingelassen werden?«

Da sagte er: »Ich will Ihnen einen jüdischen Witz erzählen: Ein armer Kerl kommt zum Rabbiner und sagt: Ich habe eine Frau und fünf Kinder und keine Arbeit und kein Geld, und meine Frau ist schwer krank. Man hat mir jetzt Arbeit angeboten, unter der Bedingung, dass ich meine Pajes, meine Haare abschneide. Was soll ich machen? – Ein guter Jude schneidet nicht an seinen Haaren im Gesicht, sagt der Rabbiner.

Nach zwei Wochen kommt der Jude wieder zum Rabbiner, der Frau geht es noch schlechter und so weiter. Aber als er reinkommt, sieht er zufällig im Spiegel, wie der Rabbiner sich seine Haare schneidet. Und er sagt wieder: Der Frau geht es noch schlechter, wieder eine Arbeit angeboten, was soll ich machen? Daraufhin der Rabbi wieder: Ein guter Jude schneidet nicht ... Da sagt der Mann: Entschuldigung, Rabbi, ich kam rein und habe zufällig das mit Ihren Haaren gesehen. – Ja, sagt da der Rabbiner, aber ich habe niemanden um Erlaubnis gebeten.«

Und da meinte Kopelew zu mir: »Wissen Sie, das ist mein Standpunkt. Ich will raus, und ich habe niemanden um Erlaubnis gebeten, zurückzukommen.« Der Sinn war, er wollte wirklich für ein Jahr raus und dann wieder zurück. Aber ich fand die Geschichte schön.

Wie kam die Gräfin mit den Menschen in Amerika zurecht?

Wenn sie hier war, dann hat sie alle begeistert, ganz egal, wen sie getroffen hat. Beide meiner Frauen, beide Amerikanerinnen, wie auch meine Kinder haben eine eigene Liebe zu ihr entwickelt, eine eigene Beziehung.

Und was hielten typische New Yorker von ihr?

Ich komme immer wieder auf dasselbe Wort zurück: Sie war schlicht, doch durch ihr ganzes Wesen so anziehend.

Welche Rolle spielte sie, Ihrer Meinung nach, in der Bundesrepublik? War sie als Journalistin einflussreich?

Bei wichtigen Gruppen in der Bevölkerung ohne Frage. Ich habe sie immer als eine moralische Autorität empfunden. Auch Weizsäcker hatte so eine Autorität …

Was, glauben Sie, wird von Marion Dönhoff in Deutschland in Erinnerung bleiben?

Wahrscheinlich – würde ich annehmen – für einige eine Legende über den Ritt nach Westen und für einige – will ich hoffen – das, was ich mit moralischer Autorität meine, also ihre Kritik am reinen Wohlstandsleben, ihr Appell an die Vernunft, an den Opfersinn, an alles gute Preußentum. Aber wie weit man sich daran erinnern wird, ist schwer zu sagen.

Es hängt auch davon ab, ob man das Erbe pflegt oder nicht. Ich könnte mir das vorstellen. In irgendeiner Weise könnte man ja sagen, durch ihre Kritik an der Bundesrepublik selbst und ganz besonders an gewissen Merkmalen der Gesellschaft war sie eine Art Widerstandsperson. Und da Deutsche sich anscheinend sehr schwertun mit Widerstand, müsste man gerade sie um Gottes willen nicht nur mit dem 20. Juli identifizieren, damit tut man ihr Unrecht, damit tut man ihr, glaube ich, sogar ein großes Unrecht. Dass sie als Patriotin pflichterfüllt Kritik an der Gesellschaft übte, das sollte man erinnern.

Wann haben Sie Marion Dönhoff zum letzten Mal gesehen?

In Hamburg, sie wohnte nicht bei sich zu Hause, sondern im Hotel Baseler Hof. Ich holte sie ab, wir haben, wie wir es oft getan haben, Champagner im Vier Jahreszeiten getrunken, und dann haben wir zusammen Abendbrot gegessen. Das muss im November 2001 gewesen sein. Woran ich mich unter anderem erinnere, war die Stimmung, der Arm tat ihr weh, noch viel mehr am nächsten Vormittag. Aber sie hat kaum geklagt.

Ihre Haushälterin war verreist, deshalb wohnte sie im Hotel. Danach habe ich noch oft mit ihr am Telefon gesprochen. Eines der Telefonate war, glaube ich, Silvester 2001, da fragte sie mich nach meinen Plänen, und ich sagte: »Wahrscheinlich geht meine nächste Reise im Februar in unsere Stadt«, das heißt nach Warschau. Da meinte sie: »Na, dann geht es mir besser, dann komme ich auch dahin.«

29. April 2004

Haltung war das Wichtigste
Wolf Jobst Siedler, Berlin

WOLF JOBST SIEDLER, geboren am 17. Januar 1926 in Berlin, ist einer der bedeutendsten Buchverleger der Bundesrepublik. Publizistisch trat er mit Essays und Büchern über Berlin, Preußen und die vergangene bürgerliche Kultur hervor. Von Marion Gräfin Dönhoff verlegte er unter anderem die Bestseller »Kindheit in Ostpreußen« und »Um der Ehre willen«.

Herr Siedler, eines Ihrer Themen war immer Ihre Heimatstadt Berlin. Ich habe vieles, was Sie dazu geschrieben haben, vor allem in der FAZ, aber auch in der Zeit, stets mit Interesse und Bewunderung gelesen. Wie ist es dieser faszinierenden Stadt bisher bekommen, dass sie wieder Hauptstadt ist?

Natürlich hat das Berlin vor dem Absinken ins Bodenlose gerettet, denn wenn Berlin nicht Hauptstadt geworden wäre, wäre der Weg in die Belanglosigkeit nicht aufzuhalten gewesen. Insofern war die Hauptstadtfunktion die Rettung der Stadt. Man darf nicht übersehen, dass das heutige Berlin nur ein Schatten seiner ursprünglichen Existenz ist, die Industrie ist nicht mehr da, die Banken sind nicht mehr da, die Schichten, die Berlin wirklich getragen haben, sind nicht vorhanden.

Marion Dönhoff gratuliert dem Verleger einiger ihrer Bestseller, Wolf Jobst Siedler, zu seinem fünfundsiebzigsten Geburtstag.

Im Grunde gibt es hier kein Bürgertum mehr. Das prägt sich der Stadt – auch im äußeren Erscheinungsbild – sehr ein.

Aber der Rückgang des Bürgertums ist auch in anderen Städten zu beobachten.

Nicht ganz so schlimm. Wenn man durch Hamburg geht, Große Bleichen, Jungfernstieg, in München auch, Düsseldorf, dann sieht es dort anders aus. Ich habe meinen Freunden einmal angeboten, ich zahle fünf Mark für jeden Menschen am Kurfürstendamm, der einen Schlips trägt. Da flaniert heute eine ganz andere Schicht als die des alten Berliner Bürgertums.

Glauben Sie nicht, dass die Funktion als Hauptstadt auf eine Generation hin oder zwei dazu beitragen wird, dass sich auch wieder ein gehobenes Bürgertum etabliert?

Wenn es dann noch ein Bürgertum gibt. Das ist die Frage. Selbst in Paris ist das alte Bürgertum nicht mehr vorhanden, auch nicht in Rom. Das ist eine allgemeine Erscheinung. In den sechziger und siebziger Jahren war ich wohl Dutzende Male in Rom, um meine Künstlerfreunde Renato Guttuso, Marino Marini und Giacomo Manzù zu besuchen, und ich traf mich auch häufig mit den Autoren, die damals eine Rolle spielten und das wohl auch noch heute tun – Carlo Levi, Giorgio Bassani und Alberto Moravia.

Hauptstädte, so meine Beobachtung, werden auf Dauer relativ wohlhabend, wenn sie nicht zu groß sind; weil doch alles, was mit der Regierung zusammenhängt, eine Menge Geld mit sich bringt. Davon wird Berlin auf mittlere Sicht sicher profitieren. Sehen Sie die Chance, dass Berlin irgendwann wieder kulturelles und geistiges Zentrum der Republik werden könnte?

Es fehlt natürlich der Osten. Berlin war im Grunde immer auf den Osten bezogen, nicht nur auf den deutschen Osten, nicht nur auf Pommern, Schlesien, Ostpreußen, Westpreußen, sondern eben auch auf das alte Russland. Insofern wird Berlin der Bezugspunkt fehlen. Aber natürlich wird die Stadt langsam wieder auf die Beine kommen, doch das wird eher Jahrzehnte als Jahre dauern.

Wenn Sie, aus welchen Gründen auch immer, nicht in Berlin leben könnten, in welcher Stadt würden Sie dann gern leben?

Ich glaube, die schönste Stadt wäre dann für mich Hamburg. Die Stadt aber, in der ich am ehesten leben würde, wäre München, denn von dort aus wäre ich in zwei Stunden in Italien. Zudem ist München vom Klima begünstigt, während Hamburg doch die Nähe zweier Meere, der Nordsee und der Ostsee, am ständigen Nebel und der Feuchtigkeit zu erkennen gibt. Mein Freund Joachim Fest lebte damals in Hamburg. Er hatte in der Holztwiete in Othmarschen ein wunderschönes Haus, aber abends zwang einen die feuchte Kühle, die Stühle von der Terrasse in das Haus zu rücken.

Peter Glotz hat Sie einmal einen leidenschaftlichen Berliner genannt. Wie reagierte Marion Dönhoff auf diese Einstellung, was für ein Verhältnis hatte sie zu dieser Stadt? Haben Sie mit ihr darüber geredet?

Marion Dönhoff sagte mir einmal: »Sie sind eigentlich der einzige übrig gebliebene Preuße.« Und da sagte ich: »Das ist zwar reizend gemeint, aber es trifft nicht wirklich meine Existenz. Ich bin ein Berliner, kein Preuße, und habe mich immer so empfunden. Die Berliner sind im Gegensatz zu den eigentlichen Preußen viel weltoffener, was man sehr deutlich empfand, wenn man nach Rathenow oder Küritz kam.«

Und was glauben Sie, welches Verhältnis hatte Marion Dönhoff zu Berlin? Sie hatte ja in den fünfziger Jahren für einen Baustopp in Bonn plädiert und wollte Berlin als Hauptstadt haben.

Marion Dönhoff hat sich jahrzehntelang für Berlin als Hauptstadt eingesetzt, lange bevor der Zusammenbruch der DDR das dann über Nacht möglich machte. Sie wollte damals Preußen wiederhaben, sie hielt den Verlust ganz Ostdeutschlands nicht für endgültig.

Aber 1989 hat sie sich dann für Bonn ausgesprochen, das wurde ihr wahrscheinlich zu viel mit Berlin. Hat sie Berlin gemocht?

Doch, ich würde vermuten, dass Marion Dönhoff an das alte Berlin dachte, als man hier noch die östliche Mentalität hatte. Jeder dritte Berliner kam ja aus Danzig, Königsberg oder Breslau. Marion Dönhoff kam immer wieder nach Berlin, schon um mich zu besuchen.

Einen solchen Besuch habe ich deutlich in Erinnerung. Es

war kurz nach meinem Schlaganfall, sie kam zusammen mit unser beider Freund Shepard Stone, dem ehemaligen Leiter des Berliner Aspen-Instituts, und es sollte ihre erste Reise in die Stadtmitte Berlins sein. Sie versprach noch, die »Linden«, den »Schlossplatz« und den »Gendarmenmarkt« von mir zu grüßen.

Sie haben zahlreiche Bücher von Gräfin Dönhoff verlegt, unter anderem »Um der Ehre willen«, »Kindheit in Ostpreußen« und »Preußen, Macht- und Maßlosigkeit«. Wie kamen Sie mit ihr als Autorin zurecht?

Blendend. Ich hatte sie ja zu den Büchern überredet: »Liebe Gräfin, das müssen Sie schreiben. Wenn Sie es nicht schreiben, die Geschichte Ostpreußens, das Leben in Ostpreußen, die Welt Ostpreußens – wer soll es dann schreiben? Sie sind die einzige Überlebende.« Das habe ich ihr, glaube ich, zehn Jahre lang geschrieben.

Sie haben sie drängen müssen, die Bücher zu schreiben, beispielsweise »Kindheit in Ostpreußen«? Sie hat sich gesträubt?

Sie sagte: »Das steht ja alles schon in meinem Buch ›Namen, die keiner mehr nennt‹, warum soll ich das jetzt wiederholen?« Ich antwortete: »Aber Sie haben noch nichts über die damals dort existierende Lebenswirklichkeit geschrieben. Wie lebte man auf großen Gütern? Wie gingen die Menschen miteinander um? Es ist eine ganz andere Art von preußischen Demokraten.« Daraufhin sagte Marion Dönhoff verschmitzt lächelnd: »Sie brauchen mich gar nicht zu überreden, ich habe schon begonnen, die ersten Seiten sind bereits geschrieben.«

Das ist ein wunderschönes Buch. Und auch ein großer Bestseller.

Die Jugenderinnerungen Marion Dönhoffs sind wunderschön geworden und zu ihrer und meiner Überraschung ein Bestseller, von dem wir wohl 260 000 Exemplare verkauft haben. Ich sagte ironisch: »Ach, liebe Gräfin, jetzt haben Sie sich alle Autoren zu Feinden gemacht, von Günter Grass über Heinrich Böll bis zu Siegfried Lenz. Eine Viertelmillion Exemplare hat keiner von ihnen verkauft.«

Ich habe der Gräfin häufig vorgeworfen, dass sie zu viele Verlage habe. Wäre es nicht besser gewesen, wenn sie alle ihre Bücher in einem Verlag, zum Beispiel in Ihrem, veröffentlicht hätte?

Damals, als sie die ersten Bücher schrieb, war ich noch nicht Verleger. Dann wurde ich es allmählich, aber ein auf Berlin beschränkter Verleger. Danach machte ich die Propyläen-Kunstgeschichte, die Propyläen-Weltgeschichte, und da hatte ich das Gefühl, sie fügt sich dort nicht ein. Dann begann langsam unsere Freundschaft, es war wirklich eine Freundschaft.

Wie fanden Sie Marion Dönhoff als Schreiberin?

Sie schrieb nicht wirklich bemerkenswert, und ich würde sie nicht zu den großen Autorinnen des 20. Jahrhunderts zählen. Aber sie hatte eine unglaubliche Überzeugungskraft, einen Zauber in der Sprache, wenn sie keine abstrakten Themen behandeln wollte. Wenn sie sozusagen ihre eigene Welt darstellte, dann überkam sie der Geist, dem man sich kaum entziehen konnte. Sie musste wieder in Ostpreußen sein, sich an ihre Kindheit erinnern, dann war es plötzlich eine andere Marion Dönhoff.

War Marion Dönhoff, wie Richard von Weizsäcker einmal geschrieben hat, die Preußin des 20. Jahrhunderts? Oder sehen Sie noch andere, vergleichbare Figuren?

Sie verkörperte noch das alte Preußen. Die großen Familien hielten immer zusammen, die Dohnas, die Dönhoffs, die

Lehndorffs, das war eine andere Welt, ganz anders als der Adel in Bayern oder in Westdeutschland.

Sie sind während des Nazi-Regimes ein halbes Jahr wegen Wehrkraftzersetzung im Zuchthaus gewesen. Sie haben also am eigenen Leibe erfahren, was es heißt, in einem solchen Regime Widerstand zu leisten, eine abweichende Meinung zu äußern. Wie sehen Sie Marion Dönhoffs Nähe zum Widerstand?

Es war bis auf wenige Ausnahmen eine aristokratische Welt, in der man frei sprechen konnte, denn man hatte keine Sorge, verraten zu werden. Das galt auch für Marion Dönhoff, in deren Gegenwart jeder ganz offen sprach, auch über die Pläne eines Staatsstreichs. Aber da sie nicht nur für Friedrichstein, sondern auch für die anderen Güter verantwortlich war, entzog sie sich der eigentlichen Verschwörung. Sie stand nur als Kurier zur Verfügung.

Zwei der Brüder Marion Dönhoffs sind Mitglied der NSDAP gewesen, die Spaltung ging also in die eigene Familie. Wussten Sie das?

Ja.

Hatte sie das erzählt?

Sie sprach über ihre Brüder oder ihren Vater sehr wenig. Das lag vielleicht auch daran, dass der Vater schon vierundsechzig war, als Marion geboren wurde. Auch die Brüder waren wesentlich älter als das junge Mädchen, das auf andere Weise seinen Weg in die Geschichte fand. Aber familiäre Dinge beredete sie ohnehin kaum, und ich wüsste nicht, wie der Vater reagierte, als Marion Dönhoff von 1933 bis 1935 in der Schweiz studierte. Ich vermute, Politik war etwas, über das man bei den Dönhoffs nicht sprach, schon gar nicht mit einem Nesthäkchen, und als solches wird man die Tochter oder kleine

Schwester noch lange empfunden haben. Eine sehr junge Frau, fast noch ein Mädchen, konnte im Widerstand keine große Rolle spielen, das gehörte sich einfach nicht. Aber natürlich sah sie klar, dass viele ihres Standes, der aristokratischen Welt, eigentlich den Nazis zugeneigt hatten.

Das hat sie Ihnen auch gesagt.

Ja.

In Ihrem Buch »Ein Leben wird besichtigt« schreiben Sie im Zusammenhang mit dem Verlust der östlichen Gebiete und den Vernichtungslagern, also mit der doppelten Erinnerung an die Geschichte: »Das macht die Fluchtberichte der Gräfin Dönhoff und des Grafen Lehndorff nobel, dass sie so ganz Abschied und so wenig Klage sind.« Glauben Sie, dass Marion Dönhoff mit dieser Haltung, die sie ab den sechziger Jahren auch immer wieder in der Zeit öffentlich kundgetan hat, Einfluss hatte auf die Meinung der Millionen von Flüchtlingen in diesem Land?

Da war sie eine Zeit lang doch eine Außenseiterin. Diese Haltung nahm man ihr übel. Sie hat sich langsam durchgesetzt, besonders weil sie bei den Intellektuellen großen Einfluss hatte. Ich glaube, dass sie damals noch eine Außenseiterin in der deutschen Gesellschaft war. In den fünfziger, sechziger Jahren glaubten viele noch, dass man den Osten wiedergewinnen würde.

Versöhnung ja, Verzicht nein.

Anfang der sechziger Jahre rang sich Gräfin Dönhoff erst zum endgültigen Verzicht auf den Osten durch, der ja auch ihre Heimat war. Die Grafen Krockow und die Thaddens zählten zu den wenigen, die ebenfalls sehr früh schon die »Verzichtpolitik« Willy Brandts unterstützten. Ich vermute jedoch, dass die meisten vertriebenen Adligen die Verzichtpolitik Brandts und eben auch Marion Dönhoffs, der Grafen Krockow und der Thaddens mit Verständnislosigkeit sahen.

Einmal fragte ich Gräfin Dönhoff gesprächsweise: »Wen haben die Dönhoffs eigentlich im Laufe der Jahrhunderte geheiratet? Schlesien war doch meist katholisch und zu weit weg, und Preußen und die Mark Brandenburg waren zu popelig – zwei gute Ernten, damit man die Scheune decken konnte –, und der rheinische Hochadel war eine ganz andere Welt.« – »Meine Familie war mehr nach dem Osten hin orientiert.« Gemeinsam waren wir amüsiert, dass die Dönhoffs mit dem russischen oder polnischen Hochadel auf besserem Fuß standen als mit dem deutschen.

Zu Marion Dönhoffs persönlichen Ansprüchen: Sie war immer sehr bescheiden ...

Ja, bis auf den Porsche. Ich weiß nicht mehr, wer es war, Augstein oder Kuenheim, einer von beiden sagte einmal: »Sie kann durchaus immer zweiter Klasse fliegen, denn es kommt ohnehin eine Stewardess und sagt: ›Frau Gräfin, wir haben vorne noch Plätze frei.‹«

Was haben Sie an Gräfin Dönhoff, neben der Bescheidenheit, besonders geschätzt?

Die Aura, die sie hatte, die Ausstrahlung. Sie war nicht unbedingt bescheiden, sie war schon eindeutig eine Dönhoff. Die ungeheure Souveränität, die von ihr ausging, prägte sich jedem ein. Wir waren einmal mit dem französischen und dem amerikanischen Botschafter zusammen, doch Marion war ganz selbstverständlich der Mittelpunkt.

Einmal hatte ich Henry Kissinger zum Essen bei mir auf der Terrasse, und ich sah zu meiner Überraschung, dass Kissinger natürlich für die Dönhoff nur Henry war und er das Gespräch abbrach, wenn sie das Wort ergriff. Es war ganz einfach ihre Persönlichkeit, die sich immer und in jeder Situation Geltung verschaffte.

Ich musste im Internat über den Satz schreiben: »Das höchste Glück der Erdenkinder sei nur die Persönlichkeit.« Da dachte ich mit dreizehn oder vierzehn: Wieso, jeder Mensch ist doch eine Person, ich sah den Unterschied zwischen Person und Persönlichkeit damals noch nicht wirklich. Und diesen Unterschied lebte Marion Dönhoff in aller Bescheidenheit vor.

Sie hatte immer Autorität, obwohl man nicht sagen konnte, worin diese lag. Sie war nicht brillant im Gespräch, sie war nicht beherrschend in der Argumentation, und ihre Formulierungen waren selten eindrucksvoll. Aber dennoch schwieg man in der Runde, wenn sie das Wort ergriff, selbst so brillante Leute und Autoren wie Joachim Fest oder Johannes Gross, der bestenfalls im Nachhinein eine süffisante Bemerkung machte. Aber solange sie da war, war ihre Autorität unbestritten.

... eine Unabhängigkeit wahrscheinlich, auch im Denken.

Ja, die Haltung wird wahrscheinlich das Wichtigste sein, was von ihr in Erinnerung bleibt. Diese Haltung war nicht gekoppelt an bemerkenswerte Formulierungen und überraschende Erkenntnisse. Es lief eben auf ihre Persönlichkeit hinaus. Vielleicht muss man Marion Dönhoff gekannt haben, um das zu verstehen oder zu empfinden. Ich kann mir vorstellen, dass man in zwanzig oder fünfzig Jahren nicht mehr wissen wird, worin eigentlich ihre Wirkung bestand. Denn diese Wirkung kam aus ihrer Gegenwart und war wahrscheinlich an sie gebunden.

Um es auf eine Formel zu bringen: Die Bedeutung Marion Dönhoffs war gebunden an ihr Dasein.

15. Dezember 2004

An der Seite der Aufrechten
Rupert Neudeck, Troisdorf/Köln

RUPERT NEUDECK, Dr. phil., geboren am 14. Mai 1939 in Danzig, war Redakteur beim Deutschlandfunk in Köln und ist der Gründer des Komitees »Ein Schiff für Vietnam« (später: »Komitee CAP ANAMUR/Deutsche Notärzte e. V.«). Für seinen humanistischen Einsatz in aller Welt wurde Neudeck 2003 mit dem Marion-Dönhoff-Preis ausgezeichnet. Neben Heinrich Böll und Lew Kopelew war Gräfin Dönhoff für ihn eine Mentorin bei seinen zahlreichen Hilfsaktionen.

Herr Neudeck, Sie sind seit einem Vierteljahrhundert als, wie ich Sie einmal nennen will, »Aktivist in humanitären Diensten« tätig. Was ist Ihr Resümee nach all den Jahren? Ist der Menschheit noch zu helfen?

Ich bin ganz rettungslos überzeugt davon: Ja. Ich habe nie etwas anderes gedacht und geglaubt, selbst in den allerschlimmsten Zeiten, die ich erlebt habe als bewusster Humanitärer oder Journalist. Das hat auch mit der Vergangenheit zu tun. Schlimmer konnte es der Menschheit ja nicht ergehen als in der Zeit, als wir sie zusammengehauen haben. Ich erlebe diese Welt mehr mit Freude und Hoffnung als mit dem Gegenteil.

Sie sind aber auch vom Grund her Optimist?

Ja, ich bin es vielleicht auch geworden, weil ich erlebe, dass großartige Dinge passieren. Nicht einmal zu Albert Schweitzers Zeiten hat es diese globale Aufmerksamkeit und Hilfsbereitschaft gegeben. Die Menschen sind nicht besser geworden, aber wir haben mehr Möglichkeiten, das Gute zu tun, schnell zu tun, mit Neigung, mit Freude zu tun. Ich erlebe die Zeit eigentlich als eine, die einen sehr herausfordert und in der man sehr viel tun kann. Lassen wir die metaphysische Frage lieber mal beiseite, die wird uns irgendwann beschäftigen. Das ist noch nicht die Zeit.

Wenn Sie die Reaktionen der Deutschen auf Hilfsgesuche, auf Spendenaufrufe zu Anfang Ihrer Tätigkeit mit den Reaktionen heute vergleichen, zu welchem Schluss kommen Sie da? Sind die Menschen abgestumpfter und mitleidloser geworden, oder reagieren sie vielleicht sogar sensibler auf Unrecht und Unheil?

Das sehe ich in einer sehr großen Kontinuität, und ich bin in der Beziehung überhaupt kein Verächter meiner Gesellschaft, im Gegenteil. Das sage ich immer sehr laut, weil wir von französischen und britischen und italienischen Kollegen im humanitären Bereich sehr beneidet werden um die Reaktionen in Deutschland, um die Hilfsbereitschaft dieser Gesellschaft.

Ich habe das Gefühl, dass wir uns angewöhnt haben, aufgrund einer falschen Haltung nach 1945, dass wir nichts Gutes mehr an uns haben dürfen, und das halte ich für verkehrt. Ich finde zum Beispiel, dass es im internationalen Vergleich eine große Hilfsbereitschaft gibt unter den Deutschen. Welches Volk in Westeuropa hat so viele Flüchtlinge aufgenommen? Das war nicht nur eine Sache der Regierung, das war eine Sache der Gesellschaft. Die Spendenbereitschaft in Deutschland war eigentlich durchgängig immer groß.

Wie steht Deutschland im Vergleich zu Frankreich oder Großbritannien da?

Sechs zu eins. Der Franzose gibt einen Dollar pro Jahr pro Nase für humanitäre Zwecke, der Deutsche gibt sechs. Bei den Briten ist es ähnlich, das ist ein bisschen gemilderter in Großbritannien durch eine Erscheinung der dortigen Öffentlichkeit und Politik; Regierungsgelder werden nicht so abgegrenzt gegenüber privaten Spenden.

Die Spendenbereitschaft in Deutschland hat übrigens auch zur Folge gehabt, dass viele große internationale Organisationen gern nach Deutschland kommen und hier ein Büro aufmachen. »Ärzte ohne Grenzen« war damals eine der ersten. Diese Organisation ist hier, weil Deutschland den Ruf hat, dass es auf Spendenappelle sehr, sehr wohlwollend reagiert. Das ist ein großes Faktum, das ich wirklich ganz laut sage. Wenn man den Menschen, also unseren Landsleuten, Not richtig konkret und plastisch vor Augen führt, dann sind sie bereit zu Dingen, von denen uns unsere Schulweisheit nichts gesagt hat. Man muss ein bisschen übertreiben. Ich sage immer, auf meine Gesellschaft kann ich mich immer verlassen, ob auf meine Regierung, das weiß ich nicht.

Und wie ist es mit den Medien? Wie reagieren die auf Katastrophen und humanitäre Notsituationen?

Da sehe ich eine absteigende Kontinuität. Internationale humanitäre Hilfe wäre natürlich ohne Medien überhaupt nicht zu leisten, das ist eine Sache, die man gar nicht reflektieren muss. Natürlich ist die publizierte Öffentlichkeit in Wort und Bild enorm wichtig, Bilder haben eine stupende Wichtigkeit. Aber ich denke, da ist ein Einbruch gewesen in der, ja, in der Treue, in dem Dranbleiben an der Frage der menschlichen Not, das hat mit der Einführung des privaten Fernsehens zu tun.

Herr Neudeck, Sie haben 2003 den Marion-Dönhoff-Preis erhalten. Den ersten, der verliehen worden ist. Sie haben die Gräfin bei der Feierstunde sehr bewegend gewürdigt. Können Sie Ihre Rede vielleicht noch einmal rekapitulieren? Sie haben damals extemporiert.

Die Situation hat mich doch sehr bewegt, und es hat mich auch sehr berührt, dass mit der Gräfin das letzte Bollwerk weggegangen ist, das wir bei der humanitären Arbeit hatten, das ich hatte. Ich habe zwanzig oder fünfundzwanzig Jahre sehr gut damit gelebt, dass immer einer da war in der Gesellschaft, zu dem ich gehen konnte, wenn ich einen Rat brauchte. Das fing an mit Heinrich Böll, unvergesslich, bis 1984; dann wurde das übernommen von Heinrich Albers, dann von Lew Kopelew und schließlich von der Gräfin, in dieser Reihenfolge. Aber die Gräfin war die letzte Große, wenn es um humanitäre Fragen ging. Ich konnte telefonisch oder brieflich fragen, und sie hat mir das nicht übel genommen. Ich wusste, dass sie immer auf der Seite der humanitär Aufrechten ist. Sie konnte es sich immer sofort vorstellen, wenn etwas ganz schwierig war und man etwas tun musste.

Haben Sie ein Beispiel?

Unser größtes Erlebnis mit ihr war ein sehr einschneidendes Erlebnis. Eine Krankenschwester von uns ist am 26. Juni 1991 in Somalia auf eine Tankmine gefahren, wobei ihr beide Beine abgefetzt wurden. Wir hatten zehn Jahre dort gearbeitet, und dann passierte das, was man erleben muss, weil man sonst nicht glaubt, wie es auf dieser Welt zugeht. Unsere Krankenschwester, mit der wir bis heute befreundet sind, hatte natürlich alle Segnungen der mitteleuropäischen Versicherungen, Gott sei Dank. Auf Knopfdruck kam der Rettungsflieger, der natürlich auch immer nur für uns da ist, aber nicht für einen

Somali. Mit achtzehn Mark, das weiß ich noch genau, waren wir pro Jahr bei der Deutschen Rettungsflugwacht versichert, stellen Sie sich das mal vor.

Dann kam ein Anruf, es sei noch Platz in dem Flugzeug. Das war so ein kleines Flugzeug mit einem Arzt, einem Operationsteam, einer Liege. Ob man die schwer verletzte Somali-Krankenschwester, die auch in dem Auto gesessen hatte, ebenfalls mitnehmen könne. Wir haben geschrien, was das für eine dumme Frage sei, natürlich könnten sie das machen, aber sofort. Ja, und die Beantwortung dieser Frage kostete uns 140 000 D-Mark, weil die Somalierin nicht versichert war. Wir konnten nach der Satzung das Geld auch nicht einfach aus dem Spendentopf nehmen, die Leute geben uns das Geld ja nicht für einen Einzelfall, sondern für ganz viele Notfälle.

Wir erzählten das dann der Gräfin, und die sagte, ich gehe sofort in die Redaktion, wir machen da was. Für sie war das ein ganz, ganz wichtiges Beispiel dafür, wie man die wirkliche Situation in der Welt erklären kann. Später hat sie angerufen und gesagt: »Die Redakteure waren nicht dafür, dass ich da was mache.« Aber sie könne das unter ihrem eigenen Namen machen, also nicht redaktionell, sondern als Gräfin Marion Dönhoff. Das hat sie dann getan. Es ist ein Beispiel dafür, wie spontan und jung diese Frau war, in solchen Situationen sofort zu wissen, hier hilft kein langes Zieren oder akademisches Genörgel, was man hätte tun müssen, sondern jetzt müssen wir was machen.

Sie sagten: jung. Das war ein typisches Merkmal der Persönlichkeit Gräfin Dönhoffs.

Ich fand es immer fantastisch, wie man sie erleben konnte, darin glich sie auch sehr Lew Kopelew. Die beiden hatten sehr viel gemeinsam. Kopelew war auch so jemand, der immer neugierig alles wissen wollte. Ich habe die Gräfin persönlich eigentlich gar nicht so recht kennengelernt. Wenn ich in der *Zeit*-Redaktion war, bin ich bei ihr vorbeigegangen, da gefiel mir immer, wie einfach das war. Also, sie war unprätentiös, wie man sich das sonst gar nicht vorstellen kann. Aber ich war nicht bei ihr zu Hause, nicht bei ihr in der Küche.

Wie bei Kopelew.

Bei Kopelew war das oft der Fall ... Es gab natürlich eine Distanz, zu der sie auch stand, ihre Herkunft, die Gräfin, wie man immer sagte. Für die Achtundsechziger war das wahrscheinlich alles ganz grauslich.

Ihr distanziertes Verhalten war wahrscheinlich unbewusst, war Teil ihrer Persönlichkeit.

Ich weiß noch, sie konnte einen auch kritisieren, gut kritisieren. Irgendwann hatte ich mal so die Vorstellung, gemeinsam mit Hartmut von Hentig, dem großen Pädagogen, wir müssten einen Kongress organisieren. Da hat sie geschrieben: Kongresse sollten Sie eigentlich gar nicht machen ...

Ging es irgendwie um humanitäre Dinge?

Ja, irgendeine große Sache, wo fünf hochkarätige Referenten aus vier Ländern kommen sollten. Da sagte sie, nein, das sollten wir besser nicht machen. Und da hatte sie sehr Recht. Sie schrieb dann auch immer so schön lapidar. Ich weiß noch, ich habe den Brief genommen und dann das ganze Programm zerrissen, und Ende, aus, fertig. Wenn sie sagte, das sollten wir nicht machen, dann sah man das auch sofort ein. Ich habe sie als eine ganz besondere Journalistin erlebt, die nicht gut ertragen konnte, wenn Anstrengungen von Menschen verächtlich gemacht wurden. Diese Tradition gibt es ja auch im Journalismus.

Heute vielleicht noch mehr als früher. Häme ist, glaube ich, ein konstitutiver Teil des deutschen Journalismus geworden.

Sie konnte es nicht ertragen, dass Anstrengungen – die können dann auch fehlgeleitet werden, und ich weiß, der Erfolg ist nicht vorprogrammiert – hämisch kommentiert wurden. Mit unserem Schiff war das manchmal so. Sie konnte es nicht ertragen, wenn das jemand genüsslich in die Pfanne haute. Einmal habe ich so etwas erlebt, sogar in ihrem Blatt, also in der *Zeit*. Matthias Greffrath, den ich eigentlich mochte, ging mit nach Sibirien. Wir hatten den längsten Konvoi aller Zeiten mit vierzehn Lkws in den Kusbass, die Bergbauregion, gebracht, das war 1988.

Ich bin damals von Moskau aus rübergefahren, Korrespondenten hatten mir erzählt, da heißt es »Willkommen in der Steinzeit«. Dort war alles sehr dreckig, es war furchtbar. Wir haben gedacht, wenn wir jetzt etwas machen können, dann machen wir es. Wir bekamen viele Spenden, damals gab es eine große Bereitschaft und viel Dankbarkeit für Gorbatschow. Vierzehn Riesen-Lkws von dieser berühmten sowjetischen Firma SovTrans, tolle Leute, die während dieser Fahrten in den Lastwagen lebten. Ich bin mitgefahren, sie mussten nachts den Motor anlassen, weil wir sonst erfroren wären.

Der SFB machte dort auch so eine Aktion mit uns, und das waren Leute, die nicht ertragen konnten, dass das gelang, da musste doch irgendwas faul sein. Sie haben dann etwas herausbekommen. Die Lastwagen hatten Lebensmittel geladen und alles Mögliche, aber keine Medikamente, und zwar mit Absicht. Bei Medizin hört die Gemütlichkeit auf, da muss man genau wissen, was vor Ort benötigt wird, dann erst kann man sie liefern. Da waren so Pfennigfuchser dabei, mein Gott, die haben kritische Berichte geschrieben, noch und noch. Und natürlich, es ist ja für uns als Journalisten leicht, die Leute zu fragen: »Wolltet ihr nicht lieber Medikamente haben?« »Ja, ja«, heißt dann die Antwort.

Greffrath schrieb eine ganze Seite. Das war eigentlich die Geschichte eines Scheiterns. Die Gräfin war sauer, weil sie merkte, da gibt es Anstrengungen, die werden gleich zu Beginn niedergebügelt. Ich habe ihr gesagt, ich könne zehn Fehler in dem Artikel anführen, und sie hat gesagt, das solle ich mal tun. Ich habe dann einen Leserbrief geschrieben. Greffrath war natürlich wütend.

Bei der ständigen Kritik spielen sicherlich auch Überheblichkeit und Zynismus von Journalisten eine Rolle.

Ich war unfähig zum Zynismus. Auch Gräfin Dönhoff konnte nicht zynisch sein. Sie konnte sich aber irren, das habe ich auch erlebt, wie wir uns alle irren können. Darüber habe ich nie mit ihr sprechen können, was ich sehr bedauert habe. Sie war mit Jonas Savimbi aus Angola zusammen, der nach Deutschland gekommen war. Und sie fand den Mann so eindrucksvoll. Wir fanden ihn natürlich alle ganz und gar nicht eindrucksvoll. Nun heißt das ja nichts, aber sie war erst mal non-konformistisch, erfrischend.

Sie konnte sehr erfrischend sein.

Nur da, glaube ich, das kann man wirklich sagen, hatte sie sich geirrt. Der Kerl war ein Unglück für Angola. Doch Savimbi hat sie beeindruckt.

Aber viel, viel entscheidender ist, dass sie nicht in der Lage war, sich irgendwie zynisch einzumischen. Gar nicht. Und dann hatte sie ein stupendes Gedächtnis, was mich manchmal so fasziniert hat. Den letzten Anruf, den ich hatte von ihr ... Ich kriege das Datum nicht mehr genau zusammen. Es ging um einen palästinensischen Arzt, den ich einmal in Köln kennengelernt hatte und der später Palästina nicht mehr verlassen durfte. Ich hatte Joschka Fischer geschrieben, ob er da etwas machen könne, und auch der Gräfin. Es verging einige Zeit, dann rief sie an und sagte: »Was ist aus Ihrem Arzt geworden?« – Wissen Sie, da stehen Sie erst mal im Hemd, wissen gar nicht, was sie meint, so überraschend war das. Sie wusste genau, ich hatte ihr geschrieben wegen dieses Arztes. Und da habe ich erst mal, weil ich sie schonen wollte, gesagt, es sei alles in Ordnung; weil ich wusste, dass es ihr schon schlecht ging. Meine Behauptung stimmte aber gar nicht, ich habe also die Unwahrheit gesagt. Sie nahm die Briefe ernst, die ich ihr geschrieben hatte, sehr, sehr ernst.

In Afrika hatte ich viel mit ihr zu tun. Während der Apartheid hat sie uns auch sehr gut beraten. Es gab eine Glaubenskrise zwischen den Organisationen, ob man sich um der Arbeit willen vielleicht doch bei den Behörden registrieren lassen oder das weiter unter der Decke machen sollte, was natürlich eher unsere Neigung war. Wir hatten damals fünf Projekte an verschiedenen Orten in Homelands und Townships, und sie war überzeugt, wir sollten das weiter illegal machen, weil das Regime bald fallen würde. Das war eine gute Haltung, fand ich. Da war sie völlig unangekränkelt von jeglicher Kompromisshaltung. Es gab ja in der deutschen Regierung ziemlich viele, die in ihrer Haltung gewackelt haben. In Südafrika kannte sie sich sehr gut aus.

Sie war als Journalistin dort ziemlich einflussreich.

Ja, deswegen war sie erst mal eine natürliche Verbündete.

Eine Kölner Kollegin hat einmal in einem Rundfunkkommentar behauptet, ohne ihren Adelstitel hätte Marion Dönhoff nie ihre Position bei der Zeit erreicht und sich nie so in dieser Männerdomäne Chefredakteur durchsetzen können.

Mit dieser Bemerkung wüsste ich gar nichts anzufangen. Sie hat nicht auf ihren Adelstitel verzichtet, und ich finde das absolut in Ordnung. So wie ich auch keine Ideologie daraus machen würde, dass ich keine Krawatten trage. Ich finde auch, wenn man von ihr als »die Gräfin« spricht, dann ist das fast eine Abkürzung, wie wenn jemand Willy Brandt Willy nannte.

Sie war natürlich in einer ganz privilegierten Weise, im besten Sinne des Wortes, auch konservativ. Und das verband sie mit einer linken Haltung. Aber sie kam nun einmal aus dem Osten, aus dem Kreis der Großgrundbesitzer, die adelig waren, und das war eine Welt, die wir bis heute nicht richtig verstehen können. Fast alles, was daran menschlich ist, empfinden wir als unerlaubt. Also, Diener zu haben oder Dienstboten oder Leute, die an der Herrschaft hängen, das sind ja alles unerlaubte Phänomene, das geht ja heute gar nicht. Sie bestand darauf, das weiter so zu beschreiben, dass man darin durchaus etwas Heimeliges finden konnte.

Ich denke auch an diese berühmte Geschichte, als sie Willy Brandt gesagt hat, sie könne nicht mitkommen zur Unterzeichnung des deutsch-polnischen Vertrages. Ich finde es natürlich ganz richtig, dass sie gesagt hat: »Nein, das finde ich zu schmerzlich.« In meinen Augen ist es eine ganz große Leistung der deutschen Gesellschaft, dass wir jetzt sagen können, auf ein Viertel des deutschen Gebietes haben wir freiwillig verzichtet, und da gibt es auch gar kein großes Geschrei mehr. Deshalb ist ihre Haltung zur Oder-Neiße-Grenze damals so wichtig gewesen. Ich finde, dass sie uns auch für die Zukunft noch eine ganze Menge zu sagen hat.

Wodurch wird sie in Erinnerung bleiben?

Für mich ganz eindeutig durch die Einfachheit ihres Auftretens, das verbunden war mit einem Programm. Das Programm hieß: Wir dürfen diese Gier nach Geld, diesen Raubtierkapitalismus nicht ungezähmt lassen. Wenn wir das tun, dann wird die Weltordnung zum Teufel gehen. Das war ganz heftig, und ich fand, das war in ihrer Person integriert.

Das Zweite verbindet sich damit, ganz eindeutig, und darüber hat auch immer alle Welt gestaunt, dass sie bei einer Zeitung, die ja mit der Industrie nicht auf Kriegsfuß steht, immer sehr heftig gegen bestimmte hypertrophe Waffenproduktionen und -exporte zu Felde ziehen konnte. Was bis heute ein absolutes Unglück ist: Es gibt so viele neue Staaten, die von uns Entwicklungshilfe bekommen und das Geld dann für Waffenkäufe missbrauchen. Sie war mit Kopelew der härteste Brocken im Kampf gegen die Landminen. Den Kampf haben wir inzwischen vergessen, dabei ist er erst zu einem Drittel gewonnen. Sie war ganz, ganz energisch dabei, und ich weiß auch genau, warum. Wir waren beide der Überzeugung, dass man natürlich nicht radikal Pazifist sein kann, wenn man unsere Zeitgeschichte erlebt hat. Aber wir können bestimmte hochtechnische Waffen aus der Welt schaffen, mit totalem Verbot.

10. Februar 2004

»Es ging ein unglaublicher Charme von ihr aus«
Hans-Jochen Vogel, München

HANS-JOCHEN VOGEL, Dr. jur., geboren am 3. Februar 1926 in Göttingen, war unter anderem Oberbürgermeister von München, Vorsitzender der SPD-Bundestagsfraktion, Bundesjustizminister, Kanzlerkandidat der SPD und Bundesvorsitzender der Partei. Er gilt heute als Elder Statesman der Sozialdemokratie. Hans-Jochen Vogel und Marion Dönhoff waren einander in den achtziger und neunziger Jahren vor allem durch ihr Interesse an der Politik verbunden.

Ralf Dahrendorf hat schon vor vielen Jahren das Ende des sozialdemokratischen Zeitalters ausgerufen. Haben Sie den Eindruck, dass er mit seiner Behauptung richtiglag?

Ich habe mich damit öfter auseinandergesetzt. Ich habe auch zu lesen versucht, was er da eigentlich gesagt und was er gemeint hat. Er hat das zu einem Zeitpunkt gesagt, wo ihm die sozialdemokratischen Wahlergebnisse europaweit absolut widersprochen haben. Er hat offenbar gemeint, die Zeit geht zu Ende, da man soziale Gerechtigkeit auf dem Wege der Verteilung von Mehr erreichen kann. Vielleicht hat er auch gemeint, dass der sozialdemokratischen Programmatik lange Zeit eine Ideologie zugrunde lag, die auf neue Fragen keine Antwort mehr zu geben vermochte. Vielleicht hat er auch die Globalisierung gemeint.

Ich zitiere einmal die Gräfin: »Ich hätte Hans-Jochen Vogel sehr gern als Kanzler gehabt. Bei der Präsentation seines Buches, das war im Februar 1996, war er wieder sehr, sehr gut. Witzig und leicht und gescheit und ganz verlässlich. Dabei hieß es immer, als er noch Fraktionschef war, der ›Oberlehrer‹. Ich habe immer dagegengehalten. Herrgott, der hat in dieser konfusen Partei ein bisschen für Ordnung gesorgt.«

Ein schönes Kompliment.

Das hat sie in einem Interview mit dem Freitag *gesagt.*

Ich habe die Gräfin schon in den 1960er Jahren regelmäßig gelesen, und sie war mir immer ein Begriff. Ich war auch neugierig auf das, was sie zu sagen hatte. Das muss vor allem mit Polen zusammengehangen haben. Dann kam Sepp Binder, einer der jungen Männer aus der *Zeit,* als Pressesprecher in das von mir geleitete Bundesjustizministerium. Da gab es den ersten Kontakt. Aber vertieft hat sich das eigentlich erst in den achtziger und insbesondere dann auch in den neunziger Jahren.

Ich erinnere mich an ein Gespräch in Berlin. Da hatte sie mich ins Hotel Kempinski gebeten. Es ging um eine Nachfolge für den Vorsitzenden des Deutschen Polen-Instituts in Darmstadt. Wir kannten uns inzwischen gut, denn ich hatte sie manchmal in ihrem kleinen Büro in der *Zeit* besucht. Auf ihre Frage, ob ich nicht bereit sei, diese Funktion zu übernehmen, habe ich der Gräfin gesagt, das Institut brauche jemanden, der auch über die Republik hinaus einen Namen hat – ich habe Helmut Schmidt empfohlen.

Warum ich Marion Dönhoff besonders schätzte: Damen gab es im Bereich des Journalismus genauso selten wie Herren im eigentlichen Sinne. Sie hatte keinen Hauch von Beliebig-

Marion Dönhoff und Hans-Jochen Vogel bei der Fünfzigjahrfeier der *Zeit* 1996.

keit und Opportunismus, kein Schielen nach irgendwelchen öffentlichen Wahrnehmungen oder nach der Auflage. Das hatte sie gar nicht nötig. Ihre Nüchternheit und Selbstbeherrschung haben mich beeindruckt. Sie hat für viele die guten Traditionen Preußens repräsentiert, die es ja auch gab. Sie hat die Ostpolitik unterstützt, die Aussöhnung mit Polen vorangetrieben. Sie hat unsere Entwicklung in der Bundesrepublik ganz entscheidend zum Guten beeinflusst. Zum Schluss dann auch noch, was sie über den Kapitalismus geschrieben hat, der gezähmt werden muss. Ein Jammer, dass sie nicht mehr unter uns ist.

Sie hat, Gott sei Dank, lange gelebt und war bis zum Schluss präsent. – Wie ist Ihnen ihr Verhältnis zur Sozialdemokratie in Erinnerung?

Sie war nicht unkritisch gegenüber der Sozialdemokratie, aber sie hat wesentliche Anliegen der Sozialdemokratie positiv begleitet, beispielsweise die Brandtsche Ostpolitik. Sie war eine Förderin der Ostpolitik und speziell einer ausgleichenden Politik gegenüber Polen. Sie wissen sicherlich, dass die SPD-Führung 1979 erwogen hat, ob man sie als Bundespräsidentenkandidatin ernennen sollte. Es hat Gespräche gegeben. Sie hat dann abgelehnt. Ich würde sagen, sie hat sich auch gegenüber der Sozialdemokratie immer die für ihren Beruf notwendige Distanz und Unabhängigkeit bewahrt.

Sie und Marion Dönhoff waren ja unterschiedliche Typen: Sie sind eher beherrscht, präzise, rational, sie neigte vom Temperament her vielleicht manchmal zu emotionalen Statements. Wie funktionierte das zwischen Ihnen?

Wenn wir uns getroffen haben, funktionierte das nicht schlecht. Es war ganz gewiss beiderseits eine Grundsympathie vorhanden. Sie beeindruckte mich schon von ihrem Erscheinungsbild her und der Art, wie sie auftrat und mit eher leiser Stimme sprach. Auch ihre Augen habe ich noch deutlich in Erinnerung. Es war zu spüren, dass sie aus einem ostpreußischen Adelshaus kam. Alles Enge, was man damit auch verbinden könnte, war bei ihr nicht zu spüren. Sie war souverän.

Es gibt unterschiedliche Ansichten über die Wirkung von Medien, besonders der Presse. Bei welchen großen Themen sehen Sie den Einfluss von Marion Dönhoff auf die politische Debatte?

In erster Linie fällt mir da die Ostpolitik ein, die hat sie nicht nur begleitet, sondern auch nachhaltig unterstützt. In diesem Zusammenhang hat sie auch einen erheblichen Einfluss darauf gehabt, dass das Verhältnis zum anderen Teil Deutschlands in den fünfziger Jahren nicht völlig vereiste; auch nicht nach dem Mauerbau 1961. Am Ende ihres Lebens hat sie in einer bemer-

kenswerten Art und Weise die Notwendigkeit von Rahmenbe-
dingungen für die wirtschaftlichen Aktivitäten deutlich gemacht. Auch hat sie dazu beigetragen, dass wir uns in der
Ordnung des Grundgesetzes einigermaßen heimisch fühlen.

Weiter hat sie den Widerstand zu einer Zeit ins Bewusst-
sein gehoben, als der Umgang mit diesem Teil unserer Ge-
schichte noch unsicher war. Der Widerstand hatte reiche
Facetten; dass Sozialdemokraten und andere schon in einer
Zeit aktiv waren, in der die Leute vom 20. Juli noch nicht an
Widerstand dachten, das wusste sie. Und dass sie sich nicht nur
auf die Offiziere konzentriert hat, sondern auch Leber und
Leuschner und Reichwein gewürdigt hat, fand ich wichtig.

*Mit welchen Personen, sowohl in der Vergangenheit als auch heu-
te, würden Sie Marion Dönhoff, was die Medienwirkung angeht,
vergleichen? Sehen Sie da Gestalten, die ein ähnliches Renommee
hatten oder haben?*

Da fällt mir natürlich Rudolf Augstein ein, obgleich die beiden
so verschieden waren, wie man nur sein kann. Wenn jemand
im Medienbereich Einfluss gehabt hat, dann fällt mir Werner
Friedmann von der *Süddeutschen Zeitung* ein; dann wird immer
Fritz René Allemann genannt oder Henry Nannen. Der hatte
persönliche Autorität, aus einer ganz anderen Lebensgeschich-
te heraus ... Ich habe eine Sendung im Fernsehen gesehen – das
muss in den sechziger Jahren gewesen –, als er kritisch nach
seiner Tätigkeit als Kriegsberichterstatter gefragt wurde, und
da schimpfte er so lange, bis die Sendung zu Ende war.

*Sie hatten erwähnt, dass Marion Dönhoff 1979 von Ihrer Partei
gefragt worden sei, ob sie für das Bundespräsidialamt kandidieren wolle. Wäre sie eine gute Bundespräsidentin geworden?*

Ich bin mir da nicht hundertprozentig sicher. Denn sie hätte
mit Bereichen zu tun gehabt, die ihr doch am Anfang völlig

fremd gewesen wären, etwa mit der Bürokratie. Aber bei ihren Anlagen und bei ihrer Ausstattung, charakterlich und geistig, wäre sie wohl auch damit fertig geworden.

Bei welchen Gelegenheiten haben Sie sich gesehen?

Bei vielen Veranstaltungen; oder wenn sie eine Frage an mich hatte oder ich umgekehrt an sie in Hamburg oder in Bonn. Ich denke auch gerne an eine Veranstaltung zu ihren Ehren in Frankfurt an der Oder in der Viadrina bei Gesine Schwan oder auch einmal in Warschau.

Natürlich war ich auch in Crottorf bei ihrer Beerdigung.

Waren Sie auch mal bei ihr in Blankenese?

Nein, da war ich nie.

Aber Sie haben das schöne, unaufgeräumte Büro in der Zeit gesehen.

Das sehe ich noch ganz deutlich vor mir, es war so klein.

Ich zitiere aus Ihrem Nachruf auf Marion Dönhoff in der Zeit: »Wann immer künftig von den großen Deutschen des vergangenen Jahrhunderts die Rede ist, wird ihr Name genannt werden.« Wie würde ihr Epitaph lauten? Wie kann man Marion Dönhoff kurz gefasst würdigen?

Da fällt mir immer ein, was Willy Brandt auf seinem Grabstein stehen haben wollte: »Man hat sich bemüht.«

Ich überlege, für Marion passt »bemüht« nicht so, es müsste irgendetwas Preußisches sein, etwas von Kant vielleicht sogar. Da müsste ich wirklich überlegen, damit es so präzise wird, wie es bei Willy Brandt mit diesen vier Worten hätte zum Ausdruck kommen können. Es ist schwierig. Was haben denn andere auf die Frage gesagt?

Die habe ich selten gestellt. Katharina Focke hat als Beschreibung für das Leben und die Persönlichkeit Marion Dönhoffs ein ganz interessantes Wort gefunden. Sie sprach nach Kant von einem »Meisterwerk«. Das finde ich einleuchtend.

Eine kleine Fußnote. Ein Meisterwerk kann auch etwas Handwerkliches sein, und das wäre nicht so recht das Spezifikum der Gräfin. Also, da fällt mir jetzt nichts ein. Aber eines möchte ich noch sagen, weil es mich immer berührt hat: Es ging ein unglaublicher Charme von ihr aus.

19. Oktober 2004

Meisterin der sparsamen Mittel
Antje Vollmer, Berlin

ANTJE VOLLMER, Dr. phil., geboren am 31. Mai 1943 in Lübbecke, Westfalen, war Bundestagsabgeordnete der Grünen und von 1994 bis 2005 Vizepräsidentin des Deutschen Bundestages. Sie war Fellow am Wissenschaftskolleg in Berlin und ist Mitglied der Mittwochsgesellschaft, in deren Rahmen sie ihre Bekanntschaft mit Marion Dönhoff vertiefte.

Frau Vizepräsidentin, in einer Sitzung der Mittwochsgesellschaft, deren Gründung von Gräfin Dönhoff wesentlich initiiert worden war, haben Sie in einer Intervention auf Helmut Schmidt, der sich sehr kritisch über die politische Presse geäußert hatte, einmal gesagt, auch Vorbilder müssten erst geschaffen werden. Hatte Gräfin Dönhoff, nach Ihrer Ansicht, eine Funktion als Vorbild?

Marion Dönhoff war auf jeden Fall ein Vorbild. Allerdings war sie gleichzeitig ein Vorbild und ein Fernbild, sie hatte so eine Aura von Unerreichbarkeit um sich herum, was aber ja den Vorbildcharakter verstärkt hat. Obwohl ich persönlich den Eindruck hatte, dass sie diesen Abstand von sich aus gelegentlich gern überwunden hätte.

Ich erinnere mich zum Beispiel daran, dass sie mir irgendwann das Du angeboten hat. Das war für mich ganz schwierig, weil mein inneres Verhältnis zu ihr so respektvoll war, dass ich es eigentlich nur im »Sie« ausdrücken konnte. Und dann hat sie mich zweimal richtig streng gemahnt, dass wir uns doch jetzt duzen, sie war fast schon ein bisschen ungehalten, dass ich's immer noch nicht begriffen hatte. Das war eben auch herzlich und direkt, und es war ihr wichtig, dann auch eine größere Nähe herzustellen. Die lag aber nicht in so einer hautnahen Annäherung, sondern, das war schon klar, dass sie als Geistesverwandtschaft oder als Respekt vor dem anderen verstanden werden sollte.

Wie lange kannten Sie Marion Dönhoff?

Eigentlich kannte ich sie schon immer. Umgekehrt ist eher zu fragen, wann sie mich kennengelernt hat. Für uns war sie ja, als führende Intellektuelle, als Chefin einer großen Zeitung mit hohem Anspruch, als politischer Kopf irgendwie schon immer da. Ich kann mich an sie erinnern, seit ich ein bewusster politischer Mensch bin.

Da haben Sie auch die Zeit *gelesen?*

Das gehörte einfach dazu. Ich bin ja eigentlich eine Achtundsechzigerin, hatte aber mein Studium vor achtundsechzig abgeschlossen, das heißt, ich habe noch richtig zu Ende studiert, was viele der späteren Achtundsechziger nicht getan haben. In meinem humanistischen Studium hatte man die *Zeit*, man las sie auch, und man kannte Marion Dönhoff. Man kannte ihre Rolle bei der Unterstützung der sozial-liberalen Politik, insbesondere bei der Entspannungspolitik, man wusste, dass sie ganz besonders eng mit Polen verbunden war.

Ich wusste, dass sie eine Geschichte im Widerstand hatte, von der ich ahnte, dass sie tiefer ging und persönlicher war, als es in den Texten zum Ausdruck kam, dass sie zu denjenigen gehörte, für die wir uns interessierten im Sinne einer integren

Antje Vollmer und Marion Dönhoff kamen sich im Rahmen der Mittwochsgesellschaft besonders nahe (hier mit Rita Süssmuth, rechts).

Biografie. Da ich auch noch in einer Zeit zur Schule ging, wo relativ wenig von der Nazi-Vergangenheit gesprochen wurde, war die Bekennende Kirche und dieser ostpreußisch-protestantische Teil des 20. Juli das, wovon man wenigstens etwas wusste. Letztendlich waren die Personen, die wir als Vorbild gelten ließen, an zwei Händen abzählbar. Und da gehörte sie schon dazu.

Bei welcher Gelegenheit und wann haben Sie sie zum ersten Mal persönlich getroffen?

Persönlich habe ich sie ganz lange nicht kennengelernt. Ich habe sie gelegentlich auf dem Podium gesehen, und ich glaube, wir waren auch einmal zusammen auf dem Podium, da war ich dann aber schon bei den Grünen, also nach 1983. Da ich dann eine der Sprecherinnen im so genannten »Feminat« war, wo nur Frauen die grüne Fraktion geleitet haben, vermute ich, dass das auch für sie interessant war, dass sich zum ersten Mal die gesamte Leitung einer politischen Partei im Bundestag in den Händen der Frauen befand. Sie war ja keine Feministin – aber interessant war es für sie. Und es war auch für sie von Interesse, ob wir Frauen das schaffen würden, auch mit der notwendigen politisch-intellektuellen Brillanz. Ich glaube, da habe ich sie einmal bei einer Veranstaltung in Bonn oder Hamburg auf dem Podium getroffen.

Und das Angebot zum Duzen kam dann ...

... viel, viel später. Als ich in der Mittwochsrunde war.

Gräfin Dönhoff hat die Mittwochsgesellschaft mitbegründet.

Sie hat sie sogar ganz und gar initiiert. Es war ihre Idee, das hatte auch diese historische Wurzel in der alten Mittwochsgesellschaft und entstand aus ihrer Überlegung heraus, dass es eine politische Elite geben müsste – den Begriff hat sie ja nicht gescheut –, die sich ganz besonders verantwortlich für den inneren Geist des Gemeinwesens fühlt. Sie hatte den Eindruck, dass dieser Geist früher bei den führenden Politikern selbstverständlich da war und auch in einem bestimmten Kreis von Professoren und prägenden Denkern, dass die entsprechende Einstellung aber heute stark abgenommen habe. Von daher teilte sie, glaube ich, wenn auch nicht so lautstark, manche der Kritiken von Helmut Schmidt über das abflachende Niveau der politischen Klasse, und sie wollte ihrerseits einen Kreis bilden, der sich zu brennenden Fragen der Zeit zu Wort melden sollte. Es war die Idee, dies nicht nur in der alten Tradition zu tun, sondern auch, dass wir gelegentlich Veröffentlichungen zu bestimmten Themen initiieren sollten, weil sie meinte, es brauche diese Intervention.

Auf diese Weise sind mehrere Bücher entstanden, und es sind auch alle Gespräche protokolliert. Gegründet hat sie die Runde dann gemeinsam mit Helmut Schmidt und Richard von Weizsäcker. Wir hatten auch immer den Eindruck, dass diese drei den inneren Kern dieser doch sehr besonderen Gruppe bildeten. Marion war immer die, die am meisten darauf achtete, dass es auch eine innere Disziplin gab. Sie hat es nicht verstanden, wenn jemand dieser Runde einen anderen Termin vorzog. Die Verpflichtung, dabei zu sein und in den Gesprächen eine Kultur großer Verbindlichkeit herzustellen, war ihr sehr wichtig.

War es immer derselbe Kreis?

Ja, es ist immer derselbe Kreis, und es darf nicht mehr als fünfzehn Teilnehmer geben; ich glaube, das war auch das historische Vorbild der alten Berliner Mittwochsgesellschaft.

Kommen auch Leute von außerhalb, die vortragen?

Ja, die werden eingeladen, gelegentlich, aber jeder nur ein Mal. Der Kreis war nicht auf Erweiterung hin gedacht. Erst, wenn jemand definitiv aus dem Kreis herausging, war ein neues Mitglied vorgesehen. Die Grundidee der Gesellschaft war die Verpflichtung auf das Gemeinwesen, dass man sich in diesen Gesprächen unter den verschiedenen Intellektuellen gegenseitig befruchtet und eine Widerspiegelung des eigenen Denkens in seiner zeitgemäßen Relevanz oder seiner politisch-philosophischen Tiefe findet. Deswegen gab es auch diese Geschlossenheit. Gedacht war offensichtlich daran, dass in diesem Kreis eine große innere Verpflichtung entsteht, den Kern des republikanischen Bewusstseins zu formulieren. Also, das war schon sehr anspruchsvoll.

Es war aber wohl nicht ganz vergleichbar mit dem Ansatz der ersten Mittwochsgesellschaft. Es gibt dieses wunderbare Buch des Kirchenhistorikers Klaus Scholder über die Mittwochsgesellschaft, die »Freie Gesellschaft für wissenschaftliche Unterhaltung«, die 1863 gegründet wurde und bis 1944 an jedem zweiten Mittwoch eines Monats tagte. Ich hatte immer den Eindruck, dass es damals darum ging, zu lernen, den Horizont zu erweitern, ganz neue Sachgebiete kennenzulernen.

Ja, aber aus der Runde heraus. In der historischen Mittwochsgesellschaft hat man, glaube ich, überhaupt keine Referenten von außen gehabt, sondern die Mitglieder haben selbst einen Vortrag erarbeitet, den sie dann mit den anderen diskutiert haben.

Es gibt da eine wunderbare Szene, an die ich mich erinnere. Bei einem Treffen der Mittwochsgesellschaft stand ein Mann am Gartentor, der ganz offensichtlich nicht zu dieser elitären Runde gehörte. Nach einiger Zeit wurde er hereingerufen. Es war ein Verwundeter aus dem Ersten Weltkrieg, für den der Chirurg Ferdinand Sauerbruch, Mitglied der Gesellschaft, eine Prothese entwickelt hatte, und er wollte anhand dieses Mannes vorführen, was damals orthopädisch möglich war.

Im Prinzip machen wir etwas Ähnliches. Es wird auch bei uns gefragt, wer ein Thema vorzutragen hat, eine innere Planung gibt es schon; ich weiß, dass ich zum Beispiel meine Ideen für die Reform des Stiftungsrechts zum ersten Mal in diesem Kreis vorgetragen habe.

Das ist dann auch relevant geworden. Es hat eine bedeutende Reform initiiert. Das wäre somit in der alten Tradition stehend, dass man etwas vordenkt, was dann auch Auswirkungen hat. Aber es gab auch andere Ansätze im Rahmen der Gesellschaft. Ich weiß, dass Herr Grimm, der Verfassungsrichter, über die europäische Verfassung referiert hat. Ich weiß, dass China ein wiederholtes Thema war von Herrn Schmidt und von mir. Wie ist die Entwicklung eines solchen Landes richtig einzuschätzen? Natürlich war ein häufiges Thema von Marion und von Helmut Schmidt der innere Zustand der politischen Klasse, beispielsweise diese tiefe Unzufriedenheit über die Achtundsechziger und unsere Verteidigung, die in dem Kreis nicht ganz so einfach war …

Kann ich mir vorstellen …

Außerdem sehr wichtig: Was wird aus Berlin? Dann, vor allen Dingen, die nicht gelösten Probleme der inneren Einheit. Das war ja doch ein Kreis, der an der Frage der inneren Einheit ein ganz großes Interesse hatte. Dieses Thema war neben dem Interesse am Zustand der politischen Klasse der zweite Grund, warum Marion ursprünglich diese Runde wollte. Sie war bewusst auf Ost-West-Verständigung und Vertiefung dieser Einheit angelegt.

Wie würden Sie heute das Verhältnis sehen, das die Gräfin zu den Grünen hatte?

Vielleicht formuliere ich es zu scharf, aber sie hatte ein Verhältnis zu mir *trotz* der Grünen. Ich glaube, dass ihr – übrigens auch Helmut Schmidt – die Grünen kulturell sehr fern standen. Also, dieses Laisser-faire, das Alternative, die esoterischen Ränder, die linke Radikalität, die Romantik, ein bisschen das Narzisstische, das Selbstverliebte, das waren alles Dinge, die außer ihrer eigenen Fasson waren. Von daher habe ich das Interesse an mir schon auch als Interesse an mir persönlich verstanden. Aber vielleicht wollte sie auch durch mich die Grünen besser verstehen oder in einer Form die Grünen nahegebracht kriegen, die ihr intellektuell zugänglich war.

Sie war sehr aufgeschlossen gegenüber jungen Menschen, auch gegenüber neuen Ansätzen und Ideen. Insofern hat ihr das, bis zu einem gewissen Grade zumindest, imponiert, was die Grünen auf die Tagesordnung gesetzt haben.

Ich kann mich nicht wirklich erinnern, von ihr mal ein richtiges Votum für die Grünen gehört zu haben. Für die Friedensbewegung schon. Ich vermute auch, dass sie Respekt und Anerkennung für und auch eine gewisse Zuneigung zu Petra Kelly* gehabt hat; weil sie ihr auch das Redliche und Reine des Engagements abgenommen hat.

Interessant ist für mich, gerade auch, nachdem ich ihre frühen Texte gelesen habe, ob die Ökologiefrage für sie eigentlich so eine wichtige war. Sie hatte ja ein enges Verhältnis zu den Landschaften ihrer Heimat, damit auch zu der Einstellung, dass Naturanschauung ein Teil der Weltanschauung ist. Aber ob die ökologische Bewegung ihr wirklich so nahegekommen ist, wäre für mich eine interessante Frage. Ich glaube, sie war vor allem an den Menschen und ihren Verhältnissen und Ordnungen interessiert.

Sie haben sich besonders intensiv um das deutsch-tschechische Verhältnis bemüht. Da gibt es eine Parallele. Marion Dönhoff war sehr engagiert in den deutsch-polnischen Beziehungen. Haben Sie einmal mit ihr darüber gesprochen, wie man die Überwindung von Problemen zwischen zwei Völkern angehen kann?

Ich weiß, dass sie sich sehr gefreut hat, dass sich jemand so intensiv des Verhältnisses zu den Tschechen annahm. Für mich war das durchaus auch einer der Gründe, dass ich gedacht habe, komisch, das deutsch-französische Verhältnis ist ein-

---

* Gründungsmitglied der »Grünen«.

deutig durch Adenauer zur Frage seines Lebens gemacht worden, das deutsch-polnische durch Willy Brandt auf politischer Seite und durch Marion Dönhoff auf publizistischer Seite, das war ja eine ganz enge Verbindung. Und beim deutsch-tschechischen Verhältnis fehlte es eigentlich an solchen zentralen Figuren, die dies zur Aufgabe ihres Lebens gemacht hätten.

Diejenigen, die sich für das deutsch-polnische Verhältnis interessierten, hatten nicht allzu viele Kontakte zu den Tschechen, soweit ich weiß. Dieses Verhältnis war besonders blockiert. Da gab es eine nie in Frage gestellte Allzuständigkeit der Bayern, auch dadurch, dass die Sudetendeutschen in der Bayerischen Politik so eine Riesen-, ja eine bestimmende Rolle gespielt haben und dass die Sudetendeutschen nicht – wie die Ostpreußen oder die Schlesier – über ganz Deutschland verteilt waren, sondern im Wesentlichen im Süden angesiedelt wurden. Ich glaube, dass deswegen auch ein bisschen die Mentalitätsfrage eine Rolle spielte. Ostpreußen und Polen waren Nordländer in Marions Verständnis, und die Tschechen gehörten zu diesen k.-u.-k.-Nachfolgestaaten mit all ihren kulturellen Besonderheiten. Daher konnte Marion Dönhoff auch nicht verstehen – das ist mir aber erst später aufgefallen –, dass das deutsch-tschechische Verhältnis viel stärker aus dem Verständnis des Auseinanderbrechens des k.u.k.-Reiches und seiner Kultur zu interpretieren ist als die anderen Vertriebenenfragen. Das erklärt im Übrigen auch die Sonderrolle der Sudetendeutschen als Vertriebene, weil sie ja schon eine organisierte Minderheit in der Vorkriegs-Tschechoslowakei waren. Ostpreußen waren Deutsche in Deutschland. Und die Sudetendeutschen waren ein Teil von Deutsch-Österreich, das war ein großer Unterschied.

Wie stellen sich die deutsch-tschechischen Beziehungen in Ihren Augen heute dar?

Es ist sehr viel bewegt worden. Ich glaube aber, dass wir in dieser Frage viel stärker, viel länger mit den Auswirkungen eines zerfallenen Großreiches und darüber hinaus eines europäischen Zentralreiches zu tun haben werden. Es dauert einfach auch länger, bis das aufgearbeitet wird. Für mich war letztendlich die Balkankrise die zweite Fortsetzung dieses Auseinanderbrechens eines früheren multi-ethnischen Staates. Dazu kommt, dass die Region im Wesentlichen katholisch geprägt war, also kulturell und religiös etwas darstellte, zu dem Marion Dönhoff keinen direkten Zugang hatte. Aber ich weiß, sie fand es faszinierend, dass ich mich dieser Sache so annahm, und ich weiß auch, dass sie einen Mordsrespekt hatte, als ich dann auf diese Vertriebenentreffen ging und mich auspfeifen ließ.

Sie hat sich sehr um die Anerkennung der Männer des 20. Juli bemüht. Wir haben ihr Verhältnis zum Widerstand schon kurz angesprochen. Hat sie das zu sehr eingegrenzt auf ihre Freunde, oder ist sie dem Widerstand insgesamt gerecht geworden?

Für mich war sie die legitime Interpretin. Es hat mir sogar besonders gefallen, dass sie, was die persönliche Nähe zu den Menschen des Widerstands betrifft, so diskret geblieben ist. Sie wollte ihren Freunden und den Widerstandsgruppen einen Platz im Gedächtnis der Deutschen geben und sie richtig einordnen, selbst dabei aber nicht so viel Ruhm abhaben. Man hat gemerkt, dass sie sich da sehr zurückgenommen hat; dass da ein paar Fragen oder Rätsel geblieben sind, entsprach ihrem Stil. Niemals habe ich gehört, dass sie sich selbst als Widerstandskämpferin geschildert hätte. In den Gesprächen, die ich mit ihr führte, habe ich sie nie über ihre eigene Rolle reden hören. Und wenn, dann hat sie diese Rolle eher untertrieben.

*Von ihr stammt der Satz: Glauben ist der höchste Grad der Ge-
wissheit. Entspricht das Ihren Vorstellungen?*

Nein, in dem Sinne bin ich dann eher Barthianerin. In diesem
Zusammenhang: Ich war bei der persönlichen Trauerfeier für
Marion Dönhoff in Crottorf, diesem Abschied von den Freunden. Es gab eine sehr schlichte Feier mit einer Ansprache von
Gerold Becker, der sagte, sie habe eine sehr norddeutsche Art
von Protestantismus und Glauben gehabt, der vielleicht gut
zur Aufklärung und in dem Sinne auch zur Gewissheit passte,
der ganz fern von Pathos ist und auch nicht so sehr persönlich
reflektiert. Ich glaube, insofern ist sie eine Kulturprotestan-
tin gewesen. Das gehörte zu einer bestimmten Bürgerlich-
keit, das gehörte zu einer bestimmten Ordnung des Gemeinwesens, das gehörte zu einer hohen Sozialverpflichtung der
Leute, zu einem starken Gefühl, dass die Dinge gerecht ablaufen müssen, dass Ungerechtigkeit zu bekämpfen ist. In
dem Sinne aufgeklärt, kulturprotestantisch, würde ich sagen,
müsste man sie definieren. Sie ist ja gelegentlich auch auf Kir-
chentagen gewesen, dann, wenn es um politische Themen
ging. Sie hat, wie in allen anderen Dingen auch, die private
Marion Dönhoff da nicht hervorgekehrt.

*Sie fühlte sich dem aufklärerischen Idealismus verpflichtet, das
hat sie einmal in einem Buch geschrieben. Ist das eine Haltung,
die ein Mensch heute durchhalten kann?*

Ich bin nicht sicher; gerade im Gedenken an Immanuel Kant,
der sicher ihr Lieblingsphilosoph war, nicht nur wegen Königsberg. Wir verstehen Idealismus heute anders, nämlich
eher in einem schwärmerischen Sinne, in einem nicht realistischen Sinne. Sie hat ihn aber, im Sinne von Kant, als sehr welt-
zugewandt, aber mit optimistischer Grundauffassung verstanden. Du hast kein Recht zu verzweifeln, du hast ja diesen

Maßstab über dir und in dir, und damit hast du eine wirkliche Chance, eine einigermaßen gute Lebenspraxis zu entwickeln. Also ein ganz unidealistischer Idealismus.

Obwohl manchmal auch pessimistische Seiten zum Vorschein kamen. Ich habe mit ihr häufig darüber gestritten, ob die Vernunft des Menschen in bestimmten Fragen siegen werde.

Das Pessimistische gehört in die Spätzeit auch dieser Mittwochsgesellschaft hinein, dass sie nicht mehr wusste, ob sie mit ihrer Grundhaltung nicht ein bisschen sehr allein ist, und dass man das Zukunftsvertrauen wieder anerziehen muss, dass man das wieder wachrufen muss. Deswegen vertrat sie auch die gemeinsame These mit Helmut Schmidt, es gebe nicht nur Bürgerrechte, sondern auch Bürgerpflichten – der hohe Grad von Erziehung in der Ausbildung eines besseren Menschengeschlechts, der hohe Rang von Vorbildern, die beweisen müssen, dass man die Ideale einhält. Ihre Einstellung hat sicher auch damit zu tun gehabt, dass sie ein bisschen irritiert darüber war, wie wenig es von dieser Art Idealismus noch gab, auch kulturell.

Das erklärt auch viele ihrer Bücher, zum Beispiel »Zivilisiert den Kapitalismus«...

Ja, gerade die zuletzt geschriebenen. Sie kam aus sehr verbindlichen Ordnungen, auch im gesellschaftlichen Bereich, und ihre Emanzipation war deshalb besonders auffallend. Sie ist ja von vielen als Vorbild einer selbstbewussten, emanzipierten Frau interpretiert worden; das war sie auch, obwohl sie es nie programmatisch war. Aber wenn sie Befreiung definiert hätte für sich, dann eher in einem geistigen Sinne, in der Form der gesellschaftlichen Rolle der Frau, nie aber im Aufgeben aller Regeln, aller Bindungen. Das hat sie tief verabscheut. Die Auflösung all der zivilisatorischen Regeln war für sie deshalb gewiss ein bisschen beängstigend. Deshalb wurde sie auch in der Form etwas strenger, als Gegenreaktion.

Hat sie in ihrer Rolle als eine der führenden Journalistinnen Frauen animiert, es ihr nachzutun, selbstbewusst zu sein, ihren Weg zu gehen, war sie da ein Vorbild, ein Modell vielleicht?

Mir ist es so erschienen. Ich habe mich von ihr auch nie eingeschüchtert gefühlt. Es gibt kein Beispiel, auch in Auseinandersetzungen, von Herabwürdigung oder Desinteresse oder »Na, Sie junges Ding, da müssen Sie aber noch tüchtig was lernen« – all das habe ich nie erlebt. Eher eine Neugier, ein sehr genaues Zuhören, manchmal so ein Schatten, dass sie nicht ganz genau wusste, was ich sagen wollte, aber niemals in einer herabwürdigenden Art und Weise. Mir ist oft erzählt worden, dass die jungen Redakteure und Redakteurinnen in der *Zeit* vor ihr gezittert hätten, aber sicher nicht, weil sie irgendwie gedemütigt wurden, sondern wegen dieses hohen Anspruchs. Ich fand auch nichts Unfreies im Verhalten mir gegenüber, auch nichts bewusst Einschüchterndes. Das, warum man sie, wie gesagt, eigentlich siezen wollte, war Respekt. Und das Gefühl, dass da ein Abstand war, der aber angemessen war und den ich auch gar nicht reduzieren wollte.

Aber gezittert haben sicher nur solche Redakteure, die einfach unsicher waren oder ihre Pflicht nicht taten.

Würde ich auch denken. Im Übrigen war auch so wunderbar an ihr – jedenfalls im Vergleich zu anderen älteren Leuten, vor denen ich ebenfalls großen Respekt habe –, dass sie nie sehr viel Platz in Anspruch genommen hat, also so ein Sich-Auslabern oder Sentimentalitäten oder ständige Wiederholungen oder unnötige Eitelkeiten in Diskussionen, was man gern in Kauf nimmt bei Leuten, die man sehr verehrt, und was eigentlich das Normale ist. Das gab es bei ihr überhaupt nicht. Sie sprach immer nur knapp, war immer aufmerksam. Man hatte den Eindruck, dass sie bis zuletzt auch alles voll beurteilt hat, und wenn Zweifel bestanden, dann hat sie mal ganz kurz nachgefragt. Aber vor allen Dingen hat sie das Maß, das man ihr gegeben hatte, immer unterschritten. Sie hat immer weniger gesagt, als man gern bereit war, von ihr zu hören.

Das ist wunderbar beobachtet. Für das Show-Geschäft wäre sie gewiss nicht geeignet gewesen. Aber vielleicht wäre ihre Art heute sogar noch mehr gefragt als vor ein paar Jahren.

Man hätte sie zur Bundespräsidentin machen können.

Das hätten Sie sich vorstellen können?

Ja, ganz sicher.

Fallen Ihnen Beispiele ihres direkten politischen Einflusses ein? Wir haben über die Rolle des 20. Juli gesprochen, über das deutsch-polnische Verhältnis ...

Auch ihre Wachheit und ihre Freude über die Gorbatschow-Ära haben sich in ihrer publizistischen Wirkung gewiss niedergeschlagen.

Interessant ist auch etwas, das der Dirigent Christian Thielemann einmal gefragt hat, der ja ganz zuletzt ein so großes Interesse an Marion Dönhoff und an Friedrichstein hatte. Thielemann hatte immer die Frage an sie, nachdem er sich lange auch mit dieser Landschaft beschäftigt hat, wie man so etwas wie Ostpreußen und Friedrichstein verlassen kann, ohne zu trauern. Das fand ich eine interessante Frage. Dass Marion Dönhoff, die eine ganz innige, tiefe Beziehung zu dieser Landschaft und dieser Heimat hatte, tatsächlich ihr Leben ohne Trauer gelebt hat, fand ich schon sehr bemerkenswert. Ist das eigentlich human, gerade in Hinsicht auf unsere späten

Debatten über Flucht und Vertreibung, ist es human, keine Trauer zu haben? Ich glaube, sie hat doch getrauert. Sie hatte aber diese Haltung »Ich hab's gehabt, ich hab's nicht mehr« bewusst eingehalten, weil sie gedacht hat, nur wenn sie diese Trauer überwindet, kann sie die politisch notwendige Haltung der Öffnung einnehmen.

Sie hat nach ihrem klassischen Satz gehandelt: Wahre Liebe heißt, zu lieben, ohne unbedingt besitzen zu müssen.

Ja. Das zeigt eine Stärke und eine Größe. Dass es ihr wichtig war, hat man gesehen, als sie bis zuletzt über eine Perspektive für Königsberg nachgedacht hat: dass es nicht so deklassiert wird und in einem sozialen Nichts versinkt, und ob man da nicht anfangen könnte, eine Orientierung nach Westen aufzubauen.

Aber noch einmal zum Verlassen ihrer Heimat: Es hat doch enorme Lebensenergien mobilisiert. In dem Sinne ist sie mit eine der Bedeutendsten aus dieser Flüchtlings- und Vertriebenengeneration, die gerade aus dem Verlust heraus eine sehr positive, optimistische Energie gewonnen haben.

Mir fällt übrigens noch eine kleine Geschichte ein zu der Sache mit dem Glauben. Bei der Trauerfeier im Hamburger Michel wurde das Brahms-Requiem gespielt, und es war sehr dicht, auch in der Stimmung, auch mit den Reden, die gehalten wurden. Doch ich habe bei mir gedacht, das war eigentlich nicht ihre Musik. Oder vielleicht doch?

Bach vielleicht.

Bach, ja. Die Feier war sehr schön ... Auf einmal wurde sie mädchenhafter lebendig, emotional lebendiger, als es eigentlich ihr Stil gewesen ist. Während der Trauerfeier in Crottorf sang man in einer kleinen Runde, da sang man ein Lied, es gab ein bisschen Cello ... An diese Trauerfeier kann ich mich sehr gut erinnern. Da sind mir auch viele Gedanken durch den Kopf gegangen. Nicht nur, welche Freunde da waren, Fritz Stern und Kissinger und Weizsäcker und Helmut Schmidt, sondern auch, dass die Freunde ohne ihre Frauen kamen, die ja sicher mit eingeladen waren. Da habe ich gedacht: Sieh mal an, es war eben doch eine ganz persönliche Freundschaft zwischen ihr und diesen Männern, und die wollten von ihr persönlich Abschied nehmen, nicht als Ehepaar, sondern als persönliche Freunde. Wir hatten auch alle Zeit der Welt, man ging ganz langsam einer nach dem anderen, jeder nahm sich seine Zeit, jeder ging ganz gelöst und gemessen an das Grab. Helmut Schmidt blieb die ganze Zeit auf einem Stein sitzen und ging als Allerletzter und verneigte sich. Da hab ich gedacht: Da war was, so allein war sie doch nicht.

Wenn Sie sich heute das Bild Marion Dönhoffs und ihre Lebensleistung ansehen – was wird da übrig bleiben? Was werden möglicherweise die Generationen in zwanzig, dreißig Jahren von ihr wissen – werden sie überhaupt noch etwas von ihr wissen?

Sie werden ganz sicher von ihr wissen. Wo gibt es das, dass ausländische Staatspräsidenten für eine Journalistin Traueranzeigen schalten? Mir ist kein vergleichbares Beispiel bekannt. Ich glaube, bei Rudolf Augstein zum Beispiel war es nicht so. Zum einen wird sie als journalistisches Vorbild in Erinnerung bleiben, zum anderen aber auch als eine Frau, die vollkommen ihren eigenen Weg gegangen ist, und vielleicht als eine Exponentin der Contenance und der Haltung, gute preußische Schule, und eben doch noch anders als Helmut Schmidt, der bei entsprechendem Anlass ätzend, erzieherisch, ungehalten, ungeduldig sein kann.

Sie konnte auch böse sein. Aber anders als Helmut Schmidt.

Das ist der Vorteil der sparsamen Mittel. Und in der Benutzung der sparsamen Mittel, da war Marion Dönhoff Königin. Oder Meisterin.

21. Januar 2004

Mit dem Osten vertraut
Karl Schlögel, Frankfurt/Oder

KARL SCHLÖGEL, geboren am 7. März 1948 in Hawangen
bei Memmingen, ist Professor für Osteuropäische Geschichte
an der Europa-Universität Viadrina in Frankfurt/Oder. Zu seinen Buchveröffentlichungen gehören unter anderen »Die
Mitte liegt ostwärts. Europa im Übergang« und »Im Raume
lesen wir die Zeit«. Ihn brachte das gemeinsame Interesse an
Osteuropa mit Marion Dönhoff in Verbindung.

*Wie geht es der Viadrina? Hat sich etwas verändert, seit Polen
EU-Mitglied ist?*

Es gibt die Befürchtung, dass der Sonderstatus der Viadrina
verloren geht. Bisher ist es so gewesen, dass polnische Studenten über ein Auswahlverfahren polnischer Universitäten
an die Viadrina geleitet wurden. Jetzt stehen polnischen Studenten sozusagen alle EU-Länder, alle EU-Universitäten offen,
und das heißt, alle, die es nach Westen treibt, können jetzt genauso gut nach Berlin oder Grenoble oder sonst wohin gehen.
Gleichzeitig sind auch die materiellen Bedingungen etwas
schlechter geworden. Das Land kann nicht mehr so viel für
Stipendien bezahlen. Trotzdem glaube ich, dass diese zehn
Jahre Aufbau eine Spur hinterlassen haben. Was das Renom-

mee der Viadrina in Polen angeht, so ist sie dort sehr bekannt. Es gibt mit Gesine Schwan eine Präsidentin, die fließend Polnisch spricht, die sich im polnischen Fernsehen zu Wort meldet. Es gibt diese einzigartige Möglichkeit, dort zu leben und hier zu studieren. Das sind schon einige Heimvorteile.

Im April 2004 ist ein Universitätsgebäude nach Marion Dönhoff benannt worden. Woher kam die Idee?

Wer zuerst den Gedanken gehabt hat, weiß ich nicht. Ich glaube, dass es ziemlich nahelag. Gräfin Dönhoff hat hier auch ihren neunzigsten Geburtstag gefeiert, und das war ein sehr eindrucksvolles und schönes Fest. Ich entsinne mich an das lange Ringen um den richtigen Namen. Wie findet man einen Namen, der sich gleichsam organisch einfügt, der nicht gewaltsam verhängt wird über einen neuen Hörsaaltrakt? Das war eine ziemlich subtile Diskussion. Da hat man gesagt: Dönhoff-Bau – kann man das sagen? Das klingt dann so wie Hegel-Bau in Tübingen. Oder soll die Gräfin darin vorkommen: Gräfin-Dönhoff-Bau? Soll man es so wie Willy-Brandt-Haus Gräfin-Dönhoff-Haus nennen? Inzwischen ist der Name »Gräfin-Dönhoff-Gebäude« gut angenommen. Sie gehört auch hierher.

Bei der Feier zum neunzigsten Geburtstag im Dezember 1999 haben Sie den Ausdruck geprägt: »Namen, die man wieder nennt«, in Anspielung auf das berühmte Buch von Marion Dönhoff. Wie ist das mit den Namen heute – nennt man sie weiterhin wieder, oder wird das schon Routine, und werden sie schon wieder vergessen, weil man sich daran gewöhnt hat?

Das Erste ist ja, dass Orte überhaupt am Horizont auftauchen, die, jedenfalls für meine Generation, einfach weg gewesen sind. Wer hatte in den sechziger, siebziger Jahren einen Anlass, eine Möglichkeit oder eine Attraktion, dorthin zu fahren? Es geht zunächst einmal um das Verschwinden und Abtauchen von Orten und Landschaften, die im deutschen Horizont vor dem Krieg integral und selbstverständlich waren. Das hat sich seit 1989 massiv geändert. Man kann hinfahren, das betrifft nicht nur die Orte und Städte des alten deutschen Ostens, sondern überhaupt den ganzen Weltkreis, der weg war. Aber es betrifft auch das Wieder-Nennen der Orte beim deutschen Namen. Es ist schon eine bedeutende Geschichte, dass man zu einer Stadt, die Wrocław heißt, auch Breslau sagen kann, ohne dass der Hauch eines Verdachts auf einen fällt, weil man sich inzwischen daran gewöhnt hat ...

Nehmen die Polen das hin, wenn man Breslau sagt?

Möglicherweise gibt es eine generationsspezifische Differenz, vielleicht gibt es Leute, die darüber erstaunt sind. Aber ich würde sagen, man hat sich daran gewöhnt, dass die Stadt eine zweifache Geschichte hat, nicht nur eine polnische, nicht nur eine Nachkriegsgeschichte, sondern auch eine Vorkriegs- und eine deutsche Geschichte. Ich finde es sehr bemerkenswert, dass man diesen Übergang geschafft hat. Vor allem die jungen Leute haben damit kein Problem.

Ich halte das für einen sehr bedeutenden Fortschritt, aber es ist auch ein bedeutender Zuwachs für Städte wie Insterburg, Tilsit, Königsberg. Norman Davies hat dieses wunderbare Buch geschrieben über Breslau, »die Blume Europas«, in dem einem klar wird, dass eine Stadt mit vielen Vergangenheiten natürlich eine reichere Stadt ist als eine mit nur einer Vergangenheit. Ich glaube, die Tourismus-Manager und die Bürgermeister entdecken das kulturelle Potenzial, das in dieser Doppel- oder Dreifach-Geschichte steckt.

Gräfin Dönhoff hätte diese Entwicklung gewiss sehr gefreut, denn sie hat sich immer sehr für die Annäherung zwischen Ost und West eingesetzt. – Bei welcher Gelegenheit haben Sie Marion Dönhoff kennengelernt?

Ich kann mich nicht genau an das Jahr erinnern, aber an den Ort: Es war im tiefsten Kreuzberg. Wir wohnten in der Köpenicker Straße. Es gab einen Briefkontakt, und sie wollte uns besuchen. Ich wohnte dort mit meiner Familie. Es war eine der schönsten Ruinen im alten Westberlin, an drei Seiten von der Mauer umschlossen, ein wunderbarer Aussichtspunkt, es muss 1987 oder 1988 gewesen sein, jedenfalls, nachdem mein Buch erschienen war.

Auf welches Buch hat sie reagiert?

Auf »Die Mitte liegt ostwärts«. Das kannte sie. Und sie hatte auch, wofür ich ihr sehr dankbar bin, dem alten George Kennan, mit dem sie befreundet war, das Buch geschickt; ich besitze einen kleinen Brief von Kennan, den sie mir geschickt hat, geschrieben auf dem Flughafen Kopenhagen, also mitten auf einer Reise. Er schreibt darin, dass er das Buch gelesen habe und dass es schwer lesbar sei, dass es aber sehr spannend und interessant sei. Obwohl er damals fast neunzig Jahre alt war, arbeitete er offensichtlich mit dem Laptop. Und diesen Brief hatte sie mir geschickt.

Sie kam mit ihrem Neffen Hermann Graf Hatzfeldt in unsere Kreuzberger Wohnung. Das muss für sie sehr gespenstisch gewesen sein, weil es zwar ein sehr schönes Haus ist, aber die eine Hälfte war komplett ruiniert, eine skelettierte Ruine, eine richtige Theaterkulisse. Sie hat sich aber nicht schockieren lassen, sondern sah interessiert aus dem Fenster. Es war keine Kriegsruine, sondern eine Spekulationsruine, die sozusagen von den Nachbarn skelettiert und ausgeschlachtet worden war, ein ausgeweideter Bau. Wir unterhielten uns. Sie wollte wahrscheinlich diesen Menschen kennenlernen, der sich da im östlichen Europa herumtreibt und eine Schwäche hat für diese Region. Es war eine sehr schöne Begegnung mit ihr. Dieses Unprätentiöse, und dass man einfach unmittelbar zur Sache kommen konnte.

Sie haben einmal über die schmerzliche Erfahrung gewaltsamer Ortsveränderung geschrieben, die uns Europäern in den Poren steckt. Marion Dönhoff war eine Vertriebene. Kennen Sie Menschen, die vergleichbar souverän mit dem Verlust ihrer Heimat umgegangen sind?

Es gibt, glaube ich, ganz wenige Menschen, die so gut damit fertig geworden sind. So lange kannte ich sie gar nicht, aber ich vermute, dass der Schmerz doch sehr, sehr viel tiefer gegangen ist, als sie sich das hat anmerken lassen. Ich meine, die Tatsache, dass sie damals nicht mit Willy Brandt nach Warschau zur Vertragsunterzeichnung kam, zeigt doch, dass es eine Grenze gab. Ich kann das gut nachempfinden. Wenn man ihre Bücher liest, dann ist das eine so präsente Heimat, die sie beschreibt, ich meine Ostpreußen als Naturraum, der im Übrigen auch heute noch da ist und einen vollständig in Bann schlägt. Das hat sie nicht einfach weggesteckt, davon bin ich überzeugt. Aber sie war natürlich sehr diszipliniert und beherrscht, so dass man ihren Schmerz nicht bemerkt hat.

Gleichzeitig muss man auch sagen, dass sie einer Gesellschaftsschicht angehörte, die europäisch transnational, auch vor dem Krieg schon, organisiert war. Königsberg, Friedrichstein, Basel, Frankfurt, Afrika – das war ein großer Aktionsraum, und wenn das eine weg war, dann blieb eben noch das andere. Sie war nicht allein der Provinz Ostpreußen verhaftet, sondern bewegte sich in einem größeren Raum. Auch diese starken Beziehungen zu Südafrika zeigten den großen Aktionsradius. Wahrscheinlich kann diese Art von Weltbürgern so einen Verlust etwas leichter wegstecken. Trotzdem ist es bewunderungswürdig, dass daraus kein Ressentiment geworden ist, sondern eher eine Triebkraft, weiterzuarbeiten.

Ihr Interesse an Osteuropa war etwas selektiv – Ungarn und Tschechien interessierten sie nicht so sehr, Russland und Polen umso mehr. Haben Sie sich mit ihr über Polen unterhalten, wenn Sie sich getroffen haben?

Weniger, weil ich mehr über die russische Ecke gekommen bin. Wir hatten einen sehr guten gemeinsamen Freund, Lew Kopelew. Ich kannte Kopelew noch aus der Moskauer Zeit. Es war dann so ein Urvertrauen, das in so einem Kreis entsteht, wo man sich ohne große Anlaufschwierigkeiten versteht. Aber es waren eigentlich mehr die russischen Bezüge. Ich weiß, sie ist später sehr viel häufiger im südlichen Ostpreußen, in Nikolaiken, gewesen als in Kaliningrad. Sie hat auch immer gesagt, dass ihr die deutsch-polnischen Angelegenheiten sehr am Herzen lagen.

Was glauben Sie, wie ausgeprägt war ihr Verständnis von Polen?

Ich glaube erstens, dass in ihrer Familie, die, wie soll ich sagen, polnische Filiationen hatte, die Familiengeschichte eingeht in die anderen nationalen Geschichten. Sie war viel vertrauter mit Polen, als das Geschichtsprofessoren sein können, weil es Teil der familiären Erzählung und Traditionen war. Man wusste, in welcher Generation die Dönhoffs dem polnischen König gedient haben und in welcher Formation jemand aus der Familie gedient hat, was ich vielleicht höchstens aus einem Buch weiß und dann schnell wieder vergesse. Sie war auf eine Weise intim mit den anderen Geschichten, anderen nationalen Geschichten, die man auch durch Lektüre so nicht einholen kann. Sie war zudem eine politische Kommentatorin, die sich nicht nur auf Bilaterales eingelassen hat, sondern ihr Denkstil des Sehens, Analysierens und Kommentierens war global. Sie hat sich für die Weltpolitik interessiert, und sie konnte, glaube ich, ungehalten sein über polnische Ungeduld. Sie hat darüber auch geschrieben.

War Marion Dönhoff vor der Benennung dieses Hörsaal-Traktes für Ihre polnischen Studenten ein Begriff?

Wahrscheinlich nicht für alle, aber sicher für eine große Gruppe.

Mehr als für die deutschen?

Das kann ich schlecht sagen, weil sie für deutsche Leser natürlich als Größe der deutschen Publizistik ein Name gewesen ist, während es bei den polnischen Studenten eher um die deutsch-polnische Geschichte gegangen ist. Ich würde sagen, den Interessierten und den politisch Aufgeschlossenen war sie bekannt.

Wie schätzen Sie die Wirkung ihres frühen Eintretens für die Ostpolitik ein, für Annäherung und Kontakte mit dem Osten Europas? Wie nachhaltig, wie durchdringend war das?

Der Begriff ist im politischen Jargon etwas abgegriffen, aber er hat eine eigene Bedeutung: »vertrauensbildende Maßnahme« – und zwar im Sinne davon, dass jemand auf eine absolut glaubwürdige Weise von etwas spricht und damit einen Bann bricht und einen Gesprächsraum öffnet. Das ist meiner Meinung nach ihre Hauptarbeit der sechziger Jahre gewesen, und das war auch nicht ein einzelnes Ereignis oder ein einzelner Aufsatz, sondern es war die Beharrlichkeit, mit der das betrieben worden ist, die Ernsthaftigkeit. Ich habe mich nicht speziell damit beschäftigt, sondern ich antworte jetzt als jemand, der gelesen, gehört hat und halbwegs wach den Dingen gefolgt ist.

Ich glaube, dass es dieses Ernsthafte, diese Beharrlichkeit

war, deretwegen die Leute merkten, da ist etwas, womit man wirklich rechnen muss. Das ist keine Eintagsfliege, sondern da passiert etwas. Es ging nicht nur um die andere Seite, es ging ja darum, einen Raum zu schaffen, dass man diese Zeit des Kalten Krieges oder des Aufrechnens, der Abrechnungen, des Rechthabens hinter sich lässt und eine andere Verhandlungsebene findet.

Wegen der Dimension ihres Verlustes, des materiellen Verlustes, hatte Marion Dönhoff auch eine besondere Überzeugungskraft, wenn sie für eine Verständigung mit dem Osten plädierte.

Sie hatte ein spezielles Renommee, oder man hat ihr ihre Haltung wahrscheinlich besonders vertrauensvoll abgenommen. Aber soweit ich es verstanden habe, ist sie mit diesem Verlust nie hausieren gegangen, sondern hat doch sehr rational argumentiert. Sie hat den Verlust nie hervorgehoben.

Haben Sie bei Ihren vielen Reisen in den Osten zufällig auch einmal Friedrichstein, oder was davon übrig geblieben ist, besucht?

Ich bin, als ich mit den Studenten eine Exkursion gemacht habe, einmal kurz da gewesen. Aber ich hätte gern jemanden gehabt, der mir den Ort erklärt oder die Umrisse in den Himmel gezeichnet hätte. Es war nur eine Station auf dem Weg nach Königsberg.

Haben Sie den Eindruck gehabt, dass Sie wussten, wo das Schloss stand? Offenbar ist das sehr schwierig.

Ich müsste ein zweites Mal dorthin fahren, um diese Archäologie zu betreiben. Aber wir sind praktisch nur durchgefahren und haben den Ort zur Kenntnis genommen. Wir haben uns nicht wirklich damit beschäftigt.

Gräfin Dönhoff selber hat sich ja nicht besonders gut ausgekannt,
*als sie einmal da gewesen ist. – Sie sind häufiger Autor der Z*eit.
Wie fanden Sie Marion Dönhoff als Schreiberin?

Ich bin ja ein anderer Schreiber. Ich folge bestimmten Dingen,
ich kann ein Detail beschreiben, ich kann sozusagen eine
Mikrogeschichte machen. Gräfin Dönhoff hat kleine Geschichten geschrieben, Beobachtungen, sie hat in sehr vielen
Genres geschrieben. Sie hat Memoiren, aber hauptsächlich
natürlich den Kommentar und den Leitartikel, die Beleuch-
tung der Situation geschrieben. Das ist ein riskantes Genre in
dem Sinne, dass es ein Werk der Allgemeinheit ist. Der Text
muss genau sein und trotzdem allgemein. Es ist ein sehr schwie-
riges Genre.

Ich hingegen schreibe einen Essay, der meistens einen
konkreten Gegenstand, eine Stadt oder so etwas, hat, wobei
ich mich dann daran austoben kann. Vor der großen Perspektive von oben auf einen Sachverhalt, vor der Einordnung in
den weltpolitischen Zusammenhang schrecke ich eher zurück. Denn dazu gehört nicht nur Können, sondern auch
eine gewisse Kühnheit, da ist auch ein spezielles Training
verlangt.

Viele sehen in ihr die letzte Preußin. Können Sie das nachvollzie-
hen?

Ich weiß nur sehr wenig von Preußen. Ich weiß natürlich, dass
es einen positiven Mythos von Preußen gibt, und ich möchte
gerne, dass sie dem entspricht. Ich selber komme ja mehr aus
der südlichen Schiene, habsburgisch...

Sie sind Schwabe...

Ich bin Schwabe, oder genauer: Allgäuer. Der hinterste Winkel
der Republik. Aber ich bin süddeutsch-benediktinisch-habs-

burgisch oder auch noch böhmisch sozialisiert, und mir ist die habsburgische, die barocke Ecke viel näher. Ich gucke eher von außen auf Preußen, mich fasziniert das preußische, das ost-elbische Herrenhaus. Ich habe auch einmal ein Seminar darüber gemacht und eine Ausstellung dazu. Es ist eine mir fremde Kultur, die mich fasziniert, doch sie ist mir nicht sehr vertraut.

Aber ich bin natürlich vollständig Ostpreußen verfallen, das muss ich Ihnen einfach sagen. Das ist ein Landstrich, von dem ich wirklich glaube, dass wir an ihm viel verloren haben. Ich glaube, dass die deutsche Kultur ohne diesen kulturellen und auch Naturraum nicht denkbar ist. Und ich glaube auch, dass dieser Verlust bis heute in Deutschland nicht angekommen ist. Ich denke, dass, wenn die Bewegung, das Besuchen, das Sich-Umsehen dort wieder richtig in Gang kommt – bisher sind es nur viele Einzelne –, dass es dann noch einmal eine große Erschütterung geben wird, nicht im Sinne eines Revisionismus, sondern eine große Erschütterung darüber, dass dies ein Teil des deutschen Horizonts gewesen ist, der weg ist.

Ostpreußen, vor allem das nördliche, hat sich natürlich durch den Krieg, durch die Entvölkerung, durch die Vertreibung, durch die Neubesiedlung verändert – es fehlt einfach die Arbeit von zwei, drei Generationen. Die neuen Immigranten aus der Ukraine, aus Weißrussland, konnten das einfach nicht auffangen, sosehr sie sich angestrengt haben. Das Land ist in vieler Hinsicht einfach versteppt. Dieser Ausdruck stimmt leider. Das konnte nicht gehalten werden. Die Kanäle, das komplizierte und fantastische Irrigations- und Poldersystem, das über Jahrhunderte entstanden war, ist einfach verfallen. Alles, was man zehn Jahre nicht pflegt, verfällt und hört auf zu funktionieren. Wenn Sie heute durch diese Landstriche fahren, merken Sie das. Diese Straßen, die nirgendwohin führen, diese Alleen, die da stehen, die aber nirgendwo mehr hinführen. Diese abgetragenen Häuser, die zum Neubau von anderen Häusern verwendet worden sind. Man hat die Landschaft ausgeschlachtet.

Das gilt jetzt für das nördliche Ostpreußen?

Ja. Im südlichen ist es bedeutend anders, weil aus vielen Gründen die Standards gehalten werden konnten und die Wiederbesiedlung viel stärker gewesen ist. Das nördliche Ostpreußen ist einfach eine Exklave. Es ist in vieler Hinsicht Neuland gewesen. Ich glaube, es gibt wirklich einen großen Zauber dieses Landstriches. Ein Landstrich, ein Charakter, den es in der kleinen Bundesrepublik allerhöchstens noch in Resten gibt. Ich würde sagen, auch die Oder hat den Charakter einer Flusslandschaft, die es sonst nicht gibt. Menschen, die am Rhein, am Main oder an der Donau aufgewachsen sind, können sich das nicht vorstellen. Und das noch einmal gesteigert, das ist Ostpreußen. Es ist einfach eine grandiose Landschaft mit Ausblicken, Horizonten, Wolkenformationen, die es sonst nicht gibt. Das hat nichts mit Sentimentalität zu tun, das ist so.

Diese Einzigartigkeit hat Marion Dönhoff ja auch literarisch verewigt.

Als ich Zitate ausgewählt habe, in denen man die stärkste Bindung an Ostpreußen bei ihr merkt, bin ich darauf gestoßen: Das ist dieser Zauber der Landschaft, der Rhythmus der Jahreszeiten, die Veränderung der Landschaft. Sie hat das so genau und wunderbar beschrieben, dass man merkt, sie ist eine Ostpreußin.

Marion Dönhoff hat in ihren Schriften auch sehr viel für das Verständnis von Preußen getan, überhaupt dafür, dass Preußen in

Erinnerung bleibt, das politische Preußen. Ich glaube, da war sie eine der wichtigen Stimmen.

Das war ein Vorgang, der in den achtziger Jahren eingesetzt hat, in der Preußen-Ausstellung auch, wo es ein Neudenken gegeben hat, das nicht abgeschlossen ist. Die Schwierigkeit ist nach wie vor, vor allem unter jungen Leuten und auch in der Forschung: Wie findet man eine neue, moderne Verhandlungsebene für diesen aufgelösten und zerschlagenen Staat und die untergegangene Kultur? Ich glaube, das ist auch Neuverhandlungen wert, und ich bemerke, dass man da inzwischen sehr gut mit polnischen, russischen, litauischen Historikern zusammenarbeiten kann, weil es von deren Seite sehr interessante Impulse für Neubewertungen gibt. Das ist ein sehr spannender Vorgang.

Jetzt fällt mir ein, ich hatte Gräfin Dönhoff mehrmals bei Wolf Jobst Siedler getroffen. Das war ein Personenkreis, der nachdrücklich daran gearbeitet hat, mit allem, was man schreibt und sagt, dass man über Preußen ganz anders sprechen kann als in den Termini des Auflösungsbeschlusses des Alliierten Kontrollrats. Es gibt noch andere Aspekte, die sich zu diskutieren lohnen.

Wird sie für eine Zeit lang in der Erinnerung, zumindest eines Teils der Deutschen bleiben?

Sie ist Geschichte der Bundesrepublik, ihr aktives Leben ist ein Teil der Geschichte Deutschlands nach dem Krieg. Wenn man diese Geschichte Deutschlands nach dem Krieg erzählen oder verstehen oder rekonstruieren will, dann wird man auch über sie sprechen. Es gab eine Zeit, wo die europäische Architektur, oder die Architektur des geteilten Europas, ins Wanken kam. Das war eine Zeit, in der Marion Dönhoff und ich wahrscheinlich an ganz entgegengesetzten Polen standen. Ich

als jemand, der aus der Studentenbewegung und der Nachstu-
dentenbewegungszeit, diesem Hyperaktivismus, kam, der mit
dem Status quo, wie er zum Teil, so verstand ich das jedenfalls,
von Helsinki definiert war, nicht viel anfangen konnte. Wenn
ich überlege, dass ich und andere damals stark verlangten, dass
man sich für die Dissidenten einsetzt ... Es gab auch eine kritische Sicht auf die Entspannungspolitik.

In dieser Zeit, in den späten siebziger und frühen achtziger Jahren, wäre es für mich sehr schwierig gewesen, einen
Kontakt zu Marion Dönhoff zu haben. Ich habe zwar immer
verstanden, was mit der neuen Ostpolitik gemeint war und
dass es einfach keine Rückkehr zu dem Status quo gab, also die
klare Absage an den Revisionismus, das war für mich klar. Aber
es gab doch in meiner Generation viele Leute, die sich überlegt haben: Gibt es nicht eine zweite Ebene der Entspannungspolitik, unterhalb der Gespräche von Schmidt und
Honecker und Gierek? Wenn wir damals zusammengekom-
men wären, hätten wir uns möglicherweise nicht so gut verstanden. Oder wir hätten die Akzente unterschiedlich gesetzt,
oder die Nuancen wären anders gewesen. Ich muss natürlich
sagen, sie war in der Rolle, dass sie beides tat: Sie hat mit Kopelew und Böll ihre Politik der *civil society* betrieben, aber sie
fühlte sich auch in politischer Verantwortung, wenn es um
Kommentare über die Großwetterlagen und politischen Groß-
entscheidungen ging.

Sie gehört für mich doch zu einer anderen politischen Kultur als nur zur reinen Entspannungspolitik. Sie hatte immer
einen ganz selbstverständlichen Umgang mit den anderen. Sie
hat in Moskau die anderen Leute besucht, sie war nicht nur in
Delegationen, sondern sie hat Kopelew, Solschenizyn, Sacharow aufgesucht. Das war irgendwie selbstverständlich und anders als bei den Funktionären.

Wahrscheinlich hat sie im Fall Polen Recht gehabt, als sie sehr auf Stabilität setzte, weil sie die Geschichte des Landes kannte. Und wer die kennt, weiß, welchen fürchterlichen Einflüssen von außen Polen ausgesetzt war.

Das gilt auch für die gesamte Beurteilung der polnischen Situation, beides zu begreifen und zusammenzubringen. Dieser Terminus der sich selbst begrenzenden Revolution, mit dem man die Situation versucht hat zu beschreiben, das Lavieren und Taktieren, um herauszukommen aus der Situation einer Wiederholung des Märtyrerfalles. Es war einfach, Märtyrer zu werden. Es war sehr viel komplizierter, einen Ausweg aus der gefährlichen Lage Anfang der Achtziger zu finden.

Ihr frühes Eintreten für die Ostpolitik wird sicher in Erinnerung bleiben. Sehen Sie sonst Kampagnen oder Schwerpunkte in ihrem Wirken, die nachhaltig erinnert werden?

Mir ist aufgefallen, dass sie sich stets global interessierte. Ich habe mich immer gewundert, denn ich habe da nur begrenzte Ressourcen. Ich bin mit Russland oder Osteuropa vollständig beschäftigt. Mich interessieren natürlich auch die Türkei und die arabische Welt, aber Marion Dönhoff hatte eine systematische Art, sich die Welt anzusehen. Ich war immer verblüfft. Dann war sie nach Amerika entschwunden, guckte sich das an und versuchte, sich ein Bild zu machen. Oder diese Ausflüge nach Südafrika. Es hat mich immer gewundert – was macht sie eigentlich in Südafrika? Das hatte natürlich diesen familiären Hintergrund, aber es hatte auch etwas von einem Beobachtungsposten. Sie visitierte systematisch die Welt.

Sie hatte dort viele Freunde, bei denen sie sich alle zwei, drei Jahre über alles informiert hat, was in Südafrika vor sich ging.

Sie hatte ihre Anlaufstellen. Es sind Neuvermessungen der Situation. Es gibt ein wunderbares Zitat, das ich in der Cartier-Bresson-Ausstellung im Berliner Gropius-Bau gesehen habe. Es stand an der Wand, und ich war verblüfft. Cartier Bresson, der größte Fotograf des letzten Jahrhunderts, sagt: »Es gibt nichts Interessanteres, als ein Land in großen Abständen mit sich selbst zu vergleichen.« Das ist ein fantastischer Satz, weil er ein analytisches Verfahren beschreibt. Man muss in bestimmten Abständen immer wieder denselben Ort und dieselben Menschen aufsuchen. Sie hat das über lange Zeit hinweg gemacht. Sie ist immer wieder ausgeschwärmt, um die Welt politisch zu vermessen.

Mit dem »Gräfin-Dönhoff-Gebäude« haben Sie hier an der Viadrina eine beeindruckende Erinnerungsstätte für sie.

1996 wollte ich hier eine Forschungsstelle für Vertreibung und Zwangsmigration gründen. Ich hatte sie darauf angesprochen, ob sie das nicht fördern könne, weil meiner Meinung nach ihr Name im Zusammenhang damit ideal gewesen ist. Ich hätte es »Gräfin-Dönhoff-Zentrum zur Erforschung von Zwangsmigration im 20. Jahrhundert« genannt. Ich war damals sehr optimistisch, aber es wurde nichts daraus. Das lag nicht an ihr, sondern an der ganzen Bedenkenträgerei.

Von welcher Seite?

Es war die Universität, die mich im Senat hat hängen lassen. Damals sagte man, das sei alles sehr interessant, aber sehr kompliziert. Die Deutsche Forschungsgesellschaft hat einen meiner Meinung nach perfekten Antrag zu diesem Thema abgelehnt, aus hanebüchenen Gründen. Sie wollte nicht. Die Zeit für ein solches Vorhaben war politisch nicht reif. Die einzige Institution, die es unterstützt hat, war das Ministerium in Potsdam. Aber dadurch, dass ich keine weitere Unterstützung erhielt, kam dieses Projekt nicht zustande. Ich hatte mit Marion Dönhoff darüber gesprochen, sie war daran interessiert, aber da ich selbst es nicht mehr weiterbetrieben habe, ist es ausgelaufen. Später ist die Idee, initiiert von Frau Steinbach, auf eine meiner Meinung nach eher unschöne Weise ganz anders in den politischen Raum der Bundesrepublik zurückgekommen.

30. Juni 2004

»Freiheit war ihr größter Luxus«
Friedrich Dönhoff, Hamburg

FRIEDRICH DÖNHOFF, geboren am 4. Oktober 1967 in Hamburg, lebt als freier Autor in der Hansestadt. Seit Ende der achtziger Jahre stand er seiner Großtante Marion sehr nahe und begleitete sie auf vielen Reisen. Zu seinen Büchern zählen unter anderem »Mister Helmuts Schule. Das zweite Leben des Managers Helmut Bleks in Namibia« und »Die Welt ist so, wie man sie sieht. Erinnerungen an Marion Dönhoff«.

Sie waren Marion Dönhoff in ihren letzten Lebensjahren sehr nah und haben darüber auch ein anrührendes Buch geschrieben. Wann entstand diese engere Verbindung zwischen Ihnen beiden?

Im Sommer 1985, noch während meiner Schulzeit, habe ich ein Praktikum in einem Hamburger Designbüro gemacht. In dieser Zeit wohnte ich ein paar Wochen lang in Marions Häuschen in Blankenese. Wir haben jeden Morgen zusammen gefrühstückt und sind dann los zu unserer jeweiligen Arbeit – sie ins Pressehaus, ich ins Designbüro. Sie hat mich oft im Auto mitgenommen, das war damals noch ein Porsche. Mit dem ist sie immer ziemlich rasant über die Elbchaussee gefahren, daran erinnere ich mich noch gut.

Abends haben wir uns wiedergetroffen, haben am Kamin gesessen und vom Tag erzählt. Sie wollte immer alles ganz genau wissen. Wie funktioniert so ein Designbüro, was macht man da genau? Sie erzählte von der politischen Konferenz in der *Zeit* und ihren Erlebnissen im Büro.

Um den Zivildienst zu absolvieren, zog ich nach dem Abitur nach Hamburg – diesmal in eine eigene Wohnung. In dieser Zeit begann unsere eigentliche Freundschaft.

Einen gewissen Abstand zu halten war ein Wesenszug von ihr. Auf der anderen Seite hatte sie gern Leute um sich.

Ich finde, sie hielt beides, Nähe und Distanz, in einer guten Balance; weil sie von ihrer Seite aus eine gewisse Distanz einhielt, konnte sie auf der anderen Seite Nähe und Offenheit zulassen. Sie hatte keine Scheu vor Menschen.

Besonders im Umgang mit jungen Leuten war sie sehr aufgeschlossen. Wenn Briefe von Jugendlichen kamen, hat sie die immer sofort beantwortet. Einmal kam eine Anfrage von einer Schulklasse aus Schweden, ob Marion sie mal besuchen würde. Da hatte jeder einzelne Schüler unterschrieben. Damals war sie schon fast neunzig, hatte aber immer noch sehr viel zu tun, sie stand ja noch voll im Beruf. Es war klar, dass die Anreise kompliziert sein würde.

Ich habe ihr damals gesagt: »Dann lass das doch.« – »Nein«, meinte Marion, »wenn eine ganze Klasse schreibt, kann man nicht absagen.« Und dann hat sie sie tatsächlich besucht.

Ihr Interesse an jungen Menschen war so offenbar und auch bewundernswert.

Und beruhte auf Gegenseitigkeit. Es gibt seit ihrem Tod 2002 eine Reihe von Schulen, die nach Marion Dönhoff benannt wurden. Oft ging dem eine Umfrage bei den Schülern voraus, die sich unter mehreren Vorschlägen für Marion als Patronin

Friedrich Dönhoff begleitete seine Großtante in ihren letzten
Lebensjahren auf vielen Reisen.

entschieden haben. Ich glaube, viele Schüler können sich mit
Marions Aufsässigkeit in ihren Jugendjahren identifizieren.
Da geht jemand seinen eigenen Weg, auch gegen Widerstän-
de, und hat am Ende auch noch Erfolg damit.

Ich bekomme auf mein Buch über Marion viele Briefe von
ganz jungen Menschen. Einigen von ihnen ist sie erst durch
die breite Berichterstattung zu ihrem Tod im März 2002 bekannt geworden. Die haben sich Bücher von ihr ausgeliehen
oder gekauft und darin etwas für sich entdeckt.

Sie waren in den letzten Lebensjahren Marion Dönhoffs Lieblings-
neffe.

Wir hatten ein tiefes Verständnis füreinander. Ich empfand sie
weniger als eine Großtante, sondern trotz der fast sechzig Jahre Altersunterschied eher als Schwester; mal die große, mal die
kleine. So konnte ich auch mal zu ihr sagen: »Ich glaube, das

kannst du so nicht machen.« Das hat sie dann auch angenommen.

Durch Sie lernte sie auch etwas über das Denken der jungen Menschen.

Ja, sie fragte viel, ich erzählte viel. Und andersherum war es auch so. Ich finde, dass in unserer Gesellschaft die Generationen mehr miteinander zu tun haben sollten. Davon würden beide Seiten profitieren.

Sie ist ungeheuer viel gereist ...

Vor längeren Flugreisen fragten in ihren letzten Lebensjahren manchmal Leute: »Kann sie das denn noch? Hält sie das durch?« Es war aber so: Wenn sie einen Flughafen betrat, atmete sie auf, war freier, wie von einer Art Extramotor angetrieben. Auf Reisen war sie in ihrem Element.

Das hat schon früh begonnen. 1928, gleich nach dem Abitur, ist sie mit einer Freundin und deren Vater drei Monate lang durch die USA gereist, die meiste Zeit im Zug. Da gibt es noch den Reiseplan, den hat sie aufbewahrt. Danach hat sie zahlreiche Reisen zusammen mit ihrer acht Jahre älteren Schwester Yvonne gemacht. Mitte der dreißiger Jahre sind die Schwestern in einem weißen Cabrio zu einer spektakulären Reise angetreten. Sie fuhren von Ostpreußen viertausend Kilometer quer durch Europa bis nach Albanien und wieder zurück. Unterwegs brach das Auto oft zusammen. Da standen die beiden irgendwo in der Landschaft und waren auf Hilfe angewiesen. Marion hat oft von dieser Reise erzählt und meinte, gerade durch die unvorhergesehenen Ereignisse, die passierten, hätten sie viel über Land und Leute gelernt.

Von der Reise auf den Balkan gibt es ja viele Fotos in Ihrem Buch »Reisebilder«. – Was war das denn für ein Auto?

Ein Röhr. Cabrio Sports hieß das Modell. Zwischen 1934 und 1936 wurde es nur 1400 Mal gebaut. Das weiß ich, weil mich eines Tages ein Experte anrief, der ein Foto gesehen hatte, auf dem Marion und Yvonne in dem Auto sitzen. Er konnte anhand des Bildes feststellen, um was für ein Modell es sich handelte.

Kannten Sie Marion Dönhoffs Geschwister?

Leider nicht. Als Jugendlicher habe ich sie nur mal bei Familientreffen gesehen. Inzwischen sind sie ja lange tot.

Zwei ihrer Brüder waren Mitglieder der NSDAP, Christoph, der jüngere der beiden, war zudem in der Auslandsorganisation der Partei tätig. Hat Marion Dönhoff mit Ihnen darüber gesprochen?

Nein, zwischen uns beiden war das nie ein Thema. Ich wusste allerdings von diesen Dingen nichts. Inwieweit das zwischen den Geschwistern selbst besprochen wurde, weiß ich nicht.

Aber die Parteimitgliedschaft hat der Beziehung zu den beiden Brüdern offenbar keinen Abbruch getan?

Soweit ich weiß, hatte Marion zu allen ihren Geschwistern eine gute Beziehung. Besonders aber war das Verhältnis zu ihrer Schwester Yvonne. Sie war wohl die engste Vertraute in ihrem Leben.

Wie war denn das Verhältnis zu ihren anderen Schwestern? Da gab es noch Christa, das älteste Kind. Sie ist in den Dreißigern gestorben.

Sie ist im Kindbett gestorben. Marion hat sich sehr um die beiden Söhne gekümmert. Beide sind dann im Krieg gefallen. Von dem jüngeren hatte sie bis zuletzt ein gerahmtes Foto auf ihrem Schreibtisch in Blankenese stehen.

Dann gab es noch Maria ...

Maria war Marions jüngste Schwester. Sie war mongoloid. Marion wohnte bis zu ihrem zehnten Lebensjahr mit ihr im selben Zimmer. Das war sicherlich eine prägende Erfahrung. Vielleicht hatte sie deswegen ein besonderes Verständnis für Menschen, die ein bisschen anders ticken oder denken als normal.

Maria war zwei Jahre älter als Marion.

Ja. Marion war die Jüngste. Sie war das achte Kind. Der erste Bruder war früh gestorben, an der Englischen Krankheit, Rachitis. Offenbar war das eine Sache, über die die Eltern nicht gerne sprechen wollten, und so wurde Marion schon als Kind vermittelt, dass sie nicht das achte, sondern das siebte Kind sei. Vielleicht galt ihr deswegen die Zahl acht immer als eine Unglückszahl. Marion sagte, sie würde niemals in einem Hotelzimmer schlafen, an dessen Tür ein Acht stünde. Und sie würde nicht in ein Auto steigen, wenn sie sähe, dass diese Ziffer auf dem Nummernschild vorkäme. Sie war ein bisschen abergläubisch.

Bei all ihrem Charme hatte Ihre Großtante gelegentlich auch eine etwas bestimmende Art ...

Womit wir Jüngeren in der Familie manchmal Probleme hatten, war das permanente Nützliches-tun-Müssen. Zum Beispiel während der Familienferien auf Ischia. Man saß im Garten beim Frühstück, Marion las Zeitung. Irgendwann packte sie zusammen und sagte: »So, was können wir denn jetzt mal Nützliches machen?« Dann guckten wir anderen uns an und sagten: »Wir haben Ferien, da kann man doch auch mal nichts machen!« Daraus wurde dann immer ein Tauziehen, weil Marion fand, es gäbe genug zu tun, im Haus oder im Garten.

Dann versuchte sie, Aufgaben zu verteilen: »Einer muss nachher mal ins Dorf gehen, wir brauchen eine neue Glühbirne für das Gästezimmer, wer macht das?« Sie bestimmte auch gern die Zeiten zum Aufstehen und Essen. Zufällig waren ihre Vorschläge immer genau auf ihren Lieblingsturnus abgestimmt. Im Grunde verhielt sie sich wie früher in Friedrichstein, als sie die Verantwortung für die Verwaltung des Besitzes hatte: Jeder war ein kleines Rädchen und mitverantwortlich – ob der Einzelne dazu Lust hatte oder nicht. Das war später bei der Zeitung genauso und galt eben auch beim Frühstück im Garten ...

Sie hat ja selber auch so gelebt. Das war einer der beispielhaften Wesenszüge an ihr.

Sie schrieb viele kritische Artikel darüber, dass die Gesellschaft zu materiell sei, sich alles nur ums Geld drehe. Sie selbst lebte sehr bescheiden. Wir haben uns oft darüber amüsiert, dass sie immer diese alten Klamotten trug, die zum Teil schon Jahrzehnte in ihrem Schrank hingen.

Aber schöne Sachen waren das.

Sie hatte ihren Stil, den hat sie nie verändert. Aber weil in der Mode vieles wiederkehrt, waren ihre Sachen dann auch ab und zu en vogue. 1998 landete sie mit ihren alten Kleidern in einem Lifestyle-Magazin auf der Liste der zehn bestangezogenen Frauen Deutschlands auf Platz fünf ...

Marions Schuhe waren meistens teure Anschaffungen, dafür hielten sie auch lange. Sie brachte sie immer zu einem Schuster in Forio auf Ischia, den sie für den besten der Welt hielt. Aber sie trug auch billige Sachen.

Ja?

Einmal brauchte sie dringend ein Jackett für irgendeinen Anlass in der Stadt. Da ist sie in eines der noblen Geschäfte am Jungfernstieg in Hamburg gegangen und hat sich eins ausgesucht. Als sie an der Kasse den Preis erfuhr, bekam sie einen Schreck. Sie hat sich beschwert, dass das Jackett so teuer sei, und den Laden wieder verlassen. – Damals gab es im Erdgeschoss des Pressehauses einen Kleiderladen, wo sie sich dann für ganz wenig Geld ein dunkles Jackett gekauft hat; und sie sah darin auch wirklich gut aus.

Sie hatte auch eine gute Figur.

Das kam vermutlich daher, weil sie sich viel bewegte. Sie lief in ihrem Haus bei jeder Gelegenheit die Treppen hoch und runter. Sie war immer auf Trab. Sie aß erstaunlich wenig. Morgens gab es eine Karotte und eine Tasse Tee und ...

Jeden Morgen eine Karotte?

Ja. Und mittags packte sie dann im Büro ihr »Schulbrot«, wie sie es nannte, aus. Das hatte ihr die Haushälterin Frau Ellermann am Morgen mitgegeben. Marion hat das Brot immer mit Irene Brauer, ihrer Sekretärin, geteilt. Am Abend zu Hause gab es dann warmes Essen.

Frau Ellermann kochte recht deftig ...

Und es war meistens zu viel, fand Marion. Oft drängte sie ihre Gäste, alles aufzuessen. »Sonst ist die Ellermann traurig«, sagte sie. Wenn Marion noch etwas auf ihrem Teller hatte, was sie nicht mehr essen konnte, versuchte sie es manchmal heimlich auf den Teller ihres Nachbarn zu schieben, wenn der gerade wegguckte. Ich habe das dann auch mal bei ihr gemacht – hat sie aber durchschaut.

Hat sie manchmal über ihre Sorgen und Beschwernisse mit Ihnen gesprochen, oder hat sie das eher für sich behalten?

In den letzten Jahren machte sie sich Sorgen darüber, was aus der *Zeit* werden würde. Darüber sprach sie öfter. Über Gesundheit redete sie allerdings nicht sehr viel. Sie fand, kleinere Beschwerden müsse man ignorieren. Wenn einmal etwas Größeres war, eine Operation zum Beispiel, hat sie selbst in den Tagen davor nicht viel darüber gesprochen. Sie meinte, entweder man stirbt bei einer Operation, oder man überlebt, dann gehe es eben weiter. Das würde man beim Aufwachen aus der Narkose ja bemerken, da müsse man sich vorher nicht allzu viele Gedanken machen. Beides sei in Ordnung. Sie war ja sehr gläubig.

Obwohl sie nie in die Kirche gegangen ist ...

Doch, sie ging in die Kirche, selten, aber regelmäßig. Auf Ischia, wo sie jedes Jahr im Mai und September Ferien machte, ging sie immer einmal in die Kirche. Um die Weihnachtszeit auch. Sie hatte schon einen starken Glauben. Ich denke, daher hatte sie auch ihre Leichtigkeit. Es war auffällig, dass sie nie über die Vergangenheit lamentierte oder Verlusten lange nachtrauerte. Sie hatte auch keine Zukunftsängste. Sie war überhaupt ziemlich angstfrei, lebte intensiv und konzentriert in der Gegenwart. Es war eigentlich so eine Art buddhistische Lebensweise, die sie hatte.

Auffallend für mich an Marion Dönhoff war, dass sie immer Haltung zeigte. Was, glauben Sie, gab ihr die Kraft, diese Haltung durchzuhalten, war das angeboren, anerzogen?

Wahrscheinlich war es eine Mischung aus angeboren und im Laufe ihres Lebens erworben. Sie musste schon früh lernen, sich durchzusetzen. Sie war das erste Mädchen in der Familie, das Abitur machte. Die Jungs machten Abitur und Ausbildung, die Mädchen wurden früh verheiratet, und damit hatte sich die Sache erledigt. So war es viele Jahrhunderte lang. Marion hat offenbar früh erkannt, dass sie Dinge tun will, die für sie eigentlich nicht vorgesehen waren. Das musste sie dann gegen schwere Widerstände durchbringen. Ihre Mutter war Palastdame der Kaiserin, eine sehr konservative Frau. Die war natürlich nicht auf Marions Seite. Marion hat dann erlebt, dass man, wenn man weiß, was man will, und dazu steht, viel erreichen kann. So hat sich über die Jahrzehnte hinweg vermutlich ihre Haltung entwickelt.

Haben Sie mit ihr über das Thema Liebe in ihrem Leben geredet?

Die Generation Marions sprach und spricht nicht so frei über das Thema Liebe. Und das war bei ihr selbst auch so. Aber sie sagte einmal, wenn sie geheiratet hätte, hätte sie ihr Leben so nicht leben können. Und da ihr Beruf sie vollkommen ausfüllte und sie in einem Gefühl großer Zufriedenheit lebte, hat sie, glaube ich, rückblickend nichts bedauert.

Sie sind in den letzten Jahren viel mit ihr gereist; das war sicherlich gelegentlich ein bisschen anstrengend, weil sie sehr gern bestimmte.

Sie war eine gute Reisegefährtin, weil sie neugierig war, viel wusste, Humor hatte, gern lachte. Man konnte reden, aber auch gemeinsam schweigen. Aber es ist richtig: Marion konnte auch anstrengend sein. Ich erinnere, dass mir damals einige Dinge auf die Nerven gingen. Zum Beispiel saß man nebeneinander im Flugzeug, sie las Zeitung und entdeckte irgendetwas, was sie besonders wichtig fand. Dann riss sie den Artikel aus, reichte ihn rüber und wollte, dass man ihn sofort durchlas. Wenn man ihn nur überflog, sagte sie: »Du kannst aber schnell lesen…«

Sie setzte schon die Tagesordnung ...

Genau. Und merkwürdigerweise auch bei Dingen, von denen sie keine Ahnung hatte. Zum Beispiel beim Kochen. Sie konnte nicht kochen, hatte geradezu eine Aversion dagegen. Übrigens auch gegen das Tippen, also zwei Dinge, die früher typische Aktivitäten von Frauen waren. Man könnte fast meinen, dass sie das deswegen schon früh von sich gewiesen hat, um gar nicht erst auf diese Schiene zu geraten ...

Ja, aber unbewusst ...

Klar. Aber es hielt sie nicht davon ab, trotzdem immer mitzureden. Wenn bei Familienurlauben im Haus auf Ischia gekocht wurde, kam Marion oft in die Küche, guckte in die Töpfe und sagte: »Da muss noch Salz rein«, oder: »Hier könnte noch Butter dazu.« Oder jemand schnippelte Gemüse, dann meinte sie im Vorbeigehen: »Die Ellermann schneidet das immer in Würfel.« Ich habe bei der Gelegenheit zu ihr gesagt: »Du ärgerst dich oft darüber, dass Leute über Dinge reden, von denen sie keine Ahnung haben. Und nun machst du genau das Gleiche.« Da hat sie mich mit großen Augen angeguckt, hat das aber übergangen. Am nächsten Tag war es dann wieder dasselbe Spiel.

Irgendwann haben wir ihr gesagt, wenn sie immer reinrede, solle sie doch einfach selber kochen. Aber das hätten wir besser nicht vorgeschlagen. »Ich kann nur eine Sache machen, aber die ist besonders gut«, meinte sie. Dann hat sie eine Schüssel geholt, hat da ein paar Tomaten reingeschmissen, zwei Eier und viel Zucker und hat das notdürftig umgerührt. Das sollte dann Ketchup sein. Dazu gab es Nudeln, das hat natürlich fürchterlich geschmeckt.

Kann man sich vorstellen!

Sie konnte auch ziemlich rechthaberisch sein. Zum Beispiel beim Autofahren: Wenn sie am Steuer saß, hat sie sich jede Einmischung verbeten. Aber als Beifahrerin hat sie alles kommentiert. »Ich glaube, die andere Spur wäre jetzt besser...«, war ein Satz, den man oft von ihr hörte. Wenn man an einer Ampel hielt, meinte sie: »Da hättest du eigentlich noch durchgepasst.« Ich antwortete: »Es war doch schon rot.« – »Nein, es war orange.« So ging das die ganze Zeit.

Ich habe ihr schließlich einen Vorschlag gemacht. »Wir machen es jetzt so: Wenn du fährst, dann rede ich dir die ganze Zeit rein, und wenn ich fahre, kannst du dasselbe bei mir machen. Oder wir machen es andersherum: Ich sag nix, wenn du fährst, dann musst du aber auch still sein, wenn ich fahre.« Da hat sie gesagt: »Du bist aber streng... Also, dann bin ich für das Zweite.«

Daran hat sie sich dann tatsächlich gehalten, obwohl es ihr schwerfiel, das konnte ich ihr ansehen. Da musste sie schon ihre ganze Disziplin aufbringen, um zu schweigen.

Sie hatte schon viele Eigenarten. Zum Beispiel die Kinobesuche. Sie liebte es, ins Kino zu gehen. Aber sie hasste es, einen Film bis zum Ende anzuschauen. Sie langweilte sich schnell und wurde nach einer Stunde meist nervös. Wenn man mit ihr ins Kino ging, ist sie fast immer nach der Hälfte des Films rausgegangen.

Waren Sie denn mit ihr auch in Filmen, bei denen es sich durchaus gelohnt hätte, bis zum Schluss zu bleiben?

Immer! Sie informierte sich ja vorher, rief extra im Feuilleton an: Was sind derzeit die besten Filme? Welche muss man sehen? Da ging man dann hin und saß nach einer Stunde ohne sie da.

War sie beim Fernsehen auch so ungeduldig?

Sie sah immer um sieben die Nachrichten im ZDF und dann
die »Tagesthemen« in der ARD. Und den Presseclub. Manchmal blieb sie beim Pumuckel hängen. Der hat ihr großen Spaß
gemacht. Da verwandelte sie sich in ein Kind – das war auch so
eine Seite von ihr, das Kindliche. Sie hat sich das kindlich
Neugierige ihr Leben lang bewahrt.

Noch einmal zu den Reisen. Luxuriös waren die wohl nicht ...

Nein. Dazu passt auch das Auto, das sie immer im Urlaub auf
Ischia mietete. Das war eine kleine verbeulte Blechbüchse.
Ein roter Fiat 500, schon Jahrzehnte alt. Den hat sie immer
beim selben Vermieter geliehen. Ich glaube, der hat ihn nur für
Marion noch im Sortiment behalten. In Hotels achtete sie darauf, dass sie das kleinste Zimmer bekam. Das war manchmal
schwierig. In Berlin wohnte sie meist im Kempinski, da gab es
eine Art Abkommen mit dem Verlag. Wenn Marion ankam,
gab der Rezeptionist ihr manchmal eine Suite. Da war sie dann
unglücklich und fand das furchtbar.

Einmal brachte ich sie in ein Hotel in Sils. Die kannten sie
und hatten ihr nun ein wirklich kleines Zimmer gegeben. Es
war wie ein Eisenbahn-Abteil, da passte gerade das Bett rein,
ein kleiner Tisch, es war kaum Platz zum Stehen. Aber Marion
strahlte: »Herrlich. Genau richtig!« Ich glaube, ihr Begriff von
Luxus war ein anderer. Es war die Freiheit, tun zu können, was
sie wollte. Sie empfand ihren Beruf als Luxus, in die Redaktion
der *Zeit* zu kommen, wo sie mit Menschen zusammentraf, mit
denen sie über unterschiedlichste Themen reden und diskutieren konnte. Sie hat oft gesagt, einen schöneren Beruf als
ihren könnte sie sich nicht vorstellen. Und trotzdem hatte sie
keinen festen Vertrag mit dem ZEIT Verlag. Sie meinte: »Ich
möchte jederzeit gehen können«, weil eben Freiheit ihr größter Luxus war.

Autofahren war für Marion ebenfalls eine Form von Freiheit. Deswegen fiel es ihr auch so schwer, den Führerschein abzugeben. Das hat sie erst zu ihrem neunzigsten Geburtstag getan. Danach meinte sie: »Das ist der größte Verlust in meinem Leben!« Ich habe gefragt: »Ist das wirklich wahr? Der größte Verlust in deinem ganzen Leben?« Sie hat noch mal überlegt. Dann antwortete sie: »Ja.«

Marion Dönhoff war bekanntlich sparsam. Sie hat mit ihren Büchern eine Menge Geld verdient, das sie alles in ihre Stiftung gesteckt hat.

Sie sagte, sie fände es wunderbar, das Geld, das sie überschüssig habe, in eine Stiftung zu stecken, anstatt es auf ihrem Konto anzusammeln. Die Dönhoff-Stiftung war für Studenten und Professoren aus dem Osten gedacht. Wenn sie keine Möglichkeiten hatten, dort bestimmte Dinge in den Bibliotheken zu bekommen, konnten sie mit finanzieller Hilfe der Stiftung in Deutschland einen bis drei Monate forschen. Die Stipendiaten kamen oft auf eine Tasse Kaffee zu Marion ins Büro, erzählten ein bisschen aus ihrem Leben und was sie in Deutschland erlebten.

Marion war über zwanzig Jahre lang im Beirat des Hamburger Gefängnisses Fuhlsbüttel aktiv. Sie ist jeden Mittwochnachmittag dorthin gefahren und hat mit Gefangenen gesprochen. Das war sehr zeitaufwendig, aber sie hat es durchgehalten. Dabei wurde ihr klar, dass das größte Problem für die langjährigen Gefangenen oft entsteht, nachdem sie entlassen werden, weil sie sich in der Freiheit nicht so schnell wieder zurechtfinden können. Sie brauchen eine Zwischenlösung. Deshalb hat Marion zwei Wohnungen in Hamburg-Wandsbek gemietet und einen Sozialarbeiter engagiert. Ehemalige Gefangene konnten dort für einige Monate oder auch länger leben. Marion ist regelmäßig hingegangen und hat nach dem Rechten gesehen. Einmal habe ich sie begleitet.

Da saßen dann mehrere tätowierte Männer, die ziemlich mitgenommen wirkten, im Wohnzimmer zusammen. Man merkte, wie wichtig es für sie war, dass jemand zu ihnen kam und sich um sie kümmerte.

Wie haben die sich denn benommen?

Gut, natürlich. Es war nett, gab Kaffee und Kuchen. Die ehemaligen Gefangenen saßen um den Tisch, und mittendrin saß Marion. Sie fragte in die Runde: »Wie geht's euch denn so?« Dann haben sie einer nach dem anderen erzählt. Zuvor hatte sich herausgestellt, dass einer von ihnen aus dem Fenster gepinkelt hatte, eine Nachbarin hatte sich beschwert. Marion fragte: »Wer war das denn?« Der Betreffende meldete sich, es wussten ja sowieso alle, wer es gewesen war. Sie sagte dann zu dem Mann: »Also, das geht wirklich nicht.«

Dass sie sich bis ins hohe Alter so konsequent und konkret um andere Menschen kümmerte, fand ich schon klasse. Wenn sie zum Friseur am Jungfernstieg ging, achtete sie stets darauf, genügend Münzen dabeizuhaben. Sie hat nämlich bei jedem Bettler angehalten, ihm was gegeben und ein paar Worte mit ihm gesprochen. Sie erzählte, manche Leute hätten sie gewarnt, die Bettler seien organisiert, denen solle man nichts geben. Ihnen hat sie entgegnet: »Lieber gebe ich einem Bettler, der es nicht braucht, zu viel, als jemandem, der es braucht, nichts. Ist doch ganz simpel.«

Gab es irgendwelche durchgängigen Themen, die Sie mit ihr beredet haben – Familie, Politik, die Zeit?

Alle drei waren sehr oft Thema. Sie wollte von den Familienmitgliedern immer wissen, wer was gerade machte. Besonders bei den Jüngeren: Was interessiert sie? Was für eine Ausbildung macht die oder der? Ist er zufrieden? Kann man irgendwie helfen? Mir fiel auf, dass Marion in größeren Kreisen das

Gespräch immer auf Politik brachte. Das war ihr Hauptinteresse, wohl weil es so viel mit Menschen zu tun hat. Sie interessierte sich auch für Kunst, ging gern in Ausstellungen und sammelte Bilder. Fotoausstellungen mochte sie besonders. Später wurde mir klar, warum, weil sie selber ...

Das haben Sie mit dem Buch »Reisebilder« öffentlich gemacht. Mir war völlig unbekannt, dass sie eine gute Fotografin war.

Weil sie schon vor vierzig Jahren aufgehört hatte. Das erinnern nur die, die sie von ganz früher kennen. Ich wusste auch nichts davon. Mir fiel allerdings auf, dass Marion, wenn ich selber fotografierte, immer wissen wollte: »Was ist das für ein Apparat? Was für ein Bild willst du machen?« Oft zeigte sie während gemeinsamer Spaziergänge plötzlich irgendwohin und sagte: »Sieh mal, das wäre ein schönes Foto.« Die Fotografie war früher ihre große Leidenschaft. Sie hat zum Abitur eine Leica bekommen und dann über dreißig Jahre lang Bilder gemacht. In Friedrichstein hatte Marion eine eigene Dunkelkammer.

Wenn sie nicht schreibende Journalistin geworden wäre, wäre sie vielleicht Fotoreporterin geworden. Ich finde, dass ihre Reisereportagen ganz ähnlich sind wie ihre Reisebilder. Sie hat den Blick fürs Ganze, ohne den Sinn für das Detail zu verlieren. Marion fand allerdings, dass Schreiben und Fotografieren gleichzeitig nicht wirklich geht, man müsse sich da entscheiden. Ab Anfang der Sechziger hat sie sich dann auf das Schreiben konzentriert. Wie es so ihre Art war, hat sie die Leica in eine Schublade gelegt und nie wieder benutzt.

Hat sie versucht, erzieherisch auf Sie einzuwirken?

Sie fand wichtig, dass man viel liest. Als ich Zivildienst leistete, schlug sie vor, dass sie jede Woche ein Buch aus ihrer kleinen Bibliothek für mich auswählen würde, das sollte ich dann lesen, danach könnten wir darüber sprechen. Das haben wir auch eine Zeit lang so gemacht. Irgendwie fand ich das dann aber mühsam, obwohl es sich um Bücher handelte, die wirklich spannend waren.

Was waren das für Bücher?

»Anmerkungen zu Hitler« von Sebastian Haffner zum Beispiel. Marion meinte, wenn man das gelesen habe, wisse man eigentlich alles über die Zeit des Nationalsozialismus. – Mich hat das Buch auch sehr beeindruckt.

Das waren nicht nur Bücher, die ihr selber gefielen, sondern auch solche, von denen sie glaubte, dass sie Sie interessieren könnten?

Ich denke, das war eine Mischung. Sie fand eben, dass Bildung sehr wichtig ist, und befürchtete, dass jungen Menschen das oft nicht bewusst ist und dass sie es später bereuen könnten, nicht genug gelesen zu haben. Marion glaubte, das Leben sei umso spannender, je gebildeter man sei. Deswegen fand sie es furchtbar, dass Kinder und Jugendliche so viel Zeit vor dem Fernseher oder bei Computerspielen verbringen, das sei vertane Zeit. Möglicherweise dann auch ein vertanes Leben, wenn man nicht aufpasst. Sie wusste ja, was ein Mensch alles erreichen kann, wenn er will.

Wie war es, wenn Sie mit ihr unterwegs waren, haben die Leute sie erkannt?

Ich habe mich oft gefragt, warum ihr Gesicht eigentlich so bekannt war, denn sie war ja nur selten im Fernsehen, ging zum Beispiel nie zu Talkshows. Es gab natürlich viele Anfragen, aber sie hat immer abgesagt. Nur im Presseclub saß sie manchmal. Trotzdem wurde sie unterwegs ständig erkannt und oft angesprochen.

Als sie einmal im Speisewagen zahlen wollte, stellte sie fest, dass sie kein Geld bei sich hatte. Als sie das dem Kellner beichtete, sagte plötzlich eine Frau, die am Tisch gegenüber saß: »Mein Mann ist seit Jahren ein großer Fan von Ihnen – ich würde das gerne für Sie zahlen.« Marion hat den beiden dann als Dank ein Buch mit Widmung geschickt.

Als sie schon ziemlich alt war und im Bus vom Büro nach Hause fuhr, steckte ihr einmal eine junge Frau im Vorbeigehen einen gefalteten Zettel zu. Marion öffnete ihn, und da stand: »Danke für alles.«

Wann haben Sie bemerkt, dass sie ernsthaft erkrankt war?

2001 musste Marion einen Eingriff über sich ergehen lassen, in dessen Folge sie dauerhaft Schmerzen hatte. Die waren so stark, dass sie sie nicht ignorieren konnte. Sie war damals schon zweiundneunzig Jahre alt, und mir schien es, als habe sie begriffen, dass ihr Leben vorbei war. In der verbleibenden Zeit war sie dann milder. Ich hatte den Eindruck, dass sie mit sich und ihrem Leben im Reinen war und bereit zu gehen.

Mir fällt noch eine schöne Geschichte ein. Da gab es einen Astronomen, der einen Planetoiden entdeckt hatte. Die Entdecker dürfen denen dann einen Namen geben. Dieser Mann hat seinen Planetoiden auf den Namen Marion Dönhoff getauft. Das hat er ihr geschrieben, und sie fand das rührend. Kurz vor ihrem Tod sagte sie: »Früher hab ich immer gebetet: ›Lieber Gott, mach mich fromm, dass ich in den Himmel komm.‹ Jetzt kann ich sagen: Ich bin schon da!«

21. April 2006

»Alles hing vom Zufall ab«
Gespräch mit Marion Dönhoff im November 2001 in Hamburg

In einem ihrer letzten Interviews sprach Marion Gräfin Dönhoff mit dem Herausgeber dieses Buches über das, was sie in ihrer Jugend gelernt hat, und wer ihre Lehrmeister waren. Ihre Äußerungen sind in einen Beitrag für die *Zeit*-Serie »Meine Lehrjahre« eingegangen.

Gräfin, haben Sie aus Ihrer Kindheit noch Geschehnisse in Erinnerung, die für Sie besonders lehrhaft waren?

Ich glaube, dass man in seiner Kindheit für das ganze Leben geprägt wird. Wer bei mir in Bezug auf das Leben Einfluss nahm, waren merkwürdigerweise nicht die Leute, die dafür mit viel Geld engagiert waren, sondern das waren die Angestellten aus den verschiedensten Bereichen. Also, sagen wir mal der Kutscher oder der Chauffeur. Beim Chauffeur habe ich beispielsweise gelernt, mein Auto selbst zu reparieren. Ich konnte den Vergaser auseinandernehmen und wieder zusammensetzen. Ich wusste, wozu ein Verteiler oder das Differenzial da ist. Beim Kutscher – wir liebten Pferde natürlich sehr und hatten auch sehr schöne – lernte ich das Striegeln. Der Kutscher sagte beispielsweise, dass man nicht wiederkommen dürfe, wenn nach dem Striegeln nicht zwölf Streifen auf dem Boden lägen. Bei den Hausmädchen lernte ich das Plätten. Da gab es eine große Stube mit Mangeln, an denen fünf Mädchen arbeiteten.

Die Angestellten stellten immer Anforderungen an uns. Wenn man die Arbeit nicht anständig machte, durfte man nicht mehr zu ihnen kommen. Sie schimpften gelegentlich auch mit uns: »Verdammt noch mal.« Das war nicht so ein Verhältnis Herrschaft/Angestellte, wie sich das viele wahrscheinlich vorstellen.

Die waren gar nicht eingeschüchtert?

Nein. Für den Kutscher mussten wir immer Zigarren vom Vater klauen. Wenn wir lange keine Zigarren gebracht hatten, durften wir nicht reiten.

Das war das Schöne an dem östlichen Leben, dass es dort so einen bestimmten Organismus gab. Jeder wusste: Die oben konnten nicht zufrieden sein, wenn die unten nicht zufrieden waren. Und umgekehrt. So arbeitete jeder auch für den anderen. Wenn jemand im Dorf krank war, dann mussten meine älteren Schwestern nachts bei dem Kranken wachen.

Schule war natürlich völlig unwichtig. Ich war das siebte Kind und hatte keinen Lehrer, sondern kriegte Schule von den älteren Geschwistern, die sich lustig machten, alberten und nichts lehrten. Oder von baltischen Baronen, die auf der Flucht aus Russland kamen und als Lehrer völlig ungeeignet waren. Die erzählten dann Geschichten. Also, ich hatte nichts gelernt, überhaupt nichts gelernt.

Sind Sie in Ostpreußen nie in einer richtigen Schule gewesen?

Einmal war ich drei Monate in einer Schule, in Königsberg. Die älteren Brüder gingen dort zur Schule, und ich sollte das ebenso tun. Nach drei Monaten flog ich wieder raus – die Schulleiterin

Marion Gräfin Dönhoff in ihrem Büro im Hamburger Pressehaus.

sagte, es habe keinen Zweck –, weil ich jeden Morgen zu spät kam.

Das alles geschah während des Ersten Weltkriegs. Man musste Energie sparen, deshalb wurde die so genannte Kochkiste benutzt. Das war ein komischer Gegenstand, in den abends halb gekochtes Essen getan wurde, das dann am nächsten Morgen gar sein sollte. Zum Frühstück gab es in unserer Königsberger Unterkunft meistens irgendeine Graupensuppe, und da ich Graupen nicht mochte, vor allem, wenn sie nicht richtig gar waren, habe ich die einzeln rausgepickt. Das dauerte natürlich, und deshalb kam ich meistens zu spät in die Schule. Also, die Schule, das war nichts.

Der zweite Schulversuch hatte einen traurigen Anlass. Wir waren an der Ostsee gewesen, in Cranz, und es war schon spät und dunkel geworden. Wir fuhren in zwei Autos, im ersten saßen die Erwachsenen, im zweiten ich mit vier weiteren

Kindern. Unseren Wagen, eine Art Cabriolet, fuhr ein Chauffeur, der Königsberg nicht kannte. Wir kamen an eine Stelle, an der die Straße leicht auf den Pregel zugeht und man rechts abbiegen muss. Aber der Chauffeur wusste das nicht und fuhr direkt in den Fluss. Wir Kinder hatten rumgealbert und gelacht, und plötzlich kam dieses Wasser. Das Auto setzte in zehn Meter Tiefe – der Fluss war teilweise ausgebaggert – auf.

Im Auto herrschte ein furchtbares Durcheinander, Decken und Taschen wirbelten durcheinander. Nach und nach wurden alle aus dem Wagen rausgeschwemmt. Ich dachte, es muss doch möglich sein, hier rauszukommen; da war doch so eine Öffnung. Also habe ich mich rausgetastet und bin auch an die Wasseroberfläche gekommen. Ich war die Letzte, die lebend rauskam. Aber da war ich so erschöpft, dass ich gleich wieder untergegangen wäre, wenn nicht mein Bruder meinen Namen gerufen hätte.

Unten zehn Meter Wasser, und nach oben die Mauer, die den Fluss säumte, war ein paar Meter hoch. Die Erwachsenen dachten, ich sei untergegangen. Aber irgendwie habe ich mich an der Mauer und dann an einem heruntergehaltenen langen Mantel festhalten können, und die haben mich dann mühsam hochgezogen. Die beiden Kinder, die noch im Wagen waren, starben.

Später sagten die Erwachsenen, das arme Kind hat natürlich einen Schock erlitten. Wir müssen uns überlegen, was wir mit ihm machen.

Wie alt waren Sie denn?

Da war ich vierzehn Jahre alt. Ich hatte mir damals gesagt, ich will einen anständigen Schulunterricht haben. Meine Eltern schickten mich deshalb nach Berlin. Nun prüften die mich in einem dortigen Mädchenpensionat, um herauszufinden, in welche Klasse ich passe. Ich musste dafür ein französisches Diktat schreiben und hatte dreiunddreißig Fehler. Dann sollte ich etwas über den Großen Kurfürsten schreiben und verwechselte ihn mit Friedrich dem Großen, was mir besonders peinlich war. Ferner gab es fünf Mathematikaufgaben, von denen ich nur eine halbwegs verstanden habe. Die Prüfungskommission sagte daraufhin, dieses Kind hat bei dem Autounfall einen tiefen Schock erlitten, so etwas haben wir noch nie erlebt. Wir werden das Mädchen erst einmal hierbehalten und sehen, wie das geht. Da habe ich mich dann furchtbar anstrengen müssen, um mithalten zu können.

Was für eine Schule war das?

Das war eine Privatschule mit angeschlossenem Internat, so dass man dort wohnen konnte. Aber ganz altmodisch. Ich war natürlich von vornherein ein Widersacher gegen den ganzen alten Kram. Ich hab mich da sehr unbeliebt gemacht, wurde aber komischerweise zur Pensionatssprecherin gewählt.

Sehr gefallen hat es Ihnen in dem Internat offenbar nicht?

Wirklich nicht. Nach meinem vorhergehenden freien Leben war das Internat eine Qual. Anschließend, auf der Jungenschule in Potsdam, war es viel angenehmer. Ich wohnte dort bei Bekannten, und das hatte seine Vorzüge. 1928 habe ich an der Schule Abitur gemacht.

Nach dem Abitur bin ich viel gereist. Ich hatte eine Freundin, deren Vater Direktor bei der Standard Oil in Amerika war. Er hatte uns beide eingeladen, eine Reise durch die Vereinigten Staaten zu machen, im Zug. Das war sehr interessant, denn für mich tat sich dabei eine ganz andere Welt auf.

Noch einmal zurück zu Ihren Schuljahren. Haben die Ihnen, ein-
mal abgesehen von dem vermittelten Wissen, viel auf Ihren Le-
bensweg mitgegeben?

Eigentlich nicht. Ich habe ja auch – ich weiß nicht, war das
Arroganz? – nie Vorbilder gehabt.

Vor einiger Zeit, als ich Ehrenbürgerin von Hamburg geworden bin, musste ich eine Rede halten. »Worüber soll ich
denn da reden?«, fragte ich meinen Freund Hartmut von
Hentig. – »Mach es so persönlich wie möglich«, riet er mir,
»das ist das Einzige, was die Leute interessiert«. Da habe ich
zum ersten Mal darüber nachgedacht: Gibt es in meinem Leben einen vorgezeichneten Weg oder einen Leuchtturm, an
dem ich mich orientiert habe? Nein, gar nichts. Ich habe vielmehr festgestellt, dass bei mir alles vom Zufall abhing, dass
ich nichts geplant hatte. Aber wenn der Zufall eintrat, habe
ich versucht, daraus etwas zu machen. In meiner Rede habe
ich ein paar Beispiele dafür erzählt. »Wenn ich hier stehe«,
sagte ich, »um die ehrenvolle Auszeichnung zu bekommen,
also nach dem 20. Juli 1944 noch lebe, dann verdanke ich das
einem Auto, das kaputtgegangen ist.«

Kurz nach dem Attentat auf Hitler hatte die Gestapo-
Zentrale in Königsberg zwei ihrer Männer zu mir nach Quit-
tainen geschickt, um mich abzuholen. Auf der Fahrt war das
Auto zusammengebrochen. Die Gestapo-Leute riefen unseren
Forstmeister, der gleichzeitig Ortsgruppenleiter war, an und
sagten, er müsse ihnen helfen. Der kam mit Pferden, um sie
abzuschleppen. Das dauerte natürlich, es wurde spät, und die
Gestapo konnte an dem Tag nichts mehr ausrichten.

Sie übernachteten im Dorf und begannen am nächsten
Morgen damit, die Leute zu verhören. Alle haben furchtbar
nett über mich ausgesagt. Nur der alte Onkel nicht, mit dem
wir im Streit lagen, ein Duzfreund des Gauleiters Erich Koch.

Als sie schließlich zum alten Kutscher kamen, so ein ganz lieber, naiver Mann, meinte der: »Na ja, der Graf« – das war der Onkel – »hat mir gesagt, wenn Sie mir fragen, dann soll ich sagen, die Herres, deren Namen jetzt in der Zeitung standen, die habe ich immer vom Bahnhof zur Comtesse gefahren. Aber, fügte er hinzu, wie kann ich denn das, die Herres stellen sich mir ja gar nicht vor.« Da dachten sogar die Männer von der Gestapo, dass das wohl keine brauchbare Zeugenaussage war.

Sie hatten das ihrem Chef, dem ich anschließend in Königsberg vorgeführt wurde, wohl erzählt. Der war dann eigentlich sehr nett und freundlich. Nach zwei Stunden Verhör dachte ich, es ist ganz gut gegangen, vielleicht kommst du hier noch mal raus. Dann fragte er mich, wann ich Graf von der Schulenburg zum letzten Mal gesehen hätte. In Berlin, sagte ich dann mit Betonung auf Berlin, habe ich Schulenburg im vorigen Jahr zum letzten Mal gesehen.

Sofort sah ich an den Augen des Gestapo-Mannes, das war nicht so klug. Da habe ich gedacht, jetzt geht es nur noch nach vorn. »Ich muss Ihnen sagen«, habe ich gesagt, »ich bin vorhin nicht bei der Wahrheit geblieben. Er war vorige Woche hier, aber ich dachte, wenn ich das erwähne, würden Sie sich in Ihrer Vermutung bestätigt fühlen.« Das Bekenntnis hat ihm Eindruck gemacht, hatte ich das Gefühl.

Zum Schluss, als ich das Verhörprotokoll unterschreiben sollte, fragte er mich, was er bestimmt keinen anderen gefragt hätte: »Wollen Sie noch etwas hinzufügen?« Ich war ziemlich unerfahren im Umgang mit solchen Leuten und fragte: »Was, zum Beispiel?« Ich wusste nicht, was er meinte. »Na, vielleicht über Ihren Onkel«, sagte er. Da ging mir ein Licht auf, und ich habe ihm das mit der Fehde gesagt. Über drei Instanzen hatte meine Familie mit dem Onkel prozessiert, und er hatte jedes Mal verloren. Da meinte mein Verhörer, das fände er interessant, nun solle ich mal nach Hause fahren. Wenn sie mich noch brauchen sollten, würden sie anrufen. Also, der Zufall hat mich gerettet.

Auch bei meinem ersten Kontakt mit der *Zeit* war der Zufall im Spiel. Ich hatte ein Papier geschrieben, in dem ich Fehler der britischen Besatzungsmacht beschrieb und Verbesserungsvorschläge machte. Der britische Offizier in Hamburg, für den es bestimmt war, hat es wahrscheinlich nie gesehen. Dafür bekam es auf irgendeine Weise einer der neuen Lizenznehmer der *Zeit* in die Hand. Daraufhin schickte man mir ein Telegramm, ich möge bitte nach Hamburg kommen. Ich fuhr hierher, und nach einer halben Stunde waren wir uns einig, dass ich in die Redaktion eintreten solle.

Gibt es für Sie irgendetwas, was Menschen in ihrer Kindheit und Jugend unbedingt lernen sollten?

Ich glaube, dazu gehört auf jeden Fall, Verantwortung zu akzeptieren. Jeder Mensch sollte lernen, an die Gemeinschaft und an den Nächsten zu denken. Das ist besonders nötig in einer Wohlstandsgesellschaft, wo es nur um Geld und die Gehaltsklasse geht. Allzu sicher gewähnter Wohlstand mit seinen Verlockungen und Versuchungen ist in meinen Augen das Gefährlichste für die Erziehung. Wenn das Wirtschaftliche das Wichtigste ist, dann schlägt das natürlich in Egoismus um.

Sie zeigen eine gewisse Distanz zur Wohlstandsgesellschaft. Hat sich diese Haltung aus Anregungen im Elternhaus entwickelt, oder ist die Distanz das Ergebnis eigener Erfahrungen und eigenen Denkens?

Ein Grund besteht sicher darin, dass unsere Erziehung sehr preußisch war – immer auch an die anderen, die Gemeinschaft denken. Was du für dich selber tust, das ist nicht so wichtig. Toleranz, Liberalität haben wir gelernt. Diese Einstellungen waren keine Erziehungsprodukte, sondern Produkte unserer Umwelt, des Milieus.

Um Ihnen ein Beispiel zu geben: Mein Vater war ein großer Kunstsammler, er hatte fabelhafte Teppiche, wunderbare Sammlungen. Wir sind aufgewachsen mit all diesen schönen Sachen. Er war furchtbar streng, wenn wir irgendetwas falsch anfassten. Nein, das muss so und so gemacht werden. Der Umgang mit solch wunderbaren Dingen war mir also schon früh geläufig.

Ich weiß noch, wie ich bei der *Zeit* mein erstes Gehalt bekam. Ich besaß wirklich nichts, denn es war ja alles weg. Da habe ich mir gesagt, das Wichtigste ist, eine schöne Sache zu haben, und habe mir ein kleines expressionistisches Gemälde gekauft.

Sie haben von Ihrem Vater gelernt, wie man mit schönen Dingen, Kunstgegenständen beispielsweise, umgeht und was sie bedeuten?

Auch, dass Ästhetik kein Luxus ist, sondern lebenswichtig.

Haben Sie 1945, als Sie in diese ganz andere Welt Westdeutschlands, zudem noch in eine Großstadt kamen, viel umlernen müssen?

Eigentlich nicht. Weil ich auch ein bisschen stur bin ...

Da könnten Sie Recht haben ...

Aber ich hoffe, die Sturheit ist ein wenig verkleidet, sie ist kein Affront.

Von meiner Mutter habe ich natürlich gelernt, was man tut und was nicht. Es wurde auch verlangt, dass man sich daran hält. Aber das ging nicht so furchtbar tief. Viel tiefer waren letztlich die Beziehungen zum Kutscher, zum Tischler, zum Gärtner und deren Welt, und dass man da Rücksicht nehmen muss.

Meine späten Kindheitsjahre waren wundervoll. Ich bin auf die Jagd gegangen, geritten und habe mich in der Natur bewegt. Aber die Zeit, in der ich die verpassten Schuljahre nachholen musste, war unheimlich schwer. Ich wünsche das niemandem. Meine Ausbildung ist sicher kein Vorbild.

Heute heißt es, die Menschen müssen ihr Leben lang lernen.

Das ist wohl auch so. Häufig merkt man es auch gar nicht, dass man lernt. Zum Beispiel, wenn sich die Leute so aufregen über die Globalisierung. Dabei ist das seit mehreren Jahrzehnten ein ständiger Prozess. Wir haben es bloß nicht gemerkt, weil es nicht benannt wurde.

November 2001

Dank

Ein Buch, das aus Interviews besteht, lebt von den Worten der Befragten. Deshalb gilt mein erster Dank all jenen, die mir ihre Zeit und ihre Erinnerungen an Marion Dönhoff geschenkt haben. Altbundeskanzler Helmut Schmidt danke ich dafür, dass er das Vorhaben angeregt hat. Sehr verbunden bin ich der ZEIT-Stiftung Ebelin und Gerd Bucerius, die die aufwendigen Recherche-Reisen finanziell ermöglichte, sowie dem Vorsitzenden des Vorstandes der Stiftung, Professor Dr. Michael Göring, und Dr. Ingmar Ahl, die das Projekt mit Rat und Tat begleitet haben, sowie Marcella Christiani. Dankbar bin ich ebenso der Marion Dönhoff Stiftung für ihre Unterstützung und Irene Brauer, der ehemaligen Assistentin der Gräfin, die mir als kundige wie engagierte Betreuerin zur Seite stand. Mein besonderer Dank gilt Uta Wagner und Claus Eggers aus der ZEIT-Dokumentation sowie Dr. Otto Grüter für seine intensive Recherchearbeit. Schließlich möchte ich mich bei Kathrin Liedtke vom Hoffmann und Campe Verlag bedanken, die dieses Buch einfühlsam lektoriert hat.

Dieter Buhl

Bildnachweis

J. H. Darchinger   350
Friedrich Dönhoff   192, 267
Marion Dönhoff Stiftung   17
Klaus Kallabis   93, 122, 170, 204, 303, 383, 401
PFH-Berlin   321
privat   32, 109, 192, 216

Leider ist es in einigen Fällen nicht gelungen, den Rechteinhaber ausfindig zu machen. Der Verlag bittet, etwaige Ansprüche anzumelden.

Siegfried Lenz | Schweigeminute

Die Geschichte einer Sommerliebe: Stella Petersen war eine
der beliebtesten Lehrerinnen am Lessing-Gymnasium. Ihre
Lebensfreude, Intelligenz und Belesenheit verschafften ihr die
Anerkennung und den Respekt des Kollegiums wie den ihrer
Schüler. Gewiss führte die Liebe zu ihrem Schüler Christian,
die über das ungleiche Paar am Ende der Sommerferien
hereinbrach, zu jener Verwirrung der Gefühle, deren Intensität
und Kraft beide überwältigt ... Eine großartige Novelle über
das Erwachsenwerden und das Erwachsensein.

128 Seiten,
gebunden.
Auch als
Hörbuch
erhältlich.

| Hoffmann und Campe |